O SUPER-HOMEM VAI AO SUPERMERCADO

Coleção Jornalismo Literário — Coordenação de Matinas Suzuki Jr.

A sangue frio, Truman Capote
Berlim, Joseph Roth
Chico Mendes: Crime e castigo, Zuenir Ventura
Fama e anonimato, Gay Talese
A feijoada que derrubou o governo, Joel Silveira
Filme, Lillian Ross
Hiroshima, John Hersey
O imperador, Ryszard Kapuscinski
A milésima segunda noite da avenida Paulista, Joel Silveira
Na pior em Paris e Londres, George Orwell
Radical Chique e o Novo Jornalismo, Tom Wolfe
O segredo de Joe Gould, Joseph Mitchell
O super-homem vai ao supermercado, Norman Mailer
A vida como performance, Kenneth Tynan

NORMAN MAILER

O super-homem vai ao supermercado

Convenções políticas (1960-68)

Tradução
José Geraldo Couto
Sergio Flaksman

Posfácio
Sérgio Dávila

Jornalismo Literário
Companhia Das Letras

Título original
Some honorable men: Political conventions (1960-1972)
Parte I e II: tradução de José Geraldo Couto
Parte III: tradução de Sergio Flaksman

Capa
João Baptista da Costa Aguiar

Crédito das imagens das p. 8, 9 e 10
©Bettmann/ Corbis/ Stock Photos

Preparação
Cacilda Guerra

Revisão
Marise Simões Leal e Otacílio Nunes

Dados Internacionais de Catalogação na Publicação (CIP)
Câmara Brasileira do Livro, SP, Brasil

Mailer, Norman, 1923-
O super-homem vai ao supermercado: convenções políticas (1960-68) / Norman Mailer; tradução José Geraldo Couto, Sergio Flaksman; posfácio Sérgio Dávila. — São Paulo : Companhia das Letras, 2006.

Título original: Some honorable men: Political conventions (1960-1972)
ISBN 85-359-0898-6

1. Convenções políticas — Estados Unidos — História 2. Estados Unidos — Política e governo 3. Partidos políticos — Estados Unidos 4. Repórteres e reportagens I. Dávila, Sergio. II. Título

06-5669 CDD-324.560973

Índice para catálogo sistemático:
1. Estados Unidos: Convenções políticas: Escolha dos candidatos: Ciência política 324.560973

[2006]
Todos os direitos desta edição reservados à
EDITORA SCHWARCZ LTDA.
Rua Bandeira Paulista, 702, cj. 32
04532-002 — São Paulo — SP
Telefone (11) 3707-3500
Fax (11) 3707-3501
www.companhiadasletras.com.br

À memória de meu pai

Em especial reconhecimento:

Willie Morris
Midge Decter
Tom Griffith
Ralph Graves
Jack Newcombe
Molly Malone Cook
Mary Oliver
Suzanne Nye

Sumário

John F. Kennedy, em campanha, com Jacqueline Kennedy, em 1960.

Barry Goldwater, candidato à presidência pelo partido republicano, e William Miller, candidato à vice-presidência em 1964.

Richard Nixon, candidato à presidência pelo partido republicano em 1968.

Hubert Humphrey com sua mulher, Muriel,
na convenção democrata de 1968.

Norman Mailer na convenção democrata de 1972.

Prefácio*

Desde que Tom Wolfe começou a escrever, em interesse próprio, aqueles panegíricos ao Novo Jornalismo, tornou-se um reflexo literário automático apontar os textos sobre convenções aqui editados como espécimes da nova arte, e é possível que eu tenha recebido mais aplausos como "novo jornalista" do que jamais recebi como romancista. Isso é uma ironia que me incita a remar contra a corrente: nunca trabalhei como jornalista, e não gosto dessa profissão. É um modo promíscuo de ganhar a vida.

* Este prefácio foi escrito para o livro *Alguns homens honrados* (*Some honorable men*), coletânea das coberturas que Norman Mailer fez de convenções presidenciais norte-americanas entre 1960 e 1972. Por critério de importância — e para manter o equilíbrio entre democratas e republicanos — a coleção Jornalismo Literário optou por traduzir e editar apenas quatro das coberturas das convenções feitas por Mailer. Ficou de fora a convenção democrata de 1972 — aquela que escolheu George McGovern para enfrentar Richard Nixon. Por conter algumas das opiniões mais contundentes de Norman Mailer sobre os jornalistas e por ser uma das suas peças mais importantes na polêmica com Tom Wolfe e o Novo Jornalismo, a coleção optou por deixar na íntegra o prefácio de *Alguns homens honrados*. (Nota do Coordenador)

Assim como um advogado não tem um amor à verdade que se compare ao seu apego aos interesses de seu cliente, um repórter não tem respeito algum pela nuance. O sentido de uma situação não é o que ele explora, na verdade ele freqüentemente evita a atmosfera, já que é difícil capturá-la num texto escrito às pressas. Suas tentativas juvenis de procurar o espírito de um evento foram decapitadas anos atrás na mesa do editor de texto; desde então ele foi adestrado a buscar fatos, ainda que invariavelmente os compreenda mal. É sutilmente incentivado, quando trabalha numa matéria, a depender de tudo, menos da sua escrita. É por isso que poucos repórteres escrevem bem.

Na verdade, é pior que isso. Daqui a alguns séculos, a inteligência moral de uma outra época talvez contemple com horror a história implantada nas pessoas do século XX por meio da imprensa. Uma corrosão do cérebro coletivo é uma das conseqüências. Outra é a deformação da consciência de qualquer líder cujas ações estejam constantemente nos jornais, pois ele foi obrigado a aprender a falar unicamente sob a forma de frases citáveis e autoprotetoras. Teve também de aprender a não ser interessante demais, uma vez que suas idéias, nesse caso, seriam deturpadas, e seu comportamento, criticado. Alguns homens, como por exemplo Gene McCarthy, nunca conseguiram aprender, e por conta disso suas carreiras não prosperaram na proporção da sua coragem e das suas capacidades. Evidentemente, os heróis que aprenderam a respeitar as limitações dos repórteres talvez nunca venham a ter de novo um pensamento original. Com o intuito de se comunicar com os comunicadores, eles renunciaram a qualquer vestígio de uma filosofia pessoal.

Alguém poderia dizer, entretanto, que comentários ácidos sobre os jornalistas não são novidade para mim. Eu tinha a profissão ainda mais em baixa há onze anos. Se a minha severidade diante do conformismo dos anos Eisenhower confere um tom especial à prosa, não houve nenhuma melhora na imprensa que fosse grande o bastante para me levar a retirar minhas palavras.

> O repórter se sustenta num poder impotente — sua voz, diretamente ou por intermédio da mesa do editor, atinge milhões de leitores; quanto mais leitores ele tem, menos pode dizer. É proibido por uma centena de censores, a maior parte dentro dele próprio, de comunicar noções que não sejam resignadamente simples, simples como o plástico é simples, o que vale dizer monótono. Em conseqüência disso o repórter desenvolve um hábito que equivale a lacerar a carne: ele aprende a escrever aquilo em que não acredita de fato. Como, presumivelmente, não começou a carreira com o desejo de ser um mau escritor, ou um escritor desonesto, acaba forçando seu cérebro a acreditar que algo que é só meia verdade é, na realidade — já que ele cria um fato cada vez que põe alguma coisa num jornal —, 90% verdadeiro. Uma psique é corrompida — a sua própria; um fato falso é criado. Fato pelo qual, mais cedo ou mais tarde, inevitavelmente, inexoravelmente, o público pagará. Uma nação que forma opiniões pormenorizadas com base em fatos pormenorizados que distorcem a realidade sutil torna-se uma nação de cidadãos cujas psiques são distorcidas, item por item, e afastadas de *qualquer* realidade.
>
> Portanto, uma grande culpa pesa sobre os repórteres. Eles sabem que ajudam a manter a América levemente insana. Como resultado, talvez sejam uma turma de aparência desmazelada... e sofram a cada dia a abominável angústia de deter todo tipo de informação poderosa meia hora ou 24 horas antes que qualquer outra pessoa na América a receba, sem contar o tempo que escorre na gaveta onde dormem todas aquelas matérias que não podem ser e não serão publicadas. Isso produz uma visão feroz da existência.

É como uma receita para ficar histérico uma vez por dia. Além disso eles têm de escrever com a velocidade do raio. Pode sair agressivo, mas verdadeiro, pode sair escorregadio como um atoleiro de curral, pode sair ótimo, pode dar para o gasto — que importa? A matéria é despejada como aveia numa esteira transportadora, e o inconsciente recebe um golpe brutal. Escrever só tem utilidade para a psique se o escritor descobre no próprio ato da escrita algo que ele não sabia que já sabia. É por isso que uns poucos homens vão até o inferno com o intuito de continuar escrevendo — Joyce e Proust, por exemplo. Ser um escritor pode salvar um sujeito da loucura ou do câncer; ser um mau escritor pode arrastá-lo diretamente ao âmago da doença. Pense no pobre repórter que não tem o tempo ocioso do romancista ou do poeta para descobrir o que pensa. O inconsciente desiste, se enterra, deixa o escritor com seus clichês, e preserva a verdade, ou aquela parte da verdade que o repórter ainda tem o privilégio de encontrar, para seus colegas e amigos. Um bom repórter é um homem que ainda deve conseguir contar a verdade a você em particular; tem olhos sérios e brilhantes e é capaz de narrar dez boas histórias seguidas num balcão de bar.

Mesmo assim, eles não desistem. Aquela carga diária de adrenalina, aquela histeria, aquela sensação de poder impotente junto às engrenagens da história — sem o poder impotente eles são como o cavalheiro viciado sem a sua heroína, doutor. Já se vê, um repórter está próximo da ação. Não está *na* ação, mas perto dela, tão perto como um chato pubiano está da concepção de um filho. O sujeito nunca poderá ser presidente, mas o fotógrafo que trabalha em seu jornal tem o poder de disparar seu flash e fazer os olhos de JFK piscarem!*

* "Ten thousand words a minute", *The presidential papers* (Nova York, Putnam, 1963).

Embora a passagem acima tenha sido escrita dois anos depois da convenção democrata de 1960, ela poderia perfeitamente ter sido colocada no papel dois anos antes. Portanto, deveria ser evidente que iniciei essas incursões à natureza da convenção política com um pé atrás quanto ao modo como os dados de tal história eram coletados. Eu possuía ainda a grande vantagem de dispor de semanas para refletir sobre o que tinha visto e um número quase igual de dias para escrever. Tinha também uma herança literária a me lembrar que o mundo não é algo a ser reconstituído por blocos de palavras pré-fabricadas. Afinal, eu era um romancista. O que se esperava de mim era que visse o mundo com meus próprios olhos e minhas próprias palavras. Que o visse pelo viés ou ponto de vista do meu caráter. O que, se eu conseguisse constituir em algum tipo de integridade, poderia ser chamado de estilo. Eu me vi então engajado na guerra não declarada entre os modos de percepção chamados jornalismo e ficção. Para ser exato, eu estava do lado da ficção. Julgava que a ficção podia nos levar mais perto da verdade que o jornalismo, o que não quer dizer que se deva inventar fatos quando se escreve um relato sobre gente de verdade. Eu me empenharia em apurar os fatos tão escrupulosamente quanto um repórter. (No mínimo!) A diferença estaria em outro lugar. O jornalismo supõe que a verdade sobre um evento pode ser encontrada mediante o uso de princípios que remontam a Descartes. (Um repórter político tem uma visão fixa do mundo: é possível representá-la graficamente por eixos que vão da direita para a esquerda na horizontal e da honestidade à corrupção na vertical.) Com efeito, a verdadeira premissa do jornalismo é a de que o melhor instrumento para avaliar a história é um gravador sem rosto e sem intelecto. Ao passo que o escritor de ficção está mais próximo do mundo em movimento de Einstein. Ali, a velocidade do observador é tão crucial para a avaliação quanto qualquer objeto observado. Pois a ficção provavelmente parte da secreta suposição de que aprendemos a verdade mediante a comparação entre as mentiras, uma vez que somos obrigados a receber a maior parte de nossa experiência de segunda mão por intermédio de pais, amigos, companheiros, amantes, inimigos e jornalistas que a relatam para nós. Portanto, nossa melhor chance de aperfeiçoar aqueles mapas pessoais das nossas próprias vidas complicadas, nossos diagramas não reconhecidos da realidade, nossa compreensão, em outras palavras, do modo como a existência funciona, parece ser mais proveitosa se pudermos ter alguma idéia, pelo menos, do viés do observador que passa adiante a experiência. A ficção, tal como uso a palavra, é então aquela realidade que não se enquadra em eixos anônimos de fatos, mas é inalada através do fervilhar dos nossos movimentos masculinos e femininos em relação uns aos outros, uma hipótese de romancista, pois não é certo que percebemos a verdade de um romance quando seus eventos são perpassados pela personalidade do escritor? Ao terminar de ler uma narrativa, tendemos a saber, pelo menos em nosso inconsciente, onde achamos que o autor é mais confiável e onde, em segredo, suspeitamos que ele é mais ignorante do que nós mesmos. É esse o sabor da ficção. Observamos o observador. Talvez seja por isso que há menos ar estagnado na ficção e geralmente mais luz. É porque temos a vantagem de ver do outro lado de uma esquina, e isso é esteticamente análogo a uma fotografia de uma cadeia de montanhas quando o pôr-do-sol oferece sua contraluz aos contornos. Não há dúvida de que o flash fotojornalístico é melhor para registrar as mortes num acidente de carro. E para poucas outras coisas.

Muito bem. Estes textos sobre convenções, escritos às pressas, pelos padrões da maioria dos romancistas, mas com grande vagar, se pensarmos nos prazos dos jornalistas, são textos que se alinham no lado da ficção, circunstância, repito, que não deve levar o leitor a supor que meus fatos sejam ficção — não, muitos escritores bons ou excelentes dedicam-se aos detalhes dos seus fatos de uma maneira que envergonharia a média dos jornalistas (com seus hábitos desleixados), não, meus fatos são o melhor que consegui obter, mas minha prosa vive no mundo relativo da ficção, onde eu, o autor, estou presente nesse levantamento daquilo que vi da história que se desenrolava. Fiquei orgulhoso disso, orgulhoso do método que utilizei, e faria o mesmo novamente — de que valem, afinal, estes pequenos artigos, se o leitor não puder interpretá-los com sua própria avaliação das minhas faculdades e das minhas cômicas falhas como observador; que valor teria reler o que está aqui se não tivesse sido feito com a confiança do romancista?

Falando na MacDowell Colony algum tempo atrás, eu me ouvi dizendo: "Não há razão para acreditar que o romancista não esteja mais bem equipado que qualquer outra pessoa para lidar com as possibilidades de uma situação misteriosa e difícil, uma vez que ele ou ela está sempre tentando descobrir qual seria a natureza da realidade. É como se o romancista tivesse despertado antes e lidasse com algo que a maioria das pessoas nunca contempla — a saber: 'Qual é, e como é, a natureza desta pequena realidade diante de mim'. O romancista é o primeiro a perguntar: 'Eu amo a minha mulher? Ela me ama? Qual é a natureza do amor? Nós amamos nosso filho? Como amamos? Morreríamos por nosso filho? Ou deixaríamos nosso filho morrer por nós?'. O romancista tem de lidar com essas questões porque conviver com elas é o único meio de aperfeiçoar seu cérebro. Sem aperfeiçoar esse cérebro, sem afiar o gume da percepção pessoal, é quase impossível continuar a trabalhar como escritor. Pois se há uma regra impiedosa na arte é a de que a repetição extermina a alma. Portanto, o romancista se antecipa e lida com uma necessidade pessoal que talvez se torne uma necessidade de todos nós. Trata-se de lidar com a vida não como algo que Deus nos deu numa forma eterna e imutável, mas sim como algo feito pela metade, pois nosso destino humano é alargar o que nos foi dado, forjar (eu poderia ter dito *esclarecer*) um mundo que sempre se apresenta diante de nós de um modo diferente do que vimos no dia anterior".

É provável que, ao tentar escrever sobre convenções políticas, meu sentimento não declarado tenha sido semelhante ao discurso que acabo de citar. Certamente tive a confiança de que era capaz de fazê-lo. Pois entre 1960 e 1972 havia um casamento natural entre os meus desejos literários e a minha habilidade para perceber muito do que estava acontecendo naquelas nuvens de ambigüidade moral onde se desenvolvia a política em si. Por isso talvez seja certo reunir agora esses textos num livro. Eles podem até justificar minha confiança de que o mundo (não as técnicas, mas o *mundo*) da ficção possa ser aproximado dos fatos do jornalismo.

Evidentemente, estamos agora nos anos que se seguiram a Watergate. Portanto, somos obrigados a reconhecer que muito do que consideramos nossa história não está, na verdade, muito relacionado com os fatos. Pelo menos, com aqueles fatos que julgávamos serem fatos. Quem pode ler agora o que escrevi sobre as convenções democrata e republicana de 1972 sem procurar por tudo aquilo que não vi? Quanta coisa ignorávamos na época a respeito de toda a história secreta que estava sendo feita.*

* Como é possível, por exemplo, não considerar a possibilidade de que os arquivos secretos do FBI abertos para a Casa Branca tivessem todos os detalhes do histórico médico de **Eagleton**? Uma vez que nenhum outro democrata poderia ser mais útil aos republicanos como candidato do que o senador pelo Missouri, é lícito especular se não haveria alguém na sala com McGovern, na tarde de pânico em que Eagleton foi escolhido, que pudesse estar trabalhando secretamente para os republicanos. Nem todos os agentes políticos são obrigatoriamente tão desajeitados quanto **Segretti**. Nota do editor brasileiro: **Senador Thomas Eagleton**, indicado a vice-presidente de George McGovern na conven-

É claro que escrevi estes textos numa época em que era possível tentar acreditar na história como o resultado de forças mais ou menos abertas à visão de observadores tarimbados. Ainda se podia acreditar, no clima gerado por um conflito de forças — os Kennedy contra Stevenson em 1960, os republicanos de Goldwater contra a emergência de uma juventude revolucionária em 64, a visão desimpedida que a América teve das feridas do Partido Democrata em 68, e mesmo o jogo dos idealismos, verdes, histéricos e ineptos, contra as manipulações brilhantemente dissimuladas da própria convenção de Nixon em 72 —, que isso tudo era matéria para o romancista. Observar essas forças propiciava uma franca confiança literária e um método de escrita, um modo de percepção. Se as observações provavelmente não eram tão acuradas como se julgava na época — quantas das refregas nas ruas de Chicago, por exemplo, foram forjadas nos departamentos dos embustes mais sujos? —, ainda assim era uma maneira estimulante de trabalhar.

Agora, no entanto, não posso deixar de me perguntar se estamos entrando numa era em que o jornalismo estagnado de cada dia será predominante de novo. Pois, se a nossa história é menos uma interação de forças abertas do que um jogo entre algumas forças parcialmente abertas e outras que estão inteiramente ocultas, então a confiança na possibilidade de captar uma atmosfera no calor da hora e interpretar a história pelo som das gaitas-de-foles às quatro da madrugada* está prestes a se dissipar.

ção democrata de 1972 e em seguida retirado da chapa, quando se divulgou que sofria de depressão e fora submetido duas vezes a eletrochoque. **Donald Segretti**, membro do comitê para a reeleição de Richard Nixon, preso em 1974 por seu envolvimento no escândalo Watergate.

* Só anos depois o escritor descobriu que os tocadores de gaita-de-foles eram músicos profissionais que ensaiavam para um programa matutino de televisão. Ver p. 112.

Convivendo com tais pensamentos, fui me deprimindo durante boa parte de um escaldante verão em Washington, enquanto ouvia as sessões do Comitê Ervin.* Pois parecia que uma velha magia desaparecera. Magia é confiança, e não havia mais certeza de que eu podia ver detalhes que ninguém mais notava, ou mesmo de que tinha coisas a dizer e os outros ainda não. A atmosfera, em vez disso, era jurisdicional. Demandava um advogado. Quando um amigo veio a mim e sussurrou: "Quem você acha que está mentindo?", a resposta foi que não dava para saber. O processo de Watergate se aprofundava, e a verdade existia muito abaixo da atmosfera, vivia de fato naqueles subterrâneos de Washington onde forças secretas travavam combate; e nas ruas quentes lá fora, quando se saía da velha Sala de Convenções do Senado, não havia jovens fazendo manifestações, não havia palavras de ordem sendo gritadas, a história da República tinha se enterrado nas catacumbas de novo, e ao romancista só restava sua ficção. Watergate teria de ser repartido entre os repórteres diários e os pesquisadores e documentos que viriam, as revelações do processo legal.

Portanto, também, talvez a política do futuro viva em circuitos eletrônicos de poder e de comunicação televisionada. Se o pessimismo se justifica, então estes escritos sobre convenções reunidos aqui são clássicos e datados. Mas não convém a um escritor fazer profecias. Veremos se 1972 foi a conclusão de uma tentativa válida de captar nossa história por meio das convenções, ou se estamos testemunhando um processo em andamento, ao qual alguns de nós se ligaram pela primeira vez no promissor e não inteiramente lúcido verão de 1960, aquele primeiro dos anos Kennedy, nos quais nos tornamos uma nação régia, com triun-

* Comissão do Senado que investigou o caso Watergate, chefiada pelo senador Sam J. Ervin Jr. (N. E.)

fos, tragédias e permanentes temores obsessivos. O quanto a América se torna o personagem, ou melhor, o protagonista desse romance, nenhum gênio é grande o bastante para escrever. Shakespeare seria pequeno diante da América.

1. O SUPER-HOMEM VAI AO SUPERMERCADO

Por uma vez que seja, tentemos pensar numa convenção política sem nos perder em esquemas de fato e conseqüência. A política tem suas virtudes, virtudes até demais — ela não competiria com o beisebol como tópico de conversa se não satisfizesse inúmeras coisas —, mas podemos suspeitar que seu apelo secreto é parecido com o da nicotina. Fumar cigarros separa o indivíduo da sua própria vida, ele sente menos, o que muitas vezes é uma bênção, e a política isola-o da história; a maioria das pessoas que se nutrem da vida política está no jogo não para fazer história, mas para ser afastada da história que está sendo feita.

Se aquela convenção democrata que se recolheu por trás do rosto do verão de 1960 está um pouco esquecida em meio à excitação da proximidade da eleição, pode ser exatamente a hora de refletir sobre ela de novo, porque a montanha de fatos que ocultou seus traços em julho último foi varrida pelos ventos da Alta Televisão, e o homem das ruas (esse termo político peculiar que se refere ao quixotesco eleitor que marcará seu voto movido por uma razão tão notável quanto: "Tive um tenente puxa-saco que era a cara de Nixon", ou "Esse Kennedy deve usar dentadura"), o não tão fácil de prever homem das ruas esqueceu quase tudo o que aconteceu e teria tanta dificuldade em dizer contra quem Kennedy estava brigando quanto você ou eu teríamos de responder quem estava na liderança da liga americana de beisebol durante o mês de junho.

Portanto, tentar falar sobre o que aconteceu é mais fácil agora do que era nos dias da convenção; como não preciso abarcar tudo — um ato de escrita que demanda mais uma escavadeira do que uma caneta —, posso tentar defender meu pequeno ponto de vista e enfeitá-lo com uma ou duas fitinhas de metáfora. Melhor assim. Pois os mistérios são perturbados pelos fatos, e a convenção democrata de 1960 começou como um mistério e terminou como outro.

Uma vez que o mistério é uma emoção que repugna ao animal político (que outro motivo justifica levar uma vida de jantares de comida ruim, fumaça de charuto, cadeiras de armar, mau hálito e torturante jargão enfadonho, se não o de evitar os ecos do que não é conhecido?), a separação física entre o que estava acontecendo na tribuna, nas salas de conchavos, nos comitês de campanha, e o que estava acontecendo paralelamente à história da nação era mistério bastante para afundar o processo nas trevas. Foi, por um lado, uma convenção aborrecida, uma das menos interessantes segundo a opinião geral, aliviada aqui e ali por lampejos de cor local, agitada por duas meias horas de excitação por conta das manifestações pró-Stevenson, mantida à tona pela classe da máquina de Kennedy, transtornada pela surpresa da indicação de Johnson à vice-presidência, mas assim mesmo aborrecida, desanimada em seu tom geral, com as grandes *fiestas* reprimidas, os mexericos triviais, nenhuma atmosfera real de empolgação, apenas momentos, ou, como se diz nas touradas, detalhes. Contudo, foi também — alguém poderia argumentar, e ainda pode —, foi também uma das convenções mais importantes da história da América, possivelmente a mais importante. O homem indicado por ela era diferente de todos os políticos que haviam concorrido à presidência na história do país, e se fosse eleito chegaria ao poder num ano em que a América corria o risco de resvalar para um profundo declínio.

1. Uma descrição dos delegados

Filhos e filhas da República num legítimo pânico; pequenos profissionais do judô político de cidades pequenas na grande cidade e no grande momento

A depressão obviamente tem várias raízes: ela é a duvidosa proteção que advém do não-reconhecimento do fracasso, é o peso físico da exaustão, e é também, com muita freqüência, aquela disciplina da vontade ou do ego que nos permite continuar trabalhando quando nossa emoção não confessada é o pânico. E era pânico, acho, o sentimento predominante no peito dos delegados partidários que chegavam para se reunir em Los Angeles. Os delegados não são os filhos e filhas mais nobres da República; um homem de bom gosto que, chegando de Marte, desse uma rápida olhada num salão de convenção iria embora para sempre, convencido de ter visto os mais sinistros porões do inferno. Se ainda se percebe o leve aroma de um vinho celebrador, do condimento picante de uma tourada, do som e da fúria de um duelo de cavaleiros, tudo isso é logo engolido e regurgitado pelos sentidos até virar um arroto asqueroso e mortal do qual é preciso se livrar — o gás letal da fumaça de charuto, do ar amanhecido, das dentaduras frouxas, das bundas esparramadas, o pútrido, triste, laborioso e burocrático gás letal do linguajar e das caras ("Sim, aquelas *caras*", diz o homem de Marte: advogados, juízes, cabos eleitorais, mafiosos, fidalgos e capangas do Sul, senhoras grã-finas, sindicalistas e pelegos), de palavras pomposas e longas pausas que caem como uma pesada e dolorosa febre, a febre de estar dentro da história, acima da história, ou será simplesmente atrás da história? Um pânico legítimo para um delegado. A América é uma nação de sabichões sem raízes; estamos sempre criando táticos que são cegos para a estratégia e estrategistas que não conseguem dar um passo, e quando a cultura termina o seu trabalho as instituições imobilizam-se na indecisão. Um delegado é um homem que escolhe um candidato ao maior cargo público do país, um presidente que lidará com problemas cujas fronteiras residem na ética, na metafísica e, por conseguinte, na ontologia; o delegado se prepara para essa função de escolher esvaziando lixeiras, transportando lixo e dizendo sim nas horas certas durante trinta anos na pequena máquina política de alguma cidade pequena ou grande; sua recompensa, ou pelo menos uma delas, é ser convidado a participar da convenção. Perito em luta livre local, pequeno e geralmente medíocre profissional do pequeno judô político de província, ele chega à cidade grande com 90% de suas opiniões já formadas, e seguirá as ordens do cacique que o trouxe. Embora, é claro, não seja necessariamente tão ruim assim: sua opinião é ouvida — o cacique vai tomar o que ele tem a dizer como um fator interessante a considerar, em meio a quinhentos outros — e, o que é mais importante para o delegado, ele tem a ilusão da liberdade parcial. Ele pode, a menos que seja rigorosamente honesto consigo mesmo — e, nesse caso, por que suportar as picuinhas de uma máquina política? —, ter a ilusão de que ajudou a escolher o candidato, pode até se preocupar muito sinceramente com sua escolha, flertar com a possibilidade de divergir do cacique, calcular seus próprios pequenos ganhos políticos caso siga a estrada da lealdade ou a trilha da negociação firme.

Mas, mesmo que ele esteja lá só para fazer número, que seu voto seja uma certeza na cabeça do cacique político, sujeito a ser manipulado para cá ou para lá de acordo com a conveniência deste último, ainda assim, num sentido peculiar o delegado é real para o cacique, o delegado é o grande público americano; o escritório de advocacia que ele possui, o departamento sindical que ele representa, ou a corretora imobiliária, é uma parte da paisagem política que o cacique usa como sua própria imagem de como a votação vai se desenrolar, e se o povo vai gostar do candidato. E se o cacique fica deprimido com o que vê, se o candidato não lhe parece bom, se ele tem uma desagradável impressão de que o candidato não faz o seu tipo (como, digamos, Harry Truman fazia, ou Symington poderia fazer, ou Lyndon Johnson), então o cacique votará nele se for preciso, pois não pode ser surpreendido do lado errado, mas sem sentir o prazer de uma escolha pessoal. O que é o núcleo do pânico. Porque, se o cacique está deprimido, o delegado fica duplamente deprimido, e o fato emocional é que Kennedy está fora de foco, fora do velho foco político, e ele se sente desconfortável; na verdade, é um mistério para o cacique o porquê de Kennedy ter chegado aonde está, não um mistério estrutural; Kennedy está nadando em dinheiro, Kennedy obteve os votos nas primárias, e, mais que tudo, Kennedy tem uma máquina política impecável. É tão boa quanto uma equipe brilhante de Notre Dame, toda disciplina, inteligência e vitalidade, saudável, bem treinada, nunca morosa, ágil como um punhal, pungente como um grande arremesso, uma máquina maravilhosa; o cacique poderia amá-la se um candidato razoável estivesse no seu comando, um Truman, ou mesmo um Stevenson, ou no mínimo um Lyndon Johnson do Norte, mas ela é dirigida por um homem que parece jovem o bastante para ser o treinador do time dos calouros, e isso não é nem um pouco reconfortante. O cacique conhece máquinas políticas, ele sabe das coisas, regulação de preços agrícolas, lei Forand de saúde, lei sindical Landrum-Griffin, mas isso no fim das contas não é muito adequado diante de revolucionários cubanos que parecem beatniks, da competição em torno de mísseis, dos negros saqueando brancos no Congo, das complicações da chuva radiativa e de homens da Associação Nacional para o Progresso das Pessoas de Cor que a gente faz bem em chamar de cavalheiros. Está tudo fora de controle, tudo o que tem importância está fora do lugar, os assuntos externos são agora o que há de mais quente, e senadores são candidatos em lugar de governadores, uma catástrofe para o velho estilo familiar de mensuração política, no qual o cacique político conhece seu governador e conhece quem seu governador conhece. Então o cacique está deprimido, profundamente deprimido. Ele vem a esta convenção resignado a indicar um homem que ele não compreende, ou digamos que, até onde compreende o candidato que está para ser indicado, ele não está contente com os segredos do seu fascínio, pelo menos não até onde ele intui tais segredos; estes parecem ter pouco a ver com política e muito a ver com a loucura particular da nação que teve milhares — ou seriam centenas de milhares — de pessoas protestando na longa noite anterior à morte de Chessman,* e um astro do cinema, o maior de todos, Marlon Brando, junto com eles naquela noite. Sim, este candidato, apesar de todo o seu currículo, seu bom, saudável e convencional currículo liberal, tem uma aura daquela outra vida, da segunda vida americana, daquela longa noite elétrica em que o fulgor do néon indicava o caminho para o burburinho do jazz.

* Caryl Chessman, conhecido como Bandido da Luz Vermelha, acusado de assalto, seqüestro e estupro, foi condenado em 1948 à câmara de gás, mas só foi executado em maio de 1960, depois de uma infrutífera campanha pelo perdão, que contou com a participação de Eleanor Roosevelt, Pablo Casals, Aldous Huxley, além do próprio Norman Mailer, entre outras personalidades. (N. T.)

2. Uma digressão evidente

Uma vívida visão da "Cidade dos Anjos Perdidos"; os democratas definidos; um Pentágono de caixeiros-viajantes; alguns retratos penetrantes dos políticos

Eu estava vendo a Pershing Square, em Los Angeles, pela primeira vez... os nervosos michês esgueirando-se para dentro e para fora das sombras, fugitivos da Times Square, da Market Street de San Francisco, do Bairro Francês — prostitutos procurando bichas solitárias para escorchar, qualquer coisa desde os legendários vinte dólares até um apê para passar a noite e um café-da-manhã e mais o que desse para surrupiar; e os ameaçadores tiras em seus uniformes sagrados, sagrados por causa do Todo-Poderoso Cassetete e da Todo-Poderosa Lei Anti-Vadiagem; os drogados dispersos, os pequenos traficantes, os veados, os tristes mendigos, as solitárias e exiladas beldades rondando a entrada do banheiro masculino, as bichas com olhos ávidos e moedas tilintantes; as adolescentes duronas — as "dittybops" — negociando com os desorientados rapazes de programa... tudo em meio à incongruente música de flauta e às flores — multicoloridas fontes gêmeas: o mundo da América Solitária se espremendo na Pershing Square, o mundo das Cidades da Noite Terrível, agora preso na armadilha da Cidade dos Anjos perdidos... e as árvores pairam sobre ela toda, como uma espécie de destino indiferente.

John Rechy, *Big Table 3*

Ao ver Los Angeles depois de uma ausência de dez anos, o sujeito volta a se dar conta de que a América é um pacto infeliz entre o Leste (aquele ímpeto fáustico de uma vontade humana muito determinada que tem como horizonte os arranha-céus de Nova York) e aquelas planícies de acomodação e medíocre expressão própria, aquelas intermináveis cidadezinhas quase bonitas e repetitivas do Meio-Oeste e do Oeste, cujo espírito é horizontal para sempre e cuja essência se encontra na monotonia pastel da arquitetura de Los Angeles.

Se a América tem uma história, é possível vê-la nos cumes abruptos da cidade de Nova York, no resplendor das fábricas de Pittsburgh, na cor dos tijolos da Louisburg Square, ao longo das intrincadas e gananciosas fachadas das pequenas mansões no lado norte de Chicago, nas casas de Natchez anteriores à guerra civil, nas sacadas de ferro batido nas cercanias da Bourbon Street, numa casa de capitão em Nantucket, numa curva da Commercial Street em Provincetown. Pode-se fazer uma lista; ela é provavelmente finita. A cultura que fizemos e que a história recolheu pode ser encontrada nesses poucos e ásperos exemplos de uma arquitetura que chegou à sua forma artística, nasceu, viveu e desse modo angariou alguma história a seu respeito. Nem todas as raízes da vida americana são desenraizadas, mas quase todas, e o espírito do supermercado, essa extensão homogênea de superfícies inoxidáveis e de pessoas psicanalisadas, artigos empacotados e casas térreas, intercambiáveis, geograficamente irreconhecíveis, essa essência da nova Super-América do pós-guerra é encontrada em sua forma mais perfeita nas terras ubíquas de Los Angeles. Tem-se a impressão de que as pessoas vêm para Los

Angeles com o objetivo de se divorciar do passado, para viver ou tentar viver no desarraigado mundo de prazer de uma criança adulta. Sabe-se que, se as cidades do mundo fossem destruídas por uma nova guerra, a arquitetura da reconstrução criaria uma paisagem que se pareceria, guardadas algumas adaptações climáticas, exata e inteiramente com o vale de San Fernando.

Não é que Los Angeles seja completamente medonha, ela até é gradualmente agradável, mas para quem vem do Leste sempre falta sal no ar; é como comida mexicana sem chili, ou rolinhos chineses sem seu tempero próprio; à medida que se viaja pelas intermináveis repetições dessa cidade que é a capital dos subúrbios com seus rosas leitosos, seus laranjas lavados, seus amarelos-limões em tom pastel de cada uma de suas pequenas monstruosidades arquitetônicas, uma depois da outra, com as cores insuficientemente intensas, os estilos nunca puros, e nunca impuros o bastante para chocar a vista, pode-se então ter uma idéia das pessoas que vivem aqui — elas não deixam de se expressar. Los Angeles é a capital da expressão pessoal, mas os artistas são de classe média e mentalidade medíocre; nenhuma paixão arderá aqui durante anos na obscuridade para ser revelada uma década depois como as urdiduras de uma obra árdua e fértil, isso não, é tudo escancarado, promíscuo, emprestado, meio comprado, uma cidade sem ferro, que evita a madeira, um reino de estuque, parque de diversões para homens massificados — tem-se a sensação de que foi construída por homens que recebiam ordens de aparelhos de televisão. E, nesta terra da afetação, a virilidade está nos barbarismos, nas vulgaridades, está nos cartazes imensos, na estridência das luzes de néon, nas cores berrantes dos postos de gasolina e das monstruosas lojas de conveniências, está no molejo dos carros esportivos, envenenados, conversíveis. Los Angeles é uma cidade para rodar de carro, os bulevares são amplos, o tráfego é nervoso e veloz, as estações de rádio tocam músicas vigorosas, sacolejantes, encrespadas, entende-se todo o pop numa canção pop, ninguém que se preze faria amor ouvindo isso, mas o som é bom para barbarizar num carro, guitarras elétricas e harpas havaianas.

Então foi essa a cidade para onde vieram os democratas, com seu instinto infalível (depois de passar uma semana com eles, a gente começa a pensar nesse partido como uma família maluca, meio rica, cheia de primos pobres, viajando sempre em caravanas com Cadillacs e Okie Fords, Lincolns e mulas quarto de milha, alojando-se toda noite em tendas para ouvir o quarteto de câmara da Grande Prima Eleanor ser invadido pelo som texano metálico das cordas de aço dos violeiros de Bubber Lyndon,* carregando seu próprio diretor malvado de colégio, Doc Symington, repreendida por seus modos pelo bom Tio Adlai, orientada em sua marcha pelo Navegador Jack, excluída a cada seis meses do rico testamento do Tio Jim Farley, nunca dando ouvidos ao mecânico da caravana, o Careca Sam Rayburn, que assegura que vão todos se estrepar a menos que o Primo Bubber consiga a concessão para a oficina; é a família Snopes casada com Henry James, com os sindicatos de trabalhadores, todos espremidos como um dólar ianque, e no entanto é verdade, nos momentos de calma a gente se recorda deles com afeto, o instinto deles é bom, é o bom instinto de uma família maluca), e esse instinto agora levou a caravana a escolher o Biltmore Hotel no centro de Los Angeles para o encontro e a reunião da família.

O Biltmore é um dos hotéis mais feios do mundo. Inspirado nos telhados planos de um palácio renascentista italiano, é 88 vezes maior, e um milhão de vezes menos valioso para a conti-

* Bubber não era um apelido conferido, ao menos publicamente, a Lyndon Johnson. É possível que o autor faça uma referência indireta ao cantor negro de blues Bubble Johnson, sulista como o político democrata. (N. T.)

nuação da humanidade, e seria intolerável se não fosse pela presença da Pershing Square, aquele quarteirão quadrado de parque com cactos e palmeiras, a convenção de 365 dias por ano de todo drogado, maconheiro, traficante, bicha (mas vocês já leram essas belas palavras na epígrafe). Durante anos a Pershing Square foi um dos três ou quatro lugares da América famosos entre os homossexuais, famoso não por sua pose, já que a elegância roda bolsinha aqui, mas porque é um dos avatares do velho e bom sexo masturbatório, coberto pelo açúcar-cândi das obscenidades, sórdidas pensões virando a esquina onde é feita a contagem, sórdidas lojas de livros e fotos rua abaixo, antiquadas casas burlescas saídas dos anos 30, bares de pegação, jukeboxes, cinemas; a Pershing Square é a pracinha de todos os homossexuais solitários, respeitáveis e provincianos que vivem uma vida de família, fazem filhos e abraçam a psicologia Philbrick (Como Entrei para o Partido Comunista e Levei Três Vidas).* Sim, é o salão de convenções ao ar livre dos invertidos provincianos que vivem como espiões, e fica no centro de Los Angeles, em frente ao Biltmore, aquele hotel que é um mausoléu, aquele Pentágono de caixeiros-viajantes que o partido escolheu para abrigar o quartel-general da convenção.

Então para cá veio essa família, abatida antes mesmo do começo do encontro pela fulminante ausência do Grande Tio Truman, os delegados espalhados por um raio de 48 quilômetros e 27 hotéis: o Olympian Motor Hotel, o Ambassador, o Beverly Wilshire, o Santa Ynez Inn (onde, segundo os rumores, os delegados da Louisiana iam nadar em plena meia-noite), o Mayan, o

* Referência a Herbert Philbrick, publicitário de Boston que, orientado pelo FBI, se infiltrou voluntariamente no Partido Comunista americano entre 1940 e 1949 e, sobre essa experiência, escreveu o livro *Levei três vidas: cidadão, "comunista" e contra-espião*, que se tornou best-seller e deu origem a um seriado de TV no início da década de 50. (N. E.)

Commodore, o Mayfair, o Sheraton-West, o Huntington-Sheraton, o Green, o Hayward, o Gates, o Figueroa, o Statler Hilton, o Hollywood Knickerbocker — será preciso ser um colecionador para listar esses nomes? —, todos umas belezas, com aquela decoração saída direto da fazenda, típica de Los Angeles, com janelas espelhadas, pátio e terraço, colchões de espuma de borracha, pintura pastel, todos eles lindos como um anúncio colorido de página inteira, todos exceto o Biltmore, onde todo mundo se juntava todo dia — os repórteres de TV, rádio, jornal e revista, os correspondentes estrangeiros, os delegados, os políticos, os turistas, os coordenadores de campanha, os mensageiros, os puxa-sacos, os primos e as tias, as esposas, os avós, as garotas de oito anos e as garotas de 28 anos em uniforme Kennedy, vermelho, azul e branco, as Symingtonetes, as Johnson Ladies, as Stevenson Ladies, todo mundo —, e, nos três dias que antecederam a convenção e nos quatro dias que ela durou, todo mundo se apinhou no Biltmore, no saguão, na churrascaria, no anfiteatro Biltmore, nos elevadores, ao longo dos corredores, num raio de trezentos metros a partir da suíte de Kennedy, fervilhando em toda parte, em cada cômodo de paredes marrons e carpete escuro do hotel, mas foi nas galerias do Biltmore que deu para sentir pela primeira vez a atmosfera que permearia todo o processo até quase o final da convenção, aquela depressão pesada, espessa e obtusa que dominaria cada ato quando os delegados perambulassem, desfilassem com ar estúpido e parassem para um descanso, ali nas galerias do Biltmore, naquele enorme e deprimente beco com sua inimitável cor de hotel, aquele abismo de desbotado *chiaroscuro* tristemente sem profundidade, aquele marrom que não é marrom, aquele cinza que não tem brilho, aquela cor que só pode ser descrita como cor de hotel porque os beges, os bronzes, as nogueiras, os mognos, os tapetes cor de sangue coagulado, os amarelos gementes, os verdes doentios, os cinzas e todos aqueles marrons embotados fundem-se naquela falta de cor que caracteriza um hotel desmesurado em época de convenção, com todos os provincianos exibindo suas caras rígidas, engomadas, aquele ar febril e suspeito que eles ostentam num festival, orgulhosos por estar ali, circulando para lá e para cá naquela sala que parece um túnel do tamanho de um quarteirão, com seu teto curvo e seus nichos quadrados abarrotando cada viga da arcada com obras de arte, escudos, brasões e outros tipos de arte, acho que pinturas, não consigo nem lembrar, pois havia tamanha montanha de fumaça de charuto que o olho tinha de abrir caminho para enxergar o teto, e numa das extremidades havia um andaime de canos galvanizados e operários consertando uma parte do teto, um deles dando retoques num dos incontáveis quadrados de gesso pintado, e o outro operário gritando para ele: "Ei, Michelangelo!".

Mais tarde, evidentemente, as coisas foram ficando mais claras e tornou-se possível fixar certos retratos, como o de Symington, pertinaz numa coletiva de imprensa, declarando sem convicção que sabia serem boas suas chances de vencer, o desapontamento corroendo sua boa aparência de tal maneira que ele acabou ficando de cara fechada, malvada e ao mesmo tempo frouxa — uma melancolia desesperada brotava de suas melhores intenções. Havia Johnson, que conciliara contradições em excesso e agora as exibia no próprio rosto: quando sorria, os cantos da boca se espremiam vertendo amargura; quando queria se mostrar piedoso, seus olhos brilhavam de ironia; quando falava num tom íntegro, parecia corrupto; quando gracejava, a pelanca da sua papada parecia tremer. Não era convincente. Era um político sulista, um democrata do Texas, um Eisenhower liberal; não fazia mal algum, não fazia bem algum, obedecia à máquina, bom sujeito, amigo batuta — os russos o compreenderiam melhor que sua própria gente.

Stevenson tinha aura. Entrava na sala e esta ficava diferente, talvez não mais forte (o que explica, em última instância, por que ele não venceu), mas mais calorosa. Era fácil saber por que alguns o adoravam; ele não se parecia com os outros, ao menos não quando os flashes da imprensa estavam sobre sua pele; parecia-se com um amante sincero, tinha a doce felicidade de um adolescente que tivesse acabado de receber seu primeiro beijo importante. Assim, ele resplandecia, e fazia a gente pensar em Chaplin, não porque houvesse a mais remota semelhança física entre eles, mas porque Charlie Chaplin era luminoso quando o víamos pessoalmente, e Stevenson tinha algo daquela luz.

Havia Eleanor Roosevelt, fina, precisa, trabalhada à mão como o marfim. Sua voz era quase sedutora quando explicava, no tom firme e triste de primeira-dama visitando a província, por que não podia admitir o sr. Kennedy, que sem dúvida era um cavalheiro, em sua casa política. Tinha-se a impressão de uma dama que finalmente se tornava mulher, o que vale dizer simplesmente que ela era um tanto maliciosa a respeito de tudo; maliciosa com graça, com charme, havia um toque de arte naquilo, mas fazia a gente se perguntar se ela não estaria agora satisfazendo a última paixão de todas elas, que é a de se tornar fisicamente atraente, pois, ao rejeitar as possibilidades de um jovem pretendente, estava mais bonita do que nunca.

Jim Farley. Imenso. Frio como um bispo. O inferno a que ele despacharia a gente era frio como o gelo.

Bobby Kennedy, aquele arquetípico Bobby Kennedy, parecia um cadete de West Point, ou melhor, um daqueles irlandeses inabaláveis da Kirkland House* que a gente sempre tinha de encarar nos jogos internos de futebol americano de Harvard. "Olá",

* Kirkland House: um dos doze alojamentos para estudantes de graduação da Universidade de Harvard. (N. T.)

dizíamos aos que se pareciam com ele enquanto nos posicionávamos para o agarra-agarra depois do apito inicial, e o sujeito fazia que sim com a cabeça e olhava para outro lado, o pétreo lampejo de consideração a que a gente tinha direito por morar no quarto em frente ao dele no alojamento durante o primeiro ano de escola, e então *bang*, enquanto a bola era passada para trás, a gente sentia uma tremenda joelhada no saco. Ele era o tipo de sujeito que você não devia desafiar para uma luta amistosa de boxe, porque em dois minutos a coisa viraria uma guerra, e os bastardos ególatras duram muito numa guerra.

Carmine DeSapio e Kenneth Galbraith no mesmo setor do salão de convenções. DeSapio é maior do que eu esperava, mordaz e aparatoso, com grandes e formidáveis óculos escuros, um bronzeado Mantan* — é o tipo do italiano peso pesado que poderia se dar bem com um nome como Romeo --, e Galbraith é alto-alto, como dizem os atores, talvez dois metros, terrivelmente magro, extremamente atento, refinadamente educado; como um pássaro, é sensível ao agitar de juncos pelo vento na montanha mais próxima. "Nossa eminência parda", sussurrou o observador inteligente ao meu lado.

Bob Wagner, o prefeito de Nova York, um homenzinho gorducho, aprumado, insosso. Tinha o aspecto inexpressivo, brilhantinado e levemente preocupado do barbeiro principal de uma boa barbearia, alguém que iria à corrida de cavalos no seu dia de folga e usaria um anel de ouro com uma pedra verde transparente.

E havia Kennedy, o limiar do mistério. Mas desta vez um esboço não será suficiente.

* Provável referência ao comediante negro de teatro e cinema Mantan Moreland (1901-73), muito popular nos Estados Unidos. (N. T.)

3. Perspectiva do terraço do Biltmore

A colorida chegada do herói de pele bronzeada e dentes espantosamente brancos; revelação da teoria política dos dois rios

Pode-se dizer com uma boa dose de certeza que a essência do seu encanto político é sua extraordinária inteligência política. Ele tem uma mente inteiramente diferente da de qualquer outro democrata deste século. Essa mente não é literária, metafísica e moral, como a de Adlai Stevenson. Kennedy é articulado e freqüentemente espirituoso, mas não busca o brilho verbal. Ninguém pode duvidar da seriedade da sua preocupação com as mais sérias questões políticas, mas é possível perceber que, se as concepções políticas do sr. Stevenson derivam de uma visão da vida em que a política é uma mera fração da existência, o interesse primordial do senador Kennedy é pela política. O modo fácil como ele lida com a questão da Igreja e do Estado — como se sentisse que todo homem razoável pode resolver facilmente qualquer possível conflito entre fidelidades — sugere que a organização da sociedade é a única coisa que realmente ocupa o seu interesse.

Richard Rovere, *The New Yorker*, 23/7/1960

Na tarde em que ele chegou, vindo do aeroporto, havia obviamente uma grande multidão diante do Biltmore, e a melhor maneira de ter uma boa visão era subir ao terraço externo do hotel, dois andares acima da rua, e observar o evento de lá de cima. Esperei trinta minutos, e então um buzinaço tão ruidoso quanto o de um casamento italiano soou virando a esquina, e o séquito de Kennedy entrou no meu campo de visão, deu a volta na Pershing Square, com os homens nos conversíveis que abriam o cortejo olhando para trás para ver o seu líder, e finalmente parou num espaço aberto pela polícia no meio da multidão. As câmeras de televisão estavam a postos, e uma banda pró-Kennedy tocava uma música circense. Deu para vê-lo imediatamente. Tinha o intenso bronzeado marrom-alaranjado de um instrutor de esqui, e quando sorria para a multidão seus dentes eram espantosamente brancos, claramente visíveis a uma distância de uns cinqüenta metros. Por um momento ele saudou a Pershing Square, e a Pershing Square saudou-o de volta, o príncipe e os mendigos do glamour encarando-se mutuamente numa rua de metrópole, um daqueles momentos muito especiais da história subterrânea do mundo, e então, com um gesto rápido, ele saiu do carro e dirigiu-se para o meio da multidão, em vez de percorrer a passagem até o hotel aberta para ele pela polícia, de modo que abriu caminho para dentro cercado por uma turba, e dava a impressão de que a qualquer momento o veríamos levantado nos ombros da massa, como um toureiro carregado pela cidade depois de um triunfo na arena. Durante todo o tempo a banda seguiu tocando os temas da campanha, dançante música circense, e tive um momento de clareza, intenso como um *déjà vu*, pois a cena que acabara de ocorrer tinha sido vislumbrada antes em uma dúzia de comédias musicais; era a cena em que o herói, o ídolo das matinês, o astro do cinema, chega ao palácio para reivindicar a princesa, ou — o que dá no mesmo, e está mais perto do nosso terreno — o herói do futebol, o rei do campus, chegando à residência do reitor cercado por uma corte de ruidosos estudantes para lhe pedir permissão para beijar sua filha e encenar o grande musical naquela mesma noite. E subitamente eu vi a convenção, ela entrou em foco para mim, e compreendi a atmosfera de depressão que baixara sobre ela, porque finalmente era simples: os democratas iriam indicar um homem que, não importa quão séria pudesse ser sua dedicação política, seria visto, de modo incontestável e irreversível, como um ator de grande sucesso, e as conseqüências disso eram vertiginosas e difíceis de calcular.

Desde a Primeira Guerra Mundial os americanos têm levado uma vida dupla, e nossa história fluiu por dois rios, um visível, o outro subterrâneo; existe a história da política que é concreta, factual, prática e incrivelmente aborrecida, exceto pelas conseqüências das ações de alguns desses homens; e existe um rio subterrâneo de desejos armazenados, ferozes, solitários e românticos, aquela concentração de êxtase e violência que é a vida onírica da nação.

O século XX ainda poderá ser visto como a era em que o homem civilizado e o homem despossuído se fundiram no homem-massa, o ferro e o aço do século XIX dando lugar aos circuitos eletrônicos que comunicavam suas mensagens aos homens, a inequívoca tendência do novo século parecendo ser a criação de homens intercambiáveis como mercadorias, seus extremos de personalidade expulsos da existência pelos campos mentais impostos pelos comunicadores. A perda de personalidade era uma catástrofe para o futuro da imaginação, mas bilhões de pessoas talvez se beneficiassem dela antes de mais nada tendo o bastante para comer — não se sabia —, e restavam cidadelas de resistência na Europa, onde a cultura era profunda e as raízes eram visíveis na arquitetura do passado.

Em nenhum lugar como na América, entretanto, essa queda do homem individual para o homem-massa foi sentida de modo tão agudo, pois a América foi ao mesmo tempo o primeiro e mais prolífico criador de comunicações de massa, e o mais desarraigado dos países, uma vez que quase nenhum americano pode se declarar parte da linhagem de uma família que não tenha pelo menos uma vez rompido suas raízes ao migrar para cá. Se não tinha raízes, tratava-se então do mais vulnerável dos países à sua própria homogeneização. E, contudo, a América foi também o país no qual o mito dinâmico da Renascença — de que todo homem era potencialmente extraordinário — conheceu sua mais apaixonada persistência. A América simplesmente foi a terra em que as pessoas ainda acreditaram em heróis: George Washington; Billy the Kid; Lincoln, Jefferson; Mark Twain, Jack London, Hemingway; Joe Louis, Dempsey, Gentleman Jim; a América acreditou em atletas, contrabandistas, aviadores; mesmo em amantes, na época em que Valentino morreu. Foi um país que cresceu saltando de um herói para outro — existe por acaso uma comarca em todo o nosso território que não tenha sua figura legendária? E quando o Oeste foi ocupado a expansão voltou-se para dentro, tornou-se parte de uma agitada, superexcitada e superaquecida vida de sonho. Os estúdios de cinema acenderam seus holofotes quando a fronteira estava definitivamente estabelecida, e as possibilidades românticas da velha conquista de território foram transformadas num mito vertical, preso no interior do crânio, de um novo tipo de vida heróica, cada qual escolhendo seu próprio arquétipo de homem neo-renascentista, fosse ele Barrymore, Cagney, Flynn, Bogart, Brando ou Sinatra, mas era quase como se não houvesse paz, a menos que se pudesse lutar bem, matar bem (embora sempre com honra), amar bem e amar muito, ser cool, ser ousado, ser enérgico, ser indômito, ser astuto, ser desenvolto, ser um valentão. E esse mito — de que cada um de nós nasceu para ser livre, para andar sem destino por aí, para viver aventuras e surfar nas ondas do violento, do perfumado e do inesperado — teve uma força que não pôde ser domada, por mais que os reguladores da nação — políticos, médicos, policiais, professores, padres, rabinos, pastores, *idéologues*, psicanalistas, empreiteiros, executivos e infindáveis comunicadores — cercassem a vida moderna com higiene e sanidade, sermões classe média e platitudes; o mito não morreu. Na verdade, um quarto dos negócios da nação deve ter dependido de sua existência. Mas não foi só por isso que ele permaneceu vivo — era como se a mensagem gravada no labirinto dos genes insistisse que a violência era inseparável da criatividade, e que a aventura era o segredo do amor.

Por uma vez, na Segunda Guerra Mundial e no par de anos que se seguiram, o rio subterrâneo voltou à superfície, e a vida da nação foi intensa, presente, elétrica; como disse uma dama, "Era a época em que dávamos festas que mudavam a vida das pessoas". Os anos 40 foram uma década em que o ritmo dos eventos pessoais parecia tão veloz quanto a história dos campos de batalha, e para a massa do povo americano o resultado foi uma marcha forçada para o interior de uma nova selva de emoções. As surpresas, os fracassos e os perigos dessa vida devem ter alarmado algum nervo da consciência do poder e da massa, pois, como que em reação às visões orgiásticas que o mito trouxera do subterrâneo, o recuo para uma existência mais conservadora foi atabalhoado, e o medo do comunismo se espalhou como uma irracional epidemia de varíola. Para quem podia ver, a excessiva histeria da onda vermelha não era um preparo para enfrentar o inimigo, mas um pavor da própria personalidade da nação: preconizador do amor livre, cultor da luxúria, ateísta, implacável — os absurdos se acumulavam para rotular o comunismo, pois os produtos morais do stalinismo tinham sido uma sexualidade vitoriana e uma pesada máquina de teologia materialista.

Expulso de novo para o subterrâneo, muito abaixo de toda a dieta hospitalar de Saúde Mental em Sua Comunidade prescrita pelo *Reader's Digest*, o mito continuou a fluir, alimentado pela televisão e pelo cinema. A fissura na psique nacional alargou-se até atingir um ponto crítico. A última grande aparição do mito foi a votação que zombou das pesquisas e deu a Harry Truman sua vitória em 48. Foi a última. Vieram a Guerra da Coréia, a sombra da bomba H, e estávamos prontos para o General. Tio Harry deu lugar ao Pai, e segurança, regularidade, disciplina e vida sem imaginação passaram a ser a ordem do dia. Se alguém ainda tivesse dúvidas quanto a isso, havia Joe McCarthy com seu detector de mentiras embutido, fornecido por Deus, e a desgraça estava feita. Nos ventos totalitários daqueles dias, qualquer um que trabalhasse no governo adquiria o hábito de não ser muito original, e muitas mentes se atrofiaram por falta de uso e por íntima vergonha. No topo havia benevolência sem liderança, regularidade sem visão, defesa sem proteção, retórica sem vida. O barco seguia à deriva, aquele enorme navio de guerra dos Estados Unidos, conduzido por um secretário de Estado cujas células estavam se rendendo ao câncer, e ao mesmo tempo que o mundo se tornava mais fantástico — a África virando de cabeça para baixo, enquanto um novo tipo de homem-máquina era produzido na China — dois eventos atordoaram a América, convertendo sua confiança numa nova noite: os russos lançaram seu Sputnik, e os direitos civis — aquela dádiva relutante ao negro americano, concedida em função de seus efeitos na política externa — irromperam na vida real em Little Rock.* O ego nacio-

* No verão de 1957, a cidade de Little Rock, no Arkansas, foi palco de conflitos raciais quando a escola pública local passou a admitir alunos negros. O governador do estado mandou a Guarda Nacional cercar a escola para impedir a entrada deles, mas um juiz federal suspendeu o ato, e nove estudantes negros entraram no prédio escoltados por tropas federais. (N. T.)

nal estava em estado de choque: os russos eram agora, em alguns campos, tecnologicamente superiores a nós, e tínhamos um problema interno de populações subjugadas, comparável teoricamente, em sua dificuldade, ao dos soviéticos e seus satélites. A calma paternal do General começou a mostrar semelhanças com a suavidade melíflua do agente funerário.

Por baixo de tudo isso havia um grande problema. A vida da política e a vida do mito tinham se afastado demais uma da outra, e as energias das pessoas conhecidas em toda parte tinham enfraquecido. Vinte anos antes uma geração pós-Depressão fora à guerra e formara um exército vivaz, resmungão, às vezes ineficiente, farrista, dado aos prazeres, não totalmente inadequado. Ela fez uma parte do que se esperava que fizesse, e muitos, fora do combate, encontraram naturalmente algum tipo de vida privada, e tiveram sua diversão apesar dos solavancos do sistema militar. Mas no presente, na América, a geração que respeitou o código do mito foi a geração beat, uma horda de Cristos de meia-tigela com barbas desgrenhadas, nenhum herói, todos santos, fracos diante do poderoso e vazio conformismo da autoridade. A motivação para a busca do desenvolvimento pessoal não era mais a bandeira, a carreira, o sexo, a aventura, nem mesmo a birita. Entre os melhores nessas novas gerações, o mito encontrara sua voz na maconha, e a piada no underground era a de que, quando os russos chegassem, não ousariam ocupar nosso território por muito tempo porque a América era bacana demais. Humor de patíbulo. A verdade mais modesta talvez fosse a de que a América era beat demais, de que o instinto da nação estava tão separado da opinião pública que a apatia, a esquizofrenia e beatitudes privadas talvez fossem a única glória que o comitê de recepção de qualquer underground teria a ostentar.

Sim, a vida da política e a vida do mito tinham se afastado demais. Não havia nada que as fizesse retornar uma para a outra:

nenhum perigo comum, nenhuma causa, nenhum desejo e, principalmente, nenhum herói. Era de um herói que a América precisava, um herói fundamental para o seu tempo, um homem cuja personalidade pudesse sugerir contradições e mistérios que conseguissem penetrar nos circuitos alienados do subterrâneo, porque só um herói pode apreender a imaginação secreta de um povo, e desse modo ser benéfico à vitalidade de sua nação; um herói encarna a fantasia e assim propicia a cada mente individual a liberdade de levar em conta sua fantasia e encontrar um meio de crescer. Cada mente pode tornar-se mais consciente de seu desejo e desperdiçar menos energia escondendo-se de si mesma. Roosevelt era um herói assim, e Churchill, Lenin e De Gaulle; até Hitler, para citar o mais odioso exemplo dessa tese, foi um herói, o herói-enquanto-monstro, encarnando aquilo em que se transformara a fantasia monstruosa de um povo, mas o horror diante do qual a mente radical e o temperamento liberal soçobraram foi que ele deu vazão às energias dos alemães e assim presenteou o século XX com um mostruário de quão horrível se tornara o coração secreto do desejo desse mesmo século. Roosevelt obviamente é um exemplo mais feliz de herói; da perna paralítica à elegância régia de sua jovialidade, ele parecia conter o país em si mesmo; todo mundo, do mais desprezível aleijado faminto ao mais ambicioso jovem, podia dar rédea solta ao otimismo quanto a um futuro melhor, porque o homem oferecia uma promessa não pronunciada de um porvir que seria rico. Os sexualmente ativos e os sem-sexo, os pobres, os trabalhadores e os endinheirados imaginativos podiam se ver no presidente, podiam acreditar que ele era como eles. Assim, uma grande parte do país foi capaz de descobrir suas energias porque estas não eram desperdiçadas com o sentimento de que o país era um nutriente envenenado que sufocava o dia.

Simples demais? Sem dúvida. A gente tenta construir um modelo simples. A tese, no fim das contas, não é tão misteriosa; trata-se meramente de passar a noção de que um herói encarna seu tempo e não é muito melhor que seu tempo, mas é maior que a vida e portanto é capaz de dar rumos a seu tempo, capaz de encorajar uma nação a descobrir as cores mais profundas do seu próprio caráter. No fundo o conceito de herói é antagônico ao progresso social impessoal, à crença de que os males sociais podem ser resolvidos pela legislação social, pois vê um país como prisioneiro de seu próprio caráter até que um herói lhe venha revelar esse caráter. A conclusão é que sem tal herói a nação se arrasta, preguiçosa. Truman, por exemplo, não era um herói assim, não era maior que a vida o bastante, inspirava familiaridade sem excitação, era um personagem, mas suas proporções vinham das telenovelas: Tio Harry, cheio de senso comum e convicção simplória, um tio dono de armazém.

Enquanto Eisenhower tem sido o anti-herói, o regulador. As nações não anseiam necessária e inevitavelmente por heróis. Em períodos de pesada angústia, é mais provável que se procure segurança em vez de uma confrontação dramática, e Eisenhower poderia servir como herói apenas para aquele grande número de americanos que tinha muito orgulho de sua própria falta de imaginação. Na vida americana, a guerra não declarada do século tem ocorrido entre a metrópole e a província: a metrópole é dinâmica, orgíaca, inquieta, explosiva e aceleradora da psique; a província é arraigada, tacanha, prudente e plantada na lógica de vida da família. A necessidade da metrópole é acelerar o desenvolvimento; o orgulho da província é retardá-lo. Mas, uma vez que a América vem passando por um período de enorme expansão desde a guerra, os oito anos do duplo mandato de Dwight Eisenhower não foram capazes de retardar a expansão — conseguiram apenas despojá-la de cor e de caráter — e o avanço renovador. A mentalidade provinciana é enraizada — enraizada na província —, e quando tenta conduzir a história os resultados são desastrosamente pálidos porque o instrumento de poder usado pela mentalidade provinciana é o comitê. Comitês não criam, eles simplesmente proliferam, e o incrível embotamento que assolou a paisagem americana nos oito anos de Eisenhower foi um triunfo da corporação. O resultado foi uma santidade insossa, assexuada, inodora, na arquitetura, nos costumes, nos estilos. Eisenhower personificou metade das necessidades da nação, as necessidades dos medrosos, dos petrificados, dos carolas, dos indolentes. O que foi pior, ele não dividiu a nação como poderia fazer um herói (com um diálogo dramático como resultado); meramente excluiu uma parte da nação da outra. A conseqüência foi um afastamento das melhores cabeças e dos impulsos mais corajosos da história vacilante que estava sendo feita. A necessidade da América nesses anos era a de dar uma virada existencial, de caminhar para dentro do pesadelo, de encarar aquela terrível lógica da história que exigia que o país e seu povo se tornassem mais extraordinários e mais aventurosos, ou então definhassem, uma vez que a única alternativa seria oferecer uma falsa confiança no poder e a panacéia da religião organizada, da família e do FBI, uma totalitarização da psique pelas técnicas estupidificantes dos meios de comunicação de massa que se infiltrariam nos raciocínios mais íntimos de cada um e assim deixariam o país impotente contra os russos, mesmo que o desenlace durasse cinqüenta anos, pois numa competição entre totalitarismos a primeira máxima de um empresário de boxe sem dúvida se aplicaria: "Os lutadores famintos sempre vencem".

4. O bacana como candidato presidencial

Pensamentos sobre a esposa setecentista de um homem público; cara a cara com o herói; a importância de uma nota pessoal, ou o sentido do fato de ele ter lido um romance do autor

Uma parte desses pensamentos devia estar na minha cabeça no momento em que houve aquele primeiro vislumbre de Kennedy entrando no Biltmore Hotel; e, nos dias que se seguiram, o primeiro mistério — a profunda atmosfera de depressão que pairava sobre a convenção — deu lugar a um segundo mistério, que só poderá ser desvendado pela história. A depressão dos delegados era compreensível: ninguém tinha muita dúvida de que Kennedy seria indicado, mas, se eleito, ele seria não apenas o mais jovem presidente escolhido por eleitores, mas também o moço mais convencionalmente encantador a ocupar a Casa Branca, e sua esposa — diriam alguns — talvez fosse a mais linda primeira-dama da nossa história. Da necessidade emergiria mais uma vez o mito, porque a política da América seria também o filme favorito da América, a principal telenovela, o maior best-seller. Vêm à mente os talentos de escritores como Taylor Caldwell ou Frank Yerby, ou é *The fountainhead* [*A nascente*]* que conteria tal

* Taylor Caldwell (1900-85): escritora nascida na Inglaterra, escreveu sob os pseudônimos Marcus Holland e Max Reiner; entre seus livros, destacam-se *A*

encarnação da receita romântica? Ou será que é a própria obra da gente que é posta em questão? "Bem, aí está o seu primeiro bacana", diz um escritor conhecido na convenção, "um Sergius O'Shaugnessy* nascido rico", e a tentação é concordar, pois poderia ser verdade, um herói de guerra, e o heroísmo é legítimo, até mesmo excepcional, um homem que conviveu com a morte, que, com as costas estropiadas, sofreu uma operação que o mataria ou restauraria sua força, que escolheu casar com uma dama cujo rosto talvez fosse imaginativo demais para o gosto de uma democracia que prefere que suas primeiras-damas sejam executivas da administração doméstica, um homem que flerta com o suicídio político ao decidir concorrer a uma indicação quatro, oito ou doze anos antes que seus antecessores políticos o considerem pronto, um homem que anuncia uma semana antes da convenção que os jovens são mais aptos para conduzir a história do que os velhos. Sim, ele chama a atenção. Não é um candidato de rotina que só toma decisões de acordo com o manual de rotina ("Sim", disse Nixon, naturalmente, mas terrivelmente cansado, uma hora depois de sua indicação, as câmeras de TV, as luzes e os microfones revelando o suor fatigado de seu rosto, as palavras saindo devagar do cérebro exausto, lúgubres, moderadas, sóbrias, lentas, tão lentas que tornavam enfaticamente palpável a cautela por trás de cada uma delas, "Sim, eu quero dizer", disse

---

dinastia da morte e *O desafio do justo*. Frank Yerby (1916-91): romancista negro americano nascido na Georgia, escrevia predominantemente sobre a desigualdade racial; entre seus livros estão *A risada do Diabo* (1953) e *A noiva da liberdade* (1954). *A nascente* (1943): romance de Ayn Rand (1905-82), escritora russa radicada nos Estados Unidos, que narra a luta de um arquiteto idealista contra a ameaça do fascismo. Foi levado ao cinema por King Vidor em 1949 (no Brasil, o filme se chamou *Vontade indômita*). (N. T.)

* Sergius O'Shaugnessy: narrador do romance *Parque dos cervos* (*The deer park*), de Norman Mailer, um ex-aviador, neurótico de guerra, que tenta escrever um romance. (N. T.)

Nixon, "que, quaisquer que sejam as minhas capacidades, herdei da minha mãe". Uma pausa cansada..., um pesado momento de advertência, "... e do meu pai". Feita a conexão, o resto vem fácil, "... e da minha escola e da minha igreja". Homens assim são capazes de qualquer coisa.).

Foi possível estudar Kennedy um pouco nos dias que se seguiram. Seu estilo nas entrevistas coletivas era interessante. Não muito popular com os repórteres (contemporâneo demais, e entretanto difícil demais de entender, ele não recebeu nada parecido com as salvas de palmas dadas a Eleanor Roosevelt, Stevenson, Humphrey, ou mesmo Johnson), conduzia-se porém com uma graça serena que parecia indiferente ao aplauso, sua postura de algum modo similar ao equilíbrio de um pugilista refinado, veloz com as mãos, preciso no ritmo, e a meio metro de distância de seu *corner* quando soava o gongo encerrando o assalto. Havia uma ágil sagacidade nas suas respostas, uma sagacidade mordaz de Harvard, um agudo senso de medida ao lidar com as perguntas difíceis — invariavelmente dava uma resposta suficiente para ser formalmente satisfatória, sem abrir o flanco para uma nova pergunta que talvez fosse mais longe que a primeira. Diante da pergunta de um repórter: "O senhor apóia Adlai para vice-presidente?", um largo sorriso apareceu e a voz se tornou muito áspera: "Não, não posso dizer que estejamos pensando em Adlai para vice-presidente". Ainda assim, havia um esquivo distanciamento em tudo o que ele fazia. Não dava a impressão de um homem presente na sala com todo o seu peso e todo o seu pensamento. Johnson dava à gente tudo de si, era um animal político, respirava como um animal, suava como um, a gente sabia que seu pensamento estava inteiramente absorvido pelo compêndio de fatos e manobras da política; Kennedy parecia às vezes um jovem professor cuja atitude era adequada para a sala de aula, mas cuja mente estava longe, em alguma complicação da tese de doutorado que estava escrevendo. Talvez se possa dar uma idéia da discrepância dizendo que ele era como um ator fazendo o papel de candidato, um bom ator, mas não excepcional — a gente estava o tempo todo consciente de que o papel era uma coisa e o homem era outra, eles não coincidiam, o ator parecia um pouquinho reservado demais (assim como, digamos, Gregory Peck geralmente é reservado demais) para encarnar o papel. No entanto, a gente não sabia muito bem se devia apreciar essa reserva ou se precaver contra ela. Poderíamos estar testemunhando a firmeza de uma sensibilidade superior ou o distanciamento de um homem que não era totalmente sincero consigo mesmo. E sua voz não dava nenhuma pista. Quando Johnson falava, era possível separar o que era enganação do que era de fato sentido, ele seria satisfatório como ator no sentido em que Broderick Crawford ou Paul Douglas são satisfatórios; podíamos ver suas emoções por dentro, ou pelo menos tínhamos a ilusão de vê-las. A voz de Kennedy, porém, era apenas uma voz normal, um tanto aguda, quase estridente; tinha em algum lugar o estalido metálico de um grilo, era mais impessoal que o homem, e assim se tornava a qualidade menos impressionante num rosto, num corpo, numa escolha de palavras e num estilo gestual que configuravam uma apresentação mais que decente, melhor do que se esperava.

Com tudo isso, não daria certo passar ao largo da qualidade de Kennedy que é mais difícil de descrever. E de fato algumas pinceladas têm de ser acrescentadas a este esboço de retrato, pois mais tarde (depois da convenção) tive uma pequena reunião particular com ele, e no dia seguinte, outra. Como eu já suspeitara de antemão, as entrevistas não foram de todo satisfatórias, e dificilmente poderiam ter sido. Um homem disputando a presidência é algo completamente diferente de um homem eleito presidente: os riscos da campanha tornam impossível para um candidato ser tão interessante quanto talvez quisesse ser (presumindo que ele tenha tal desejo). Eu insistia no argumento de que aquela campanha seria uma disputa de personalidades, e Kennedy insistia em fazer a discussão voltar para a política. Depois de algum tempo percebi que, para ele, essa era uma cautela inevitável. Portanto, não haveria muito sentido em reconstituir o diálogo, uma vez que Kennedy não é nem um pouco inarticulado quanto a suas atitudes políticas e pode-se encontrar toneladas de textos dedicados a elas nos jornais. O que mais me tocou na entrevista foi um comentário de passagem cuja importância era invisível na escala da política, mas plena de significação para minha área de competência particular. Quando nos sentamos para a primeira conversa, Kennedy sorriu com simpatia e disse que havia lido meus livros. Murmurei minha satisfação. "Sim", disse ele, "eu li...", e então houve uma pequena pausa que não durou o bastante para ser constrangedora, na qual contudo era óbvio que nenhum título lhe vinha instantaneamente à lembrança, uma omissão que não me incomodaria de todo, uma vez que um homem numa posição como aquela deve ser obrigado a levar na cabeça cem mil fatos e nomes, mas a hesitação não durou mais do que três ou quatro segundos, e então ele disse: "Eu li *Parque dos cervos* e... os outros", o que me espantou, pois foi a primeira vez em uma centena de situações semelhantes que, conversando com alguém cujo conhecimento da minha obra era casual, a frase dita não foi "Eu li *Os nus e os mortos*... e os outros". Mesmo que pensemos na pior hipótese, a de que Kennedy tenha sido municiado de informações para aquela entrevista (o que é muito duvidoso), ainda assim isso fala muito sobre os instintos certeiros de seus assessores.

O que ficou na memória depois foi uma impressão dos modos de Kennedy, que eram excelentes, engenhosos mesmo, melhores do que os bons modos formais de Choate e Harvard, quase como se o que houvesse de criativo no homem se expressasse em seus modos. Numa sala com uma ou duas pessoas, sua voz melhorava, se tornava menos aguda, até agradável — parecia óbvio que em todos esses anos ele nunca se tornara um orador público natural, e então sua voz em público era forçada, sintoma de todos os oradores que são ambiciosos, contidos e determinados.

Seu caráter pessoal tinha uma intensidade sutil, não totalmente descritível, um indício de puro ardor contido, talvez, os olhos grandes, as pupilas gris, o branco dos olhos proeminente, quase chocante, sua mais vigorosa feição fisionômica: tinha os olhos de um montanhês. Sua aparência mudava com seu estado de espírito, drasticamente, e isso o tornava sempre mais interessante do que o que estava dizendo. Num momento ele parecia mais velho do que era, 48 ou cinqüenta anos, um professor alto, magro e de pele queimada, com um simpático rosto gasto, não particularmente bonito; cinco minutos depois, falando numa entrevista coletiva em seu gramado, com três microfones à sua frente e uma câmera de TV ligada, sua aparência tinha passado por uma metamorfose, ele parecia de novo um astro do cinema, de tez vívida, postura majestosa, gestos fortes e rápidos, animado por aquela concentração de vitalidade que um ator de sucesso sempre parece irradiar. Kennedy tinha uma dúzia de rostos. Embora eles não fossem nem um pouco semelhantes como indivíduos, essa qualidade fazia lembrar alguém como Brando, cuja expressão raramente muda, mas cuja aparência parece se deslocar de uma pessoa para outra à medida que os minutos passam, e levo a comparação adiante porque, a exemplo de Brando, a qualidade mais característica de Kennedy é o ar remoto e privado de um homem que atravessou algum terreno solitário da experiência, de perda e ganho, de proximidade com a morte, que o deixa isolado da massa dos outros.

> No dia seguinte, enquanto esperavam em vão pelo resgate, a metade destruída do barco virou de borco na água e eles viram que logo ela afundaria. O grupo decidiu nadar para uma ilhota a três

> milhas de distância. Havia outras ilhas maiores e mais próximas, mas os oficiais da Marinha sabiam que estavam ocupadas pelos japoneses. Numa ilha, a apenas uma milha em direção ao sul, podiam ver um acampamento japonês. McMahon, o sapador cujas pernas estavam imobilizadas por queimaduras, não podia nadar. Apesar de suas próprias costas dolorosamente lesionadas, Kennedy cobriu as três milhas a nado de peito, rebocando atrás de si, amarrado por um cinto salva-vidas preso entre seus dentes, o desamparado McMahon [...] Kennedy e o sapador ferido levaram cinco horas para alcançar a ilhota.

A citação é de um livro que tem o devotado e unilateral título *The remarkable Kennedys* [Os notáveis Kennedy], mas a prosa é de um dos melhores repórteres de guerra, o ex-editor da *Yank*, Joe McCarthy, e portanto presumivelmente merece confiança quanto a detalhes como esse. Valentia física obviamente não garante a capacidade de um homem na Casa Branca — com muita freqüência homens com coragem física são decepcionantes em sua imaginação moral —, mas o heroísmo aqui é notável por sua tenacidade. O episódio relatado é apenas um numa saga contínua que prosseguiu por cinco dias dentro e fora da água, e na qual Kennedy a certa altura foi "salvo milagrosamente do afogamento (durante uma tempestade) por um grupo de nativos das Ilhas Salomão que surgiram subitamente a seu lado numa grande canoa de tronco único". Depois disso, com as costas ainda machucadas (precisamente a mesma lesão nas costas que o obrigaria a usar muletas onze anos depois e o levaria a procurar uma "cirurgia de liga espinhal", apesar da advertência de que suas chances de sobreviver à operação eram "extremamente limitadas"), ele pediu para voltar à ação e se tornou tão audaz nos ataques que fazia com sua lancha-torpedeira "que a tripulação não gostava de acompanhá-lo porque ele se arriscava demais".

É a sabedoria de um homem que sente a morte dentro de si e aposta que pode curá-la arriscando a vida. É a terapia do instinto, e quem é sábio o bastante para chamá-la de irracional? Antes de entrar na Marinha, Kennedy estivera doente. Afastado das aulas em seu ano de calouro em Princeton por conta de um surto prolongado de icterícia, doente por um ano em Harvard, já lesionado nas costas por uma contusão no futebol, suas provações sugerem o ódio a si próprio de um homem provido de um ressentimento e uma ambição grandes demais para o seu corpo. Nem todo mundo pode descarregar suas fúrias num divã de analista, pois algumas raivas só podem ser mitigadas com a conquista de poder, algumas iras são monumentais o bastante para exigir que o sujeito tente se tornar um herói ou então sucumba àquela morte que já está no interior das células. Mas, se o sujeito consegue, a energia desencadeada pode ser excepcional. Conversando com um homem que estivera com Kennedy em Hyannis Port na semana anterior à convenção, eu soube que ele estava num estado de profunda fadiga.

"Bem, ele não parecia cansado na convenção", comentei.

"Ah, ele teve três dias de descanso. Três dias de descanso para ele são como seis meses para nós."

Penso naquela travessia de três milhas a nado com o cinto na boca e McMahon agarrado nele. Há doenças que se instalam na boca e apodrecem os dentes — naquelas cinco horas, quanto da psique deve ter sido refeito, para dar vazão à raiva naquela mordida e entretanto usar aquela raiva para salvar uma vida: não são muitos homens que têm a percepção apocalíptica de que o heroísmo é o médico de emergência.

Se eu tinha uma crítica profunda a Kennedy, era a seu pensamento público convencional demais, mas isso parecia importar menos que o fato de ter um homem como aquele no poder, porque a lei da vida política tornara-se tão soturna que somente um pensamento convencional poderia vencer uma eleição. De fato, não podia haver política que aquecesse nosso corpo antes que o país tivesse recuperado sua imaginação, sua avidez pioneira pelo inesperado e pelo inestimável. Era nas mudanças que talvez viessem em seguida que podíamos colocar as esperanças. Com tal homem no poder o mito da nação seria convocado novamente, e o fato de ele ser católico provocaria uma primeira vibração existencial de consciência na mente dos protestantes brancos. Pela primeira vez na nossa história, o protestante teria o tormento e o luxo criativo de sentir-se, mesmo que em grau minúsculo, parte de uma minoria, e essa talvez viesse a ser uma experiência de valor incomensurável para os melhores entre eles.

5. Uma vinheta de Adlai Stevenson; os discursos

O que aconteceu quando o teleprompter enguiçou: como o senador dos Estados Unidos, Eugene McCarthy, encarnou o toureiro. Uma observação sobre o nome Fitzgerald

Até agora não falamos quase nada sobre Stevenson. E suas ações continuarão sendo um enigma a menos que arrisquemos uma especulação sobre sua motivação — ou seria sua necessidade?

Se as pessoas na convenção tinham simpatia por alguém, era por Stevenson, se elas eram capazes de manifestar algum entusiasmo espontâneo, sua aclamação era também para Stevenson. Entretanto era óbvio que ele nunca tivera muita chance, porque, tão logo uma oportunidade se apresentava, ele parecia apressar-se em dissipá-la. No dia anterior às indicações, ele entrou na Sports Arena para ocupar seu assento como delegado — e a manifestação foi espontânea, ruidosa e prolongada; a platéia só se aquietou quando o governador Collins convidou Stevenson a falar aos delegados. Obedecendo talvez ao escrúpulo de que um candidato não deve aparecer diante da convenção antes que as indicações sejam feitas, Stevenson não disse mais do que isto: "Sou grato por esta tumultuosa e comovente recepção. Depois de entrar e sair do Biltmore Hotel e deste salão, concluí que eu sei quem vocês vão indicar. Será o último sobrevivente". Esse lembrete mordaz da crueldade da política interrompeu o alarido de excitação causado por sua presença. O aplauso quando ele desceu do palco foi como o murmúrio de lamento de uma torcida de beisebol quando um *home run* não dá certo. No dia seguinte, um colunista de Nova York, falando sobre o assunto, comentou acidamente: "Se pelo menos ele tivesse fingido, se tivesse simplesmente dito que desejava disputar, que trabalharia duro, que esperava que os delegados votassem nele. Em vez disso, fez aquela piada capenga". Dá o que pensar. É quase como se ele não desejasse vencer, a menos que a vitória viesse a despeito dele mesmo, e fosse então esmagadora. Há homens que não são heróis porque são bons demais para o seu tempo, e é natural que as derrotas os deixem amargos, cansados e em dúvida quanto ao seu direito de fazer uma nova história. Se Stevenson tivesse concorrido um ano antes da convenção, é possível que tivesse condições de barrar Kennedy. No mínimo, a convenção teria sido muitíssimo mais empolgante, e as indicações talvez tivessem de passar por meia dúzia de escrutínios antes que um vencedor tomasse forma. Mas nesse caso talvez Stevenson tivesse abreviado sua vida. Passava a impressão de um homem exausto que (para um político) estava excessivamente enjoado de compromissos e concessões. Um ano de manobras, promessas não cumpridas e correligionários detestáveis talvez o tivessem exaurido para a campanha presidencial. Se eleito, talvez o arruinassem como presidente. Há a possibilidade de que ele tenha percebido sua situação exatamente dessa maneira, sabendo que, se fosse para concorrer à presidência, vencer e ser um bom presidente, teria primeiro de se revigorar, como alguém pode de fato se revigorar, mediante uma excepcional demonstração de amor — amor, nesse caso, significando que o partido tivesse um profundo desejo de mantê-lo como seu líder. A verdade emocional de uma vitória de último minuto para Stevenson sobre a máquina de Kennedy talvez lhe tivesse dado uma nova energia; certamente lhe teria dado uma nova fé num país e num partido de cujas boas intenções ele possivelmente começava a duvidar. Talvez a falha que ele visse em sua candidatura fosse o fato de ela atrair apenas as pessoas que lhe eram mais agradáveis, e o número delas não era suficiente. (Um dos divertimentos pessoais da convenção era adivinhar algumas das qualidades dos candidatos pelo estilo das moças que usavam os bonés, as roupas e acessórios das cores de um ou outro dos cavalheiros presidenciáveis. Evidentemente, metade delas devia ser de modelos contratadas, mas alguém tinha feito a seleção e então era divertido procurar um denominador comum. As garotas Johnson tendiam a ser gorduchas, de cara redonda, sulistas sensuais e tapadas; as Symingtonetes pareciam um tanto teimosas, resolutas, belas garotas-propaganda; as Kennedy Ladies eram as mais bonitas; saudáveis, atraentes, vigorosas, um pouco mimadas — lembravam o tipo de garota com quem todos queriam dançar no colégio e/ou que trabalhara por um ano como aeromoça antes de conseguir um bom casamento. Mas as garotas Stevenson pareciam não estar fazendo aquilo por dinheiro; eram boa gente, levemente caipiras, tinha-se a impressão de que jogavam hóquei na faculdade.) Eram com certeza os puros, os despojados, os de hábitos saudáveis, os pacifistas e os vegetarianos que pareciam mais apoiar Stevenson, e os menos espirituosos entre os partidários de Kennedy comentavam sarcasticamente que Stevenson só tinha como apoiadores um bando de malditos beatniks. Isso talvez até tivesse um amargo fundo de verdade. As manifestações pró-Stevenson do lado de fora da Sports Arena pareciam ter uma grande proporção de jovem altos e macilentos com barbas ralas e emaranhadas e violas de três cordas, acompanhados (novamente numa proporção elevada) de um contingente de jovens damas beat ascéticas e sem maquiagem vestidas de suéteres e macacões de brim. Sem falar de todos os Holdens

Caulfields* visíveis até o horizonte. Mas claro que é injusto limitar as coisas assim, pois a pequena nobreza democrata também estava comprometida com Stevenson, assim como um considerável número de estrelas de cinema, por exemplo Shelley Winters, que depois da convenção declarou graciosamente: "Conte-me alguma coisa bonita sobre Kennedy para que eu possa ficar empolgada com ele".

O espantoso mesmo foi o modo como essa horda de políticos vira-latas e amadores chegou perto de desviar a convençao de seu propósito preconcebido, e conseguiu pelo menos proporcionar a única hora de intensa excitação que ela pôde oferecer.

Mas o dia da indicação foi o melhor dia da semana e aconteceu o bastante para sugerir que uma convenção fora de controle seria um espetáculo tão extraordinário, na cotação americana de espetáculos, quanto um acirrado sétimo jogo nas finais do campeonato nacional de beisebol ou um quarto tempo empatado num torneio de futebol americano. Uma convenção política, afinal de contas, não é uma reunião de conselho diretivo de empresa; é uma festa, um carnaval, um estrepitoso encontro medieval com porcos chafurdando, cavalos bufando, banda tocando, vozes berrando, um encontro de ganância, luxúria, idealismo negociado, carreirismo, comício, rixa, vendeta, conciliação, agitadores da plebe, troca de socos (como era costume), abraços, bebedeiras (novamente como era costume) e rios coletivos de suor animal. É um lembrete de que, não importa o quanto o país possa fazer de conta que se tornou adulto e de boas maneiras, incorpóreo na sua linguagem legislativa, higiênico na sua separação entre a alta política e a vida privada, as raízes ainda saem

* Holden Caulfield: protagonista do romance *O apanhador no campo de centeio*, publicado em 1951 por J. D. Salinger. No livro, Caulfield narra sua rebelião contra a falsidade e a vulgaridade dos valores da classe média. (N. T.)

bichadas do solo, e a política na América ainda é diferente da política em qualquer outro lugar porque surgiu das necessidades imediatas, das ambições e cobiças das pessoas, porque nossos políticos ainda têm cheiro de quarto e cozinha, em vez de ter descido até nós das frias formalidades da negociação aristocrática.

Então. A Sports Arena era nova, bonita demais, é claro, sem gosto em sua arquitetura — de certo modo era gratificante o fato de a acústica ser tão ruim, pois a gente não queria que os arquitetos se dessem bem; tinha havido tão pouca imaginação no projeto deles, e essa arena não teria nada do rude esplendor do Madison Square Garden quando tivesse sido castigada pelo catarro e pelos pés dos espectadores nos vinte anos seguintes. Ainda assim, ela possuía uma certa atmosfera; vista das ruas, com os espectadores se encaminhando para os portões de entrada, as bandas tocando, as edições quentes dos jornais de Los Angeles sendo apregoadas pelos jornaleiros, havia um vestígio do ar de promessa que precede uma tourada, não tão bom quanto a chegada à Plaza Mexico, mas bom, digamos, como entrar no El Toreo da Cidade do México, outra monstruosidade arquitetônica, também com os assentos pintados, segundo me lembro, de rosa choque e um leitoso azul-escuro.

Dentro, tudo também estava diferente naquele dia de indicação. Na segunda e na terça-feira, o ar estivera dispersivo, ninguém dava atenção aos oradores, e todo mundo passava de uma conversinha fútil a outra — tinha sido como um ameno chá de comadres para 15 mil pessoas. Mas nesse dia havia uma centelha de expectativa no ar, os assentos da platéia estavam tomados, a sala de imprensa estava em plena atividade e na galeria havia gente sentada no chão.

Quando entrei, Sam Rayburn tinha acabado de indicar Johnson, ouviam-se brados rebeldes, os delegados começavam a sair de seus lugares e pular por cima dos assentos, e uma dança de corpos e bandas se espalhou rapidamente, serpenteando pelos corredores entre as cadeiras, os cartazes se agitando ao ritmo da música. A cor cinzenta do plenário (rostos, ternos, assentos e palanques), tão monótona nos dois primeiros dias, agora resplandecia de vida como se uma iridescente lagarta tivesse emergido de um invólucro de folhas úmidas. Era mais vívido do que eu esperava, assim é que estava certo, finalmente parecia uma convenção, e de perto, quando desci ao plenário (onde a minha presença era ilegal e portanto consumada sorrateiramente no momento em que manifestantes estavam saindo, e mediante a discreta entrega de uma nota de cinco dólares a um guarda), a proximidade dos manifestantes ganhou colorido, aquela elétrica nitidez que se sente junto à linha lateral de um jogo de futebol americano quando é necessário recuar o corpo para o jogador passar correndo com a bola, o rosto torturado de concentração no momento, e o impacto do golpe que o derruba se faz sentir como se nós mesmos tivéssemos sido atingidos.

Era assim que os manifestantes pareciam no plenário. Quase todos tinham a expressão arrebatada e secreta de uma paixão ou de uma tensão que finalmente era extravasada por meio de braços e pernas, trezentos jogadores de futebol, todo mundo, de abatidos delegados com as papadas trêmulas a lívidas modelos, pagas pelo dia de trabalho, mas sapateando freneticamente no salão com as hipnóticas caras e bocas bajulatórias de damas que tinham vivido para Lyndon nos últimos dez anos.

Então, do funéreo púlpito, cuja cor não era tão opulenta quanto o mogno nem tão morta quanto um charuto, veio o último dos pedidos para que os delegados tomassem seus assentos. Os discursos de apoio começaram, um minuto cada; eles se estendiam por três ou quatro, os oradores de segundo time demorando-se mais, como se a antena elétrica da televisão fosse o canto das sereias que os fazia sair de si. Entediados aplausos saudaram seus *Götterdämmerungen** finais e as indicações foram abertas novamente. Um filho favorito,** uma modesta manifestação, cinco discursos de apoio, tédio.

Em seguida foi a vez de Kennedy. O governador Freeman, de Minnesota, fazia seu discurso. Na segunda ou terceira frase seu teleprompter enguiçou, um acidente. Poucos conseguiram perceber de imediato; o discurso parecia meramente insosso e surpreendentemente desprovido de vigor. Ele obviamente não era um mestre do improviso. Então, a manifestação. Bem conduzida, maior que a de Johnson, mais animada, com uma escolha mais acertada das roupas e da decoração: os cartazes eram grandes o bastante, TODO APOIO A JACK, as alegorias eram extravagantes, em particular um balão de plástico ou de papel machê representando a cabeça de Kennedy, com quase dois metros de diâmetro, que mesmo assim tinha o aspecto levemente enrugado, vermelhão e borrachento de um brinquedo daquelas lojas mambembes de truques e mágicas próximas à Times Square; a banda era adequadamente cafona; e contudo tinha-se a impressão de que aquela manifestação fora concebida por algum decorador de interiores de mãos na cintura dizendo: "Gente, vamos nos divertir, vamos fazer disto um *verdadeiro* cabaré".

Além disso, os participantes tinham algo do *élan* de Kennedy, aqueles chapéus de papel projetados para imitar chapéus de palha, com o rosto de Kennedy na copa e pequenas fotos dele

* *Götterdämmerungen*: "crepúsculo dos deuses", em alemão. Nome da última ópera de Richard Wagner, que fecha a tetralogia *O anel dos nibelungos*. Provável referência de Mailer à performance operística dos oradores. (N. T.)

** "Filhos favoritos" (*favorite sons*, no original): nas convenções dos grandes partidos americanos, são políticos de expressão local cuja indicação para a conquista de uma candidatura é lançada pelas delegações de seus estados, que, desta forma, mantêm-se descomprometidas até um momento posterior da disputa. (N. T.)

na fita, aqueles chapéus que vieram a simbolizar a radiante agilidade da equipe de Kennedy, aquela marca característica da Madison Avenue que a gente encontra em bares como o P. J. Clarke's, a elegância dando sempre seu eco sutil dos anos 20, de tal maneira que os casacos de pele de *raccoon* parecem mais numerosos que sua verdadeira quantidade, e os coletes coloridos são avaliados pelo encanto que poderiam ter exercido sobre o olhar de Scott Fitzgerald. Mas então ocorreu-me pela primeira vez que o nome do meio de Kennedy era justamente esse, Fitzgerald, e a distinção de seus brilhantes sequazes, seu estilo não declarado, era fiel a Scott. A legenda de Fitzgerald tinha finalmente um exército, formado em torno da auto-imagem na mente de cada oportunista arrogante da Madison Avenue que se achava firme, que se achava jovem, que se achava por dentro, que considerava sua conversa econômica e espirituosa, e se o trabalho nem sempre era escrupuloso, bem, o estilo podia compensar. Se viesse um dia propício... ele poderia aproveitar a ocasião.

O carnaval de Kennedy durou seus trinta animados minutos, festejou os discursos de apoio e depois assentou. Eles estavam tão certos da vitória, tinha havido tantas vitórias antes daquela, e aquela tinha sido tão bem preparada e conduzida, que dificilmente a histeria seria o estado de espírito predominante. Além do mais, todo mundo estava esperando a artilharia de defesa de Stevenson, que seria no mínimo divertida. Mas então sobreveio um prolongado tédio. Filhos favoritos foram indicados, gordos prefeitos sacudiram os quadris, assessores mandaram as notícias para os eleitores do condado de Fim de Mundo da Serra, manifestações emocionadas tentaram contagiar o plenário, e assim passou a tarde; a vez de Symington veio e passou, uma boa manifestação, tão boa quanto a de Johnson (por uma boa razão — eles tinham cotizado seus manifestantes). Mais candidatos, o governador Docking, do Kansas, chamado de "um gênio" por uma de suas oradoras numa tensa voz de vamos-voltar-à-religião. As horas escorreram, duas, três, quatro horas, parecia que nunca chegaria a hora de Stevenson. Já era noite quando o senador Eugene McCarthy, de Minnesota, levantou-se para indicá-lo.

A galeria estava a postos, o plenário era receptivo, os manifestantes inquietavam-se como touros em seu cercado esperando a abertura do touril — seria difícil não despertar a multidão, não fazer um bom discurso. McCarthy fez um discurso formidável. Formidável pelos critérios da oratória convencional, e ele dominou a platéia como um toureiro, regendo seus *olés!*, intensificando-os, corrigindo cada queda de atenção, acumulando a emoção do público, descarregando-a, criando mais emoção na esteira da anterior, fazendo passes cada vez mais próximos à medida que se preparava para matar. "Não rejeitem esse homem graças ao qual temos orgulho de ser chamados de democratas, não podemos permitir que esse profeta deixe de ser honrado pelo seu próprio partido." Eu não ouvia um discurso como aquele desde 1948, quando a voz de Vito Marcantonio, sua voz áspera, aguda e pungente de menino de rua, bradou pelos alto-falantes do Yankee Stadium e levou ao delírio 70 mil pessoas.

"Só havia um homem propondo que falássemos com sensatez para o povo americano", McCarthy prosseguiu, a capa dobrada sobre a espada para os passes finais. "Só havia um homem propondo que falássemos com sensatez para o povo americano", repetiu. "E ele disse que a promessa da América é a promessa de grandeza. Foi sua conclamação à grandeza... Não esqueçam esse homem... Senhoras e senhores, apresento-lhes não o filho favorito de um estado, mas o filho favorito dos cinqüenta estados, o filho favorito de todo país que ele visitou, o filho favorito de todo país que nunca o viu, mas saúda seu nome em segredo." Tumulto. E o golpe de misericórdia. "Senhoras e senhores, apresento-lhes Adlai Stevenson, de Illinois." As orelhas e mais a cauda. Os cascos e o touro inteiro. Um rugido ergueu-se da platéia como o clamor ouvido no dia em que Bobby Thomson rebateu seu *home run* no Polo Grounds e os Giants derrotaram os Dodgers no terceiro jogo do *playoff* da temporada de 1951. A manifestação tomou conta da platéia como uma cascata, todos se puseram de pé, o ginásio soava como as entranhas de um tambor. A maré de histeria, exaltação, desafio, alegria, fúria e estrondoso desejo inundou o plenário. O brado que se elevara ao fim da última frase de McCarthy durou cinco minutos sem pausa para tomar fôlego, e bandos e bandos de manifestantes abarrotaram o plenário (os sequazes de Stevenson seriam repreendidos no dia seguinte por terem reaproveitado passes de acesso ao plenário para trazer mais manifestantes), e o barulho ainda aumentava. Parecia que a convenção vinha abaixo. Havia uma garota Kennedy sentada à minha frente, com o chapéu pró-Kennedy na cabeça, uma saudável morena com covinhas no rosto; ela ficara sentada quieta durante o discurso de McCarthy, mas agora, como uma mulher que cedia ao poder de um impulso natural, tirou o chapéu e começou a aplaudir. Vi na fileira vizinha um escritor que eu conhecia; ele passara um ano estudando a máquina de Kennedy com o intuito de escrever um livro sobre como se conquista uma indicação. Se Stevenson arrebatasse a convenção, seu trabalho estaria perdido. À maneira de um repórter numa mina desmoronada, indaguei como a viúva se sentia. "Quem pode pensar alguma coisa?", foi sua resposta meio desesperada, meio jubilosa, "só podemos contemplar, só isso." Encontrei um habitualmente impassível repórter de Nova York, que sorriu em pesaroso respeito. "É a maior manifestação que eu vejo desde a de Wendell Willkie em 1940", disse ele, e acrescentou: "Meu Deus, se Stevenson ganhar, acho que vou telegrafar para minha mulher e mudar com a família para o Havaí".

"Não entendi."

"Bem, todas as matérias que escrevi diziam que a vitória de Kennedy era barbada."

E a coisa continuou por vinte, trinta minutos, o presidente da mesa mal conseguia ser ouvido, os manifestantes se recusavam a sair. As luzes foram apagadas, dando uma súbita virada teatral, criando a atmosfera de uma igreja lotada à meia-noite, e um novo clamor se elevou, mais impetuoso do que qualquer coisa ouvida antes. Era a voz, era a paixão, se a gente quisesse chamá-la assim, de tudo o que havia na América de derrotado, idealista, inocente, marginalizado, excluído e beat, era a voz potencial de um terço da nação cuja psique padecia de má nutrição cultural, era algo poderoso, era extraordinário, era maior que o homem decente, divertido, caprichoso e quase nobre que trouxera aquilo à tona, era um grito dos anos 30, quando o tempo era simples, era o ressentimento contra as técnicas melífluas, as engrenagens azeitadas e os generais arrogantes do exército Fitzgerald; mas era também — e por essa razão eu não podia admirá-la totalmente, exceto com a emoção — o apelo dos desorientados que anseiam pela volta da simplicidade, era o paralelo adolescente da depressão dos manda-chuvas diante da imprevisível dinâmica de Kennedy como presidente, era o retorno do sonho sentimental de Roosevelt, mais do que a proximidade do pesadelo da iminente noite da história, e era inspirado por um terror do futuro tanto quanto por uma reação ao presente.

O exército Fitzgerald resistiu; depois que a manifestação finalmente se acalmou, a convenção se arrastou por noventa minutos enquanto Meyner e outros eram indicados, um lapso de tempo fatal, porque Stevenson talvez tivesse uma chance de barrar Kennedy se a votação tivesse começado sob o eco dos últimos gritos de aclamação, mas em uma hora e meia a depressão havia se instalado novamente e as emoções estavam exauridas, os delegados que tinham vacilado já estavam de volta às fileiras. Quando os votos foram colhidos, Stevenson não progredira nada. A morena que havia tirado seu chapéu estava usando-o de novo, e voltou a aplaudir quando o Wyoming abriu o punho e o nome de Kennedy estava dentro. A atmosfera era de constrangimento, como o clima entre cônjuges de classe média que perdoam um ao outro por entrar e sair do carro de outra pessoa durante o baile do country club. Mais uma vez, naquela noite, nenhum milagre aconteceria. Pela manhã os jornais seriam moderados na sua descrição da última investida de Stevenson.

6. Um esboço dos republicanos reunidos em convenção

A escolha entre o arrojado e o prudente; o que pode acontecer às três horas da madrugada de uma noite longa e escura

Não fui à outra convenção. Ela foi vista pela televisão, e portanto não há muito que se possa dizer a seu respeito. Confirmou, contudo, minha impressão inicial de que o Partido Republicano ainda era um partido de sacristãos, agentes funerários, meninos de coro, diretores de presídios, presidentes de bancos, chefes de polícia de província, policiais estaduais, psiquiatras, gerentes de salões de beleza, executivos de empresas, chefes de escoteiros, presidentes de congregações, fiscais da receita, líderes comunitários, cirurgiões, comissários de vagões-dormitórios, chefes de enfermagem e filhos gordos de pais ricos. Seu candidato teria a imagem manufaturada de um homem comum, e a campanha dele, na medida em que fosse uma campanha psicológica (e o seria em grande medida), iria apresentá-lo como um homem jovem, simples, honesto, confiável, trabalhador, disposto a aprender, modesto, humilde, decente e sóbrio, cuja maior credencial para a presidência era seu profundo amesquinhamento das glórias da República, era a estabilidade dos medíocres, e sua própria falta de valor. A hora apocalíptica de Uriah Heep.*

Seria uma campanha presidencial diferente das que a precederam. Dentro do amplo espectro da direita total à esquerda absoluta, as diferenças políticas seriam pequenas, mas o que não seria nem um pouco pequeno seria o poder de cada homem de lançar seu apelo a algumas profundezas fundamentais do caráter americano. Teríamos finalmente um sinal indicando se o desejo da América era por drama ou por estabilidade, por aventura ou monotonia. E isso, esse apelo à direção psíquica que a América agora escolheria, era por si só o elemento mais promissor dessa eleição, pois dava ao país a possibilidade de enfim ser capaz de se elevar acima da retórica mortal de seus temas, de sua política, de seu jargão, e viver de novo segundo uma imagem de si próprio. Pois, em alguma parte delas, as pessoas talvez soubessem (uma vez que os candidatos não eram velhos o bastante para ser reverenciados) que tinham escolhido um jovem por seu mistério, por sua promessa de que o país iria florescer ou se desintegrar por conta da involuntária carga que ele conferia à intensidade do mito, ou tinham escolhido outro jovem por seu juramento não declarado de que faria tudo o que estivesse ao seu alcance para manter o mito enterrado e desse modo converter os resquícios do homem da Renascença o mais rápido possível no homem-massa. Podia-se esperar que escolhessem o enigma em vez da tediosa certeza. Entretanto é preciso colocar em dúvida a coragem da América. Esta nação oscilante, infeliz, pomposa e muito corrupta — poderia ela ter a coragem de finalmente adotar uma nova imagem para si própria, seria corajosa a ponto de pôr no comando não apenas um de seus homens mais hábeis, mais efi-

* Uriah Heep: personagem do administrador hipócrita e malvado do romance *David Copperfield*, de Charles Dickens. (N. T.)

cientes, mais conquistadores (pois o triunfo de Kennedy no Partido Democrata merece a palavra), mas também um de seus homens mais misteriosos (a psique nacional devia perder o sono diante da imagem dessa mistura de Mickey Mantle com Lindbergh* no poder, e de uma primeira-dama com um rosto setecentista)? Sim, a América finalmente assumia o destino de seu mito, sua consciência prestes a ser acelerada ou cruelmente deprimida em sua escolha entre dois jovens quarentões que, não importa quanto a sua política declarada pudesse ser parecida, enfadonha ou indiferente, eram pólos radicalmente opostos, pois um era sóbrio, a apoteose da liderança pragmática, com toda a energia gasta, o outro bonito como um príncipe da não nomeada aristocracia do sonho americano. Então, finalmente, vinha uma escolha que a história nunca havia oferecido antes a uma nação — podia-se votar no glamour ou na feiúra, uma escolha surpreendente e muito desconcertante —, seria a nação valente o bastante para se engajar no sonho romântico de si mesma, votaria na imagem do espelho do seu inconsciente, seriam as pessoas corajosas a ponto de depositar esperança numa aceleração do tempo, naquela nova vida de drama que adviria do fato de escolher para conduzi-las um filho que era um legítimo fruto de seu ventre mental? O sujeito poderia hesitar: talvez ser presidente fosse mais difícil do que jamais fora antes. Nada menos que a grandeza iria servir.

Contudo, se a nação votasse pelo aperfeiçoamento de sua face, que impulso seria dado às artes, ao comportamento, às vidas e à imaginação dos americanos! Se a nação votasse assim. Mas a gente conhecia o fantasma não confessado que havia nas

* Mickey Mantle: famoso jogador americano de beisebol, nascido em 1931. Charles Lindbergh (1902-74): aviador americano, realizador do primeiro vôo transatlântico sem escalas, em 1927. (N. T.)

mentes dos delegados democratas: o de que a América iria dormir na véspera da eleição com as pesquisas prometendo a Kennedy uma vitória no dia seguinte, entretanto durante o sono da América alguns milhões de democratas e independentes sofreriam um pesadelo diante do mistério de possibilidades desconhecidas que seu homem iria sugerir, e, no terror de todas as invenções (e algumas violências) que o homem-massa talvez agora tivesse de encarar novamente, os indecisos sairiam de manhã para votar na segurança psíquica de Nixon, do mesmo modo que um homem de meia-idade, depois da aventura, volta ao pão amanhecido de seu casamento. Sim, essa eleição poderia ser medrosa o suficiente para trair as pesquisas, e ninguém na América poderia projetar a nova direção até que o último voto fosse contado pelo último militante partidário na última indecisa junta eleitoral, até então ninguém de fato poderia saber o que tinha acontecido na noite anterior, o que tinha acontecido às três horas da madrugada daquela longa noite escura da busca da América por uma segurança mais barata que sua alma.

II. À LUZ VERMELHA: UMA HISTÓRIA DA CONVENÇÃO REPUBLICANA DE 1964

Ele desenhara a cidade em chamas, uma grande fogueira de estilos arquitetônicos, do egípcio ao colonial de Cape Cod. Através do centro, serpenteando da esquerda para a direita, havia uma longa ladeira e, descendo por ela, transbordando do meio do primeiro plano, vinha a multidão carregando bastões de beisebol e tochas. Para o rosto de seus membros, ele estava usando os inúmeros esboços que fizera das pessoas que vinham à Califórnia para morrer: os devotos de todos os tipos, econômicos ou religiosos, os espectadores de ondas, de aviões, de funerais ou de pré-estréias — todos aqueles pobres-diabos que só se moviam pela promessa de milagres e para exercer a violência. Um super "Professor Sabe-Tudo" fizera a necessária promessa de milagres e eles estavam marchando atrás de sua bandeira numa grande frente única de malucos e malucas para purificar a terra. Não mais entediados, eles cantavam e dançavam alegremente à luz vermelha das chamas.

Nathanael West, *O dia do gafanhoto*

Agora, a cidade estava linda, ainda era a metrópole mais bonita dos Estados Unidos, mas, como todas as metrópoles americanas, era uma vítima da guerra não declarada. Tinha havido uma oculta batalha em larga escala na América ao longo de vinte anos — para decidir se o país enlouqueceria ou não. E a linha de frente dessa batalha (que mostrava que, sim, lentamente o país estava perdendo a guerra, estávamos de fato enlouquecendo) era obviamente o progresso das novas estradas, prédios e supermercados que brotavam em todas as cidades da nação. San Francisco estava perdendo sua beleza. Monstruosas corporações em conluio com monstruosas imobiliárias haviam erigido monstruosas caixas de Kleenex com dez, vinte, trinta andares no centro da cidade, e a nova vista visto da Telegraph Hill continha pedaços de vidro do tamanho de penhascos incrustados na suave paisagem italiana da cidade do santo Francisco. O San Francisco Hilton, por exemplo, com seus quase vinte andares, era praticamente quadrado, e visto da rua parecia ter as proporções e a forma de um cubo de açúcar. Tinha uma cor de açúcar sujo e suas janelas eram dispostas como um bizarro tabuleiro de damas alongado, um padrão de arlequim no qual cada janela era recuada em relação à de cima e à de baixo, como as aberturas de um rádio portátil.

O Hilton tinha apenas seis semanas de idade, mas já era uma das maravilhas arquitetônicas do mundo, pois seu interior consistia em grande parte numa rampa pela qual era possível subir de carro até o 11º andar, abrir uma porta e... veja só!, você estava no corredor do hotel, a dez passos da porta do seu quarto. Era uma maneira espantosa de ocupar o espaço interno de um hotel, mas tinha uma enorme vantagem em termos americanos: qualquer hóspede do Hilton podia percorrer todo o caminho até seu quarto sem nunca precisar atravessar o lobby conduzindo uma dama. Claro que, com todas aquelas rampas para automóveis, não sobrava muito espaço, portanto os quartos eram pequenos, pequenos demais por dezessete dólares a diária, as janelas eram localizadas na extremidade direita ou esquerda da parede e iam do chão ao teto, de modo a fazer com que o prédio se apresentasse ao olhar externo como um rádio sendo carregado por uma modelo que trabalhava completamente nua. Os tapetes e papéis de parede, os cortinados e os tampos de mesa eram de plástico, o banheiro tinha um cheiro acre de inseticida. Isso mostrava que a argamassa plástica usada para o assentamento dos azulejos soltava seu cheiro durante os meses que levava para secar. Moléculas eram torturadas em toda parte.

Bem, aquilo era o capitalismo americano aplicado de modo lucrativo. Ele vencera a guerra. Triunfara em tantos lugares que você podia descrever suas acomodações antes mesmo de chegar ao hotel. Tal é a natureza do promíscuo. No avião, voando para o Oeste, ainda não no Hilton mas já sabendo que ele estaria lá, entabulei uma conversa com o homem sentado à janelinha, um jornalista australiano chamado Moffitt, um sujeito baixinho com um bigode de guerrilheiro; e ele me repreendeu por estar lendo o livro de Buchanan, *Quem matou Kennedy?*. Queria saber como um homem da minha inteligência perdia tempo com aquele lixo. Bem, o país nunca mais foi o mesmo desde que Kennedy foi assassinado, a cortesia me levou a responder prontamente; algum processo de descarrilamento, iniciado com a morte de Hemingway e a morte de Marilyn Monroe, viera se precipitando ao longo dos meses, pelos céus, mais veloz que o rastro de fumaça do nosso avião, através da mente crepuscular da América; em vista disso, a gente procurava pistas onde quer que elas pudessem ser encontradas. Seria mais fácil achar que Oswald fizera tudo por conta própria, ou como cúmplice de dez outros homens, ou que era inocente, ou duplamente culpado; qualquer coisa seria melhor que aquela percepção do barco do Estado chacoalhando entre os vagalhões, enquanto no porão a carga estava solta e prestes a escorregar.

Essa conversa obviamente não aconteceu — um Astrojet não é o veículo indicado para tratados metafóricos, afinal de contas é mais uma das câmaras de extermínio do século: lentamente a respiração perde uma microscópica parte de si mesma, plástico verde e plástico cinza prata, as narinas não aspiram nenhum odor de materiais que existiram no passado como elementos da natureza, nada de madeira, nada de rocha, nada de minério, modeladores do tempo como uma esponja na pia. Mas Moffitt era australiano e fascinado pela América, e tinha seus rápidos comentários a fazer, alguns provincianos, outros perspicazes; finalmente ele colocou o dedo em algo de que eu mesmo nunca havia me dado conta, pelo menos não totalmente: "Por que", perguntou ele, "tudo de novo que vocês constroem aqui, incluindo o interior deste avião, parece uma creche?".

E era isso mesmo. O interior do nosso avião era como uma creche de plástico, uma sala de brincadeiras num parque infantil, e se eu fosse Quentin Compson* talvez tivesse respondido: "Porque queremos voltar para trás, porque as energias se desenvolveram de todas as maneiras erradas. Porque cultivamos hábitos que estão nos sufocando até a morte. Eu lhe digo, homem, fazemos isso porque estamos doentes, somos uma nação doente, estamos doentes a ponto de vomitar, e então erigimos nossas vidas com materiais que têm cheiro de vômito: polietileno, baquelita, fibra de vidro, estireno. Sim, nossas escolas parecem creches, e nossas fábricas e nossos templos, nossas cozinhas e nossos banheiros, nossos aeroportos, nossas bibliotecas, nossos

* Quentin Compson: personagem do romance *O som e a fúria* (1929), de William Faulkner. Atormentado pelo amor incestuoso pela irmã Caddy, Quentin, estudante de Harvard, acaba se suicidando. (N. T.)

escritórios, somos uma grande e maldita creche contígua a uma sala de espera de médico, e estamos doentes, muito doentes, talvez tenhamos estado sempre doentes, talvez os puritanos portassem o vírus e fossem tão odiosos que os ingleses tiveram razão em mandá-los embora, talvez sejamos uma nação de refugos e ervas daninhas, meio loucos desde o começo".

Ninguém, evidentemente, era Quentin Compson, ninguém falava mais daquele jeito, mas a pergunta era feita por um fantasma e portanto tinha de perdurar: havia de fato uma morte na semente que nos trouxe aqui? O país era extraordinário ou amaldiçoado, um pátio de ferro velho onde até os lambaris davam caviar no lago pútrido sob a selvagem e elétrica noite americana?

1.

Tenho que ver as coisas; tenho que ver os homens.
Burke, *Reflections on the Revolution in France*

No Mark Hopkins, na manhã de sábado, dois dias antes do início da convenção, a atmosfera tinha a mesma excitação agradável, límpida, bastante salutar (aquela excitação bem americana) que a gente sente na manhã de um grande jogo de futebol. A garotada estava à solta, tanto as crianças que eram pró-Goldwater como as que eram pró-Scranton se aglomeravam no pequeno pátio externo do hotel e no saguão diminuto e desanimadoramente congestionado, onde filas de cem pessoas esperavam diante de cada um dos três incansáveis elevadores que subiam até o 12º e o 14º, os andares dos quartéis-generais de Scranton e Goldwater, respectivamente. Fazia um dia claro lá fora, um daqueles dias frescos e ensolarados de julho em que San Francisco é tão gostosa quanto Nova York num lindo dia de outubro, e a cidade se esparrama a partir de Nob Hill num desdobramento perfeito. Havia aroma de maçã no ar. Era um perfeito dia de futebol. Havia até o desejo de ter dezoito anos e um encontro com a namorada para almoçar antes do jogo. Então os times se alinharam primeiro desta maneira na minha mente: os jovens, crianças e adolescentes pró-Goldwater de um lado, os pró-Scranton do outro, e era possível dizer muito sobre as escolas e os times só de olhar para a cara deles. As garotas e os rapazes Goldwater eram em sua maior parte inocentes e tendiam a ter queixos grandes e ligeiramente protuberantes, não muito diferentes do queixo do próprio Big Barry, e olhos azuis — um número espantoso deles tinha olhos azuis (estaria o mundo finalmente se aproximando da guerra entre os de olhos azuis e os de olhos castanhos?) —, e eram simples, provincianos, caipiras, os rapazes com um pouco de acne, uma ou duas espinhas encravadas no canto da boca ou ao lado do queixo, muitos deles com ar solene e sério, dedicado mas um tanto inexpressivo; eram capazes de consertar um rádio portátil, mas uma palavra como "Renascença" lançaria um manto de silêncio e estupor sobre seus cérebros. Eram idealistas, quase todos, mas não falavam a língua das variedades mais felizes do idealismo; faziam a gente pensar nos luteranos da Dakota do Norte, nos 4-H de Minnesota* e nos escoteiros do Maine. Muitos deles usavam óculos. Eram jovens prósperos, trabalhadores, educados, ligeiramente paralisados diante da diversidade da vida, mas prontos a morrer por uma causa. Era óbvio que consideravam Goldwater um dos homens mais distintos já surgidos na vida americana. E eram sovinas, com suas roupas feitas compradas em magazines, garotos magricelas em ternos de vinte dólares e aquele maxilar travado, aquela retração das gengivas que faz prever dentes postiços antes dos cinqüenta anos.

* Os 4-H de Minnesota: membros da Minnesota 4-H Youth Development, fundação de apoio à infância e à juventude, voltada sobretudo para o aprendizado. (N. T.)

As garotas Goldwater dividiam-se em duas variedades. Havia as modelos contratadas para o evento, e estas eram atraentes mas não muito imaginativas, pareciam prostitutas montadas a cavalo, e havia as autênticas militantes, as filhas dos delegados, as meninas da Califórnia, que pertenciam a um ou outro clube de Goldwater. Eram mais jovens que as modelos, é claro, em sua maioria tinham quinze, dezesseis anos, dezessete no máximo, vestiam chapéus de caubói e coletes brancos, camisas com franjas e botas brancas de equitação; quase todas eram loiras e tinham rostos simples e meigos, o tipo de rosto que os comerciais de televisão costumavam usar para vender massa de biscoitos antes de os comerciais se tornarem espertinhos; essas garotas Goldwater tinham o rosto de mocinhas que obedeciam ao pai e à mãe, especialmente ao pai, eram cheias de personalidade, mas de uma personalidade asseada, industriosa, subserviente. À diferença dos rapazes, que de modo geral não pareciam propriamente pouco inteligentes, mas ligeiramente maníacos na singularidade de sua visão (do mesmo modo que jovens médicos parecem ligeiramente maníacos), elas pareciam ser quase todas completamente tapadas. Havia uma garotinha loira que era adorável, bonita o bastante para ser uma starlet, mas dava pena porque seus olhos, quando abertos, eram irremediavelmente opacos. Tomados em conjunto, rapazes e garotas eram como a turma de formandos de um colégio de Nebraska. O orador da turma escreveria seu discurso sobre o seguinte tema: Por que os Estados Unidos são a Maior Nação da Terra?

Por seu turno, os garotos pró-Scranton eram de colégios internos ou semi-internos de alto padrão. Alguns dos rapazes eram gorduchos e alegres, alguns eram levemente executivos, mas uns e outros tinham em comum aquele ligeiro ar de sucesso que é a única marca do presidente do centro acadêmico ou do líder do conselho estudantil. Eram incisivos, geralmente afáveis, tinham uma queda por gravatas-borboleta e eram do tipo que dirigia Triumphs ou Pontiacs conversíveis, enquanto os rapazes Goldwater usavam o Dodge Dart dos pais emprestado (exceto por um em cada cem, que era um gênio automotivo e tinha construído um *drágster* para atingir trezentos quilômetros por hora). E havia por fim os rapazes Scranton que eram os descendentes de Holden Caulfield. Rostos como os deles tinham sido vistos apoiando Stevenson contra JFK em 1960 em Los Angeles, e rostos como os deles talvez aparecessem (era lícito esperar) de novo em 68, mas por ora eles apoiavam o candidato mais à mão que tivesse senso de humor, classe e a inata presciência da derrota. Magros, um pouco pesarosos, certamente amargos e desconfiados dos presidentes de centro acadêmico com quem haviam tido escaramuças, os Holdens Caulfields estavam com Scranton, e pareciam vestir roupas um número abaixo do das garotas que apoiavam Scranton, bonitas em sua maioria, um tanto mimadas, insolentes, cheias de não-me-toques, mocinhas debutantes fazendo o possível para ser moderninhas, e portanto usando os longos cabelos com uma parte caindo sobre a testa, de tal modo que o rosto, sexy, desprovido de maquiagem (com exceção de algum tipo de cera libidinosa nos lábios), ficava meio escondido por um arco gótico de cachos cadentes. Assim era o time de Scranton, assim era o de Goldwater, enquanto as crianças se preparavam para o jogo.

> *Nesse estado de* [...] *guerra entre o velho capital fundiário dos nobres e o novo capital financeiro, o* [...] *capital financeiro é por natureza mais apto a qualquer aventura; e seus detentores, mais dispostos a novos empreendimentos de todo tipo. Sendo de aquisição mais recente, ele combina mais naturalmente com*

as novidades. É, em decorrência disso, o tipo de riqueza à qual apelarão todos os que desejam mudanças.

Burke, *Reflexions on the Revolution in France*

Entre os jovens monopólios industriais e financeiros do Oeste e do Sudoeste que querem "uma fatia maior do bolo dos lucros capitalistas", o sr. Vasilyev listou H. L. Hunt, o multimilionário do Texas, a Lockheed Aircraft Corporation, a Douglas Aircraft Company, a Boeing Company, a Northrop Corporation e o "império financeiro" Giannini, comandado pelo Bank of America.

Essas são as forças, segundo o sr. Vasilyev, que derrotaram o esforço de última hora empreendido por "Wall Street, o grupo financeiro de Boston e o complexo industrial da Pensilvânia" para promover a candidatura do governador William W. Scranton, da Pensilvânia, na convenção republicana do mês passado.

"Mas o 'novo dinheiro' do Oeste provou que é mais forte que o velho dinheiro do Nordeste", disse o comentarista soviético.

The New York Times, 13/8/1964

Por algum tempo foi uma história interessante. Vocês se lembram de que Scranton decidiu concorrer à indicação depois de uma conversa com o presidente Eisenhower em Gettysburg, em 6 de junho. Ele saiu do encontro com a sólida convicção de que contaria com o apoio de Eisenhower, sólida o bastante para que a máquina publicitária do governador Scranton anunciasse o fato à nação. Naquela mesma noite ou logo cedo na manhã seguinte o presidente Eisenhower recebeu um telefonema de George Humphrey. Eisenhower vinha planejando visitar Humphrey em Cleveland durante a semana do Simpósio Estadual. Mas aconteceu que Barry Goldwater já havia sido convidado para estar na casa de Humphrey também. Criou-se desse modo uma situação embaraçosa. Humphrey resolveu-a assim: Eisenhower entenderia se, nas circunstâncias, tendo Goldwater sido convidado primeiro...

Ike sabia o que aquilo queria dizer. Se seu velho amigo, camarada, subordinado e conselheiro particular George Humphrey estava disposto a deixar o velho ganso-supremo* ser preterido num conflito de convites, então Ike tinha escolhido um perdedor, e corria o risco de ser ele mesmo um perdedor. Bem, Ike não tinha saído de Abilene, Kansas, tantos anos antes, para alguma vez ficar do lado perdedor. Então habilmente recuou para o meio-de-campo. Telefonou a Bill Scranton, como vocês se lembrarão, apenas uma hora antes do anúncio de que Scranton estava prestes a fazer de sua candidatura no Simpósio Estadual em 7 de junho, e disse a ele que não podia ser cúmplice de uma "conspiração". Era óbvio para todo mundo na América que o velho não tinha labutado durante a noite e durante o dia para deixar a verdade de sua primeira conversa com o jovem ser exposta em alto e bom som em pleno sol das dez da manhã.

Ainda assim, não dava para sentir muita pena do jovem. Nunca era fácil compadecer-se de um candidato do establishment, particularmente do Establishment Republicano do Leste, cujo espectro abrange do duque de Windsor a Jerome Zerbe, de Thomas E. Dewey a Lowell Thomas, de Drue Heinz a Tex e Jinx,**

* No original em inglês, *gander-in-chief*, trocadilho intraduzível que remete à expressão *commander-in-chief* (comandante supremo) e pressupõe o sentido figurado de *gander*, que além de "ganso" significa também "pessoa tola ou simplória". (N. T.)

** Tex e Jinx: John Reagan "Tex" McCray e sua esposa Elena Lincoln "Jinx" Falkenburg, apresentadores de um programa de rádio (posteriormente levado à televisão) em que davam dicas para cuidar de bebês. (N. T.)

do Maine a Nassau, de Nova York ao sul da França, de Allen Dulles a Henry Luce, de Igor Cassini a Joe Alsop, da Sullivan & Cromwell à Cartier's, e de Arthur Krock a Tuxedo Park.*

Bem, nos últimos dois anos, de Arthur Krock a Tuxedo Park, ouvia-se dizer que Bill Scranton seria o candidato republicano em 64. Era possível tentar discutir: Goldwater parece forte, alguém poderia dizer numa mesa de jantar; não tem chance, responderia o establishment, vai ser mesmo Scranton. O mais notável era que o establishment não se dava o trabalho de fotografar o seu homem, mergulhá-lo em publicidade, tentar imprimir sua imagem. Era dado por garantido que, quando chegasse a hora, portas se abririam, portas se fechariam, cifras entrariam em cena, cabeças seriam cortadas, uma baforada de incenso, um sopro de maldade — e Scranton seria o candidato.

Evidentemente, Goldwater, ou a organização de Goldwater, ou *alguma* organização, seguia arregimentando delegados para ele, e durante um ano houve um pouco da sensação de que talvez fosse mais fácil fazer um acordo com Goldwater, talvez fosse mais fácil *amaciá-lo* do que extirpá-lo. Em outros tempos, J. P. Morgan** teria sem dúvida mandado algum jovem brilhante num trem da Southern Pacific com uma mala cheia de notas de cem dólares. Agora, porém, tendo em mãos um veículo de massa, o suborno podia ser feito em público. Em novembro passado, três semanas antes do assassinato de JFK, a revista *Life* trouxe Goldwater na capa, de chapéu de vaqueiro cinza pérola, camisa de tra-

* Arthur Krock: polêmico jornalista conservador americano (1886-1974), ganhador de quatro prêmios Pulitzer. Tuxedo Park: centro de pesquisa científica criado pelo milionário Alfred Lee Loomis na cidade de Tuxedo Park, Nova York, que atraiu grandes cientistas do mundo durante a Segunda Guerra Mundial, entre eles Albert Einstein. (N. T.)

** J. P. Morgan: o financista e filantropo americano John Pierpont Morgan (1837-1913). (N. T.)

balhador azul desbotada, limpa e passada, e calça Levi's, enquanto seu companheiro, um cavalo palomino chamado Sunny, posava com uma das mãos do senador em sua rédea, a outra pousada entre suas ventas. Era Hopalong Cassidy* sem a cara de bebê gordinho, e anunciava a campanha que viria: a imagem de Kennedy agora seria combatida pelo xerife B. Morris Goldwater, a Pistola de Prata do Oeste. Era uma daquelas imagens que valiam por mil palavras — e prometia render 1 milhão de votos. Era também uma maneira de declarar que o establishment ainda não estava irreversivelmente contrário a Goldwater, e ainda poderia ajudá-lo, como fizera com aquela capa. Mas dentro da revista, passando pela cabeça de 7 milhões de leitores, uma outra mensagem era enviada ao senador.

> Interesses financeiros em Ohio, no Illinois, no Texas, em Los Angeles e San Francisco — todos eles centros de riqueza independentes de laços com o Leste — têm empenhado dinheiro e intensa pressão local em prol de Goldwater. Mas [...] as pessoas não percebem que há uma diferença entre os tipos de dinheiro [...]. O dinheiro antigo tem poder político, mas o dinheiro novo só tem poder de compra [...]. Quando você chega a uma convenção, você não compra os delegados. Mas faz pressão sobre as pessoas que controlam os delegados — as pessoas que detêm o velho dinheiro para apostar.

O que era uma maneira de lembrar a Goldwater que havia concessões a fazer. Era nas relações internacionais que Goldwater tinha de dar mais explicações sobre sua política.

* Hopalong Cassidy: herói de 28 romances de faroeste escritos por Clarence E. Mulford nas décadas de 1920 e 30, posteriormente levado ao cinema dezenas de vezes. (N. T.)

> Barry Goldwater [concluía a *Life*] representa um valioso impulso na política americana de 64. Ele ainda não representa com toda a clareza tudo o que um candidato sério à presidência deveria representar. "Coragem sem profundidade" e "homem das soluções de uma frase só" são os epítetos criados por seus críticos. Chegou a hora de ele desmenti-los se for capaz.

Dois meses depois Goldwater anunciou formalmente sua candidatura à indicação republicana, e lançou um panfleto chamado "Senador Goldwater Fala sobre os Tópicos". Escrito no estilo leite de magnésia característico desse tipo de documento, já não permitia saber com certeza o que ele pensava — tinha se transformado de "homem das soluções de uma frase só" em homem que mostrava uma preferência por muitas frases imprecisas. Barry patinava no mesmo lugar. Enquanto isso, seu pessoal, sua organização, continuava arregimentando delegados. Foi só quando ele votou contra a Declaração dos Direitos Civis que a batalha aberta entre o velho dinheiro e o novo finalmente se desencadeou. Tarde demais para o lado do Leste. Para qualquer um que conhecesse um pouco do funcionamento do establishment, um mistério se apresentava. Pois, a menos que o establishment tivesse se tornado subitamente inepto, havia um motivo encoberto para o atraso, um temor, como se o dinheiro do Leste estivesse com medo de alguma força na mente americana que desafiava o seu poder, de alguma atmosfera de mistério saída do puro delírio crescente de uma cruzada que reduziria a oposição a cinzas. Então eles tinham esperado; todos os candidatos, exceto Rockefeller, tinham esperado, pois nenhum deles queria provocar a artilharia da direita até que Scranton fosse submetido ao fluxo e refluxo, ao mistério ou ao murmúrio, da garganta de um velho.

Um pouco depois, naquela manhã, vi Scranton numa coletiva de imprensa no San Francisco Hilton. A Sala Coríntio do salão de baile (sala de imprensa) era um recinto branco, com uns quinze metros por doze, teto baixo e um enorme lustre moderno feito de pedaços de plástico, que parecia uma bala de laranja. O carpete era de um verde plástico e elétrico, os assentos dobráveis (uns duzentos) estavam cobertos por um plástico cor de aspirina molhada, e as paredes eram brancas como uma pia de hospital. O efeito prático era fazer a gente se sentir como um presunto colocado na prateleira branca de um congelador.

O orador, porém, era como uma mosca grudada na lâmpada elétrica do congelador. Fileiras de luzes estavam voltadas para ele, refletores de cinema, luzes de TV, 4 mil watts nos olhos deve ser o preço médio que um político paga por sua coletiva de imprensa. Isso dá a ele uma distinta aura instantânea, sua pele respondendo ao chamado da natureza; há perigo, porque a coletiva cria o momento em que o ator deve entrar nas engrenagens da máquina. Embora haja 99% de chance de ele não cometer erro algum, sua carreira pode ser liquidada por um passo em falso. A menos que o sujeito esteja produzindo notícia num determinado dia — ou seja, que um importante anúncio esteja sendo feito —, a entrevista coletiva é um honrado preço a ser pago para continuar no jogo, uma vez que há dias e dias em que não é do interesse do orador, ou do seu partido, ou da sua ala do partido, produzir alguma notícia em particular, mas sim abafar qualquer notícia. Ainda assim, o orador não pode ser insípido demais, caso contrário prejudicará sua própria situação, suas declarações serão escondidas no meio do jornal. Assim, ele precisa ser interessante sem ser revelador. Por outro lado, o interesse da imprensa é torná-lo revelador. Em conseqüência disso, desenrola-se um delicado jogo de equilíbrio. Nixon costumava jogar bem até o dia do seu colapso. Eisenhower já foi bom nisso. Goldwater era considerado ruim nesse jogo, ruim o bastante para dar apenas uma entrevista coletiva antes da sua indicação, e não dera mais que duas nas seis semanas precedentes.

Uma oportunidade de observar o jogo em funcionamento apareceu com Melvin Laird, que tentou convencer os jornalistas de que a plataforma republicana era liberal, forte nos direitos civis, crítica com relação aos extremistas, e ao mesmo tempo fiel a Goldwater. Laird, um homem glabro e vigoroso com uma careca semelhante a uma abóbada, segurou as pontas por meia hora, esquivando-se das perguntas com a mesma habilidade com que os negros costumavam no passado esquivar-se das bolas de beisebol num parque de diversões. Quando se via em apuros (era afinal de contas uma posição altamente indefensável), ele apelava para uma das regras mais necessárias do jogo, aquela que diz que não se pode insultar a boa reputação do orador. Assim, Laird disse por fim: "Trabalhamos muito nesse programa, é um bom programa. Tenho orgulho dele". Isso fez os entrevistadores recuarem e se reagruparem para um novo ataque.

Mas as entrevistas coletivas de Scranton eram diferentes, claro — porque ninguém podia ter certeza se Scranton era parte do jogo ou uma lebre selvagem que desviava seus perseguidores de toda pista verdadeira. O resultado era uma instabilidade do interrogatório, um sentimento de irritação, uma insinuação de enorme desdém da parte do corpo de jornalistas; um repórter despreza um político que não seja profissional, pois o jogo nesse caso se torna surrealista, e a função dos jogos é deixar os sonhos, o terror e o surrealismo lá fora, na noite a que eles pertencem. Eles acossavam Scranton, tentavam fechar o cerco: *Governador, governador, o senhor pode dar o nome de algum delegado que tenha se bandeado de Goldwater para o seu lado?* Não, não podemos dizer isso neste momento, era a resposta. *Há algum?* (Risos sufocados na platéia.) Com certeza. *Mas o senhor não poderia dizer?* Não neste momento. *Governador* (outro entrevistador agora), *existe alguma verdade no rumor de que o senhor vai desistir antes de a convenção começar?* Absolutamente nenhuma. *Governador, não é verdade que o senhor pode estar pretendendo concorrer à vice-presidência?* Pela octogésima oitava vez, com certeza não é verdade. *Certeza absoluta?* Sim (disse Scranton tristemente), absoluta.

Ele se postava ali como um santo, uma curiosa espécie de santo. Se tivesse sido ator, teria interpretado o papel do delfim contracenando com a Joana d'Arc de Ingrid Bergman. Era, num exame superficial, um homem fraco e teimoso. A gente sentia que ele tinha sido debilitado, quando jovem, pela ausência de desafios. Não que lhe faltasse coragem, é que durante um tempo demasiado longo lhe faltara qualquer oportunidade de ser corajoso, e agora ele se empenhava em enfrentar uma luta política tanto quanto um ritual de puberdade. Era incrível que aquele homem agradável e cortês, tão satisfeito consigo mesmo, tão civilizado, tão sensato, tão inocente das tinas cheias de baços e vísceras dos açougues (daquela consciência, enfim, que se irradia solenemente do halo de Kruchev), pudesse agora ser de fato o homem que o establishment do Leste escolhera como candidato a presidente. Ele tinha um defeito fatal em seu estilo: era ligeiramente delicado, do mesmo modo, digamos, que um jovem executivo da Madison Avenue pareceria petulante contraposto ao vigor carrancudo do presidente de uma companhia siderúrgica. Scranton não tinha nem um pouco da imponência de um lutador de vale-tudo político como Goldwater; não, em vez disso tinha a larga boca de lábios finos de um *clown* — irremediavelmente! Se os papéis tivessem sido invertidos, se fosse Scranton que contasse com seiscentos delegados e Goldwater que comandasse uma ofensiva nas últimas quatro semanas para conquistar o território, mesmo assim talvez Goldwater tivesse vencido. Scranton era decente, mas alguma parte da sua alma parecia viver no vácuo. Sem dúvida ele tinha sido mais formidável no começo, mas foi perdendo força durante quatro semanas, uma derrota depois da outra, delegados, delegações, convenções, perdera com Eisenhower, perdera com Dirksen, perdera Illinois, estava perdendo Ohio, seus negociadores operavam em ponto morto; não é possível negociar quando se está perdendo delegados, não há nada a oferecer ao delegado exceto a salvação de sua alma, e o delegado pôs a salvação no prego há muito tempo. Então Scranton deu início à mais ingrata das missões — há poucas tarefas mais difíceis na vida do que arrebatar delegados de um homem que está com a indicação praticamente garantida. Ser delegado e manter-se fiel ao perdedor é um estilo de vida, mas nenhum delegado pode contemplar a possibilidade de trocar um vencedor por um perdedor; as perdas não são mensuráveis. As pessoas estão na política para ganhar. Nessas circunstâncias, calcule o poder de reação política exigido de Scranton. Ele anuncia sua candidatura quatro semanas antes da convenção, Goldwater está a cinqüenta votos da indicação. Será que ele vai conquistar delegados num cenário assim com a sua infeliz aptidão para ser fotografado com as pernas no ar dançando polcas, fazendo exercícios da Força Aérea Canadense ou rebatendo uma bola de tênis? Sabemos que Scranton é o produto de muitas noites em que representantes da elite do Leste se reuniram entre charutos e conhaques e se decidiram pelo pobre Bill porque ele no final das contas não desagradava ninguém. Mas seria necessário um Paul Bunyan* para abater a força de Goldwater em quatro semanas. Seus mais de duzentos delegados sulistas eram firmes como mármore, firmes como o ódio que nutriam pelos direitos civis. E havia muito apoio a Goldwater vindo também do Meio-Oeste e do Oeste, um núcleo duro de delegados cheios de ardente ódio pelo establishment do Leste. Esse núcleo duro de delegados (ao contrário das crianças pró-Goldwater) era composto em grande medida do

* Paul Bunyan: lendário lenhador gigante, personagem do folclore americano. (N. T.)

tipo de turistas que vinha envenenando o ar dos saguões de hotel nos últimos vinte anos. Era possível vê-los agora com seus buttons de Goldwater, escondidos em cada saguão, uma máfia wasp* na qual estavam armazenadas as vinhas da ira. Não por acaso os Brancos Anglo-Saxões Protestantes tinham assinaturas de cinco anos do *Reader's Digest* e da *National Geographic*, além de colites e artrites, óculos de aro de prata, barrigas protuberantes e aquele ar de esquizofrenia controlada que é a medalha de honra ao mérito de quem passou a vida inteira na Main Street. De fato, havia um consenso generalizado de que a guerra básica era entre Main Street e Wall Street. O que não era visto tão claramente era que essa guerra é o drama wagneriano do wasp. Há um século os melhores entre os protestantes brancos têm saído da fazenda para a cidade, da cidade pequena para outra maior, da escola secundária de Shaker Heights para a Lawrenceville, do curso de professoras públicas do Missouri para a faculdade feminina Smith, do peru assado para o Cordon Rouge, da retidão para a malvadeza, da monogamia para *Les liaisons dangereuses* [*As ligações perigosas*], de *Jane Eyre* para *Candy*; é uma longa viagem do Baile Anual da Legião Americana até as escapadas ao balneário de Southampton. Há o uivo não ouvido de um coiote ferido em todas as divisões inferiores da Liga Feminina, em todos os eventos cafonas de cada cidadezinha; a exasperante fisgada da inveja tortura o fígado de cada sapo grande em seu pequeno lago, não há nenhum ódio tão grande quanto o ódio ao Leste no coração daqueles que foram deixados para trás: o horror no coração da vida social na América é o sujeito nunca saber se é esnobado por ter demais ou por ter de menos, se é refinado demais ou pouco refinado, sem graça demais ou possuidor de uma graça excessi-

* Wasp: acrônimo de *White Anglo-Saxon Protestant*, protestante anglo-saxão branco, membro da classe dominante dos EUA. (N. T.)

va, sedento demais de poder ou não ambicioso o bastante — as perguntas queimam e nunca são respondidas porque o establishment do Leste raramente refuta, ele apenas condescende ou ignora, promete e esquece, prontifica-se a comparecer à festa da sua filha e na hora não aparece, ou chega com aquele pequeno atraso concebido para arruinar a alta expectativa criada para a noite. (Ou pior: vai embora um pouco cedo demais.) Os wasps que apoiavam Goldwater eram os refugos sociais daquela sociedade do Leste que dominava o país, sim, os wasps de Goldwater eram os velhos médicos de Pasadena com 3 milhões em ações na bolsa e influência na Associação Americana de Medicina, os editores de jornais do interior, o presidente do segundo banco mais importante, as esposas do petróleo do Texas, sim, as esposas e famílias de todos os proeminentes e prósperos que tinham um pé na roça, todas as damas do Oeste que dançavam o merengue no El Morocco quando iam a Nova York, e não muito bem, pois dava para ouvir as risadas abafadas de Archie ou de Dick Relâmpago ou do Caolho Triste, o haitiano e/ou jamaicano que as ensinara a dançar. Sim, a lembrança desses fracassos sociais é a saliva da violência intelectual. Os velhos wasps de Goldwater, aqueles que ficavam sentados nos saguões de hotéis, tinham um insano ferrão em suas idéias* — eram a favor de surrar com vara o traseiro da América, onde se reuniam os comunismos: igualdade entre brancos e negros; excesso sexual; idéias judaicas; roupa de cama suja, pensamentos confusos, falta de respeito pela Constituição. A direita americana tinha uma consistência comprimida de prisão de ventre em suas metáforas. Não admira que sonhasse com uma purgação republicana. Os wasps eram cheios de de-

* Há no original em inglês um jogo de palavras intraduzível: wasp, além da sigla citada na nota anterior, significa também "vespa", o que amplia o sentido da palavra "ferrão" (*sting*). (N. T.)

jetos psíquicos dos quais não conseguiam se livrar — eles haviam avançado para o Meio-Oeste e colonizado o Oeste, tinham conquistado o país, e agora o estavam perdendo para os imigrantes que vieram depois e para os descendentes de escravos. Eles tinham visto sua cultura ser adulterada, arrebatada, convertida numa miscelânea surrealista de celebração pública e rock and roll, produto dos filmes e da televisão, dos meios de comunicação de massa onde os filhos de imigrantes tantas vezes eram reis, sim, os wasps não compreendiam o que estava acontecendo, não estavam muito dispostos, afinal, a dar ouvidos àqueles sacerdotes que diziam que a América tinha uma herança de pecado e avareza com relação ao negro, e que esses pecados do sangue precisavam ser pagos; não estavam nem um pouco dispostos a ouvir o argumento de que a indústria americana fora erguida com o trabalho duro e o sacrifício físico de cinco gerações de imigrantes, não, eles eram cristãos mas não queriam ouvir mais nem uma palavra sobre os direitos dos outros, eles sofriam o temor íntimo de não serem tão bons, nem tão firmes, nem tão corajosos quanto seus bisavós, sofriam o intolerável temor de não serem nem de longe tão bons e firmes quanto aqueles outros cristãos de quase 2 mil anos atrás que enfrentaram os romanos, então eles agora tinham medo do Leste, que dominara a moda e o estilo de suas vidas, estavam dispostos a assassinar o Leste, o promíscuo e adúltero Leste — numa boa e rápida guerra nuclear, talvez deixassem os russos lançarem uma bela bomba em Nova York —, sim, eles estavam carregados até o topo de ódio: o establishment do Leste não iria vencer de novo, dessa vez Main Street iria derrotar Wall Street. De modo que Barry tinha seus irmãos, trezentos ou quatrocentos dos mais duros delegados do país, e eles estavam prontos a se tornar os inimigos eternos de qualquer delegado que pudesse se bandear para o lado de Scranton.

Era esse o clima. Era essa a condição interna dos delegados de Goldwater no momento em que Scranton anunciou que iria até o fim pela indicação e tentaria tirar aquelas pessoas de Barry. Henry Cabot Lodge veio do Vietnã.* Iria, como vocês se recordam, ajudar. Os cínicos do establishment foram ligeiros em espalhar a informação de que Lodge iria cair fora antes que a casa caísse, mas ele comunicou sua mensagem aos repórteres:

> [...] Uma das coisas que sempre me agradavam no fato de estar no Vietnã era o pensamento de que talvez, sendo um homem maduro, eu fosse capaz de fazer alguma coisa para ajudar nossos soldados que estavam arriscando a vida.
>
> Bem, umas duas semanas atrás topei com um capitão que era um dos consultores de batalhão e ele disse: "O senhor vai voltar para ajudar o governador Scranton?". E eu disse: "Não". Então ele disse: "Por que não? Acho que deveria".
>
> Bem, aquilo me causou um... me espantou, na verdade, porque sua atitude era: "Estou cumprindo meu dever aqui, você devia voltar e cumprir o seu o mais rápido possível".

Obviamente, ninguém jamais dissera a Henry Cabot Lodge que talvez ele não fosse necessariamente magnífico. Chegou então com pose de manda-chuva, jovial, símbolo do establishment, e por duas semanas trabalhou para Scranton (embora, por estranho que pareça, tenha passado uma semana na América antes de tentar se encontrar com ele). Não obstante, Lodge anunciou sua disposição para ser o primeiro alvo da máfia wasp. Ao final de duas semanas de telefonemas para velhos amigos que invariavelmente lhe respondiam com negativas, Lodge parecia um homem

* Henry Cabot Lodge Jr. (1902-85): jornalista, político e diplomata, foi embaixador dos EUA no Vietnã entre 1963 e 1967. (N. T.)

que um dia tinha sido bonito. Sua cor era um amarelo de cera suja, seu sorriso mostrava as gengivas no canto da boca e sugeria uma imagem do crânio, como acontece com homens de noventa anos quando seus sorrisos vão além dos dentes. Dava a impressão de que tinham espancado seus rins usando como arma seu próprio fígado. Possivelmente alguma coisa tinha sido arrancada dele à força para sempre.

Claro que era domingo à noite — a primeira sessão da convenção só aconteceria dez horas depois, na manhã de segunda-feira — e Scranton e Lodge tinham tido um péssimo domingo; a carta pessoal convidando Goldwater a debater com Scranton na convenção fora divulgada naquele mesmo dia com a assinatura do governador e dizia o seguinte:

> Seus chefes de campanha dizem com efeito que os delegados são pouco mais que um bando de galinhas cujos pescoços são torcidos à vontade [...]. O goldwaterismo acabou significando toda uma colcha de retalhos de posições absurdas e perigosas que seriam sonoramente repudiadas pelo povo americano em novembro.

Denison Kitchel, o diretor-geral do Comitê Nacional Goldwater para Presidente, emitiu um comunicado:

> A carta do governador Scranton foi lida aqui com perplexidade. Foi devolvida a ele.
>
> Talvez, ao reconsiderá-la, o governador reconheça a intemperança de suas declarações. Da maneira como se apresentam, elas atingem tragicamente o Partido Republicano e cada delegado à convenção.

Em seguida Kitchel enviou cópias mimeografadas da carta de Scranton e da sua própria resposta a todos os delegados republicanos. A mina de Scranton desmoronava. Inundada numa das suas entradas, ela agora pegava fogo na outra. Delegados não gostam que lhes digam que são um bando de galinhas. É uma daquelas metáforas que têm o efeito de uma lasca de osso enfiada no nariz. Scranton iria renegar a carta no dia seguinte; assumia a responsabilidade, mas não reconhecia a autoria da carta — a linguagem não era sua —, o que equivalia a admitir que não chefiava uma organização competente. E tampouco era capaz, como ficou claro, de proteger seu próprio pessoal: o nome do assessor que efetivamente escrevera a carta vazou sem demora.

Assim, na noite anterior ao início da convenção, com a carta tornada pública, Scranton só podia ter passado da profunda depressão à sincera agonia. Os republicanos estavam realizando um jantar de gala aquela noite, a quinhentos dólares por pessoa para arrecadação de fundos, fechado à imprensa, embora muitos jornalistas, alguns da linha de frente, outros da retaguarda, tenham encontrado um jeito de entrar, e todos os luminares republicanos estavam lá, Eisenhower, os Luce,* a sra. Eisenhower, Henry Cabot Lodge, Thruston Morton, George Murphy, Ray Bliss, a sra. Goldwater, Scranton. Todo mundo menos Barry. Num alardeado acesso de fúria por causa da carta, Goldwater estava boicotando o jantar de gala. Esse era essencialmente um evento do establishment, isso ficou claro aos poucos, e portanto era até certo ponto um velório — as notícias sobre a carta circulavam. O salão de danças não ficaria cheio aquela noite.

Scranton entrou. Caminhou pelo corredor central entre as mesas como um soldado ferido. As pessoas vinham cumprimentá-lo e ele sorria de modo fraco, triste e um tanto rígido, como se

* A escritora, política e diplomata Clare Boothe Luce (1903-87) e seu marido Henry Robinson Luce (1898-1967), megaempresário das comunicações, fundador do grupo *Time-Life*. (N. T.)

estivesse de fato muito abatido, como se tivesse acabado de cometer haraquiri mas ainda pudesse andar. Quando apresentado a mim, disse com lânguido humor: "Li seus livros" — finalmente algo esplêndido em Scranton.

Um minuto depois, Scranton e Eisenhower se reuniram. Era o primeiro encontro deles em San Francisco; o General chegara naquele mesmo dia, desembarcando na estação de Santa Fé depois de atravessar o país de trem. Era a última esperança de Scranton; talvez ele ainda conferisse ímpeto aos tanques da ofensiva de Scranton, que estavam atolados no pântano — afinal, quais eram os limites da mágica? Assim, Scranton deve ter perscrutado cada sinal emitido pelo cumprimento de Eisenhower. Havia sinais por toda parte. Ike levantou-se da sua mesa, sacudiu a mão de Scranton como se fosse uma manivela, segurou seu cotovelo, puxou-o para o lado, deu um sorrisinho irônico, abriu um sorrisão, deu outro sorrisinho irônico, seu rosto ficou vermelho, vermelho como o rosto de um bebê de duas semanas, seus olhos cintilaram, ele não parava de falar, não tirava as mãos de Scranton, não o olhava nos olhos. Era o cumprimento de um homem que não iria ajudar outro homem.

No dia seguinte, Eisenhower deixou William Warren Scranton na mão. Deu uma entrevista coletiva no Hilton na qual conseguiu não dizer nada. Era óbvio agora que ele não se comprometeria com ninguém, assim como era óbvio que não iria aderir ao apelo dos moderados por uma plataforma política mais incisiva quanto aos direitos civis. "Bem", disse Eisenhower, "ele [Melvin Laird] veio me ver, e a maneira como explicou a coisa me pareceu muito correta." Interrogado sobre uma emenda que os moderados queriam introduzir na plataforma partidária, "A autoridade para usar as armas nucleares da América pertence ao presidente dos Estados Unidos", Eisenhower declarou considerar "essa afirmação perfeitamente adequada porque reafirma o que a Constituição pretende dizer". Contudo, não iria lutar por isso. Questionado sobre como reagia à idéia de um debate diante do plenário da convenção entre o senador Goldwater e o governador Scranton, numa referência direta à agora famosa carta de Scranton do dia anterior, Eisenhower disse: "Isso, evidentemente, seria um precedente, e não sou contra precedentes. E não sou particularmente a favor deles". Um pouco antes, havia dito: "Não tenho de fato uma opinião formada". Não tinha. Estava em seu mundinho particular. Fazia anos que estava ali. Alguma coisa vinha morrendo nele ao longo dos anos, alguma coisa da proporção e magnitude de sua própria morte, sem dúvida, e ele estava caindo no mais cruel dos destinos para um velho, tinha sido fisgado pelo amor como um viciado, não um grande amor, mas o tipo de amor brando e tolerante que protege um velho do ódio. Era óbvio que Eisenhower tinha um temor profundo das forças que eram pró-Goldwater. Seu amor-próprio não se incomodava mais com o eventual desprezo das pessoas, mas ele não queria ser odiado duramente por ninguém. Em decorrência disso, não podia se declarar a favor de nada, e à medida que cometia seus lapsos de sintaxe, de ordenação das palavras, de pronúncia, eles ganhavam mais notoriedade do que nunca. Às vezes eles eram ritmados como um tique, ou como um cão coçando uma picada de pulga. Dizia: "Temos que ser ob*je*tivos, digo, obje*ti*vos, temos que ser objetivos..." e prosseguia como se estivesse afundando lenta e silenciosamente nas águas de sua futura morte, que talvez acontecesse dentro de um ano ou dentro de dez anos, mas que de todo modo o recebia como um pântano no qual ele desaparecia gesto por gesto, num bater de asas molhadas contra o seu destino.

Vede, Senhor, e encontrai os dois Adões fundidos em mim.

John Donne

Agora, no que diz respeito a Goldwater, ele tinha facetas. Talvez elas não passassem de contradições, mas ele não era um homem fácil de compreender apressadamente. Sua esposa, por exemplo, estivera no jantar de gala, sentada com familiares e amigos, mas numa das mesas menos agradáveis do salão, num canto e tão afastada do palco que não era possível ver o mestre-de-cerimônias. Parecia um modo curioso de o establishment tratar a esposa de um dos principais competidores, mas a moça que me apresentou a ela me garantiu que a sra. Goldwater preferia assim. "Ela odeia ser o centro das atenções." Bem, ela acabou se mostrando uma mulher tímida e atraente, com um rosto não inteiramente alegre, mas sensual. Havia nela alguma coisa delicada e muito vulnerável. Seus olhos eram úmidos, eram luminosos. Era impossível não gostar dela. Já suas filhas eram atraentes de um modo diferente. Dava quase para ouvi-las dizer: "Quero o melhor anel desta espelunca, cara".

O quartel-general de Goldwater, porém, estava a uma certa distância das moças. Ocupando o décimo quarto e o décimo quinto andares do Mark Hopkins, não era fácil entrar nele. Os elevadores principais tinham uma espera de 45 minutos para subir. O caminho alternativo era subir à copa no mezanino e pegar o elevador de serviço. Um latão de lixo de 75 litros cheio pela metade podia estar junto à porta do elevador de serviço. Você se espremia com grandes e pequenos correligionários de Goldwater, mais os garçons com seus carrinhos de serviço de quarto. Uma vez ali, o 14º e o 15º andares eram um nojo. Um comitê de campanha nunca está limpo — pilhas de papel, copos de plástico amassados, papel-carbono de máquina de escrever pelo chão, paletós em cabides pendurados de qualquer jeito num cavalete —, um comitê de campanha é como a editoria de notícias locais de um jornal. Mas o comitê de Goldwater era mais imundo que a maioria. Havia tanto detrito quanto na marca da maré cheia numa praia. As poltronas estavam empoeiradas e os sofás pareciam os sofás de cem dólares que os recém-casados compram e que ficam sujos num instante. O ar tinha o cheiro de charuto velho da sala de espera de uma grande estação de trem. Não era culpa do staff do hotel. Ninguém no décimo quarto e no décimo quinto andares tinha alguma coisa a ver com seus arredores. Tanto fazia se estivessem no castelo de Nymphenburg ou num pulgueiro da Eighth Avenue: os quartos acabariam com o mesmo aspecto. Um quarto era um lugar com uma escrivaninha onde o trabalho não parava.

Eles tinham algo em comum — os militantes profissionais pró-Goldwater —, algo difícil de definir. Não eram como os garotos na rua lá fora, tampouco tinham muita coisa em comum com os velhos figurões cancerosos no saguão; não, os piores entre esses militantes pareciam estudantes de teologia que tinham sido expulsos do seminário por desviar dinheiro do fundo de classe e mesmo assim se achavam os mais próximos de JC — havia um sombrio e cego fanatismo nos seus olhos. E os melhores entre os profissionais de Goldwater eram formidáveis homens altos e magros, alguns rijos, outros flácidos, com o aspecto duro e desagradável de graduados investigadores de companhias de seguros contra incêndio, agentes do FBI ou jovens e brilhantes promotores de justiça, com aquele ar de caçadores, cheio de indignação moral e também de vacuidade moral. Mas o conjunto do pessoal profissional de Goldwater que vi no décimo quarto e no décimo quinto andares me fez lembrar imediatamente de uma visita guiada ao FBI, no edifício do Departamento de Justiça em Washington, aquela mesma sucessão de rostos bonitos e insípidos servindo como guias, cabelo penteado para trás ou repartido do lado, olhos de chumbo, narizes que nada ofereciam, bocas que eram funcionais, bons queixos, gestos hábeis. Uma sucessão desses homens conduzia os turistas pelos corredores do FBI, lia em voz alta para nós os quadros informativos sobre as peças expostas e nos dava breve palestras sobre a função do FBI (proteger-nos do inimigo externo e do inimigo interno, do Comunismo e do Crime — discursos apresentados numa prosa simples e organizacional do tipo utilizado em folhetos que dão as boas-vindas a novos trabalhadores em grandes corporações, a soldados novos no batalhão, a calouros no colégio, e a leitores de revistas em seus editoriais). Os turistas eram majoritariamente pais e filhos. As esposas eram duronas, daquela espécie que nasceu para usar macacão de jeans e jaqueta xadrez de caça, as irmãs e as filhas eram singelas e magras, sem expressão. Todos tinham chumbo no lugar dos olhos, tanto os palestrantes como os turistas. A maioria dos meninos tinha por volta de doze anos e, quase sem exceção, ostentava os rostos reservados e inexpressivos dos garotos que matam o próprio pai com uma bomba e a mãe com uma faca de açougueiro, amarram as irmãs com o fio do telefone e se escondem no mato por três dias. O clímax da excursão era uma demonstração, por um agente do FBI, de como usar um fuzil-metralhadora. Durante dez minutos ele perfurava alvos, usando uma rajada de cada vez, rajadas de três cartuchos completos, e fazia isso com o meigo encanto de um funileiro prendendo rebites; havia um aplauso solene depois de cada rajada de tiros.

Aquilo fazia parte da República, e aqui era um comitê de campanha de Goldwater. Os rostos nesses quartos eram a quintessência dos turistas e dos guias do FBI; a atmosfera era como a do interior de uma prisão: ar abafado, urgência reprimida. Mas isso não é inteiramente justo. A sensação de prisão podia vir do número de guardas e do seu estilo. Eles eram Pinkertons* durões e obtusos com tendência a intimidar cada novo visitante. Um

* Allan Pinkerton (1819-84), americano de origem escocesa, é considerado o primeiro detetive particular dos EUA e tornou-se sinônimo de agente durão, chegando a dar nome a uma célebre empresa de segurança privada. Por extensão, agentes de segurança e guarda-costas costumam ser chamados de Pinkertons. (N. T.)

desejo emanava deles. Não seriam felizes se não tivessem ordens a cumprir. Se recebessem ordens, estavam prontos a dar uma prensa em Bill Scranton, em Nelson Rockefeller ou no general Eisenhower (era só mandar). Provavelmente dariam uma prensa em Johnson se ele aparecesse e tivesse de ser posto para fora. Naturalmente não estavam ali para isso, mas para defender o comitê de gangues (leia-se: de pretos) e o senador de ser assassinado. Fazia sentido até certo ponto: Goldwater corria mais perigo que Scranton, pelo menos enquanto Scranton não mostrasse nenhum sinal de poder vencer; justamente naquele dia, domingo, houvera uma passeata pró-direitos civis e anti-Goldwater na Market Street. A projeção mais pessimista, porém, era uma fraude. Nenhuma gangue chegaria ao 14º andar, nem ao fortim de Goldwater no 15º (uma barricada específica de Pinkertons guardava os vinte e tantos degraus), nenhuma gangue conseguiria subir todos aqueles andares só com aqueles três elevadores e uma espera de 45 unidades de sessenta segundos cada, não era provável que algum assassino se arriscasse no comitê de campanha quando havia melhores oportunidades na rua; não, a atmosfera era criada para criar atmosfera, a aura no comitê era de solenidade, de escombros sob os pés, de graves decisões, de forças colocadas a serviço da ordem, uma espécie de conspiração subterrânea, uma dedicação à necessidade de apelar para a força. Assim era o comitê. Não consegui ver Goldwater nem uma vez no recinto.

Houve oportunidade, entretanto, de ficar a menos de um metro dele mais tarde naquele mesmo dia, uma vez na reunião da delegação da Flórida no Beverly Plaza, outra na rua, no deslocamento de um hotel para outro (nenhum Pinkerton à vista agora, só policiais) e outra ainda no Clift, onde ele falou à delegação de Washington. Havia uma empolgação em presenciar

Barry trabalhando com um grupo, uma intensidade no ar, uma devoção religiosa, como se um dos mais civilizados sacerdotes da América estivesse falando num desjejum de comunhão, ou como se o diretor de colégio do ano estivesse tendo uma conversa franca com seus estudantes de honra. A delegação da Flórida congestionou o pequeno e sombrio salão de banquete subterrâneo. A tarde esquentara em San Francisco. Vinte e sete graus Celsius do lado de fora, talvez uns 32 do lado de dentro. Todo mundo transpirava. Barry estava sentado na frente, com um refletor apontado para ele, uma fina membrana de suor se acrescentando à sua aura, e seus óculos, aqueles óculos de aro preto, pareciam assumir aquela peculiar vida própria, aquela atormentada severidade, aquele idealismo sem concessões que aproximava Goldwater dos taciturnos e dos solitários. Falando numa voz modesta e branda, ele irradiava naquele momento a sinceridade juvenil de um sujeito que usa óculos mas mesmo assim está determinado a se divertir. Contra todas as probabilidades. Não deixava de lembrar Arthur Miller: aquela mesma mistura de enorme solenidade e intacta juventude, uma espécie de "que besteira" e "que merda" embutida na voz. "Bem, vejam", disse Goldwater, falando à delegação da Flórida, "se eu fosse confiar nas pesquisas neste momento, teria que dizer que não tenho chance. Mas por que eu deveria confiar nas pesquisas? Por que qualquer um de nós deveria confiar nas pesquisas? Elas já erraram outras vezes. Elas errarão agora de novo. O homem é superior à máquina. O que se deve lembrar é que a América é um país espiritual, estamos alicerçados na crença em Deus, podemos até andar um pouco à deriva enquanto país, mas nunca nos afastamos muito. Estou disposto a dizer que a eleição causará aos democratas uma tremenda surpresa. Ouçam o que lhes digo", disse Goldwater, transpirando um pouco, falando tão calorosamente aos camaradas da

Flórida como se estivesse sozinho com cada um deles, cada um daqueles idosos aristocratas e empreendedores imobiliários e aquelas mulheres modestas de óculos de aro de prata, "ouçam o que lhes digo, estou me esforçando ao máximo para manter esta idéia em segredo, mas acho que não apenas vamos dar aos democratas uma tremenda surpresa, acho mesmo que vamos vencer. [Aplausos, aclamação.] Na verdade eu não estaria aqui se não achasse que vamos vencer. [Aplausos.] Ora, às vezes digo a minha esposa, sou jovem demais para me aposentar e velho demais para voltar a trabalhar. [Risos, ruidosa aclamação.]" Goldwater tinha terminado. Sorriu timidamente, seus óculos dizendo: Sou um homem modesto, e sou severo comigo mesmo. Enquanto abria caminho para a porta, os delegados o tocavam com entusiasmo.

De volta à rua — ele percorria a pé as quadras até o Clift Hotel, onde a delegação do estado de Washington lhe oferecia uma recepção —, seu séquito consistia em cinqüenta ou sessenta pessoas empolgadas, alguns delegados da Flórida que não queriam perder o homem de vista, mais um par de policiais contentes em cumprir aquele dever. Os carros diminuíam a velocidade para que seus ocupantes pudessem olhar para ele; um deles chegou a parar. Uma mulher bonita saltou do carro e o saudou. Havia alguma coisa especial no jeito como ela fez isso. Assim como negros espalhados ao acaso numa platéia de brancos manifestam consciência uns dos outros, mesmo sem se conhecerem, os correligionários trintões e quarentões de Goldwater exalavam uma convicção semelhante de compartilhar um segredo. Aquela mulher muito bonita gritou: "Vai com tudo, Barry, vai, vai, vai". Mas havia raiva e júbilo na sua voz, como se ela estivesse declarando: "Vamos tomar o país de volta". E Goldwater sorriu com modéstia e seguiu em frente. Parecia um pouco febril. Não admira. Podia virar presidente dos Estados Unidos em menos de meio ano, podia ser atingido pela bala de um franco-atirador quando menos esperasse, era mais amado e odiado que qualquer homem na América, e dentro de tudo isso estava apenas *ele*, o homem que ajustava os botões do rádio de manhã cedo para melhorar um pouco a transmissão, e agora, presumivelmente, ajustava uns tantos botões...

No Clift Hotel ele falou aos delegados de Washington. Estávamos definitivamente de volta ao colégio. Isso era parte do esquema Goldwater — ele fazia as pessoas voltarem às brilhantes certezas do velho patriotismo, de quando elas sabiam que os Estados Unidos eram o melhor país da terra e não havia outro. Sim, seu apelo chegaria a todos os milhões que agora estavam famintos e um tanto amargurados porque uma parte da sua vida tinha parado no colégio, pois não tinham chegado à universidade. Mas então havia Barry, que só cursara um ano de faculdade e tinha mesmo a mente de um potente calouro. "Quero agradecer a vocês, camaradas de Washington, por me concederem esta calorosa saudação. Evidentemente, Washington é o nome de um lugar do qual eu freqüentemente quero cair fora, mas tenho certeza de que não confundirei os dois aqui.* [Risos.]" Tinha dado a partida para um breve discurso político. No meio dele, o extremismo. "Não vejo como alguém pode ser um extremista que acredita na Constituição. E quanto àqueles poucos desencaminhados que fingem acreditar na Constituição, mas no íntimo não acreditam, bem, eles podem ser extremistas, mas não vejo necessidade de legislar contra eles. Sinto apenas pena deles. [Vivas. Aplausos. Alegria pelo modo como Barry proferia condenações.]" A certa altura do discurso, ele avistou e reconheceu uma mulher na pla-

* O senador Goldwater evidentemente se refere ao estado de Washington, de onde vêm os delegados, e à cidade de Washington D. C., capital do país. (N. T.)

téia e parou no meio de uma frase. "Oi, querida", disse em voz alta, como um caixeiro-viajante, o que provocou um riso sufocado na delegação, pois sua voz mudara rápido demais, a braguilha estava aberta, agora era *Rain* e o reverendo Davidson.* Vinha à tona algo revelador, uma comichão, uma gargalhada — ele era um canhoneiro com pêlos na orelha. Goldwater prosseguiu, o bom humor continuou; então, no final, terminado o discurso, ele recusou um drinque, mas disse em sua melhor entonação de "ai, meu Deus!": "Lamento ter que partir porque, meu Deus, eu bem que gostaria de entornar umas com vocês". Riso geral, e ele caiu fora de cabeça baixa, um pouco recatado em sua saída, um pouco vermelho no pescoço.**

Houve diversão no banquete de gala republicano no domingo à noite. O clímax foi uma banda completa de tocadores de gaita-de-foles. Eles devem ter sido contratados pela semana toda, pois nos dias seguintes continuei a ouvi-los, e nas horas mais excêntricas cheguei a ouvi-los no meu quarto de hotel às quatro da madrugada, pois alguns deles estavam marchando pelas ruas de San Francisco, tocando noite adentro, emitindo o chamado bárbaro dos escoceses, toda a bravura, a ira, a firmeza e a traição — a selvagem e completa traição dos escoceses se manifestando no som das gaitas. Eram um alerta sobre a febre no coração do wasp. Eram sons que pareciam atravessar os portões protetores do ouvido e alcançar algum nervo onde se armazena a escatologia. Poucos pais e mães deixaram de ouvir aquilo

* Referência ao filme *Pecado da carne* (*Rain*, 1932), dirigido por Lewis Milestone e baseado em conto de Somerset Maugham, em que o autoritário e hipócrita reverendo Alfred Davidson (Walter Huston) tenta converter e depois estupra a prostituta Sadie Thompson (Joan Crawford). (N. T.)

** No original, há um trocadilho com o termo *redneck* (literalmente "pescoço vermelho"), que significa trabalhador rural branco. Por extensão, caipira e, em alguns casos, fanático e reacionário. (N. T.)

no choro de seus filhos ao longo das horas da madrugada de uma noite ruim — obstinação, fúria, ruína, e a promessa de vingança saindo de uma carne gerada pela própria carne deles; subitamente vem a consciência de que a semente é existencial, de que não há paraíso algum embutido na semente, de que a semente pode seguir um mau caminho e ter um fim sórdido e sombrio. Alguns encontram sua parte da verdade ouvindo jazz — há controvérsias sobre se um branco que não tem ouvido para o jazz é capaz de compreender a paixão com que alguns brancos abraçam a causa negra. Então, do mesmo modo, ouvindo as gaitas-de-foles, a gente percebia que aquela era a verdadeira música dos wasps. Havia algo de selvagem, de marcial, de insondável na paixão, um orgulho que não se esgotaria, uma determinação que talvez nunca tivesse fim, talvez não devesse mesmo ter fim, a fúria fáustica de uma civilização branca naquele lamento das montanhas da Escócia, o grito de uma raça que nasceu para dominar e que talvez nunca aprendesse a compartilhar e, nunca aprendendo, talvez quisesse pôr fim ao jogo: o fim do mundo estava no som das gaitas-de-foles. Assim, havia um encanto bem particular em ouvir as gaitas-de-foles anunciando com estridência o estandarte de uma nova cruzada, algo de áspero, viking, nórdico no ar, uma sensação de gelo que se quebra e de escudos bárbaros, caçadores à solta pela terra novamente. E esse era um apelo que calava fundo, havia uma excitação na idéia de Goldwater obtendo a indicação, como se agora finalmente todos os nossos suicídios pessoais, todas as mortes da alma acumuladas pelo tempo, todos os fracassos, todos os terrores, pudessem ser purgados numa situação nacional em que um assassinato nacional estava sendo planejado (a Terceira Guerra Mundial) e o suicídio pessoal talvez se perdesse num suicídio nacional. Havia essa excitação, de que o fardo de uma alma (sempre equivalente ao fardo da responsabilidade pessoal) pudesse finalmente ser suspenso —

que alívio havia nisso! Essa perspectiva era inspiradora de beleza. Pois, se Goldwater vencesse, e o poder de ferro das pessoas de ferro que o haviam imposto — tal como se refletia nas armas dos Pinkertons do 14º e do 15º andares — agora impusesse à nação um regime de ferro, com o totalitarismo se apoderando da TV a cada jantar doméstico, bem, então um verdadeiro movimento subterrâneo talvez se formasse; e tinha-se a liberdade de pensar em qualquer catalisador que pudesse desencadeá-lo. Sim, o movimento Goldwater excitava as profundezas porque o apocalipse era trazido para mais perto, e como milhões de outros brancos eu vinha levando uma vida um tanto sem propósito e um tanto cheia de culpa, e meu esôfago estava à beira da náusea com os infindáveis compromissos de um centro liberal inane. De modo que acompanhei os quatro dias da convenção com algo mais que simples apreensão. O país estava dando uma virada, as cores estavam mais vivas, os punhais da tarde estavam desembainhados, um pouco do melhor da vida americana estava indo embora para sempre; ou seria justamente o contrário? E estaria o país finalmente começando a transferir os nós de suas contradições de uma prematura meia-noite de pesadelo para os terrenos cirúrgicos da pele exposta? Estávamos no começo, ou passando do meio, de nossa pior doença? Não se sabia mais, simplesmente não se sabia mais, mas uma coisa era certa: o país agora fazia parte da preocupação cotidiana. As pessoas se preocupavam com ele pela primeira vez, do mesmo modo como se preocupavam com a família ou o trabalho, um amigo querido ou o futuro, e essa era a mais excepcional das emoções.

2.

Quando os homens estão muito confinados a hábitos de ofício e profissão, e de certo modo acomodados no emprego recorrente desse espectro limitado, eles estão pouco qualificados para tudo aquilo que dependa do conhecimento da humanidade, da experiência em assuntos diversos, de uma visão abrangente e conectada dos vários e complicados interesses internos e externos que caracterizam essa coisa multifária chamada Estado.

Burke, *Reflections on the Revolution in France*

Se os detalhes da convenção republicana de 1964 estiveram mergulhados em inquietação, nem por isso ela foi muito empolgante, pelo menos não tecnicamente. Como um grande jogo de futebol americano, o placar poderia ter sido 76 a 0, ou 76 a 3. (Havia alguns mais sentimentais capazes de dizer que Rockefeller tinha marcado um *field goal.**) Comparada entretanto com a

* *Field goal*: no futebol americano, é o gol marcado quando a bola é chutada entre os postes e por cima da barra transversal da meta adversária, e vale três pontos. (N. T.)

convenção republicana de 1940, quando Wendell Willkie saiu da rabeira para arrebatar a indicação no sexto escrutínio, ou com a de 1952, na qual Eisenhower derrotou Taft na segunda chamada dos estados, comparada até mesmo com a convenção democrata de 1960, houve poucos momentos dignos de menção, e nenhum deles comparável nem de longe ao entusiasmo da manifestação pró-Adlai Stevenson quatro anos antes, quando Eugene McCarthy defendeu sua indicação. Mesmo assim, essa convenção de 1964 ficaria como uma das mais importantes da nossa história; ela transcorreu com religiosa exaltação para alguns, com pavor para outros, e com verdadeiro trauma para a maior parte da imprensa e da televisão presentes à cena. Para estas ela proporcionou quatro dias de uma angústia pura e profunda como a de uma criança abandonada sozinha numa casa. O propósito da imprensa na América tem sido o de remexer a máquina, ajustar, preparar uma base para novas válvulas e valores, lubrificar, desculpar, justificar, servir à manutenção do establishment. De I. F. Stone, na esquerda, até a direita de Joseph Alsop, quase chegando a David Lawrence,* o entendimento essencial dos meios de comunicação de massa é o de que a máquina da nação é uma confusão eternamente grata aos auxílios prestados pela inteligência; assim, desenvolve-se um jogo em que o establishment sempre perdoa os meios de comunicação por seus excessos, e os meios de comunicação põem seu sentido de civilização (regula-

* Isidor Feinstein Stone (1907-89) foi um influente jornalista político liberal. Depois de passar por publicações como *New York Star* e *The Nation*, criou seu próprio periódico, o *I. F. Stone Weekly*, mais tarde transformado em *I. F. Stone Bi-Weekly*. Joseph Alsop (1910-92) foi um analista político conservador. Na sua coluna no *New York Herald Tribune*, atacou permanentemente o comunismo e defendeu a ação americana no Vietnã. David Lawrence (1888-1973), jornalista político de direita, foi um crítico ferrenho do New Deal do presidente Franklin Roosevelt. Fundou a influente revista semanal *U. S. News & World Report*. (N. T.)

ção, psicanálise, responsabilidade, além dos alicerces mais brandos do amor) a serviço do establishment da família. Virtualmente tudo é perdoado por ambos os lados. As afirmações contraditórias dos políticos são esquecidas, os mais asnáticos prognósticos dos comentaristas são soterrados com misericórdia. O establishment, por exemplo, não iria lembrar a Joe Alsop que em março de 1964 ele escrevera: "Nenhum político republicano sério, nem mesmo o mais próximo dos Neandertal, ainda leva Goldwater a sério". Não, a imprensa não devia ser criticada pelos limites da sua técnica porque metade da sua compreensão da nação derivava, no fim das contas, de material fornecido pelo establishment; a outra metade vinha de conversas entre os próprios jornalistas. Com demasiada freqüência a imprensa vive na condição investigativa do amante que realiza o ato em dois minutos e fala sobre ele durante vinte das 24 horas restantes do dia. Assim, uma grinalda de florzinhas como a *National Review* demonstra estar correta quanto à força de Goldwater, enquanto o establishment intelectual, com todos os seus recursos corporativos, erra redondamente.

Uma explicação? Aqueles que detêm o poder pensam que o diabo é mais bem combatido se o seu nome não for mencionado. Esse procedimento proporciona uma formidável concha para viver dentro, mas seu custo é alto; a casa desaba facilmente quando o diabo resolve aparecer. Pois não houve chance alguma de estudá-lo. Assim como uma geração da esquerda, abafada e ignorada durante o macarthismo e o eisenhowerismo dos anos 50, causou pânico em toda parte quando emergiu como geração beat, do mesmo modo uma outra geração, uma geração da direita, foi abafada, suas ações foram noticiadas incorretamente, suas declarações, distorcidas, suas idéias (se assim podem ser chamadas), ignoradas, e seu poder pessoal, subestimado. A diferença, porém, é que a geração beat era um novo rebanho de cristãos primitivos reunidos prematuramente diante da bomba, um hospício a céu aberto para os delicados e os loucos, e a geração subterrânea da direita, em contraste, é um bando frustrado de justiceiros, uma convenção de carrascos que subscreve o princípio de que o algoz também tem seus direitos. A mentalidade liberal desmorona diante dessa teoria, mas metade da natureza pode estar contida na idéia de que os fracos são mais felizes quando a morte é rápida. É uma teoria que desde os nazistas tem sido completamente detestável, mas talvez então o maior dano intelectual causado pelos nazistas seja o fato de haver tirado alguns princípios da natureza e os pervertido radicalmente. Em nome da barbárie e do retorno à saúde primitiva, eles aceleraram os aspectos mais absolutos e surrealistas da civilização. A câmara de gás foi um legítimo filho albino da revolução industrial.

Mas isso é uma digressão. Retornando à questão das ainda moderadas correntes políticas da esquerda e da direita na América, seria possível dizer que a geração beat foi uma revolução modesta, suicida no âmago de sua paixão. No fundo da sua militância, ela aspirava mais a imolação do que propriamente a poder, desejava apenas ser deixada livre para consumir a si própria. Mesmo assim, os liberais de meados dos anos 50 reagiram com um profundo terror, indignação e escárnio às manifestações daquela revolução, como se o seu próprio suicídio coletivo (o terror íntimo do espírito liberal é invariavelmente o suicídio, não o assassinato) se revelasse nos gestos dos beat. O que dizer então do pânico do establishment liberal diante de uma revolução da direita, cujo pesadelo pessoal podia muito bem ser sua inabilidade para conter seus impulsos mais assassinos, um movimento da direita cujo fantasma são o sangue e o bafo não conjurados no nazismo, que nos últimos vinte anos pairou como um súcubo sobre o puído tecido da civilização? Citemos apenas uma evidência desse temor. A parte da imprensa chamada de periódica sentava-se num setor da galeria à esquerda dos oradores no Cow Palace. Havia uma centena de jornalistas nesse setor de periódicos da galeria e seis passes para descer ao piso onde era possível conversar com os delegados e, em troca, ser visto por eles. Desses seis passes, um ou dois estavam sempre disponíveis. O que significava que a maioria dos jornalistas não tentava descer ao piso com muita freqüência. Sentados próximos uns dos outros, os jornalistas se satisfaziam em observar — havia assassinos no plenário.

Havia mesmo. Era uma convençao com uma atmosfera assassina. A atmosfera dessa convenção falava de um novo tipo de sociedade. Quimeras do fascismo pairavam como um espesso nevoeiro. E um vivo entusiasmo. Alguns dos delegados estavam muito animados. "*Viva*", bradava uma parte da galeria. "*Olé*", vinha a resposta. Havia um clamor, um bramido de touro, uma comunhão mística naquele som, mais ou menos como *Sieg Heil* costumava proporcionar sua comunhão mística. *Viva-Olé*. Hip-hurra! Hip-hurra! Era a nova moda dos estúpidos. A mente americana tinha decaído de Hawthorne e Emerson para a Dança, o Jogo e o Passeio com o Cachorro,* de *O florescimento da Nova Inglaterra*** ao cerebralismo do futebol americano profissional, que exige de um zagueiro que não apenas tenha garra, coragem, força e elegância, mas também uma mente semelhante a um computador IBM. Isso mostra o quanto nos desviamos do caminho da Renascença. Havia ali também o ideal de um herói com garra, coragem, força e elegância, mas esperava-se que ele tivesse tam-

* No original, *Walking the Dog*, "passear com o cachorro". Pode se tratar também de uma referência à canção "Walking the dog", dos Rolling Stones, gravada no início de 1964.

** *The flowering of New England*: livro célebre, publicado em 1936, do crítico e historiador da literatura Van Wyck Brooks (1886-1963). É uma história cultural e literária da Nova Inglaterra (região no nordeste dos EUA) e rendeu ao seu autor o prêmio Pulitzer. (N. T.)

bém a mente de um artista apaixonado. Agora os melhores heróis eram — no sentido da Renascença — descerebrados: Y. A. Tittle, John Glenn, Tracy, Smiling Jack;* os artistas impetuosos estavam correndo em carros envenenados, a banda de twist açoitava os namorados, o patriotismo era um jogo de futebol americano, o fascismo emergiria (se viesse a emergir) de Hip-hurras! Hip-hurras! A ilusão gerara 50 milhões de mentes de comédia musical; agora a ilusão podia fazer qualquer coisa; podia botar estudantes de colégio para urrar *Viva-Olé*, e eles urrariam enquanto vítimas de um novo totalitarismo seriam despachadas para um novo tipo de campo — ei, doçura, você dança o twist?, gritariam para dentro dos ônibus.

> *Quando homens de categoria sacrificam toda noção de dignidade a uma ambição sem uma meta específica, e trabalham com instrumentos baixos para atingir fins baixos, todo o conjunto se torna baixo e vil.*
>
> Burke, *Reflections on the Revolution in France*

O primeiro grande evento da convenção foi a aparição de Eisenhower no Cow Palace para fazer um discurso na tarde de terça-feira. A arena foi bem escolhida para uma convenção. Construído nos anos 30, quando ginásios de esportes não pareciam creches, o Cow Palace propiciava ecos — bons pesos médios e meio-médios tinham lutado ali, havia ferro no ar. E os republi-

* Y. A. Tittle: astro do time de futebol americano New York Giants entre 1961 e 1964. John Glenn: astronauta, o primeiro americano a entrar na órbita da Terra, em fevereiro de 1962, a bordo da nave *Friendship 7*. Tracy: o célebre detetive de história em quadrinhos Dick Tracy, criado em 1931 por Chester Gould. Smiling Jack: herói da aviação, personagem de história em quadrinhos criado pelo cartunista Zack Mosley e adaptado para o cinema nos anos 1940 por Ray Taylor e Lewis Collins. (N. T.)

canos haviam instalado a plataforma do orador numa das extremidades do espaço oval; assim, os delegados sentavam-se numa fileira consideravelmente mais comprida do que larga, e o orador era então instalado no cabo da espada. (Enquanto os democratas, em 1960, tinham colocado o orador no meio da quadra.) Mas aquele era, afinal, o partido dos pais republicanos, não das mães democratas. Se ainda havia delegados que não percebiam o efeito psíquico dessa decisão, uma grande faixa estendida atrás do orador defrontava-os com a inscrição: DO POVO, PELO POVO, PARA O POVO. "Do povo" estava quase invisível; "Pelo povo", um pouco mais clara; "Para o povo" gritava em alto e bom som. Aquele era um partido não tanto "do povo", e muito mais "para o povo", ou seja, supunha saber o que era bom para este.

E a bem da verdade essa sempre fora a pobre força solitária de Ike como orador: ele sabia o que era bom para você. Ele mergulhou no seu discurso — "aqui estou eu com grande orgulho de ser um republicano", "minha profunda dedicação ao republicanismo" — e em menos de cinco minutos a platéia estava bocejando. Ike sempre fora um porre, mas tinha havido um encanto na chatice quando ele era presidente — aquele, afinal de contas, era *o* homem. Agora ele era apenas mais um grosseiro praticante da luta livre da retórica; golpeava algumas frases com sua vozinha límpida e determinada, e algumas frases o golpeavam em revanche. A briga de Ike com seu discurso geralmente acabava em empate. Era algo duro de ouvir. Todo o suspense tinha terminado na entrevista coletiva da manhã de segunda-feira. Ike não sairia em defesa de Scranton. Então o pensamento da imprensa flutuava de acordo com o pensamento da platéia na galeria. Se Ike dizia algumas palavras fortes a respeito da Declaração dos Direitos Civis — "Os republicanos no Congresso, para sua grande honra, votaram de maneira muito mais avassaladora que nossos oponentes para aprovar a Declaração dos Direitos Civis" —, isso não tinha impacto algum. Os moderados tentavam fazer barulho, as delegações pró-Goldwater mantinham-se impassíveis como grandes blocos de silêncio. Ike prosseguiu. Fez o tipo de discurso que ocupa quatro ou cinco colunas no *The New York Times* e serve para completar o espaço deixado pelas reportagens. Ele ainda era, como havia sido quando presidente, um cruzamento entre um rapaz e um velho empregado da família. O rapaz falava, sincero, inocente, era um orador de turma universitária debatendo a afirmativa "Decidido: o Capitalismo É o Mais Democrático Sistema da Terra"; e o velho empregado tinha a voz trêmula, o velho empregado não podia mais viver sem amor.

Ike havia entediado muitas platéias em seu tempo. Nunca entediara uma completamente — sempre soubera como obter alguma reação de uma multidão. Desde 1952 ele vinha oferecendo pequenos pedaços da própria alma para arrancar manifestações da massa. Sempre dava para prever o momento. Sua voz mudava. Cada vez que ele estava disposto a agradar a multidão, alertava-a com uma ligeira e viva fúria. Agora vinha, agora ele dizia. "...Vamos desprezar especialmente os esforços *divisionistas* daqueles que não fazem parte da nossa família, incluindo colunistas sensacionalistas e analistas políticos [início de uma turbulenta manifestação] porque", disse Ike, com a voz revelando um lampejo de puro rancor, "eu lhes garanto que essas são pessoas que não se importam nem um pouco com o bem do nosso partido." Ele tinha razão, é claro. Mas não foi por isso que falou; falou para se desforrar da imprensa pelo que esta tinha dito a seu respeito naquelas últimas três semanas; a sensação que ela vinha buscando era — no que tocava a ele — despertar agulhadas de fúria no corpo de um velho. Ele disse o que disse por vingança. Em grande parte falou para agradar o público pró-Goldwater, havia um indício disso na sua voz. As delegações pró-Goldwater e a galeria juntaram-se na primeira grande manifestação da convenção.

Soaram trompetes, arautos da nova cruzada: baratas, colunistas e comunistas deviam ser exterminados. No dia seguinte os jornais noticiaram que delegados brandiram os punhos cerrados contra jornalistas no plenário, bem como aos repórteres de televisão com seus microfones. Os meios de comunicação de massa não estão, evidentemente, preparados para uma guerra assim. Alguns dos homens da mídia pareciam homens da Lua: usavam capacetes vermelhos e cambaleavam sob o peso de câmeras portáteis que deviam pesar mais de vinte quilos e eram carregadas nas costas; outros comentaristas políticos tinham microfones portáteis e chapéus com antenas. Aos olhos dos delegados eles deviam parecer insetos crescidos até a dimensão humana. Chegou às delegações uma ordem vinda do telefone central instalado no escritório móvel do comando de Goldwater, nos fundos do Cow Palace. Abafar a manifestação, foi a ordem de F. Clifton White.* A manifestação arrefeceu. Mas a imprensa não, nem tampouco o restante da mídia. Permaneceram num estado de agitação: se Ike estivesse disposto a acusar, qualquer um poderia servir de carrasco. Qualquer um. Qualquer um que eles conhecessem.

Muito mais tarde naquela terça-feira, depois da tediosa leitura da plataforma completa, veio um debate entre os moderados e os conservadores. O sucesso na política depende de sentar o traseiro numa cadeira e agüentar ali as discussões enfadonhas de modo a estar presente depois da meia-noite, quando as decisões do clube são votadas. Os playboys não vão muito longe sob essas circunstâncias, tampouco os aventureiros; os medíocres reconheceram logo que estava se desenvolvendo um tipo de associação que lhes permitiria empregar o próprio vício que até en-

* F. Clifton White (1918-93): líder político e professor universitário de ciência política, foi um dos grandes articuladores das campanhas presidenciais e legislativas do Partido Republicano nas décadas de 1960 e 70. (N. T.)

tão tornara a vida intolerável — a mediocridade em si. Assim os covardes tomaram seu lugar no poder. Tiveram a habilidade superior de suportar muitas horas de aborrecimento.

A política estava agora aberta, contudo, à doença dos entediados — a mágica. A mágica pode arrastar a gente. Uma vez a cada década, a cada duas décadas, como um enorme vento que desconcerta os mapas meteorológicos e parece emergir das cavernas do próprio oceano, um furacão varre uma convenção. Aconteceu com Wendell Willkie em 1940; bruxuleou no horizonte com Stevenson em 60; foi a esperança de Scranton de realizar um verdadeiro debate na última sessão antes do escrutínio. Se ele pudesse vencer pelo menos uma vez num pequeno ponto, rumores de mágica poderiam se espalhar. Por isso os moderados tinham forçado uma disputa em plenário para propor algumas emendas à plataforma republicana de 64. Primeira: de que só o presidente tinha autoridade para usar as armas nucleares da América. Segunda: repudiar a John Birch Society.* Terceira: introduzir uma moção de apoio à Lei dos Direitos Civis. As chances de sucesso eram pequenas, para dizer o mínimo: só um extraordinário assalto às emoções das delegações pró-Goldwater poderia levá-las a votar sim às emendas.

Os moderados, porém, foram à luta moderadamente. Seus oradores eram eloqüentes (tal como essa qualidade é avaliada no *Times*). Eram Christian Herter, Hugh Scott, Clifford Case, George Romney, Lindsay, Javits, Rockefeller. Mas não foram oradores vigorosos, não naquela noite. Lindsay e Javits pareciam talhados para grupos profissionais; dedicados aos detalhes, falaram com

* John Birch Society: instituição política conservadora fundada em 1958 por Robert Welch, sob o dístico "Verdade, Liderança, Liberdade", defensora de uma plataforma ultraliberal em economia, que pressupõe uma redução drástica do papel do Estado na regulação da sociedade. "Menos governo, mais responsabilidade" é o lema da associação, que tem sedes e adeptos em todos os estados. (N. T.)

bom senso; Case falou como um tímido professor de colégio; Christian Herter fez lembrar Mr. Chips; Hugh Scott careceu de fervor. Carlino (líder da maioria na Assembléia de Nova York) soou como um bem-sucedido dono de restaurante. E o governador Romney, de Michigan, apresentou suas próprias emendas especiais, foi um moderador dos moderados. Ao falar, parecia uma versão mais bonita de Boris Karloff, todo honestidade, com seu queixo grande, seus olhos suaves, oito dias no mar arrebatado por uma tola paixão. Falou numa voz firme e forte, entretanto dava para sentir um ziguezague no centro de seu cérebro, o que deixava suas atividades mentais tão perdidas quanto a pequena voz de Karloff. Não, a única excitação tinha vindo no começo. Rockefeller não era um homem que normalmente inspirasse simpatia. Tinha um rosto forte e decente e algo rude como a borracha de uma bola de handebol na sua constituição, mas seus olhos tinham sido castigados havia muito tempo — tinham o distante brilho lunar dos olhinhos tristes que a gente vê num chimpanzé ou num gorila enjaulados. Mesmo quando sincero, ele dava a impressão de que o homem privado estava distante como um astronauta numa órbita perdida. Mas Rockefeller teve seus dez minutos no pódio, e quando falou sobre o fato de sofrer "em primeira mão" nas primárias da Califórnia o efeito dos métodos dos "elementos extremistas", cartas anônimas ameaçadoras, ameaças de bombas, "ameaças de violência pessoal", telefonemas, "literatura de ódio e malícia", "táticas brutais e estúpidas", a galeria entrou em erupção, despejando vaias e gracejos sobre o plenário. Rockefeller poderia ter sido Leo Durocher invadindo a base do rebatedor no Ebbets Field para protestar contra uma decisão do árbitro, depois que trocou os Dodgers pelos Giants.* Novamente

* Leo Ernest Durocher (1905-91): célebre jogador de beisebol, que se transferiu em 1948 dos Dodgers para os Giants, os dois clubes rivais de Nova York. Ebbets Field: estádio dos Dodgers, inaugurado em 1913 e demolido em 1960. (N. T.)

o telefone do escritório móvel do comando Goldwater atrás do Cow Palace entrou em ação, novamente as delegações receberam ordem de silêncio, e obedeceram. Mas a galeria não parava, e Thruston Morton, o presidente da convenção, avançou alguns passos, como um dos varredores da peça *Camino Real*, de Tennessee Williams, para dizer a Kilroy que seu tempo estava esgotado. Rockefeller teve seu momento. "Acalme-os", disse a Morton. "É o seu trabalho. Quero meu tempo para falar." E ali enfim estava uma concepção de Rockefeller: ele tinha poucas idéias, e nenhuma delas era sua, e tinha uma personalidade que nunca estava inteiramente em foco (no sentido que Bobby Kennedy e Jimmy Hoffa estavam sempre inteiramente em foco), mas tinha uma coragem peculiar e profunda — podia extrair força do desafio a uma multidão. Trezentos mil anos atrás, 1 milhão de anos atrás, algum gorila deve ter se postado diante de uma tribo enfurecida, vociferado contra ela e saído vivo, e foi assim que a humanidade começou. Então Rocky teve finalmente seu momento político, como lhe cabia.

Mas os outros moderados, não. Havia em sua voz coletiva um indício de súplica: deixem-nos pelo menos ser ouvidos. Oradores que se opunham às emendas soaram tão efetivos quanto os outros, às vezes mais. Ford, de Michigan, falou depois de Rockefeller, e com argumentos melhores. Deu a entender que não era propósito de um partido que acreditava na liberdade de expressão procurar fórmulas para reprimir a opinião. Ele estava certo, embora talvez não estivesse tão disposto a proteger comunistas como a proteger reacionários. E o senador Dominick, do Colorado, fez um brilhante discurso recorrendo a um editorial do *The New York Times* de 1765 que reprovava Patrick Henry por suas idéias extremas. Delegados e a galeria foram à loucura. No dia seguinte Dominick confessou: estava apenas "blefando". Sabia muito bem que não havia nenhum *The New York Times* em

1765. Nem tampouco editorial. Um velho truque de polemista. Se não existem fatos convenientes, invente-os. Seja rápido em escrever suas próprias estatísticas. Havia algum cordão umbilical entre a direita e o mentiroso psicopata.

Outros oradores falaram. Depois de quatro ou cinco de cada facção, fez-se uma votação. Uma a uma, as emendas foram derrubadas. Oitocentos e noventa e tantos a quatrocentos e poucos foi a votação. Horas se passaram, três horas de debates. Depois de um tempo, os moderados vieram coletivamente a parecer um boxeador de divisão inferior em mais uma derrota. Um vácuo pairava sobre gritos vãos pelos direitos civis. Fiquei me perguntando por que um delegado negro leal ao partido por trinta anos não foi instado pelos moderados a fazer um discurso no qual poderia dizer: *Vocês estão me mandando de volta para a minha gente coberto de escárnio e vergonha. Nos últimos trinta anos minha gente vem dizendo que o Partido Republicano não tem nenhum amor pelo homem de cor, e eu sempre contestei isso. Esta noite vocês vão me dizer que eu estava errado. Vocês estão tirando de mim o sentido da minha vida.*

Um discurso assim (e havia delegados negros que poderiam fazê-lo) talvez não tivesse revertido a votação, com certeza não teria, mas era a única chance dos moderados em uma explosão que talvez liberasse alguma emoção petrificada, alguma mágica. Eles não aproveitaram essa chance. Provavelmente não a aproveitaram porque não se importavam muito se fossem derrotados. Àquela altura, talvez fosse melhor perder de modo taxativo do que chegar perto de vencer e dividir ainda mais o partido. Então eles aceitaram seu prêmio de consolação, que era poder voltar para o Leste e dizer: eu lutei pelos direitos civis na convenção. O dia seguinte seria o dia da indicação. A última chance em cem tinha sido desperdiçada.

O Balido, o Latido, o Urro e o Rugido —
São Ondas que Batem na Costa do Paraíso.
William Blake, *Auguries of innocence*

Everett Dirksen fez o discurso de indicação pró-Goldwater, Dirksen de Illinois, a Raposa Prateada do Senado, o líder da minoria, o homem que tinha feito o máximo, muita gente podia alegar, para aprovar a Declaração dos Direitos Civis, pois foi sua coalizão com Hubert Humphrey no encerramento dos debates pré-votação que decidiu a questão. "Acho que Dirksen finalmente tem religião", disse Humphrey, e Dirksen, fazendo seu discurso final a favor da declaração, afirmou: "Não há força mais poderosa que uma idéia cujo momento é chegado". Consta que, quando Goldwater votou contra a declaração, Dirksen recusou-se a falar com ele. Duas semanas depois, Dirksen concordou com a indicação de Goldwater. "Ele já ganhou, isso é tudo", disse Dirksen sobre Goldwater, "essa coisa já foi longe demais."

Nesse dia, o dia da indicação, qualquer orador poderia ter incendiado o Cow Palace. A galeria e as delegações pró-Goldwater estavam tensas e impacientes como um pelotão de fuzileiros navais descendo para Tijuana depois de três semanas no campo de batalha. Mas nesse dia Dirksen não teve voz eloqüente. Fez um discurso que continha pérolas como "Numa era de 'fazedores do bem', ele foi um bom fazedor".* Dirksen era um velho organista que tocava todos os agudos em todos os registros, reverberando sobre todos os ossos de todos os camundongos mortos em todos os tubos do órgão. Naturalmente ele destacou o fato de Barry Goldwater ser "o neto do mascate". Isso não agradou nem

* No original em inglês há um jogo de palavras intraduzível: *In an age of do-gooders, he was a good doer.* Um *do-gooder* é um reformador bem-intencionado, mas ingênuo e descolado da realidade. Um *doer* é um executor, ou seja, quase o oposto. (N. T.)

um pouco a platéia. A Main Street estava tomando Wall Street; Newport Beach, na Califórnia, iria desbancar Newport; e o general reformado Goldwater, da Força Aérea, possuía cacife suficiente para conduzir a mudança; mas não o neto do mascate. Dirksen, contudo, prosseguiu sem parar, fazendo um som parecido com o chiado do ar-condicionado num túnel de três quilômetros.

Quando terminou, Dirksen foi submerso, os gritos estridentes de noite de ano-novo irromperam, uma algazarra de berros, matracas, cornetas, um estrépito de bandas, um deslumbramento de cartazes em amarelo, laranja e dourado fosforescentes, a louca ostentação dos estandartes do estado, selvagens empurrões e sacudidas triunfantes, lanças de guerra, espadas de cruzados, um rugido animal de alegria, gritos rebeldes, olhos inflamados, uma expressão doidona em cada rosto careta,* *Viva-Olé, Viva-Olé,* toques de clarim e gritos de convocação, o clamor dos arautos, e uma chuva longa e dourada que caía das vigas, pedaços de folhas de ouro de dois centímetros, centenas de milhares deles numa interminável cintilação cadente. Tinham apontado um holofote para a chuva de folhas — era como se a luz do sol tivesse entrado em cada gota de uma chuva linda e suave. Topei com Mike Wallace no plenário. "O sujeito que teve essa idéia é um gênio", disse Mike. E os sons da banda subiram para se juntar à chuva. Havia um inequívoco clima de beleza, como se um arco-íris tivesse surgido sobre um campo de batalha, ou godos reunidos ao redor de uma fogueira vissem imagens projetadas numa caverna. O coração da fera havia soltado um brado primitivo. A civilização tinha se esgarçado no centro e à esquerda o homem negro emitia seu grito primitivo; já na extrema direita viam-se os maníacos olhos azuis dos outros primitivos. As selvas e florestas

* No original em inglês, "*a mad nut in each square jaw*", que ao pé da letra significa "uma porca maluca em cada queixada quadrada", fazendo referência direta à expressão "*a round bolt in a square nut*" ("um parafuso redondo numa porca quadrada"), conotando inadequação, disparate, incongruência. (N. T.)

estavam se preparando para a guerra. Por um momento, a beleza estava ali — ela sempre está presente quando tribos se encontram e clãs se reúnem para a guerra. Era certeza absoluta agora que a América estava de partida para uma jornada que terminaria só Deus ou o Diabo sabiam onde.

Mas a jornada não começou antes de outras sete horas e sete indicações. Knowland apoiou a indicação de Goldwater; Clare Boothe Luce, Charlie Halleck e o senador Tower também. Então Keating indicou Rockefeller, numa manifestação de 22 minutos, razoável no tamanho, mas previsivelmente vazia. Mais discursos de apoio. Em seguida veio a vez de Scranton. O dr. Milton Eisenhower, irmão mais novo de Ike, lançou a indicação. Foi bom, foi claro, mas já não havia mais muita empolgação. A gente sabia por que o Eisenhower mais velho tinha desejado que o Eisenhower mais novo fosse presidente. Sabia também por que ele não havia nem chegado perto — ele tinha um quê de Woodrow Wilson. Então veio a manifestação pró-Scranton. Foi respeitável, desencadeou meia hora de música, teve fervor, os apoiadores de Scranton morriam puros, foi uma manifestação agradável. Mas a música era mais suave. Em vez de *Viva-Olé*, dos toques de clarim e dos gritos de guerra dos cruzados, agora se ouvia "Boys and girls together" ou "Hail, hail, the gang's all here". E os cartazes de Scranton não tinham o amarelo e o laranja profundos das falanges que bloqueavam a passagem apoiando Goldwater; não, eles traziam letras azuis e vermelhas sobre fundo branco, ou eram mesmo em preto e branco, uma foto cinza de Scranton sobre um fundo branco com letras pretas — você podia apostar que o símbolo tinha sido desenhado pela Brooks Brothers.* Mesmo alguns buttons pró-Scranton revelavam uma paródia de sutileza,

* Brooks Brothers: uma das mais tradicionais marcas de roupas masculinas dos EUA, criada em 1818. (N. T.)

uma vez que tinham doze centímetros de diâmetro e o nome de Scranton estava escrito em letras de menos de meio centímetro de altura. Fazia a gente pensar na revista *The New Yorker* e na harmoniosa distribuição do espaço em branco entre as colunas de texto.

Agora as indicações seguiam hora após hora como o intervalo entre as quatro da madrugada e o café-da-manhã numa maratona de dança. Vieram os discursos de indicação e as agitadas manifestações dos estados no plenário, que lembravam turistas gordos dançando hula-hula no Havaí. Em seguida viria uma série de discursos de apoio, os que choramingavam e os que torciam os lenços, os de nariz magnífico e os de nariz de batata, os que chutavam e os que rebatiam, os sacerdotes chatos e os rabinos parasitas, os presunçosos, os "felizes-por-estar-ali", os auto-ungidos, os sebosos, os chupadores de dentes, os que faziam garganteios.

Fong foi indicado, bem como Margaret Chase Smith, a primeira mulher a ser indicada para concorrer à presidência. Agora passava a haver uma mecha de cabelos dela nas notas de pé de página dos livros de História. Romney foi indicado, e Judd, o derrotado congressista Walter H. Judd, de Minnesota, recebeu um discurso de indicação do tipo "velho-patrimônio-do-partido". A banda tocou "Glória, glória, aleluia". Pouco depois da Segunda Guerra Mundial, no início de 1946, Judd fora um dos primeiros a falar em guerra contra a Rússia. Por último veio Lodge, que apagou seu próprio nome. As indicações estavam feitas. A votação podia começar. Retiraram a imprensa do plenário.

Tínhamos entrado e saído dali durante sete horas, rodeando as delegações, conversando onde conseguíamos, como um pequeno mar de gafanhotos. Durante as sete horas daquela tarde e noite, a delegação da Califórnia marcou presença. Eles não podiam ser ignorados. Estavam sentados nas primeiras fileiras da ala central, logo abaixo do orador no pódio. Vestiam camisas pró-Goldwater de um amarelo luminescente, do mesmo tipo das camisas sem mangas que os trabalhadores de obras rodoviárias usam para ficar fosforescentes à noite. Houve no plenário mil imagens e cinqüenta conversas naquelas sete horas, mas nada se comparava à delegação da Califórnia. Na Califórnia, Rockefeller perdera para Goldwater por menos de 3% dos votos e, sendo assim, perdera todos os delegados. A Califórnia tinha 86 delegados — todos eles, pelas regras da disputa, favoráveis a Goldwater. Portanto havia 86 camisas amarelas bem ali na frente. Ganhando a Califórnia, a direita tinha também conquistado os maiores tesouros da convenção, a distribuição de passes para a galeria, a ocupação da parte central do plenário, o comando dos policiais no Cow Palace. Tinham conquistado o direito de ter seus 86 rostos no centro da convenção.

A maior parte da delegação da Califórnia parecia composta de gordos policiais da força pública estadual ou guardas de presídio ou fazendeiros bem estabelecidos. Uns poucos eram magros e lembravam Robert Mitchum no papel do reverendo louco em *O mensageiro do diabo*. Um ou dois eram esqueléticos como bóias-frias, e se pareciam com o tipo de frentista de olhos furiosos que trabalha no posto de gasolina de uma cidadezinha e tem o rosto estampado no jornal porque acabou de cometer assassinato com a alavanca do macaco. Sim, os homens esqueléticos da delegação da Califórnia olhavam de soslaio com fúria. Davam a impressão de estar sentados sobre um corpo — o cadáver de negros, judeus e orientais — que eles comeriam quando o espetáculo terminasse. Era isso — metade das caras da delegação californiana lembrava aberrações de circo. Agora pareciam prontos a botar fogo na grande tenda.

Havia um homem que despontava como seu líder — tinha a cara talhada para ser um líder de homens daquele tipo. Evidentemente, não se parecia nem um pouco com um tubarão dos negócios, orgulho dos Pinkertons e chefe político a um só tempo, não, tampouco se aproximava de um amálgama de Wallace Berry com o gordo Hermann Göring; era apenas Bill Knowland, o ex-senador William F. Knowland, Senhor do Lobby Chinês* e principal chefe político pró-Barry no norte e no sul da Califórnia.

Então começou a votação. Em vinte minutos houve outra manifestação. O estandarte da Califórnia, uma bandeira branca de seda com uma fera no meio, um cruzamento de urso com javali, dançava no ar como se fosse carregada por um paladino sobre o seu cavalo. O presidente do partido na Carolina do Sul entoou: "Estamos humildemente agradecidos por poder fazer isto pela América. A Carolina do Sul soma dezesseis votos para o senador Barry Goldwater". Barry estava escolhido. Quatro anos de trabalho chegavam ao fim. Placar final: 883 para Goldwater. Scranton, 214. Rockefeller teve 114, Romney 41. Smith recebeu 27 votos, Judd 22, Lodge dois e Fong cinco.

Quando a votação acabou, quando o delírio arrefeceu, um *oohh* de prazer elevou-se da multidão, como o *oohh* provocado pelo número de um acrobata. Pois Scranton, acompanhado pela esposa, estava descendo a rampa em direção ao pódio, a longa rampa que desce da saída dos fundos do ginásio até a tribuna do orador. Era uma caminhada de trinta metros ou mais, e Scranton desceu essa rampa com um passo lento, medido e respeitoso, como um garoto carregando um vaso cerimonial.

Ele fez um discurso claro numa voz jovem e um tanto vibrante. Estava fazendo aquilo em que era melhor. Estava fazendo

* Lobby chinês (*China lobby*, no original): no contexto, refere-se a grupos políticos que atuavam em favor do governo da República da China (hoje Taiwan, nome da ilha que a abriga), em especial para manter o governo americano afastado da República Popular da China, ou China comunista, comandada então por Mao Tsé-tung. (N. T.)

um gesto que seus antepassados aprovariam. Conclamou os republicanos a "não desertar de nosso partido, e sim fortalecê-lo".

Foi aplaudido modestamente e muitos talvez tenham se lembrado de seus comentários a respeito de Goldwater. Em diversos dias de junho e julho ele dissera: "perigosamente impulsivo", "espalha a devastação pela paisagem nacional", "uma cruel interpretação errada de como funciona a economia americana", "ofensivo a inumeráveis candidatos", "caos e tumulto", "fala sem pensar". "A hipocrisia [...]", diz nosso amigo Burke, "se regozija nas mais sublimes especulações; pois, nunca pretendendo ir além da especulação, não lhe custa nada magnificá-la". "Eu peço...", disse Scranton. Pediu a seus delegados para transformar em unanimidade a indicação de Goldwater.

Em qualquer lugar que não fosse a política a velocidade da mudança de posição seria sinal de uma monumental instabilidade. Mas a política era o lugar onde no fundo ninguém queria dizer o que dizia — era um mundo de pesadelo; psicopatas vagavam por ele. Os profundos e contundentes conflitos entre políticos eram como as rixas entre as moças de um bordel, que arrancavam os cabelos umas das outras numa noite, e na noite seguinte faziam juntas uma travessura. Não tinham memória. Não tinham senão um princípio — não se pode abandonar a casa. Vocês podem se matar entre si, mas não podem abandonar a casa.

Era possível conceber o fim de um pesadelo imaginário: em algum lugar do futuro, diriam ao Pernil de Ferro (pois esse tinha se tornado o apelido carinhoso dado ao presidente Barry Goldwater), levando em conta tudo o que se passou, que Billy-boy Scranton devia ser expulso por conta de algumas coisas que andara dizendo, e o velho Eisenhower, nosso General Emérito, acharia por bem dizer numa coletiva de imprensa na TV que, embora a expulsão em si não pudesse ser perdoada no que se referia às altas figuras políticas, ainda assim era evidentemente falta de tato das pessoas insultar impunemente o presidente, mesmo que tivesse sido no passado e sob o pretexto da liberdade de expressão, a qual, como todos sabemos, pode ser deturpada. Raspariam a cabeça de Scranton. Como um monge ele sairia de cena. E o Velho Ike sairia andando com ele, e contaria a Willy S. uma piada no fim, e tirariam um retrato se cumprimentando. Em seguida, estaria de volta à Casa Branca para um instantâneo tomando cerveja com Barry, o Pernil de Ferro. Depois que a coisa terminasse, Barry retornaria ao povo que havia colocado a argola em seu nariz.

> *Eles não devem considerar que faz parte dos seus direitos cortar a ordem de sucessão, ou dissipar a herança destruindo a seu bel-prazer todo o tecido original de sua sociedade; arriscando-se a deixar aos que vierem depois deles uma ruína em vez de uma habitação.*
>
> Burke, *Reflections on the Revolution in France*

> *Goldwater: "Várias sugestões foram feitas. Não acho que usaríamos alguma delas. Mas a desfolhação das florestas por armas atômicas de baixo poder de destruição bem que poderia ser feita. Quando se remove a folhagem, se remove a cobertura".*
>
> *New York Post*, 27/5/1964

Afastando-me do Cow Palace depois da indicação, pude ouvir Goldwater no rádio do carro. Estava comemorando. Era consideravelmente mais agradável que Dick Nixon comemorando — nada de tudo-o-que-eu-sou-eu-devo-a-minha-mãe-e-ao-meu-pai-meu-país-e-minha-religião; não, Goldwater tinha embarcado, em vez disso, em uma de suas digressões suaves mas penetrantes: "Sinto-me muito humilde", disse, e dava para sentir a coceira no minhocão e o cabelo no nariz, um caixeiro-viajante num vagão-leito, vários tragos de bourbon no peito. Quando a sra. Goldwater entrou na sala, ele exclamou: "Oi, querida"; e acrescentou um toque de malícia e provincianismo: "Você não chorou muito esta noite".

"Não", disse a sra. Goldwater, "espere até amanhã."

O interrogatório prosseguiu de forma errática. Ele era todo voz e muito pouco raciocínio, dava para dizer que ele já tinha sido brilhante a ponto de inventar e comercializar uma novidade chamada Cuecas Formigantes, shorts brancos masculinos com formigas vermelhas bordadas por toda parte. Mas que voz! Ela compensava a falta de cabeça. O osso-de-pernil-com-canjica-e-folhas-de-nabo* de Lyndon Johnson iria ter dificuldades com aquilo; Goldwater no rádio era amável e varonil, honesto como o Papai no mais destacado dos novos programas, O Pai de um Homem. Perguntaram-lhe: *Senador, o senhor disse que não moveria uma campanha pessoal contra o presidente.* "Sim", disse Goldwater. *Bem, senhor,* disse agora o entrevistador, *hoje o senhor chamou o presidente Johnson de maior farsante dos Estados Unidos.* Saliva de êxtase na boca do entrevistador. *Será uma campanha agressiva, posso deduzir?* "Oh", disse Goldwater, "acho que você vai ver alguns estilhaços voando por aí."

O diálogo continuou: *O senhor poderia destacar alguns dos grandes temas que, a seu ver, farão parte da campanha contra os democratas?* "Acho que", disse Goldwater, "a lei e o des... a depravação da lei e da ordem neste país, o total desrespeito por ela, a crescente taxa de criminalidade será outro tema — pelo menos vou transformá-la num, pois acho que a responsabilidade por isso tem que começar em algum lugar e deve começar no âmbito federal com os tribunais federais fazendo cumprir as leis.

* No original em inglês, *hambone-grits-and-turnip-greens*, prato típico e rústico do Sul dos EUA, sugerindo o estilo caipira de Lyndon Johnson, oriundo do Texas. (N. T.)

"Notei um caso esta noite na edição noturna do jornal, por exemplo — uma moça de Nova York que usou uma faca para atacar um estuprador agora está ficando com a pior parte e o estuprador provavelmente vai receber a Medalha de Honra do Congresso e ficar livre e solto", disse Goldwater, deixando de nos dizer que a moça tivera seu indiciamento rejeitado, e que o suposto estuprador já estava respondendo à acusação de tentativa de estupro. Goldwater agora falava no tom de voz que o Papai emprega quando está prestes a usar o cinto. "Esse tipo de coisa tem que acabar neste país, e como presidente eu vou fazer tudo o que estiver ao meu alcance para garantir que as mulheres possam sair às ruas deste país sem tremer de medo." Sim, ele faria. Era um conservador, e defendia os direitos dos estados. Só que não era a favor dos direitos *locais*.

> *Por esse astuto preconceito somos ensinados a contemplar com horror aqueles filhos do seu país, que estão dispostos a retalhar aquele pai idoso em pedaços, e colocá-lo no caldeirão dos feiticeiros, na esperança de que, por meio de suas ervas venenosas, possam regenerar a constituição paterna e renovar a vida do pai.*
>
> Burke, *Reflections on the Revolution in France*

O dia seguinte era o último da convenção. Bill Miller foi indicado para a vice-presidência. Não era um homem muito bonito, nem seus modos pareciam particularmente agradáveis, mas então impôs-se o pensamento de que o presidente dos Estados Unidos estava agora numa relação estatística mais dramática com a morte violenta do que um toureiro. Em vista disso, um candidato não iria necessariamente procurar um vice-presidente atraente demais — isso poderia encorajar idéias de sucessão na mente de um assassino. Procuraria, em vez disso, um desestímulo. William Miller era um desestímulo.

3.

Um pouco mais tarde no último dia, Nixon fez o discurso de introdução para Goldwater. Nos meses seguintes, toda vez que o touro dentro de Barry se enfurecia demais e ele ameaçava falar de novo sobre agressores negros ganhando Medalhas de Honra, Nixon era enviado para acalmá-lo. O establishment do Leste, como a cabeça da hidra, ainda não estava morto, no fim das contas; eles ainda tinham Nixon. Ele era o novilho que acalmava o touro. Pobre Barry. Ele tentara se livrar de Nixon em Cleveland; dissera: "Ele está soando cada dia mais como Harold Stassen".* Porém, era tão difícil se livrar de Nixon quanto é difícil uma esposa feiosa e sem pretendentes se divorciar.

"Meu bom amigo e grande republicano Dick Nixon..." foi como Goldwater começou seu histórico discurso de aceitação. O

* Harold Stassen (1907-2001): garoto prodígio da política, elegeu-se governador de Minnesota aos 31 anos. Tentou concorrer à presidência dos EUA nove vezes, entre 1948 e 1992. Sem nunca conseguir ser indicado pelo Partido Republicano, tornou-se motivo de chacota e sinônimo de fracasso no meio político. (N. T.)

discurso veio após uma exuberante manifestação de júbilo dos delegados. Caixas de pequenos balões, presas às vigas do teto, foram abertas enquanto Goldwater descia a rampa com a esposa, os filhos, as filhas. Os balões desceram aos milhares sobre o plenário, onde (cinqüenta balões estourados por segundo por cigarros acesos) um som parecido com o de metralhadoras competiu com o da ovação. O Quatro de Julho estava ali de novo. Tinha um bom aspecto, Goldwater. Observando-o de uma posição logo abaixo da tribuna do orador, a uma distância de não mais de seis metros, era inegável que Barry parecia tão bonito quanto um homem que tivesse acabado de vencer as 500 Milhas de Indianápolis e, depois de ir para casa trocar de roupa, comparecesse agora a uma festa em sua homenagem. Estava até, vejam só, elegante.

Então ele começou a discursar. Aquele dia, a voz para grandes eventos públicos tinha dignidade. Não era uma voz poderosa, como a de Churchill; não havia majestade, tampouco tormentas de complexidade, nenhuma guerra de estilo entre a compostura e a necessidade de dizer a verdade; mas era uma equilibrada voz varonil, capaz de conquistar votos. Seu discurso começou bem.

> Agora, meus camaradas americanos, a maré está voltada contra a liberdade. Nosso povo tem seguido falsos profetas [...]. Devemos, e iremos, virar a maré novamente a favor da causa da liberdade [...]. Cada respiração e cada batida do coração não tem senão uma única meta, e esta é a liberdade [...]. Esta noite há violência em nossas ruas, corrupção nos nossos mais altos gabinetes, falta de perspectivas entre nossos jovens, angústia entre nossos idosos [...] desespero em meio aos muitos que olham além do sucesso material em busca do sentido íntimo de suas vidas.

À medida que o discurso prosseguia, a mente se deixava levar de novo por uma avaliação de que aquele candidato podia vencer. Ele era um embuste — a idéia de liberdade de H. L. Hunt* não batia muito com a idéia de liberdade que havia na cabeça das crianças que apoiavam Barry, não, tampouco a idéia de William Knowland, nem a dos Pinkertons, ou do espírito Hawkshaw** do FBI, nem a do 14º e do 15º andares. Goldwater era um demagogo — permitia que seus apoiadores vendessem, a 25 centavos a lata, uma bebida chamada Gold Water [água de ouro], de concentrado de laranja e soda morna, e ai de quem dissesse que aquilo descia como mijo —, era um demagogo. Era também sincero. Esse era o maldito problema. Meio-judeu e de olhos azuis — se você fosse membro da espécie, saberia que ela é maníaco-depressiva com toda a certeza: um homem que projetou seu próprio mastro eletrônico para hastear a bandeira americana na alvorada e baixá-la ao anoitecer, tinha um talento natural para a doença, sabia como trazer alívio aos loucos, ou pelo menos a metade dos loucos; Goldwater teria muito a aprender a respeito dos negros. Mas uma coisa era certa: ele poderia vencer. Ele seria o arrimo, o marido, e tapearia os de mente débil, acenderia uma centelha em muitas almas sequiosas, pois prometeria alívio a frustrações mais profundas que as da política. Assim sendo, poderia derrotar Lyndon Johnson, poderia derrotá-lo por toda espécie de motivo, por inundação natural ou furacão, numa epidemia de retrocesso, ou por uma epidemia de culpa — quantos trabalhadores sindicalizados fartos das exortações de que Johnson era bom para os salários poderiam se levantar e dizer para si

* Haroldson Lafayette Hunt Jr. (1889-1974), magnata americano do petróleo. (N. T.)

** Hawkshaw: detetive da peça teatral *The ticket-of-leave man* (1863), de Tom Taylor, que inspirou o termo *hawkshaw* como sinônimo de detetive. (N. T.)

mesmos: "Já fui feliz com menos". Claro que eu sabia que Goldwater podia vencer porque alguma coisa em mim tornava a idéia atraente; uma parte de mim, um demônio, desejava arriscar essa escolha. Pois, se Goldwater fosse presidente, uma nova oposição se formaria, um movimento subterrâneo — o tempo dos exércitos secretos talvez estivesse próximo novamente. E quando, em sã consciência, eu pensava: Senhor, dê-nos mais vinte anos de Lyndon Johnson, surgia uma náusea em algum porão da minha garganta, meu estômago não era forte o bastante para suportar tanta segurança; e, se isso era verdade para mim, era verdade para outros, verdade talvez para metade ou mais dos votos de uma nação. Mas e o totalitarismo? E a guerra? Mas e a guerra? E a resposta que vinha era a de que talvez fosse melhor ficar um pouco mais perto da morte do que ver a alma morrer a cada noite dentro do cerco plastificado da nova arquitetura e da nova cidade, sim, era melhor, se a morte tivesse dimensão e a gente pudesse conhecer o rosto do inimigo e lançar uma maldição. Que bênção era conhecer a face do inimigo no final do segundo terço do século XX.

E o que seria do negro se Goldwater vencesse? O que seria dos xerifes de cidadezinhas do Sul que desejavam limpar as mãos nos cabelos do homem negro? E uma fúria, uma fúria branca, eclodia na mente e dizia: "Nenhum xerife branco é necessariamente muito pior que o pior dos negros", não, a luz insana do negro delinqüente talvez se equiparasse em monstruosidade aos piores dos delegados republicanos da Califórnia. Então veio a lembrança de James Baldwin e Diana Sands* num programa cha-

* James Baldwin (1924-87): célebre escritor negro americano que tratou sobretudo de temas raciais em seus romances. Diana Sands (1934-73): atriz negra americana de intensa carreira no teatro e no cinema. (N. T.)

mado *Linha noturna*, em que telespectadores faziam perguntas por telefone aos convidados. Baldwin recebera um telefonema de um progressista que dizia: "Quero ajudar, e lhe pergunto como". "Não pergunte a mim, doçura", disse Baldwin, "pergunte a você mesmo." "Você não está entendendo", disse o progressista. "Sei alguma coisa sobre esses assuntos, mas estou um pouco confuso. Estou lhe perguntando com toda sinceridade em que você acha que a minha ajuda poderia ser mais útil." "Bem, doçura", disse Baldwin, "o problema é *seu*." E Diana Sands, com o dedinho estendido num gesto de delicado enfado de dama negra, desligou o telefone. "Veja", disse Baldwin, falando a Les Crane, o apresentador do programa, "eu me lembro do que uma velha negra me contou uma vez lá no Sul. Ela disse: 'O que o homem branco um dia vai aprender é que não existe remissão para o pecado'." "Nunca esqueci isso", prosseguiu Jimmy, "porque você vê que é perfeitamente possível que os brancos nunca sejam perdoados, seja por um único golpe, uma chibatada, um linchamento ou o estupro de uma mulher negra", sua voz agora tão suave e nostálgica do vento como a de um feiticeiro africano. E tive de sufocar o impulso de pegar o telefone, ligar para Baldwin e dizer: "Ouça isto, doçura. Está se aproximando uma tempestade de merda como você nunca viu antes. Portanto, pergunte a si mesmo se o que deseja é que os brancos matem todos os negros para que haja total remissão da culpa na sua alma negra". E a mente se aquietou de novo.

O país estava doente, estava possivelmente tão enfermo que um açougueiro poderia operá-lo com mãos sujas e ter magia bastante para causar menos dano que o hospital com suas drogas prodigiosas e suas novas doenças. (À medida que o petróleo se esgota, a terra esfria, torna-se um árido espaço exaurido, um terreno que aproxima o Texas das crateras desoladas da Lua.)

Ainda assim, era possível salvar os americanos da loucura; ali estava nossa poesia, nossa lógica simbólica: AuH_2O + GOP + 64 = Vitória!* cor de suco de laranja, Go, Go, Goldwater. O nome de solteira da sra. Goldwater era Johnson, um presságio de triunfo para Barry? *Viva-Olé.* Desejo de matar.

O país estava enfermo. Tinha estado enfermo por muito tempo. Não havia nada em nosso crescimento que fosse orgânico. Nunca tínhamos resolvido nossa depressão, tínhamos meramente ido à guerra, e ir à guerra nunca trouxera a vitória, não nas nossas cabeças, não como homens, não, nós havíamos vencido apenas como mães, fontes de suprimento; não nos achávamos iguais aos russos. Tínhamos vencido uma guerra mas não a tínhamos vencido de verdade, não no íntimo do nosso sono. Por isso não tivéramos de fato uma prosperidade; tivéramos uma febre. *Viva-Olé.* Ficáramos ricos por causa de um fato com duas interpretações opostas: tinha havido uma guerra fria. Essa guerra fria viera porque o comunismo era uma ameaça real à liberdade, ou viera porque o capitalismo nunca sobreviveria sem uma economia voltada para a guerra; ou era ambas as coisas — quem poderia saber? Quem poderia saber ao certo? O núcleo da nossa causa era a charada envolvida no enigma: o país era extraordinário ou amaldiçoado? Não, nós não tínhamos sequer encontrado nossa ameaça comunista. Tivéramos uma organização policial secreta e um governo invisível que chegou a ser grande o bastante para ocupar a Lua, caçamos comunistas do alto do edifício Time-Life até as profundezas das minas de carvão; não encontramos tantos assim, e havíamos procurado como os atrapalhados

* Espécie de fórmula enigmática usada na campanha presidencial de Goldwater, onde *Au* é o símbolo químico do ouro (*gold*), H_2O o da água (*water*), GOP é a sigla de *Grand Old Party* (velho e nobre partido), epíteto do Partido Republicano desde 1880, e 64 é o ano eleitoral de 1964. Traduzindo: Goldwater + Partido Republicano + 64 = Vitória. (N. T.)

policiais do cinema mudo. Tivéramos até uma Revolução Negra na qual não acreditávamos. Nós a tivéramos, sim, porque (na indigência da nossa causa) não podíamos nos dar ao luxo de perder votos na África e na Índia, na América do Sul e no Japão, no Vietnã, nas Filipinas, em todos os lugares empobrecidos: estávamos disputando uma eleição mundial contra a imagem coletiva dos russos, e por isso tivemos que dar ao homem negro seus direitos civis, senão a África se aproximaria muito de Marx. Mas não houvera muito amor devotado aos direitos civis. Só Dirksen. Portanto nunca fomos verdadeiramente autênticos. Não.

Tivéramos um herói. Era um homem jovem e bonito com uma mulher linda, e vencêramos o maior jogo de pôquer que jamais jogamos, o único verdadeiro — durante uma semana vivemos prontos a morrer numa guerra nuclear. Quer gostássemos da idéia ou não. Mas tínhamos vencido. Foi a nossa única vitória verdadeira em todos esses anos, o nosso momento; então o homem jovem começou a inspirar uma espécie sutil de amor. Sua força mostrou-se maior do que suspeitávamos. De repente ele foi morto, e ficamos de luto. Mas em seguida veio um inquérito que foi ainda pior. Pois o assassino, ou o homem que fora preso mas não era o assassino — nunca saberíamos de verdade — foi morto diante dos nossos olhos. No meio do funeral veio uma explosão na varanda. Agora, estávamos enlouquecendo. Para enlouquecer uma nação seria preciso mais que um homem isolado, mas tínhamos ido longe demais. As certezas tinham se esfacelado. Agora a voz de nossa energia nacional (nossas artes, nossos eventos) estava num novo estado. A moralidade tinha se casado com o surrealismo, havia baratas em todos os radinhos de pilha, estávamos perturbados. Tínhamos uma arte do absurdo; tínhamos um surrealismo edificante. Nossa melhor arte era *Dr. Fantástico*, *Almoço nu*, *Ardil 22*; *Candy* era nossa heroína; Jack Ruby nosso velho adolescente; Andy Warhol, nosso Rembrandt; nosso amor nacional era um cadáver em Arlington;* e o campeão dos pesos pesados acabou sendo Cassius Clay; Nova York era a Feira Mundial mais a bomba Harlem — seria preciso um gênio para explicar que eram a mesma coisa — e Jimmy Baldwin dizia "É problema *seu*" no programa de Les Crane à uma da madrugada. Até os reverendos eram salgados como o mar.

Sim, nosso país estava apreensivo, meio louco, inautêntico. Precisava de uma expiação. Tinha um establishment liberal submetido a comitês, a fundações, à ciência — os liberais não percebiam que o âmago da ciência era tão niilista quanto a idéia que um psicopata tem de Deus. Éramos um establishment liberal, uma terra próspera — tínhamos um cônsul romano entre nós —, o muito subestimado e pouco amado Lyndon Johnson tornara-se um poder no país e sem dúvida um poder sobre o país; a civilização encontrara seu mais novo timoneiro na moderação, na sabedoria e na corrupção de um político maior, de um chefe de organização diante do qual poderiam se curvar todas as máfias, as legalizadas e as ilegais, todos os cartéis, sindicatos, associações, corporações e instituições, grupos conspiratórios e agentes de saúde, assistência social, previdência, conservação de antibióticos e expansão do Pentágono. O establishment (o establishment democrata e as trôpegas fileiras do establishment republicano, recuando para o centro na trovejante confusão do triunfo de Barry Goldwater) tinha um novo líder, um poderoso César tinha surgido, Lyndon Johnson era seu nome, ave, César. César prometeu

* *Dr. Fantástico* (*Dr. Strangelove*): filme de Stanley Kubrick lançado em 1964. *Almoço nu* (*Naked lunch*): romance de William Burroughs publicado em 1959. *Ardil 22* (*Catch 22*): romance de Joseph Heller publicado em 1961. *Candy*: romance satírico de Terry Southern publicado em 1958, uma versão erótica e feminina do *Cândido* de Voltaire. Jack Ruby: o dono de boate que matou Lee Oswald, suposto assassino de John Kennedy. Arlington: Cemitério Nacional de Arlington, na Virgínia, onde Kennedy está enterrado. (N. T.)

unificar o território. Mas a que custo. Pois, se a ideologia era liberal, a metodologia era total — a essa igreja política acorriam Adlai Stevenson e Frank Sinatra, o presidente da companhia U. S. Steel e o presidente do sindicato dos trabalhadores siderúrgicos, havia retratos de Johnson de doze metros de altura em Atlantic City — o grande Bubber Lyndon — e festas nas quais grupos representantes das minorias, em trajes autênticos, bailavam suas danças folclóricas: será que eu vi o fantasma de Joe Stalin sorrindo com seu cachimbo?

Sim, se todos nós trabalhávamos para derrotar Barry e dar sustentação a Lyndon, isso significava que todos, republicanos radicais e moderados, negros e liberais do Sul, professores universitários e mafiosos, o café-soçaite e os beatniks-pró-Johnson, estávamos trilhando uma estrada liberal rumo ao mais profundo dos pântanos? Pois Johnson era inteligente o bastante para governar um país de forma total, tinha vasta competência, nenhuma visão, e o ânimo para deter um imenso poder, tinha a vaidade de um príncipe da Renascença ou de um ditador moderno, ao passo que Barry talvez ficasse secretamente mais feliz com seu próprio programa diário de rádio. Se Goldwater fosse eleito, não poderia controlar o país sem se deslocar para o centro; deslocando-se para o centro, perderia uma parte da direita, não satisfaria ninguém e seria obrigado a flutuar ainda mais para a esquerda, ou então voltar para a direita, o que abriria cismas pelo país afora que seriam difíceis de ser superados. Com Goldwater eleito, a América se revelaria, suas traições latentes brotariam como pústulas; com Johnson eleito, os Hiltons de San Francisco se espalhariam estrategicamente entre nós. Sob Goldwater, a possibilidade de uma guerra nuclear era certamente maior, mas sob Johnson poderíamos passar da ameaça de guerra total para a guerra propriamente dita, sem nada para impedi-la; as forças anti-Goldwater que talvez mantivessem o país dividido demais para ir à guerra agora estariam absorvidas por Johnson. Goldwater prometia conduzir a nação pela beira de um precipício, Johnson nos levaria a caminhar pela floresta, talvez rumo à própria areia movediça. Goldwater nos exporia aos perigos da nossa loucura, Johnson daria prosseguimento a nossa excursão ao interior da peste. Goldwater poderia acelerar a Revolução Negra rumo à violência e ao desastre — Johnson talvez fosse obrigado a traí-la por dentro. E que trabalho poderia ser feito! Quem, em tal conjuntura, deveria receber a bênção de um voto — o homem que inspirava o mais profundo temor, ou o homem que nos encorajava a viver num banho-maria tão culpado e sem graça quanto a mais medíocre das nossas necessidades satisfeitas?

Entretanto, quanto mais Goldwater falava, menos impacto tinha sua voz. Quando ele prosseguia por muito tempo, sua voz ficava enfadonha. Não dava para votar nele, não dava para votar num homem que construiu uma carreira alardeando o perigo comunista — era fácil demais: metade dos porcos, dos valentões e dos covardes do século XX tinha feito sua fortuna à custa desse medo. Tive um momento de fúria contra o embuste. Estava cansado de ouvir a respeito da elevada e admirável coragem de Barry Goldwater. No dia anterior, no plenário, conversando com um jovem delegado de Indiana, eu tinha dito: "Já lhe ocorreu alguma vez que Fidel Castro talvez tenha mais coragem que Barry Goldwater?".

"Sim, mas Castro é uma mente criminosa", disse o rapaz.

Encerrei a discussão. Estava perto demais de perder a paciência. Será que os melhores jovens de cada cidadezinha caipira, com a cabeça feita pelo colégio e pela Legião Americana, entraram nessa cruzada conservadora porque Goldwater despertava um apelo em favor da liberdade, da coragem, da mudança? Que engodo estava sendo feito, que aniquilação do que havia de melhor no pensamento conservador! Eram tão virtuosos aqueles republicanos. Goldwater talvez desembocasse em mais guerra, mais defesa nacional e mais estatismo do que qualquer democrata jamais tinha ousado; como conservador, ele fracassaria redondamente (sem dúvida!), mas certamente faria uma coisa: invadiria Cuba. Isso era demais. Você podia conviver com uma nação que estava louca, podia até vir a amá-la (pois havia aflição por baixo da loucura), mas não podia compartilhar sua vida com uma nação que era poderosa e covarde e virtuosamente satisfeita porque um inimigo com um centésimo do nosso tamanho tinha sido destruído. Então acordei para a necessidade de conviver com isto — certamente seríamos fortes o bastante para invadir Cuba.

Então Goldwater pronunciou suas palavras mais históricas: "O extremismo na defesa da liberdade não é de modo algum um mal [...]. A moderação na busca da justiça não é de modo algum uma virtude", e eu sentei, peguei o caderno de notas e transcrevi suas palavras, pois não sabia quanto elas ficariam famosas. E pensei: Velho, você é demais. Você é realmente demais. Você é muito moderno, cara, passei a vida tentando introduzir palavrões nos textos das revistas americanas, e agora você está pronto para me ajudar.

E quando saí do ginásio esportivo havia um carro de bombeiros, o alarido de uma sirene e a polícia com a expressão severa e desolada da semana que chegava ao fim. Tinha havido um incêndio de pequena escala.

Na saída, do lado de fora do Cow Palace, pairava uma névoa úmida, e junto aos portões de saída manifestantes do Congresso da Igualdade Racial faziam uma passeata. Eles tinham estado ali do lado de fora ao longo de todos os dias da convenção: segunda, terça, quarta, e agora quinta, e a cada dia eles protestaram, carregando seus cartazes, marchando de dois em dois, cantando "Vamos vencer", gritando "Fora Goldwater", caminhando em círculos como os cristãos primitivos no cercado, esperando para ser mandados à arena, enquanto em volta deles estava uma multidão de republicanos curiosos, alguns com rostos perturbados, outros com menos perturbação do que apetite, cães de caça encarando a carne, aquelas garotas brancas e rapazes negros andando lado a lado, as garotas pálidas, sem maquiagem, como freiras, arrogantes, vestindo camisas grossas de algodão e macacões de jeans; os negros altos e às vezes bonitos, não desprovidos de dignidade, quase todos barbados, a indômita garota negra no centro bradando insultos selvagens à multidão de espectadores, rude como Cassius Clay com boca de mulata, e a multidão sonhando com uma arena onde leões poderiam ser lançados contra esses negros e brancos amasiados, e os negros e brancos marchando em círculos com seus rostos arrogantes. Sim, matem-nos, diz a expressão no rosto da garota sem maquiagem que parece freira, vocês vão nos matar mas nunca vão nos digerir: desprezo todos vocês. E alguns dos velhos wasps estão perturbados em seu coração cristão, pois a garota é um deles, não é uma judiazinha gorda com um nariz feio desta vez, ela faz parte do Oeste, e então a sensação de crise se escancara neles, e eles sabem tão bem quanto eu que a América chegou a um ponto do qual não haverá mais retorno. As guerras virão, bem como as profundas revoluções da alma.

III. MIAMI E O CERCO DE CHICAGO

1. Nixon em Miami

MIAMI BEACH, 3 A 9 DE AGOSTO

Cortaram a fita em 1915, fizeram saltar a rolha, Miami Beach tinha nascido. Um arrabalde modesto que chamaram de cidade, nove décimos mato. Estendia-se ao longo de um banco de arrecifes do outro lado da baía de Biscayne, em frente à jovem Miami — em 1868, quando Henry Lum, enriquecido na Corrida do Ouro da Califórnia, avistou a ilha pela primeira vez de uma escuna, podem ter certeza de que era puro mato, coqueiros na areia, manguezais e cerrados renques de palmeiras a três metros da praia. Mas por volta de 1915 já exploravam o filão. John S. Collins, um criador de mudas de plantas de New Jersey (em cuja gentil homenagem a Collins Avenue recebeu seu nome), plantou ali campos de feijão e bosques de abacateiros; um cavalheiro chamado Carl G. Fisher, natural de Indiana — ele inventou a ignição elétrica Prestolite e ficou milionário —, comprou uma grande extensão de terras de Collins, importou um carregamento de máquinas pesadas, trabalhadores e até dois elefantes, e então a selva foi removida, os charcos foram aterrados, pequenas ilhas residenciais criadas com aterros de lodo retirado por dragas do fundo da baía, e as ilhas naturais um tanto maiores, adjacentes à barreira de recifes, viram-se reformadas, ruas foram pavimentadas e calçadas construídas, além de outras comodidades — em 1968, cem anos depois de Lum ter sido o primeiro a apoderar-se da praia, vastas extensões da estreita faixa costeira original já se encontravam cobertas de asfalto, prédios brancos de apartamentos, brancos hotéis de luxo e espeluncas de estuque branco. Com centenas, depois milhares de hectares de extensão, calçadas brancas, ruas e prédios brancos espalharam-se cobrindo a terra onde antes ficava a mata. Será muito diferente de uma pessoa que, por cinqüenta anos, cubra seus pêlos pubianos com fita adesiva? As memórias vegetais da mata extirpada assolavam Miami Beach com vapores de seus miasmas. Os fantasmas da flora expurgada, tudo que nunca chegou a nascer, gemendo numa imobilização vegetativa asfixiada pelo asfalto, erguia-se sob a forma de uma maldição tropical, um ar equatorial suado, úmido e plúmbeo que se elevava da própria terra, atravessava o asfalto tórrido e se misturava ao ar aquecido que entrava nos pulmões como a mão quando se enfia numa luva de borracha.

A temperatura não era tão louca assim. Ficava em torno dos trinta graus Celsius o dia inteiro, à noite baixava para uns 27 e retornava aos mesmos trinta na manhã seguinte — a assessoria de imprensa de Miami Beach garantia que em 1967 a temperatura só ultrapassara quatro vezes os 32 graus. (O que a ilha de Manhattan, por exemplo, está longe de poder dizer.) Mas é claro que Miami Beach não precisava chegar a tais extremos de calor, porque sua umidade atingia 87% — e, em todo e qualquer dia da convenção republicana de 1968, era uma das cidades mais quentes do mundo. O repórter não era muito versado em calor tropical — estivera na ilha de Luzon, admitia, num dos verões da Segunda Guerra Mundial; fizera um treinamento básico nos bosques de pinheiros de Fort Bragg, na Carolina do Norte, no mês de agosto; passara uma semana em Las Vegas num mês de julho — com temperaturas que quase alcançavam 45°C; certa vez atravessara o deserto de Mojave durante o dia; e já tomara o metrô de Nova York na hora do rush do dia mais quente do ano. Todas foram imersões medonhas — não era preciso ir ao Congo para saber como era uma das estufas do inferno —, mas aqueles inalteráveis trinta graus de Miami Beach podiam competir de igual para igual com qualquer outro confronto sulfúrico. Ao percorrer oito quilômetros da sempre esburacada e sempre em obras Collins Avenue, ao arrastar-se no tráfego das cinco da tarde em Miami Beach, vítima da sorte genuinamente funesta de ter tomado um táxi sem ar-condicionado, vestindo camisa, gravata e paletó — o uniforme formal implicitamente exigido dos jornalistas políticos —, a sensação de respirar, e até simplesmente de viver, não era muito diferente da produzida pela obrigação de fazer amor com uma mulher de 130 quilos que resolva ficar por cima. Entenderam? Não dá para dominar nada. Toda aquela mata erradicada só podia estar berrando no fundo de tudo.

Claro que podia haver ar-condicionado: o clima natural reprocessado pelo clima tecnológico. Dizem que em Miami Beach o ar-condicionado é regulado a tal ponto de congelamento que as mulheres podem usar casacos de pele com seus diamantes em plenos trópicos. Por mais ou menos quinze quilômetros, do Diplomat ao Di Lido, erguendo-se ao longo do Hallandale Beach Boulevard até o Lincoln Mall, enfileiravam-se aquelas geladeiras brancas, aquelas pilhas de geladeiras brancas com uma altura de seis, oito, doze ou vinte andares, na forma de torrões de açúcar ou de bandejas de gelo equilibradas sobre a borda menor, lembrando mesquitas e palácios, na forma de conjuntos de malas brancas, rádios portáteis, toca-discos, discos compactos de plástico e anéis de plástico, castelos mouriscos com a forma de aparelhos de waffle, com a forma de válvulas de passagem em aquecedores elétricos de plástico branco, ou de cilindros parecidos com liquidificadores, prédios que lembram quadros gigantes de op art e pop art, e açucarados bolos de casamento, algodão de gosto kitsch e pilhas de gesso branco sujo, sim, por quinze quilômetros os hotéis dos delegados se sucediam do lado da praia ao longo da Collins Avenue: o Eden Roc e o Fontainebleau (quartel-general da imprensa), o Di Lido e o De Lano, o Ivanhoe, o Deauville, o Sherry Frontenac e o Monte Carlo, o Cadillac, o Caribbean e o Balmoral, o Lucerne, o Hilton Plaza, o Doral Beach, o Sorrento, o Marco Polo, o Casablanca e o Atlantis, o Hilyard Manor, o Sans Souci, o Algiers, o Carillon, o Seville, o Gaylord, o Shore Club, o Nautilus, o Montmartre e o Promenade, o Bal Harbour na North Bay Causeway e o Twelve Caesars, o Regency e o Americana, o Diplomat, o Versailles, o Coronado, o Sovereign, o Waldman (beleza!), o Beau Rivage, o Crown Hotel, até o Holiday Inn, todos oásis para o homem tecnológico. Ar-condicionado fortíssimo regulado a menos de vinte graus, palácios de gelo para resfriar o cérebro febril — isso quando o ar-condicionado funcionava. E a decoração monumentalmente materialista. Nem todos: os hotéis mais baratos do centro da cidade, como o Di Lido e o Nautilus, eram despojados e avaros, com capas de vinil cobrindo os sofás e o plástico emitindo seu brilho dos tapetes, das mesas e do piso, cores hoteleiras baratas, marrom-claro, cor da pele, creme escuro e cinza diluído, mas as jóias da coroa como o Fontainebleau e o Eden Roc, o Doral Beach, o Hilton Plaza (quartel-general de Nixon), o Deauville (quartel-general de Reagan) ou o Americana — domínios de Rockefeller e da delegação de Nova York — abundavam em guirlandas entrelaçadas, curvas, abóbadas e séries de adornos tão emaranhados como serpentes nas raízes de um manguezal. Todos os rios do mais extremo mau gosto descreviam meandros até confluírem no delta do saguão de todos os hotéis mais imponentes de Miami Beach — raro era o salão central que não lembrasse a entrada de um palácio de cinema, imitações de imitações renascentistas de estátuas gregas e romanas, imitações de barroco, rococó, vitoriano de bordel, art nouveau e bauhaus, com cachos de uvas e cornucópias douradas soldados aos tubos de bronze da estrutura das cadeiras, molduras douradas que proliferavam como hera de sala em sala, candelabros de curvas tão complexas quanto as do induzido de um dínamo, e degraus curvilíneos na forma de amebas e paletas, balcões de bar pintados de cor-de-rosa profundo ou de marrom, adornados com rolos brancos de gesso cor de açúcar que escalavam a parede formando tranças que cercavam o teto pelos quatro lados. Viam-se todas as cores da iridescência, um arco-íris de vulgaridade, auréolas de gosto vistoso, antro de ópio de um dólar de classe média, materialista como a carne, o suor e o charuto. Diz-se que os nativos de Touro e Capricórnio são os mais materialistas de todos nós. Diante de uma amostra dos residentes, segundo o censo de Miami B. — será que Touro predomina, com mais que o duodécimo que normalmente lhe caberia? Só pode ser, ou então a astrologia tem seus dias contados, porque os republicanos, membros do Grand Old Party, o velho partido grandioso, detentor antes de uma filosofia que de um programa, escolheram para a sua convenção esta que há de ser a capital materialista do mundo. Las Vegas talvez ainda pudesse oferecer alguma concorrência, mas Las Vegas era o materialismo a serviço da eletricidade — fortunas podiam se perder nas centelhas de um par de dados. Miami era o materialismo tostando ao sol e depois se refugiando em cavernas de ar-condicionado onde o gelo podia acumular-se nas pelagens. E esta era a primeira de uma centena de coisas curiosas — que, num ano em que a República pairava à beira da revolução e do niilismo, com fileiras de policiais alinhadas até o horizonte, assombrada por visões de futuros Vietnãs assolando nossas próprias cidades, o partido do conservadorismo e dos princípios, da riqueza corporativa e da frugalidade pessoal, o partido da limpeza, da higiene e do orçamento equilibrado, tenha decidido exibir-se em trajes de sultão.

Esta era a primeira de cem coisas curiosas, mas também havia mistérios. O repórter deslocou-se pela convenção em silêncio, da maneira mais anônima possível, desanimado, deprimido, perturbado. Alguma coisa profundamente inclassificável ocorria entre os republicanos, e ele não sabia se podia considerá-la boa ou um sinal de que se ocultava alguma coisa funesta — e era a primeira vez que uma convenção o deixava assim confuso. Ele já cobrira outras. A convenção democrata de Los Angeles que indicara John F. Kennedy em 1960, e a convenção republicana de San Francisco, que escolhera Barry Goldwater em 1964, haviam inspirado alguns de seus melhores textos. Ele se sentira dotado de um dom especial para compreender aquelas convenções. A reunião republicana de Miami Beach em 1968, porém, era outra história — não dava para dizer se havia muito pouca coisa acontecendo, ou, ao contrário, se quase nada vinha ocorrendo na superfície mas a atividade era intensa nas profundezas. Por isso, o diálogo com outros jornalistas só tinha o efeito de deixá-lo deprimido — a queixa era unânime, aquela era a convenção mais aborrecida de que todos se lembravam. Essas reclamações desviavam seu espírito da infusão lenta e impregnante que ele desejava nos enigmas do conservadorismo e/ou do republicanismo, e de qualquer esperança de pôr em perspectiva o problema mais adiante. O país estava em agonia, vivia uma espécie de abalo escatológico. O romancista John Updike não era necessariamente um dos seus escritores favoritos, mas depois do assassinato de Robert F. Kennedy tinha sido Updike quem observara que Deus podia ter retirado Suas bênçãos da América. Era uma idéia que não podia ser esquecida, pois revelava o sentido das perspectivas do Diabo e de sua manobra política de pinça: os demônios de esquerda, brancos e pretos, que trabalhavam para atear fogo no coração conservador da América, enquanto os demônios da direita exacerbavam os sentimentos dos negros e forçavam as mentes da nova esquerda e da classe média liberal a recair no orgulho de posições sem saída. E o país urrando como um touro em seus ferimentos, tossindo como um pulmão doente em meio à névoa de poluição, agitando-se no sono ao som de motocicletas, trêmulo diante de sua necessidade de novas falanges da ordem. Onde estavam as novas falanges em que se poderia confiar? O repórter já vira uma quantidade excessiva de rostos de policiais para poder acalmar seus sonhos com o sono que prometiam. Até a bebida sabia mal em Miami, em meio à febre e aos calafrios.

2.

Sua primeira tarde em Miami Beach o repórter passou no salão de convenções. Subiu à tribuna dos oradores para ver como era a sensação de estar ali, intrometeu-se no aposento improvisado com tabiques atrás da tribuna para servir de sala de espera para os oradores, ao qual a imprensa não haveria de ter acesso depois que começasse a convenção. Era uma sala sem igual em matéria de desinteresse. Sofás e poltronas de um verde sem vida, um tapete azul-claro sem qualquer caráter, divisórias sem acabamento e portanto da cor de divisórias sem acabamento, cadeiras de couro sintético marrom e areia, uma toalha sem encanto atirada sobre a mesa. Cada uma das cores discretas colidia com todas as outras cores discretas — era o tipo de sala que poderia ter sido destinada aos jogadores de bridge de uma colônia de férias para idosos em algum estado das planícies do interior do país. Naquela sala, enquanto se preparavam para discursar, viveriam sua espera alguns dos homens mais ambiciosos da América, e também dos mais famosos: estudando seus discursos, ali poderiam se encontrar John Wayne, Barry Goldwater, John Lindsay, Thomas E. Dewey, Ronald Reagan, o governador Rockefeller, George Romney e o próprio Richard Nixon — para não falar de Billy Graham — vivenciando os esplendores daquela ante-sala profundamente americana. Ao fim de seu exame, o repórter decidiu abruptamente que iria até o aeroporto assistir ao desembarque de um filhote de elefante que chegaria num avião cargueiro da Delta, um presente para Richard Nixon do povo de Anaheim, Califórnia. Pareceu-lhe um modo adequado de dar início à sua cobertura da convenção.

3.

A menos que a pessoa o conheça bem, ou tenha feito preparativos consideráveis, é quase inútil entrevistar um político. A mente dele está acostumada a perguntas políticas. Quando chega ao ponto de decidir concorrer à presidência, já deve ter respondido a um milhão dessas perguntas. Pelo menos se estiver na política há vinte anos e tiver respondido a 150 dessas indagações por dia, o que não é um número totalmente despropositado. Surpreender um político experimentado com uma pergunta, então, é mais ou menos tão difícil quanto atingir um boxeador profissional com um gancho de briga de bar. Não se pode portanto dizer muita coisa a partir de entrevistas com um candidato. Seus dentes só podem estar muito brancos, seus modos serão suaves e agradáveis, sua presença, atraente, e sua capacidade de passar de uma pergunta a outra e sempre voltar com uma resposta estará tão implícita no funcionamento de suas mandíbulas quanto sua capacidade de cravar os dentes num pedaço de carne. Entrevistar um candidato é mais ou menos tão íntimo quanto vê-lo falar na televisão. Assim, às vezes é mais fácil capturar a verdade de sua campanha estudando os sinais externos de sua atividade. De maneira que o repórter foi cobrir o elefantinho.

Foi, como se esperava, um evento modesto num canto sossegado do Aeroporto Internacional de Miami. Apareceram não mais do que dez repórteres e uma dúzia de fotógrafos. Além de uma banda, e um certo quorum de Nixonetes com vestidos azuis e chapéus de palha trazendo uma fita em que se lia O HOMEM É NIXON. Um comunicado foi distribuído à imprensa informando que o animalzinho se chamava Ana (por vir de Anaheim, Califórnia), tinha um metro e trinta de altura, dois anos e meio de idade, 570 quilos de peso e fora ofertado a Nixon pelos felizes habitantes da cidade — Ana!

Ana chegou num Lockheed 100, um quadrimotor que mais parece um hipopótamo dotado de hélices de quatro pás. A porta de carga fica na traseira do aparelho, e ao mesmo tempo em que os músicos, Don Goldie e sua Dixieland Band, instrumentistas brancos do Hilton de Miami — acordeom, tuba, trombone, tarol, clarineta, banjo e trompete —, começavam a tocar, as seis Nixonetes davam os primeiros passos de sua marcha coreografada sem sair do lugar (pareciam estudantes do ginásio) e o avião se preparava para liberar sua carga, a nuvem negra no horizonte se aproximou e despejou seu conteúdo, uma chuva tropical escura e tão grossa que até os fotógrafos precisaram se abrigar, depois uma dúzia, e mais uma dúzia, músicos da banda, as Nixonetes, os cinegrafistas da TV, os fotógrafos e adestradores amontoaram-se dentro do pequeno reboque da Herz, de uns dois metros por dois e meio, destinado ao transporte do elefante. No interior embaçado do veículo, o dia assumia proporções surreais e elegantes — duas dúzias de amadores e profissionais envolvidos na chegada de um elefantinho (dizia-se que iria chegar usando um saiote de bailarina) eram igualados, sem exceção, pela lógica de uma convenção política; no momento em que a chuva parou, cinco minutos depois, e a caixa que continha o elefante foi baixada, retirada do cargueiro por uma empilhadeira de garfo, trazida para perto do reboque e finalmente aberta, todos gritaram em homenagem a Ana, que saiu de sua caixa nervosa, mas com uma clara noção de estilo. Olhou de relance para os fotógrafos que a cercavam, para as câmeras cinematográficas de maior porte a que alguns humanos estavam obviamente conectados, pisou na pista ainda molhada e fumegante, fitou seu adestrador com um olho vermelho mas folgazão, soltou um pequeno disco de bosta para assinalar o ponto onde fora libertada de sua caixa (e para servir de marco, caso mais tarde decidisse voltar exatamente ao mesmo ponto) e em seguida executou uma bela parada de mão republicana, com a tromba curvada com a mesma graça de um dedo mindinho afastado da asa de uma xícara. Ao que o corpo dos funcionários dos meios de comunicação respondeu com entusiasmo, as Nixonetes aos gritinhos, a Don Goldie Band tocando dixieland, as máquinas fotográficas disparando, as câmeras de filmar acionando as rodas de suas engrenagens de relojoeiro, os policiais do condado de Dade sorrindo enquanto permaneciam alinhados a uma certa distância (quatro homens — todos armados). E então Ana de Anaheim saiu caminhando de pé nas patas traseiras. Saudada com grande entusiasmo. Fez uma reverência, baixou a cabeça, girou em círculo, claramente satisfeita consigo mesma, e depois estendeu a tromba na direção geral da cintura dos circunstantes. "Ei, amigo, cuidado com os seus amendoins!", gritou um homem.

E continuou assim por algum tempo, as Nixonetes posando

para fotografias, uma delas, que não era nada ginasiana mas provavelmente modelo profissional, cuidando de sair em quase todas, as moças fazendo o possível para equilibrar na cabeça de Ana um chapéu da campanha de Nixon que teimava em cair. Ao cabo de dez minutos, os adestradores tentaram conduzir Ana para dentro do reboque Hertz, mas ela ainda não estava pronta, ainda não, de maneira que a levaram para dar uma volta em torno de um hangar, trouxeram-na de volta e depois enfiaram na caixa seu corpo de mais de quinhentos quilos graças ao uso de certas artimanhas dos adestradores de elefantes. O desembarque estava concluído.

Tinha sido agradável; na verdade, mais agradável do que o repórter esperava. Não fora tenso, nem mesmo com os quatro guardas armados. A atmosfera tinha sido melhor do que qualquer um poderia supor. O que era um aviso para nosso sentido de perspectiva e proporção: as forças de Nixon e o pessoal de Nixon iriam estar no comando de pequenas sutilezas que o repórter nem tinha antecipado. Para ele, aquele era o primeiro sinal da existência de um novo Nixon. Tinha lido quase uma dúzia de artigos dizendo a mesma coisa, mas não lhes dera atenção, pois seus autores eram especialistas e, portanto, emitiam prognósticos que sempre tinham exatamente a mesma probabilidade de estarem errados ou certos. Os especialistas ele estava decidido a desconsiderar — até quando pudesse —, mas Ana demonstrara alegria ao pôr-se de pé em duas patas: aquele era um fato inesperado que ele era obrigado a incluir em seus primeiros fluxos de reflexão. É certo que o repórter, usando métodos semelhantes, chegara à conclusão de que Barry Goldwater poderia vencer as eleições de 1964. Aquilo, na verdade, fora o método levado ao extremo. Ainda assim, um elefante feliz significava boa sorte para Nixon ou, pelo menos, um governo aceitável mais à frente.

4.

Rockefeller desembarcou no aeroporto de Opa Locka no dia seguinte, e novamente choveu. Os céus que cobrem Miami ficam mais bonitos quando a chuva se aproxima, porque os cúmulos se empilham uns sobre os outros até grandes alturas, formando muralhas, pirâmides, torres e mesmo hotéis celestiais de Miami Beach que se erguem até 3 mil metros de altura enquanto negras marés horizontais de tempestade tropical próxima se espalham pelo céu e cruzam diante do sol, produzindo efeitos decorativos em ouro e negro nas torres de cúmulos.

As chegadas previstas eram Rockefeller no sábado, Reagan mais tarde na mesma noite, e Nixon na segunda-feira. Todos viriam, claro, em vôos fretados, e o avião de Rockefeller, um 727 da American Airlines que já conduzira o candidato por mais de 65 mil milhas através de 45 estados ao longo da campanha, iria pousar, por razões de segurança, no aeroporto da Guarda Costeira, em Opa Locka, bem a oeste de Miami, uma área quase rural onde a cidade de Opa Locka era mais um triste mas singelo pequeno fracasso imobiliário do sul da Flórida, pois fora construída com o intuito de recapitular algum lugar no Norte da África. Ruas residenciais com nomes como Ali Baba Avenue, Sesame Street, Sharazad Boulevard, Arabia Avenue, Sultan Avenue, Caliph Street e Salim Street distribuíam-se em torno do centro de Opa Locka descrevendo complexas ovais e elipses, todas desenhadas mais de trinta ou quarenta anos antes por algum gênio dos empreendimentos imobiliários, hoje uma cidade praticamente deserta sob o sol da tarde diante da tempestade que se avizinhava, aqui e ali uma palmeira ocasional e o centro de estuque branco em mau estado onde um hotelzinho antigo, com um bar, resistia de pé como as ruínas de um forte da Legião Estrangeira, guarnecendo o entroncamento antes que a Guarda Costeira lá fincasse o seu aeroporto.

De cem a 150 jornalistas, cinegrafistas de TV e fotógrafos espalhavam-se pelo hangar principal junto com o ônibus da imprensa, nas extensões vazias e silenciosas do aeródromo quase deserto, acima de nossas cabeças aviões leves e helicópteros patrulhavam os céus próximos, e havia quatro ou cinco carros de polícia estacionados numa relação tensa com a multidão em torno. O repórter não precisou mostrar nenhuma credencial para passar pelo portão, nem exibia nenhuma agora; um assassino em potencial, informado do desembarque de Rockefeller em Opa Locka, poderia ter chegado a um metro de distância do candidato com sua arma — mas é claro que, depois, jamais conseguiria escapar. Se conseguisse abrir caminho à bala, furando o cerco dos vinte e tantos policiais na vizinhança imediata, os helicópteros seguiriam seu carro até Miami, e talvez ainda do ar conseguissem obrigá-lo a parar na Arthur Godfrey Causeway. Como fragmentos de carne espalhados pela explosão de uma granada, havia ecos do horror do assassinato de Kennedy por toda parte: helicópteros que nos sobrevoavam subindo e descendo como carros de montanha-russa, homens da polícia estadual portando capacetes e magnums na cintura, carros de polícia, motocicletas, mas ainda assim não havia segurança, só poder de retaliação. O que nos obriga a admirar os grandes políticos — por mais descoloridos que sejam, todos ostentam algum grau de carisma agora que estão obviamente mais expostos à morte súbita do que os toureiros, de maneira que se vêm rodeados da mesma espécie de temor reverencial que os camponeses reservavam à visita do bispo — algumas pessoas corriam para tocá-los, outras pareciam a ponto de cair de joelhos. E assim foi, pelo menos, entre Rockefeller e a imprensa. Ele se viu quase imediatamente cercado no instante em que desceu da escada de desembarque, e depois disso não teve mais um momento de paz, sitiado pela imprensa e por um círculo de cinegrafistas em cinco camadas, enquanto os fotógrafos, devido à longa prática, seguravam suas máquinas fotográficas e até algumas câmeras de filmar bem acima da cabeça, apontando as lentes por hábil palpite, de maneira que a uma certa distância sempre se podia dizer exatamente onde se encontrava o candidato, pois as lentes de um semicírculo de câmeras apontavam invariavelmente de cima para ele, como os bulbos de alga marinha que surgem na superfície quando a maré sobe, ou seria antes como os louva-a-deus na ponta das folhas mais altas do capim? — um bazar de metáforas óbvias à disposição.

Rocky descera do avião acompanhado da comitiva e da mulher. Ela era de uma beleza inesperada, com um rubor maravilhoso que a deixava imensamente mais atraente que nas fotografias, enquanto Rocky impressionava menos que suas fotos, bem mais desbotado em carne e osso, cinzento como as calçadas de Nova York, pálido e grisalho como um velho vigarista — fazia pelo menos um mês que não via o sol, ou então todo o sangue ativo do seu coração se acumulara em algum ponto das profundezas do cérebro, refazendo os cálculos ansiosos que devia ter trazido para Miami, pois Nixon, com seus mais de seiscentos votos já quase garantidos, estava apenas a um punhado, a uma vintena ou, na melhor das hipóteses, a menos de cinqüenta votos de conquistar a candidatura já no primeiro escrutínio. E sua ansiedade só podia ser fomentada a cada presságio: o tempo chuvoso, o primeiro rosto desconhecido a cumprimentá-lo na descida do avião, o vôo súbito de uma ave, a admiração manifestada na continência de um policial ou o entusiasmo dos representantes da imprensa.

Se dependesse disso, porém, ele já estaria eleito. Rockefeller era obviamente a preferência quase unânime da imprensa e, acima de tudo, da televisão — havia uma afinidade química de alto potencial entre o homem e aquele meio, como se tivessem sido concebidos um para o outro. A não ser pelo tom de sua tez, Rocky tinha o rosto quase perfeito para um presidente, viril, amistoso, de traços fortes, o rosto de um homem comum porém incomum — um irmão mais novo de Spencer Tracy que tivesse entrado para a política. Tinha apenas um defeito — a boca estranha e desagradável, uma boca de peixe de rio, larga, larga além da conta, com os lábios muito finos. No centro daquela boca quase parecia haver uma outra boca, a que falava, com lábios um tanto mais grossos que se franziam, se abriam e deliberavam — enquanto os cantos da boca, finíssimos, quase fendas, davam a impressão de seguir isolados numa vida própria, sem se mover junto com o centro. Assim, ele parecia um homem a quem uma instrução muito especializada tinha revelado o que se podia esperar que ele dissesse — e portanto só o meio da boca era chamado a se manifestar.

A chuva, que tinha começado a cair e depois parado providencialmente, agora recomeçara. De maneira que ele conseguiu fugir ao assédio cerrado dos entrevistadores que se fechou à sua volta, depois de responder a mais umas cinqüenta daquele milhão de perguntas sobre a política que ainda haveria de responder em sua vida, e agora o ônibus da imprensa e os carros particulares tinham partido numa corrida através de Miami até a praia pública da 72nd Street em Miami Beach, a uns quinze quilômetros talvez do ponto onde fora marcado um grande comício. Os helicópteros seguiam à frente, conduzindo o cortejo do alto como vaqueiros flanqueando o rebanho, e a procissão arrancou de Opa Locka em alta velocidade; menos de trinta minutos depois, ao som da banda e ao estrépito dos pratos, Rocky caminhou meia quadra através de uma verdadeira multidão na 72nd Street e na Collins Avenue, aceitando a massa, caminhando no meio dela e provocando delírios parciais de excitação, uma platéia louca pelas coisas da política, envergando roupas de banho, biquínis, roupões, calções compridos de surfista, vestidos de papel e camisas de flanela, pisando o pavimento das ruas com pés descalços, sandálias, chinelos e tamancos, banhistas gritando, aplaudindo, formando fila junto à carrocinha de Pepsi-Cola grátis, bem-humorados mas nunca superexcitados — o comício era na beira da praia, afinal, e um mar pesado, verde leitoso, impelia uma espuma nervosa e errática da arrebentação para a beira da praia, a menos de cinqüenta metros dali.

À medida que Rocky avançava, com seu terno de empresário de um marrom acinzentado, murmúrios se erguiam por todo lado — "Aquele é o próximo presidente dos Estados Unidos". Mas de algum modo a multidão dava a idéia de não ser grande o bastante para amplificar essa opinião — pareciam antes turistas do que republicanos —, todos aqueles votos que ele poderia receber algum dia, se conseguisse a candidatura. E enquanto ele avançava atravessando a multidão, apertando mãos, dizia "Olá, olá", com um sorriso aberto no rosto em resposta aos gritos de "Queremos Rocky", e também naquele mesmo instante um negro alto e magro de talvez uns trinta anos de idade pulou à sua frente para trocar um aperto de mãos com ele enquanto com a outra procurava algum suvenir, e tirou o lenço grená de Rocky do bolso do peito de seu paletó. Mas Rockefeller demonstrou possuir o autêntico sangue republicano. Um ar de consternação marcando a pausa de um instante — será um atentado? — até ver o lenço na mão do homem, e a situação voltou a ficar sob controle: Rocky inclinou-se para a frente, puxou de volta o lenço e emitiu um olhar de advertência, como se dissesse: "Ora, meu amigo!", e, no mesmo instante, teve seus óculos escuros de papelão subtraídos do mesmo bolso por uma acalorada e feliz turista histérica com quem não poderia se engalfinhar. Lenço recuperado, óculos escuros oferecidos em tributo, ele subiu à tribuna — a carroceria aberta de um caminhão — e o comício começou. O *The New York Times* falaria de 3 mil presentes, talvez fossem metade; aplaudiram cada palavra dele, os que conseguiam ouvir alguma coisa. A acústica variava de medonha a atroz, e o repórter que rodeava a multidão escutou uma moça feiosa e impressionável de longos cabelos castanhos — sugestões de estilo hippie nas bijuterias e na calça jeans, parecendo produzida de acordo com o molde por excelência dos partidários de Rockefeller — virar-se tristonha apesar disso para a amiga a seu lado e dizer: "Não estou ouvindo nada — até logo". No momento seguinte, uma loira sessentona de biquíni, a quem ainda restava metade de um corpo interessante (os seios e as nádegas), com a carne em torno do umbigo infelizmente igual à que rodeava seu pescoço, usando pulseiras de plástico laranja, uma gargantilha dourada com talismãs, anéis, óculos escuros de armação cravejada de falsos brilhantes, sandálias de salto plataforma, unhas dos pés pintadas, lábios muito vermelhos de beijoqueira idosa, com um rádio transistor tocando rock enquanto ela — o que quer que estivesse ouvindo — gritava sem parar "Rocky, queremos Rocky", marcando o ritmo com palmadas num de seus consortes, o mais jovem do que ela; o mais velho, um marido?, ostentava um charuto, uma pança e aquela calma benigna que denuncia a posse de imóveis em Flatbush, no Brooklyn, e o convívio com uma mulher que é um fio desencapado.

Mas Rocky deve ter se lembrado mesmo de campanhas à beira-mar no Brooklyn e no Queens, não tanto em Coney Island quanto em Brighton, Manhattan Beach ou o Jacob Riis Park: a massa presente tinha a mesma propinqüidade, os mesmos modos, a mesma voz roufenha, entusiasta, sensata e dura da classe média de Nova York — desconfie sempre de tudo, mas ainda assim aplauda porque você está lá, Murray. Até os cheiros eram os mesmos — cebolas orgiásticas cobrindo as salsichas vermelhas, a gordura dos *knishes*, a areia amarela suja — e Rocky não tinha como deixar de reconhecer aquilo tudo, porque quando apresentou Claude Kirk, "o jovem e ativo governador da Flórida" (único voto a seu favor em toda a delegação da Flórida), ouviram-se aplausos frouxos, comentários esparsos e um ou dois ensaios de vaia com algumas cusparentas trombetadas produzidas com os lábios — ficou óbvio que, para os presentes, Kirk não diferia muito de algum mafioso que tivesse vencido um concurso de danças. De maneira que Rocky trocou a marcha. "É uma grande emoção para nós de Nova York estarmos aqui, na Flórida", disse ele, "e metade de vocês também deve ser de Nova York." Os risos confirmaram que ele acertara. Uma delicada luz crepuscular começava a insinuar-se, como os primeiros filamentos de nevoeiro que passam diante da Lua cheia; só Deus sabe o que seus conselheiros lhe vinham dizendo quanto ao possível efeito daquele comício ao ar livre na praia da 72nd Street; com sorte e uma maciça guinada da opinião, suficiente para bater todos os recordes da categoria, ele ainda poderia seguir em frente — um candidato do povo precisa sempre cavalgar um maremoto. E ali não se via sequer uma onda digna do nome. Metade dos presentes era de Nova York. Mas nem por isso ele iria fraquejar em sua campanha. E prosseguiu, insistindo nos pontos fundamentais de sempre. "O Partido Republicano precisa voltar a ser um partido nacional, a voz dos pobres e dos oprimidos." Grandes aplausos para o tamanho do público. "O Partido Republicano não pode mais se dar ao luxo do paroquialismo." Aplausos menos volumosos, uma certa confusão na platéia. "Paroquialismo" tinha vagas conotações de escolas católicas. Rocky tinha uma boa voz, uma voz de conversa de homem para homem, Tracy, Bogart, sugestões de Gable. Quando os muito ricos abandonam seu domínio aristocrático da laringe (invariavelmente por terem entrado para a política) e procuram se apresentar como gente comum, trabalhadores, populistas, recorrem à imitação dos artistas de cinema que admiraram. E dava para apostar que o favorito de Rocky era Spencer Tracy, sua escolha para vice-presidente da chapa caso a eleição ocorresse no céu. Era uma voz honesta, sincera, máscula, vibrante, sonora, um tanto rouca, com a marca do vigor honesto dos que cavalgam grandes distâncias, com injeções da honesta rouquidão nova-iorquina. Era a voz quase perfeita para uma campanha política; faltava apenas saber se era inteiramente própria ou se fora deslocada para aquela função, da mesma forma que o centro de sua boca se concentrara a ponto de tornar-se quase independente dos cantos de seus lábios.

"E por falar nisso", continuou Rocky, não exatamente um mestre em matéria de formas de transição, "o senador McCarthy merece um voto de louvor por ter trazido os jovens de dezoito anos de volta para a política" (seria este o mesmo Rockefeller que tentara cavar abrigos antiatômicos em cada quintal de subúrbio?), "e quando eu for presidente vou propor uma lei dando o direito de voto a todos os jovens de dezoito anos." Mais aplausos entusiasmados. Eram os jovens se manifestando — todo mundo estava gostando de Rocky —, secundados por todos que o acompanhavam na carroceria do caminhão. Kirk, irmão de Rocky, e vários ex-presidentes do Comitê Nacional Republicano aderiram com gosto à produção de barulho. Ao fundo, saltimbancos de Miami usando fantasias de cetim cor-de-rosa, cor de laranja, amarelo, branco e azul-claro, com asas de rede e plumas brancas, anjos de Miami Beach, tocavam triângulos e sistros, emitiam tinidos sonoros crepitantes e melodiosos. Ca-bum, fez o bumbo. "Eu ofereço", disse Rocky, "uma escolha... Vitória em novembro... Vitória, por quatro anos." E ergueu as duas mãos fazendo o V da vitória.

"Oito anos", gritou alguém no meio da massa.

"Não vou me fazer de difícil", disse Rocky com um sorriso. Mas então, com a derrota prestes a atingir o centro da esperada reviravolta maciça que no fim das contas não chegaria nem à metade do que precisava, ele acrescentou em tom seco: "O cavalheiro que acaba de falar só pode ser de Nova York".

O comício acabou, e um céu negro engoliu o sol por dez minutos, escondendo os cúmulos. A chuva caiu com força tropical, as águas forcejando para atravessar o asfalto e chegar à selva que ele revestia. Todos se dispersaram, os que estavam bem vestidos não com a rapidez necessária. A chuva chegou com uma força impiedosa. E os luminares a bordo do caminhão — Leonard Hall, Bill Miller e Meade Alcorn — apagaram-se junto com Rocky. Talvez possa valer a pena olhá-los mais de perto.

5.

Os ex-presidentes do Comitê Nacional Republicano que se comprometeram com Rockefeller e tinham comparecido a Opa Locka estiveram em evidência numa conferência de imprensa realizada mais cedo, no Salão Francês do Fontainebleau.

Uma cortina amarela pendia por trás de uma mesa comprida coberta de verde-claro. Nas paredes, pinturas representando laços de fita e trombetas cor-de-rosa, em corações heráldicos de três metros de altura; sujas cortinas azuis concorriam com um papel de parede desbotado. Um fragmento de gesso se desprendera de um canto do teto. Não era um salão à altura dos talentos ali reunidos.

Primeiro falou Meade Alcorn, uma apresentação dura, insistente, cheia de autoridade wasp — sua voz tinha o tom certo. "Prefiro articular minha resposta em termos da maior elegibilidade do governador Rockefeller", respondera ele quando lhe perguntaram se achava que Richard Nixon, caso fosse indicado, poderia perder a eleição. Por consenso um dos poucos profissionais realmente soberbos do Partido Republicano, Alcorn tinha um rosto sardento amigável e cabelos cor de areia, óculos com armação preta de osso, um maxilar que parecia capaz de rachar uma lagosta com uma dentada, uma voz que impunha sua autoridade. Era o tipo de homem capaz de fitar outro nos olhos enquanto recusava seu pedido de hipoteca. "Não vamos dizer em qual escrutínio Rockefeller vai ganhar. Pode ser o quarto, ou o quinto. Wendell Willkie precisou de seis. Esperamos uma convenção não muito diferente da de 1940." Não era à toa que ele chegara a presidente do Comitê Nacional; qualquer posição política que se visse obrigado a apoiar era sempre emitida com a convicção implacável de uma verdade pessoal.

Depois veio o senador Hugh Scott, da Pensilvânia. Scott exibia uma pose modesta mas impecável enquanto explicava que, como apenas 12% dos delegados presentes tinham estado na convenção de San Francisco em 1964, ele esperava que a amargura dos antigos seguidores de Goldwater não viesse a prejudicar as chances de Rockefeller naquela ocasião. Um belo ator especializado em tipos sofisticados se perdera quando Hugh Scott entrou para a política — ele poderia ter feito qualquer papel do espectro, de mordomo a conde.

Leonard Hall, pesado, imperturbável, veio trazendo cifras — pelas suas contas, 535 para Nixon, 350 para Rockefeller. Era conhecido pela precisão relativa, mas é provável que hoje estivesse apresentando números montados. Dava a impressão de um homem extraordinariamente inteligente, de aparência não muito diferente da de Jack E. Leonard fazendo um número cômico de cara impassível, como se toda a inteligência hiperpenetrante de Jack E. Leonard se visse de repente transferida para os mais formidáveis baluartes da Terra dos Caretas. "Deus do céu", disse Hall a certa altura, "Rockefeller, para trinta ou quarenta congressistas republicanos, representa a diferença entre serem eleitos... ou começarem a ter problemas." Ele jamais diria que com Nixon eles iriam perder na certa. "E esses congressistas são seres humanos. Querem ganhar." Mas imagine essas palavras ditas por Jack E.

Leonard. Faltava-lhes uma certa dose de convicção. Quando Hall dizia "Deus do céu", fazia pensar no diretor de alguma impressionante casa funerária, o tipo de homem que certamente jamais lhe daria muita importância, Deus do céu, se você não fosse um freguês disposto a soltar umas 10 mil verdinhas por um caixão.

Também houve Bill Miller, o homem que concorrera a vice-presidente na chapa de Barry Goldwater em 64. Dessa vez ele estava com Rockefeller. Quando lhe perguntaram se ele e Goldwater ainda eram amigos, respondeu: "Prometi acompanhar o governador Rockefeller, e ele me disse que, se não for indicado, dará seu apoio ao escolhido pela convenção. Goldwater declarou que irá trabalhar por qualquer um que a convenção venha a indicar. De maneira que, mais cedo ou mais tarde, Barry e eu estaremos novamente juntos". Miller tinha cabeça grande, nariz grande e ombros estreitos e curvados que lembravam um ex-jóquei. Tornara-se popular junto à imprensa durante a última campanha presidencial. Tendo se convencido, em algum ponto do percurso, de que a causa de Barry não tinha a menor possibilidade de vitória, passara o seu tempo na campanha vice-presidencial bebendo bourbon e jogando cartas; toda vez que o avião parava, ele descia, fazia seu discurso de aeroporto para as pessoas reunidas no aeroporto — geralmente poucas pessoas, num aeroporto modesto — e voltava para o avião, onde sua mão de cartas ainda estava quente, e recomeçava o jogo. Agora ele se esgueirava para escapar a salvo de perguntas capciosas, enfatizando suas relações antigas e inabaláveis com Rockefeller, que apoiara quatro vezes, enquanto Rockefeller o apoiara sete, de maneira que não era nem um pouco surpreendente que estivesse de novo com Rocky. Miller falava com uma voz latida, cheia de energia. Embora pudesse ser desagradável num discurso formal, naquele momento tinha lá o seu encanto. Talvez todo aquele bourbon, e mais os jogos de bridge, o tivessem suavizado desde 64 — ele já não parecia o idiota mais perigoso da cidade.

Pelo contrário, agora sabia usar todos os óleos políticos. Era a favor de Rockefeller porque Rockefeller resolvia os problemas com ação. "Pensem num problema qualquer, que ele existe em Nova York." E então passou em revista o belo desempenho do governador em matéria de estradas, poluição do ar e conservação. Era difícil saber do que exatamente ele estava falando. A cada ano o tráfego em Nova York piorava, o ar ficava mais impossível de respirar, e o rio Hudson, mais poluído. Aquilo servia como indicação da dimensão extraterrestre onde Rockefeller e seus assessores deviam viver. Planos, projetos grandiosos, enormes campanhas, financiamentos do governo, participação popular no governo, sucesso no controle da poluição do ar, supervisão abrangente do controle de tráfego, candidato do povo, pesquisas de opinião — e um cético poderia sussurrar que Rockefeller seria um candidato melhor para os democratas que para os republicanos. Porcas, parafusos e ferramentas leves eram necessários para desprender um delegado republicano de seu compromisso inicial e prendê-lo a um segundo, e Rockefeller parecia não dispor de nada menor que uma retroescavadeira. Mas agora rumo ao acampamento de Nixon.

6.

O Salão Orpheum do Hilton Plaza, onde Herb Klein, diretor da assessoria de imprensa de Nixon, organizava suas coletivas, parecia um salão público para pequenas reuniões convertido em sala de cirurgia. O acesso se dava através de um corredor vermelho forrado por um tapete vermelho, com teto vermelho, veludo vermelho nas paredes e espelhos com molduras douradas, mas o Salão Orpheum tinha um revestimento dourado em base de cor creme sobre um papel de parede decorado de figuras de hera com pesadas molduras douradas no teto, e um tapete estampado em dourado e caramelo. Dois imensos candelabros de cristal, com cerca de oitocentos prismas cada um, arrematavam o compromisso da decoração com o século XVIII. O século XX ficava a poucos centímetros dos candelabros, na forma de uma imensa peça quadrada de alumínio presa diretamente ao teto para a passagem do ar condicionado. As cadeiras para a imprensa eram forradas do onipresente couro sintético marrom salpicado de poeira dourada.

A tribuna era uma estrutura coberta de fórmica processada para simular a aparência de painéis de nogueira. Por trás dela pendia uma fotografia de Richard Nixon que fazia pensar num santuário, exibindo o tipo de colorido que passara a aparecer nas fotos de Jack Kennedy depois de seu assassinato: e também nos retratos de Manolete,* Franklin Delano Roosevelt, Abraham Lincoln.

Klein era um sujeito magro e bem vestido de testa alta, gestos agradáveis — os homens que trabalham em relações públicas nunca se destacam por uma presença desagradável — e um sorriso que poderia representar um símile perfeito de um gato lambendo um pote de creme, caso não tivesse existido antes outro usuário da imagem. Afirmou que Nixon teria setecentos votos no primeiro escrutínio. Uma vez que Leonard Hall afirmara, menos de duas horas antes, que suas estimativas mais escrupulosas só lhe davam 535, ficava óbvio, já que nenhum dos dois dava qualquer sinal de incerteza, que um dos dois só podia estar mentindo.

Como Nixon não iria chegar antes da segunda-feira, Klein teve poucas novidades a nos oferecer antes de apresentar o governador John Volpe, de Massachusetts, um republicano de origem italiana que entrara na próspera vida política através da in-

* Manolete (1917-47): Manuel Rodríguez Sánchez, considerado o maior toureiro espanhol. (N. E.)

dústria da construção. Volpe era um self-made man, e de certa forma parecia uma versão reduzida de Rockefeller. Não era um grande orador, pois leu um discurso preparado que o declarava totalmente a favor de Nixon, e na verdade tampouco parecia ter contratado muito bons escritores de discurso. "Os americanos vêm no sr. Nixon um líder capaz de unir este país num esforço que há de preservar e enaltecer nossa posição no mundo, trazendo ao mesmo tempo a inspiração necessária e as novas idéias requeridas pelos próximos quatro anos." Grande frase, Volpe! Mas a força do homem estava noutras coisas. No concreto armado. Enquanto isso, de pé atrás dele o tempo todo, Herb Klein emitia seu sorriso de gato feliz. Formavam um par bem combinado, ali de pé, um ao lado do outro. Toda vez que Herb Klein sorria, seus olhos estreitos transformavam-se em fendas. Quando Volpe sorria, era sua boca estreita que se transformava numa fenda. Foi uma conferência de imprensa que não deu muito o que imprimir, e nada foi alterado. E em seguida veio um desfile de moda: foram exibidos os modelos que seriam usados pelas dançarinas da campanha de Nixon, e depois pelas Nixonárias — comissárias de bordo com base em Miami, disponíveis ou ansiosas para trabalhar em favor de Nixon nos horários de folga. Uma procissão de meninas bonitas com narizes afilados e bocas apertadas exibiu as roupas. Apresentavam um estudado equilíbrio entre loiras — as Mulheres Por Nixon — usando vestidos azuis de algodão sem mangas em corte trapézio, e várias morenas — Nixonárias — com coletes de couro sintético laranja, minissaias brancas e bonés de jóquei em couro sintético preto-e-branco.

No dia seguinte, quando as filhas de Nixon chegaram, ficou óbvio que aquela noção de equilíbrio — a divisão equitativa do palco entre loiras e morenas — tinha sido levada em conta para muitos aspectos de sua campanha. Havia, por exemplo, duas bandas completas no saguão do Hilton Plaza para celebrar a chegada de suas filhas, uma branca, a outra negra. No entanto, não fosse pelo mezanino, adornado, conforme já dissemos, com flocos de veludo vermelho nas paredes e flores-de-lis vermelhas nos tapetes, o Hilton Plaza poderia ter sido convertido num hospital. Mesmo reunindo todas aquelas atrações, o saguão era relativamente despojado e sem cor. Comparado com o Fontainebleau ou o Americana, era até ascético. Idéias de um futuro império americano e de alguma futura esterilidade americana deviam estar na origem da concepção do arquiteto.

E agora ele estava repleto, claro, com as duas bandas, as Dançarinas Por Nixon, as Nixonárias, os cinegrafistas de TV, o público, muitos voluntários da campanha de Nixon e um homem vestido de Tio Sam equilibrado em pernas de pau de três metros de altura, que apresentava uma semelhança curiosa mas inegável com o senador Eugene McCarthy. As filhas de Nixon tinham sido recebidas por aclamações calorosas, gritos de prazer daqueles que conseguiam vê-las no meio da multidão e pelos tambores das duas bandas, e tinham atravessado a multidão até o saguão do hotel, as duas garotas adoráveis. A mais velha (que parecia mais nova) era Tricia, gentil, um pouco aturdida, com uma expressão um tanto enevoada no rosto, mas incontestavelmente uma beldade com seus cabelos muito loiros. Tinha uma tez extraordinária — e para descrevê-la seríamos forçados a recorrer a um vocabulário de romance vitoriano, onde o alabastro e o marfim poderiam figurar em destaque, na companhia de pêssegos e um pouco de creme. A outra filha, Julia, de cabelos castanhos, faces de maçã e nariz curto, era saudável, bem-humorada, perfeita para o papel de criadinha em alguma série televisiva de comédia familiar. Era tão americana quanto uma torta de maçã produzida industrialmente. E ainda estava noiva de David Eisenhower, neto do ex-presidente, o Velho Ike. O noivado causara muito desdém amargo e um previsível franzimento de sobrolho coletivo quando a notícia chegou aos círculos liberais. Àquela altura, parecia não haver limite para a iniqüidade de Richard Nixon. Mas a verdade é que sua filha Julia era uma bela moça, e o neto de Ike, com a aparência de quem ainda nem chegara aos vinte anos, tinha um rosto agradável, com uma expressão que mais sugeria inocência, não só um ar de habitante de cidade pequena mas quase de caipira, redimido pelo mais amigável dos sorrisos descomplicados. Algum ambicioso professor secundário de teatro poderia tê-lo escolhido para o papel de Billy Budd.*

A chegada das garotas e um minucioso exame dissimulado das duas pelo repórter tinham produzido uma incontestável gargalhada com tapa nas costas, do tipo do vaudeville de fim do século: um homem capaz de produzir filhas como aquelas não podia ser de todo mau. E a possibilidade remota de alguma reavaliação de Richard Nixon agora era forçada a entrar em ação. Era remota, certo, mas o repórter estava decidido a ser justo para com todos, e a idéia agora se impunha. Nada na visão que antes cultivava de Nixon poderia tê-lo preparado para imaginar que fosse pai de duas filhas adoráveis. (E, uma vez que o repórter tinha quatro lindas filhas também, não estava inclinado a encarar essas coisas como um mero acidente.) E de fato, mais tarde na mesma noite, a voz (agradavelmente bem-educada mas não notável) de uma das filhas de Nixon fez-se ouvir num fragmento de entrevista no rádio. Não, dizia ela, o pai nunca batera nelas. E sugeriu que a mãe é que tinha sido a disciplinadora. "Mas também", prosseguiu a voz da garota, com uma clareza simples, até mesmo uma devoção honesta no tom, "nós nunca quisemos contrariar nosso pai. Queríamos ser bem-comportadas." O repórter não ouvia uma garota

* Protagonista de *Billy Budd, marinheiro*, de Herman Melville (1819-91). O personagem, um jovem encantador por sua beleza, inocência e integridade, é vítima da inveja de seu contramestre, que o acusa injustamente de organizar um motim a bordo. (N. E.)

dizer coisas assim sobre o pai desde que escutara sua própria mãe falando do avô, havia mais de trinta anos.

É claro que a contingência remota de promover uma reavaliação de Nixon permaneceu confortavelmente remota, ante a natureza das atrações que desfilaram pelo saguão do Hilton Plaza depois que as moças fizeram sua entrada e executaram uma fuga bem ensaiada para alguma suíte particular nos andares superiores do hotel. Primeiro as Dançarinas Por Nixon divertiram a platéia. Trinta e seis adolescentes, todas com estatura entre um metro e sessenta e um e oitenta, apresentaram várias coreografias do tipo de torcida organizada. Impossível definir melhor aqueles passos, seria alguma espécie de cruzamento entre uma atração televisiva de intervalo esportivo e o trabalho num terceiro time das Rockettes. Mais adiante, saíram todas de cena em fila, de perfil, e da platéia era possível contar claramente nariz por nariz. Seis dos 36 tinham uma curvatura aquilina, outros seis eram retos e as demais 24 tinham o nariz pequeno com a ponta arrebitada.

E então a banda branca começou a tocar. Eram dezesseis elementos, músicos mais ou menos tão competentes e elementares quanto os de uma boa banda de escola secundária. Já a banda negra era outra coisa, chamada Eureka Brass Band, saída diretamente da Beale Street* de sessenta anos atrás: dez negros de calças pretas, camisas brancas e quepes brancos de iatista com viseiras pretas executaram uma marcha no estilo dixieland, de um lado a outro do salão, conduzidos por seu maestro, um velho guerreiro desdenhoso com ares de praticante da magia negra, um preto imenso num imenso smoking preto, chapéu *homburg* de feltro preto na cabeça, medalhas, fitas verdes e buttons da campanha de Nixon por todo o corpo. Se servia de anúncio para algo, era para o mais

* Beale Street: rua onde se concentram as casas noturnas especializadas em blues de Memphis, Tennessee. (N. T.)

arcano poder negro; era um velho príncipe, um curandeiro — e quem ousar que corra o risco de ofendê-lo —, mas os outros dez instrumentistas, com seus trompetes, taróis e metais, não funcionariam na TV para atrair para Nixon o voto de algum eleitor negro que por acaso estivesse assistindo, porque eram idosos e humildes, músicos negros do Sul, quase anciãos, um verdadeiro Ganges de Pais Tomases. Tinham desaparecido, juntamente com Tom Swift e o Pequeno Lorde Fauntleroy.*

7.

Naquela noite no Fontainebleau, véspera da abertura da convenção, os republicanos tiveram a sua grande festa de gala, sem convites para a imprensa, e o repórter, por um golpe de sorte, foi praticamente o primeiro a entrar. O evento era bem policiado, na verdade contava com uma segurança estrita, pois alguns dos mais importantes notáveis republicanos estariam presentes, mas circulando em meio à grande concentração de pessoas reunida no saguão o repórter encontrou-se por acidente no rastro imediato da passagem do governador Reagan por um canal de guardas de segurança que o conduziu, através da multidão, até as portas do salão. Os homens que abriam caminho para o governador pensaram que o repórter fosse um dos policiais à paisana escalados para cobrir a retaguarda de Sua Excelência, e com um franzir de sobrancelhas aqui, um aperto judicioso dos lábios mais adiante, um ar de preocupação com o bem-estar do governador estampado à

* Pais Tomases: referem-se ao romance *A cabana do Pai Tomás* (1852) de Harriet Beecher-Stowe. Tom Swift: herói adolescente de uma extensa série de livros de aventuras muito popular nos EUA nas primeiras décadas do século XX. Pequeno Lorde Fauntleroy: personagem central do livro infantil inglês *O pequeno lorde*, de Frances Hodgson Burnett, publicado pela primeira vez em 1865. (N. T.)

força em seu semblante, exibindo um ar de superioridade de encarregado de segurança para cobrir a falta de qualquer convite, ele passou direto pelos porteiros, ainda tendo encontrado tempo, de passagem, para observar bem o governador Reagan e sua dama, formalmente vestidos até o último fio de cabelo para a ocasião, ora sorrindo, ora apertando mãos, ansiosos, tensos, lembrando aves de rapina, com um ar jovial, um tanto desacostumados àquela eminência, procurando sempre conseguir um progresso claro mas não grosseiro em meio àquela massa, e com um sentimento óbvio de desconforto no meio da multidão (como a maioria das figuras políticas) depois de uma certa noite de junho em Los Angeles. Aquela era uma observação esperada, mas o sr. e a sra. Reagan pareciam demais um ator e uma atriz nos papéis de governador e primeira-dama do estado. Ainda assim, Reagan revelava uma certa insegurança em torno da cintura, como se o seu plexo solar fosse frágil, e um mero safanão bastaria para deixá-lo estendido no solo.

Assim que entrou no salão de baile, porém, o repórter descobriu que o governador tinha sido um dos primeiros convidados a entrar. E sua própria posição, portanto, não era confortável. Uma vez que ainda não havia outros convidados com quem se misturar (nada além de 240 mesas vazias postas com pratos e talheres para 2 mil pessoas, todas ainda por chegar) e nenhuma cobertura possível para escondê-lo, além de pequenas árvores em vasos com laranjas presas aos ramos por pedaços de arame verde, e já que a segurança poderia ir à loucura se o surpreendesse ali tão cedo, sua única escolha foi postar-se a uns cinco metros da porta, as pernas em posição militar de descanso, as mãos cruzadas atrás das costas, enquanto inspecionava cada pessoa que ingressava no salão. Qualquer segurança que o observasse poderia ser forçado a concluir que ele pertencia a outro corpo de segurança. Mas basta dizer que não foi incomodado em sua posição perto da entrada, e que pelos trinta minutos seguintes encarou um a um os cerca de mil republicanos que entraram por aquela porta, uma vez que os outros mil entraram por uma porta adjacente.

Não era um grupo totalmente representativo do poderio do Partido Republicano. Alguns delegados pobres deviam ter sido convidados, e outros delegados devem ter decidido que dariam ali sua contribuição anual de mil dólares por casal (quinhentos por cabeça), preferindo aquele evento a alguma outra noite destinada a angariar fundos para o partido, e de fato havia um ar de sobriedade e trajes discretos em torno de muitos dos republicanos que chegavam. Algumas das mulheres tinham a aparência de bibliotecárias ou professoras, certos homens de meia-idade pareciam estar saindo pela única noite no ano. O establishment da Costa Leste estava presente, é claro, além de potentados do Sul, do Oeste e do Meio-Oeste, mas aquele não era um público que pudesse ser comparado em brilho com uma noite de estréia de ópera no Metropolitan. Não, na verdade o que pairava sobre aqueles bem-nascidos contribuintes da festa de gala republicana era a modéstia.

Ainda assim, com as devidas exceções, ali estariam em grande parte mil dos mais ricos republicanos do país, o poder corporativo e social da América, com infinitas interconexões que ele nem tinha como começar a mapear. Por necessidade, foi acometido por uma medida de sua ignorância, porque em meio a esses mil, com a exceção dos candidatos, dos políticos e dos rostos que apareciam nos jornais, não havia dez pessoas que reconhecesse. E no entanto ali estavam eles, o poder econômico da América (na medida em que o poder econômico ainda era privado, e não público), o poder familiar (na medida em que uma boa posição na sociedade ainda constituía uma paixão para os americanos médios e ambiciosos), o poder militar (na medida em que havia importantes portadores de espadas e/ou patriotas em meio aos convidados, além de importantes quadros de empresas não exatamente dissociadas do Pentágono), sim, até mesmo o poder espiritual da América (na medida em que o puritanismo, o calvinismo, o conservadorismo e o golfe ainda representavam para o wasp uma fé americana mais intensa que a fé dos cosmopolitas, dos internacionalistas, dos sindicalistas, dos militantes negros, dos membros da nova esquerda, dos adeptos do ácido, dos porta-vozes dos homossexuais, das famílias da máfia, dos maquinadores políticos, dos vigaristas, dos golpistas, dos lobistas democratas, dos membros da Grange e dos funcionários públicos, para não falar da *Weltanschauung* de todo militante de qualquer grupo minoritário). Não, enquanto existir uma fé americana, uma crença, a mística segundo a qual a América é mais que a soma de seus distritos eleitorais, que seus trilhões de dólares e seus milhões de hectares, que sua constelação de indústrias, que a rede titânica de suas comunicações, que a montanha transcendente de suas finanças, heróica nos esportes e transportes da medicina, da higiene e da Igreja, enquanto persistir a convicção de que a América, finalmente mais do que tudo isso, era a última reserva da retidão no mundo, o jardim final do Senhor, na medida em que essa mística ainda persistisse em cada família americana de substância cristã, nessa mesma medida as pessoas que entravam hesitantes naquela festa de gala eram os líderes dessa fé, que qualquer um deles só articulava no jargão mais absurdo e ofensivo ao gosto misturando patriotismo e religião, mas uma fé que existia nessas encruzilhadas da psique com o coração, onde o amor, o ódio, a intuição da graça, o sentido quase perdido das origens e a adoração à América se congregam para muitos.

O valor deles próprios estava nessa fé, na perpetuação de sua semente de geração em geração; sua ligação com um sentido do que poderia ser a força vital estava na fé. Sim, ali estava a vida primitiva, a vida ancestral, a saúde que traziam oculta em sua própria carne nas cidades ocupadas e outrora muito povoadas, nas propriedades agrícolas que prosperavam, e nas fronteiras que — através de seus ancestrais — tinham ousado atravessar. Acreditavam na América como acreditavam em Deus — não tinham como imaginar que Deus pudesse sobreviver a um colapso da América, não, chegavam ao ponto de pensar que a América era a salvação do mundo, alimentos e remédios numa das mãos, a espada na outra, a maior das fés numa nação que jamais dobraria o joelho diante de qualquer problema, já que a própria força de Deus estaria a favor dela. Aquela fé se erguera tão alto em San Francisco em 1964 que velhos republicanos sólidos quase tinham chegado ao ponto de espumar pela boca enquanto dançavam nos corredores querendo Barry, querendo Barry. Mas seu herói tinha tombado numa catástrofe de derrota, era cego na política, indisciplinado na tática, um ressentido, um idiota, um desastre. E se as políticas que ele defendera tinham prevalecido até certo ponto, a ponto de provocar uma escalada da guerra no Vietnã, ao mesmo tempo essa política deprimira boa parte do otimismo americano até seu ponto mais baixo da década, pois o país tinha aprendido uma lição quase insuportável — sua história na Ásia estava quase encerrada, e não havia um autêntico desejo de manter exércitos naquelas terras; pior, o país tinha começado a corroer-se por dentro, e em cada cidade americana o espectro do Vietnã assombrava o subúrbio, o terror de um dólar desprendido de qualquer âncora econômica estava nas manchetes, e alguns dos melhores jovens do país tinham se transformado em cães raivosos enlouquecidos, com os dentes cravados fundo na carne da fé republicana.

Mas ultimamente tinham ficado mais comedidos. A chama viva da fé radical republicana arrefecera, minguara a visão que tinham da América. A construção do império esbarrara em limites. Mas ainda assim era uma coisa incomum, até bizarra, o repórter passar-se por agente de segurança enquanto aqueles líderes da derradeira fé americana iam chegando à recepção de gala, porque, repetindo: não eram exatamente figuras impressionantes, não, não aos olhos implacáveis de um nova-iorquino. Na maioria, eram mal proporcionados em alguma parte de seu físico. Metade daqueles homens e mulheres, claro, devia ter mais de cinqüenta anos, e seus corpos refletiam as contorções de seu caráter. Eram comuns os ombros curvados de viúva e muitos homens ostentavam uma barriga flácida, mas a tensão coletiva se alojava antes nos ombros, na contração defensiva das espáduas prevenindo chibatadas nas costas, na projeção para a frente do pescoço, na tensão permanente dos músculos da boca, travados na mobilização para enfrentar a dentadas a carne dura da resistência, numa postura inclinada para a frente da cintura para cima, uma vez que a base das costas era invariavelmente rígida, a anca e a mente totalmente isoladas uma da outra por algum abismo instalado entre o umbigo e os quadris.

Mais da metade dos homens usava óculos, tanto os jovens quanto os velhos — o repórter manteve uma contagem, apertada como a de um jogo de basquete, mas desistiu na altura em que o placar marcava Óculos 87, Sem Óculos 83. E não se podia imaginar um republicano de gala que não estivesse perfeitamente escanhoado às oito da manhã. Chegando ao poder, só lhes poderia ocorrer tentar limpar ao máximo todas as situações que vissem pela frente. E tantas daquelas mulheres pareciam vítimas da mais elevada higiene. Mesmo no rosto da maioria das jovens tinha-se a impressão de que as bochechas haviam recebido injeções de novocaína.

Ainda assim, o repórter se sentia inexplicavelmente tomado por uma suave tristeza. Não detestava aquelas pessoas, não se sentia superior a elas a ponto de sentir compaixão, na verdade elas lhe inspiravam um respeito melancólico e desconsolado. Em sua limpeza imaculada, nos odores um tanto anti-sépticos de sua água-de-colônia e de seus perfumes adstringentes, na abnegação da maneira como caminhavam, nos movimentos pesados e lentos dos corpos, tantos dos quais deixavam evidentes as marcas dos arreios da vida, ali estava a tragédia contida do wasp — não estavam no mundo para sentir prazer, nem mesmo talvez para amar tanto assim, seu papel era servir, e assim tinham servido em funções públicas e em organizações de filantropia (enquanto os destinatários de sua caridade muitas vezes vomitavam de raiva e riam de escárnio), serviam nos comitês dos teatros de ópera, e serviam longas horas ao piano, serviam como sentinelas nas salas de concerto e nos bancos da nave da igreja, serviam como funcionários nas escolas, serviam a cultura, serviam as finanças, serviam a salvação, serviam a América — e ainda assim uma parte tão grande da América não queria mais que eles servissem, e tantos deles começavam a duvidar de si mesmos, duvidar que a força de sua fé fosse capaz de iluminar seus caminhos naqueles novos tempos modernos que corriam rumo ao horror. E assim, um atrás do outro, eles foram entrando por aquela porta, os limpos, os bem-criados, os extraordinariamente prósperos, e, em grande e espantosa maioria, os quase totalmente apropriados. Sim, na convenção de 64, em San Francisco, tinham podido enlouquecer por algum tempo, mas agora estavam contidos, agora mostravam-se modestos, agora estavam à procura de um líder que lhes trouxesse a América de volta, a América que tinham perdido, a Terra de Jesus.

"Nelson Rockefeller deve estar louco, para pensar que consegue tirar a indicação de Richard Nixon", disse repentinamente o repórter para si mesmo. Era a primeira certeza que aquela convenção produzia.

8.

Ainda assim, Rockefeller continuou tentando. Tinha passado as últimas semanas montando uma ofensiva maciça. Em discursos quase sempre apresentados na forma de pronunciamentos preparados para a televisão e em anúncios de página inteira em jornais de todo o país, ele vinha saturando a América com a filosofia Rockefeller, pagando com dinheiro Rockefeller, usando uma retórica ao estilo da Eminência da Madison Avenue, Emmet Hughes.*

Sobre o Vietnã: O país nunca mais deve "descobrir-se preso a um compromisso quando ainda está à procura de justificação [...]. A guerra vem sendo conduzida sem uma estratégia coerente ou um programa para a paz". Claro, até pouco tempo antes ele era um falcão entre os falcões — e, como Nixon, agora era uma pomba entre os falcões, uma pomba entre os falcões como todos os republicanos, com a única exceção de Reagan.

Os anúncios tinham sido publicados com o texto em corpo 20 e corpo 30, ou ainda maior. "Precisamos assegurar dois direitos básicos a todo americano: o direito ao estudo e o direito ao trabalho." (O direito ao estudo se exerceria em megauniversidades, através de conferências transmitidas pela televisão ou em salões de estudo com assentos moldados de plástico — o direito de trabalhar? ou seria o direito de se orgulhar do seu trabalho?)

Sobre as cidades: "[...] a confiança de que podemos reconstruir nossas grandes cidades — transformando os cortiços do antigo desespero em centros de esperança renovada [...]".

* Emmet Hughes: por um tempo editor das revistas *Time, Life* e *Fortune*, redator dos discursos de Eisenhower em suas duas campanhas vitoriosas para a presidência dos EUA, em 1952 e 1956, e em alguns momentos de seus dois mandatos. (N. T.)

Ou: "Vejo [...] a idéia do seguro social [...] como um piso abaixo do qual ninguém poderá cair, mas sem teto que impeça qualquer pessoa de chegar tão alto quanto quiser".

Era o melhor da retórica de potência dirigida para o florescente centro liberal da América onde se concentrava o grosso da atividade, os contratos de construção, o dinheiro federal para as superauto-estradas, os programas de assistência para os jovens dos cortiços, as guerras contra a pobreza, o fanatismo, a violência e o ódio. (Mas como é que se pode ir à guerra contra o ódio? "De joelhos, seu filho-da-puta!", disse o santo.)

Sim, a única coisa que faltava a Rockefeller era conquistar a indicação, porque depois só a intervenção divina o impediria de chegar à presidência. Ele era o candidato dos sonhos de todos os eleitores democratas — eles podiam repudiar Johnson e Humphrey e ainda assim, com Rocky, manter o New Deal, o Fair Deal,* Stevenson, Eleanor Roosevelt, Kennedy, Bobby Kennedy, Gene McCarthy e o folk rock. Ele haveria de conquistar três quartos dos votos dos democratas. É bem verdade que só receberia um quarto dos votos republicanos (o resto iria para Humphrey ou Wallace, ou nem sairia de casa), mas acabaria vencendo e poderia unir o país em torno daquele centro liberal que dera origem à Grande Sociedade,** à Guerra do Vietnã e a um estado permanente de alerta policial nas grandes cidades durante todo o verão.

Era como um general que tivesse montado a maior ofensiva de massa de uma grande guerra, mas sem observar que o inimigo

* New Deal: política de criação de empregos e redistribuição de riquezas promovida pelo presidente democrata Franklin Roosevelt em reação à Grande Depressão, na década de 1930. Fair Deal: criado pelo também democrata Harry Truman em 1949, previa oportunidades econômicas e garantias sociais para os cidadãos. (N. T.)

** Grande Sociedade (Great Society): amplo programa de assistência social anunciado mas nunca totalmente implantado por Lyndon Johnson entre 1963 e 1968. (N. T.)

não se encontrava naquela direção e que a linha de seu avanço conduzia direto para um atoleiro. Rockefeller publicava anúncios, aparecia na TV, convocou a ajuda de grandes músicos e grandes orquestras de jazz (Cannonball Adderley, Lionel Hampton), reunia os moços em todos os seus comícios (adolescentes jovens demais para votar), ficou íntimo de governadores e senadores, dava telefonemas, acionou a válvula de alta pressão (Bill Miller, Meade Alcorn, Leonard Hall e Thurston Morton cobraram todas as dívidas antigas de velhos amigos), correu todas as freguesias a bordo do seu avião — Olá, amigo! —, fez de tudo, menos entrar na campanha na hora certa, disputar bem as primárias ou preparar seu ataque de maneira a não despertar os medos republicanos. Fez tudo, menos exercer o devido critério na escolha dos melhores ingredientes políticos e do melhor caldo de fígado para servir de fortificante para o orgulho republicano. Em segredo, pode ser que detestasse o republicano médio — e não era segredo que esse mesmo republicano o odiava: jamais tinham se perdoado pelo divórcio e segundo casamento do governador de Nova York. Um homem que fica casado por 32 anos já deveria conhecer a essa altura toda a desgraça do matrimônio — e espatifar essa cena era entendido pelo republicano médio como indicador de alto grau de instabilidade e falta de temor a Deus, uma óbvia atração pelos excessos orgiásticos do centro liberal e a falta de redentores talentos secretos para a hipocrisia — esta última um traço indispensável, segundo o espírito conservador, para a prudência e a segurança no governo.

Além disso, a paixão pelo candidato que entra mais tarde na disputa e quer levar os delegados a mudarem de escolha no último minuto só pode ser do tipo que tem suas raízes na histeria, e portanto estará próxima daquele estado incandescente da alma em que o amor e/ou a atração física se faz sentir por três ou quatro pessoas ao mesmo tempo. A histeria nunca teve alta demanda entre os republicanos. Suas vidas eram ajustadas de maneira a manter o *ménage à trois* reduzido a um mínimo. Se o amor às vezes também se via reduzido ao mínimo, ora, nenhum problema. Os avarentos podem sentir um prazer vertiginoso quando são trabalhados anos a fio para aceitarem se desprender de suas moedas, de seus beijos, de seu voto de delegado. E Nixon vinha trabalhando esses espíritos havia muitos meses, e boa parte dos últimos anos, pode acreditar! O avarento, quando entrega seu presente uma vez, sente-se o mais feliz dos homens, mas pedir-lhe que torne a mudar de escolha é um convite à histeria, e só pode ter como resultado sua internação em algum hospício, no albergue de desabrigados ou numa escola para dervixes giratórios.

Rockefeller precisava de votos dos delegados, e não que milhões de americanos lhe enviassem pensamentos positivos. Havia sonhos de que o sexto escrutínio de Wendell Willkie em 1940 pudesse se repetir, mas eram sonhos escandalosamente militares, porque os republicanos da época detestavam Roosevelt com tamanho fervor que teriam escolhido qualquer candidato que tivesse a mínima chance contra ele, enquanto em 1968 a lealdade de todos era para com a filosofia do partido — o republicanismo!

Rocky tinha gasto e ainda iria gastar, diziam, 10 milhões para obter a indicação. (Um jornalista assinalou que a compra direta de delegados teria sido melhor escolha: a 25 mil dólares por cabeça, teria comprado quatrocentos.) Na tarde de domingo, apresentou-se uma boa oportunidade de ver como esse dinheiro era gasto. Certos ricos são famosos pela parcimônia — o avô do próprio Rocky, afinal, costumava contar cada moedinha em todas as situações. Mas a generosidade, para um homem rico, é como a histeria para um avarento: depois que você começa, não consegue mais parar — o mal está à solta. Tendo adquirido o hábito do dispêndio, onde é que Rocky iria parar? Depois da televisão, vieram os comícios e os aviões fretados; agora, em Miami, havia as lanchas alugadas para os delegados percorrerem o Island Creek sempre que tivessem vontade de passar uma tarde de bebedeira a bordo de um barco singrando um curso de água doce; ou as festas. E Rocky abriu o Americana no domingo, para uma recepção e um jantar para a delegação de Nova York. Na segunda-feira, de cinco às sete da tarde, depois da chegada de Nixon, promoveu uma recepção monstro para todos os delegados e suplentes, além de toda a liderança republicana. A festa lotou o Salão Continental e o grande salão de baile do Americana, e os números não puderam ser verificados; podem ter sido 5 mil participantes, ou 6 mil. O *Times* calculou 8 mil convidados e um custo de 50 mil dólares. Metade de Miami Beach deve ter passado pela festa para comer ou beber de graça. Nas mesas (oito bares, dezesseis mesas de bufê), havia milhares de copos prontos, já cheios de cubos de gelo; assim como também já estavam prontos os camarões e o molho de coquetel, as almôndegas em conserva, o peru, os presuntos, o goulash, as galantinas, os éclairs, os folheados de lombinho, o fígado de frango, o *pâté de volailles*, os baldes de caviar (negro), os palitos franceses, as roscas de geléia, os bolos comemorativos — onde estariam os *crêpes suzette*? Quantas maravilhas da comilança americana. No palco de cada um dos salões, um conjunto; no Salão Continental, pouco iluminado como uma boate (e que na verdade funcionava como boate em todas as outras noites), Lionel Hampton vibrava o ritmo acompanhando o rico registro médio de uma jovem cantora negra que emitia soul em favor de Rocky: "*We want Rocky*", dizia o refrão. E bum... bum... fazia o ritmo, contagiante, levemente hipnótico, com uma cadência que lembrava um pouco os tiros batidos no aro do tarol com que o baterista costuma acompanhar os corcoveios de uma stripper. Mas Rocky ainda não ia aparecer, estava em algum outro lugar, de maneira que alguns membros de sua família, os filhos mais velhos, as mulheres dos filhos mais velhos, sua irmã, Helen Hayes e Billy Daniels subiram ao palco onde estavam Hampton e a jovem e feliz cantora negra a estalar os dedos, a feliz jovem cantora negra tão cheia de soul, balanço e peitos!*

Todos comiam, todos bebiam — a jovem família Rockefeller em cima do palco ao ritmo da felicidade, de braços dados, balançando, os nativos de Miami Beach na platéia aplaudindo, a América pronta a embarcar naquela felicidade e partir em viagem pela Auto-Estrada Um.

E aqui e ali um delegado, ou a família de um delegado de Ohio, Colorado ou Illinois, crachá de delegado na lapela, uma expressão mista de curiosidade, admiração e prazer nos olhos: "Se o homem quer mesmo distribuir o dinheiro dele desse jeito, bem, não sou eu que vou impedir!". E o prazer nos olhos é reservado para a idéia de contar ao pessoal quando voltar para casa como tinha sido aquele exagero, aquela insensatez, o desperdício de dinheiro daquela ocasião. "Metade da bebida que serviam transbordava, tamanha era a pressa de encher os copos."

E no corredor entre o Salão Caribenho e o salão de baile, um engarrafamento de convidados. A fila não andava. Mais uma vez retidos na hora do rush. Durante a Primeira Guerra Mundial, o marechal Haig costumava mandar 1 milhão de homens saírem das trincheiras e desferirem um ataque frontal. Cem metros eram conquistados, 100 mil baixas eram o preço. Pois é possível que Nelson Rockefeller fosse o marechal Haig dos pré-candidatos à presidência. Os ricos não devem se cercar de outros ricos se quiserem vencer a guerra.

* Helen Hayes (1900-93): atriz americana, celebrizada especialmente no teatro. Billy Daniels (1915-88): crooner de várias grandes orquestras e ator ocasional. (N. T.)

9.

Nixon tinha chegado mais cedo naquele mesmo dia. Um grupo modestamente grande, reunindo talvez seiscentas pessoas na entrada do Miami Hilton, duas bandas tocando “O homem é Nixon” e as Nixonetes e Nixonárias, belos rostos limpos de meninas cristãs com seus cabelos loiros e castanhos, além de duas negras, um aglomerado de 2 mil balões de gás subindo aos céus, faixas de cor, pequenos pontos de cor, e enfim o próprio Nixon, parcialmente visível no centro do semicírculo de câmeras sustentadas acima da cabeça de seus operadores. Só um vislumbre: está muito queimado de sol — sua testa exibe um cor-de-rosa brilhante. Depois ele entrou no hotel, empurrado por trás, as mãos sendo apertadas pela frente, o cabelo reconhecível — é mais crespo que a média, e penteado em ondas de montanha-russa que não deixam de evocar os cabelos de Gore Vidal. (Mas onde estaria a Breckinridge de Nixon?)*

A platéia mostrou-se entusiasmada sem muito tumulto ou sugestão de pandemônio. Mais num estado de entusiasmo respeitoso, além da exaltada cupidez patriótica de chegar perto do provável próximo Presidente Americano. O cargo, e não o homem, é que os motiva. E Nixon passa por eles com os estranhos gestos de braços rígidos tão característicos de sua presença. Parece um ator dotado de boa voz e grande potencial, mas motivo de desespero para seu professor de interpretação (eis-nos de volta à escola secundária): “Dick, você precisa aprender a se movimentar”. Existe algo de quase tocante na maneira como ele se desloca, como se a carne sensível se encolhesse ante as circunstâncias que o obrigam a exibir sua falta de ânimo em mostrar-se caloro-

* Alusão ao romance *Myra Breckenridge*, de Gore Vidal, lançado no mesmo ano de 1968, em que o personagem central se submete a uma cirurgia de troca de sexo. (N. T.)

so e realmente sedutor diante das massas, mas ainda assim ele se entrega à tarefa com muito ânimo, como se o exercício incessante de sua força de vontade acabasse no fim das contas por trazer a todos até a última graça, sim, ele lembra um missionário distribuindo Bíblias entre falantes de urdu. Meu Deus, eles são imundos, mas merecem ser tocados. Não, não é tanto porque ele seja um mau ator (já que Nixon, na rua, irradia emoção ao estender as mãos para os outros por cima do perímetro fortificado de seus gestos artificiais e de sua reputação fatal, a fim de mostrar que é sincero), e sim porque se formou na pior série de escolas para atores de todo o mundo — luvas brancas e zelador de igreja, equipe de debates, o jovem republicanismo,* o fascínio pelo estilo forense de Ike** —, como ator, Nixon acredita que seu trabalho é significar. Assim, quando quer mostrar que gosta de alguém, precisa sorrir; quando deseja manifestar reprovação ao comunismo, franze o sobrolho; a América precisa ser forte, e seu peito incha. Prisioneiro de velhos hábitos ou inconsciente de um outro tipo de gesticulação, não chega nem perto de qualquer gesto moderno, não tem como perceber que os jovens gostam de McCarthy porque ele sempre atua ao contrário do que declara. "Se for indicado, não vejo como poderia deixar de vencer", diz McCarthy numa vozinha modesta, suave e tristonha, e depois seus olhos cintilam ante a miríade de conseqüências que decorrem de suas palavras: diatribes na imprensa sobre sua arrogância, sobre a pura e simples comicidade de um homem alegar qualquer coisa a res-

* Referência à Federação Nacional dos Jovens Republicanos (Young Republican National Federation), voltada para os membros mais jovens do Partido Republicano (dos dezoito aos quarenta anos) e com intensa atividade nas divisões regionais do partido. Foi fundada em 1931, depois de existir em vários estados da União desde meados do século XIX. (N. T.)

** Nixon foi vice de Ike, o presidente Dwight Eisenhower, entre 1953 e 1961. (N. T.)

peito de sua própria candidatura — sim, muita gente gosta de McCarthy justamente porque o senso de humor discreto do senador lhes diz: "Pulamos de extremo em extremo: das bolinhas de papel às grandes questões eternas".

Nixon jamais aprendeu essa lição. Só sabe praticar a venda direta. Não admira ele ter cometido a bobagem de dizer: "A América não pode ficar impassível".*

Mas o repórter é obcecado por ele. Jamais escreveu nada de bom a respeito de Nixon. Ao longo dos anos, reservou para ele alguns de seus comentários mais ofensivos, e sempre o detestou intimamente desde seu discurso sobre Checkers em 1952 — um homem disposto a explorar o sentimentalismo no meio de um lodaçal como aquele era o tipo de homem capaz de apertar qualquer botão para manipular as massas; e naqueles dias era bem maior o medo de botões capazes de desencadear guerras atômicas.** A presença de Nixon na televisão lhe inspirava emoções próximas da náusea. Havia, entre o homem que falava e o homem que vivia por trás do orador, um abismo que denunciava a esquizofrenia do público americano, incapaz de reconhecer a vacuidade daquela apresentação. Pior. A única unidade que havia era a maneira como a complacência da voz equivalia à complacência

* Há aqui um jogo de palavras intraduzível: a frase "*America can't stand pat*" tanto pode ter a tradução acima como pode ser entendida como "A América não suporta Pat" (apelido de Patricia, a mulher de Nixon). (N. T.)

** Referência ao famoso discurso na TV em que Nixon, em plena campanha de 1952, rebateu acusações de ter usado em proveito próprio dinheiro recebido de empresários. Ao cabo de uma detalhada exposição de sua vida financeira e de contra-ataques em que apontava a infiltração de corruptos e comunistas entre os democratas (a caça às bruxas do macarthismo estava em plena atividade), só admitiu ter recebido de seus partidários, como "presente", o cocker spaniel Checkers, doado às suas filhas então pequenas por admiradores seus. A íntegra do discurso, inclusive um trecho em vídeo, pode ser encontrada na internet em www.watergate.info/nixon/checkers-speech.shtml. (N. T.)

das idéias. Era como se Richard Nixon fosse a prova viva de que bastava a um homem jamais duvidar, por um momento sequer, da correção da família, do Estado, da Igreja e da bandeira para avançar a passo seguro, sem qualquer risco, de cargo em cargo até chegar à presidência.

Em 1962, o repórter dera uma festinha para celebrar o colapso de Nixon depois de sua derrota nas eleições para o governo da Califórnia. Para a imprensa: "Bem, senhores", dissera o derrotado, "os senhores não terão mais Nixon para chutar". Parecia o fim absoluto de uma carreira. A autocomiseração em público era tão irreversível quanto um suicídio. Em 1964, Nixon permanecera nos bastidores enquanto Barry era indicado. Agora, em 1968, estava a ponto de ser indicado pelo partido. Era óbvio que havia algo errado na imagem que o repórter formava da situação. Na concepção que até então cultivara do caráter de Richard Nixon, não havia lugar para um retorno. Ou o homem mudara ou tínhamos sido incapazes de reconhecer algum traço de seu caráter desde o início. De maneira que havia interesse, até mesmo impaciência, por ouvi-lo falar.

Ele não iria dar uma coletiva, contudo, no dia de sua chegada. Teríamos de esperar até as oito e quinze da manhã seguinte. E aí ele iria enfrentar a imprensa.

10.

O salão foi se enchendo aos poucos. Quando Nixon começou, ficara aparente que quinhentos lugares tinha sido uma estimativa exagerada. Talvez a metade estivesse ocupada, certamente não mais do que dois terços. Ainda assim, era uma coletiva das grandes. Nixon chegou envergando um discreto terno cinza azulado, camisa branca, gravata de estampas pequenas pretas e azuis, sapatos pretos e nenhum lenço no bolso externo do paletó. Subiu à tribuna um tanto desconfiado, sem saber se seria aplaudido ou não. Não houve aplauso. Ele se postou na tribuna, fitou a platéia com um silêncio cauteloso e em seguida declarou que estava pronto para as perguntas.

Seria sua única entrevista coletiva antes da indicação. Claro, Nixon era famoso por sua falta de relações boas e calorosas com a imprensa, e na verdade mantivera a divulgação de sua campanha reduzida ao mínimo funcional pelos últimos meses. O trabalho de coleta de delegados se distribuíra ao longo de quatro anos, especialmente os dois últimos. E o apoio obtido fora confirmado nos últimos seis meses, em suas vitórias nas primárias. Já não tinha muito mais a ganhar com boas entrevistas, pelo menos não antes de ter sua escolha assegurada; e tinha tudo a perder numa entrevista ruim. Um delegado que estivesse titubeante podia distanciar-se ainda mais devido a uma afirmação infeliz.

Uma vez que a imprensa não era republicana, e decerto mais da metade pessoalmente não era, Nixon estaria diante de poucos amigos e de inimigos determinados um pouco mais numerosos. Mesmo entre os republicanos, podia-se esperar que a maior parte da imprensa ficasse do lado de Rockefeller. E, pior ainda para a atmosfera dessa entrevista, ele não tinha, em comparação com outros candidatos a cargos políticos, muitos repórteres que fossem seus amigos particulares. Era conhecido por não fumar nem beber, de maneira que não tinha companheiros de bebida como Johnson tivera, ou Goldwater, ou Bill Miller, ou Humphrey; não havia anedotas de bordel ligadas a seu nome, e nem a admiração especial que costumava acompanhá-las; não, para ele a imprensa era apenas uma ferramenta de que precisava, um instrumento que vinha sendo obrigado a empregar havia mais de vinte anos, mas em cujo manejo não conseguia simular facilidade; e o instrumento (por ser composto de homens) ressentia-se desse uso.

É provável que Nixon só tenha concordado com essa coletiva para evitar o excesso de maus sentimentos que a recusa terminante a um encontro com a imprensa poderia produzir. Ainda assim, essa era uma operação na qual o melhor que podia esperar era minimizar suas perdas. De maneira que tomara a prudente iniciativa de marcar a entrevista para as oito e quinze da manhã, hora em que seus piores inimigos, presumivelmente os grandes bebedores, os praticantes do amor livre e os gastadores descontrolados tanto da direita reaganiana quanto da extrema esquerda do corpo da imprensa, estariam provavelmente na cama ou então viriam, mas dormindo em pé.

Ainda assim, sua postura no palco, com as mãos dos lados do corpo ou entrelaçadas à sua frente, davam-lhe a aparência atenta e reservada de um velho jogador de beisebol — como Rabbit Maranville,* por exemplo — ou de um vigarista idoso diante da junta de condicional. Havia alguma coisa em seu rosto cuidadosamente escanhoado — as bochechas escuras já revelando os primeiros matizes de um azul-escuro àquela hora matutina —, indicando uma preocupação que prometia nunca deixá-lo em paz, a sugestão de uma discussão íntima sobre seu valor perante a eternidade que revela precisamente o tipo de aperfeiçoamento que um homem sofre quando muda de aparência e perde o ar de ajudante de agente funerário para adquirir o verniz de um velho vigarista seriamente determinado a tornar-se respeitável. O Velho Nixon, ou seja, Nixon quando jovem, quando entrelaçava as mãos à sua frente, lembrava um porteiro de igreja (do tipo que puxa a orelha dos meninos depois de expulsá-los do recinto). Já o Nixon mais velho que agora enfrentava a imprensa — o Novo Nixon —

* Walter "Rabbit" Maranville (1891-1954), célebre jogador de beisebol, famoso pela longa carreira de 23 anos e pela garra com que compensava sua baixa estatura. (N. T.)

finalmente adquirira um pouco da dignidade do velho atleta ou do velho vigarista — tinha sido castigado, o que seu rosto revelava claramente, conhecia em detalhe a agenda da dor de uma perda verdadeira, exibia uma atenção nos olhos que revelava algum conhecimento do abismo, quase o mesmo tipo de gentileza que os ex-alcoólatras atingem depois de anos nos AA. Enquanto respondia às perguntas, neutralizando-as com os gestos seguros e modestos de um defensor veterano que consegue rebater poucos *home runs* mas é um verdadeiro esteio para a equipe na hora de defender as rebatidas adversárias (quanta dor no rosto desses defensores de meia-idade!), a modéstia que exibia não deixava de ter uma certa dignidade. Enquanto nos dias de Eisenhower suas tentativas de mostrar-se modesto tinham sido tão ofensivas quanto a arrogância de um menino rico, pois era óbvio o quanto ele desprezava a capacidade de o público perceber quem ele era, a modéstia atual era produto de um homem que, na pior das hipóteses, conseguira transformar-se de mau ator num ator surpreendentemente bom, ou de um desagradável self-made man — premiado pela sorte da maneira mais ultrajante — num homem que ascendera, caíra mas fora capaz de reerguer-se, e que portanto devia ter aprendido alguma coisa sobre a paciência e a compaixão dos outros.

Quando o repórter era mais jovem, poderia ter dito: "Mas Nixon não se reergueu; foi reerguido; se um novo Nixon não existisse, eles teriam de inventá-lo". Mas o repórter ficara mais velho — e aprendera mais sobre o quanto era limitada a capacidade que a classe dominante tinha de inventar aquilo de que precisava; ficara sabendo como eram escassos seu talento e sua paciência. Sim, a uma certa altura pode ser que tenham resolvido — alguns deles, pelo menos — tornar a vestir Richard Nixon para o papel, mas ninguém além do próprio Nixon teria sido capaz de fazer-se reerguer do leito de morte político em que sua derrota na Califórnia o estendera. E agora ele estava ali, respondendo às perguntas numa voz provavelmente mais próxima de sua verdadeira voz do que jamais havia sido.

E algumas de suas respostas nem foram tão ruins. Boa parte delas ainda vinha do Velho Nixon, extraordinariamente habilidoso em postar-se dos dois lados de uma questão de maneira a fazer com que as duas metades da platéia pudessem ficar convencidas de que ele era um deles. ("Embora a homossexualidade seja uma perversão punida pela lei, e ofensa intolerável à comunidade respeitadora da lei, é vital para muitos que precisam dela", poderia ele dizer se um dia por acaso se dirigisse a uma reunião conjunta da Associação Benemerente dos Policiais e a Mattachine Society).* Assim, abordou o problema do Vietnã começando em A e ao mesmo tempo em Z, o que chamava de uma "abordagem em duas frentes". Nixon era a favor de um acordo negociado, era a favor da manutenção da força militar porque essa era a única maneira de "chegar a um acordo negociado para pôr fim à guerra em bases honrosas". Mais adiante, falaria de negociações com "a próxima superpotência, a China comunista". Falava com paciência, com clareza, em tom suave e gentil, e nem de todo ruim, não fosse um meio sorriso infeliz pregado no rosto. A pergunta vinha e ele a capturava em sua mão enluvada jogando o braço para trás ou com a ajuda da outra mão; como todo político, tinha uma resposta ponderada para toda pergunta, mas dava corpo a suas respostas e até produzia um certo encanto com a complexidade de sua dialética. Onde antes dava a impressão de só pensar em termos de sentimentalismo e slogans, agora examinava a pergunta, que analisava, desdobrava, amplificava, corrigindo sua ten-

* Mattachine Society: associação americana fundada em 1950, primariamente dedicada a promover a visão da homossexualidade não como doença ou perversão, mas como opção sexual. (N. T.)

denciosidade, apresentando algum comentário à parte (que geralmente tentava ser engraçado), revelando suas contradições e só então produzindo uma declaração. Em tudo isso, uma sensibilidade quase palpável para com as reservas que a imprensa demonstrava em relação a seu caráter, sua motivação e suas intenções. Ainda não tinha um talento natural para lidar com os jornalistas, e o meio sorriso com que ouvia as perguntas era infeliz porque sua única opção seria transformar-se num sorriso inteiro, e seu sorriso inteiro era tão falso quanto uma dentadura postiça, um puro exercício de força de vontade. Quase dava para ver o sinal que seu cérebro transmitia a seu maxilar. SORRISO, dizia o sinal, e ele exibia um clarão dos dentes numa careta dolorosa de alegria que parecia denunciar algum espasmo do fígado ou das tripas, que ele precisaria remediar logo em seguida recorrendo a algum medicamento muito diverso de um comportamento agradável. (A conquista da presidência, talvez.) Nixon sempre tivera a capacidade de violar sua natureza da maneira mais absoluta se aquilo parecesse necessário à sua vontade — nunca existiu na vida americana alguém tão decididamente falso quanto Richard Nixon, nem alguém que tenha conseguido tanto lançando mão da falsidade; não admira que metade do eleitorado tenha passado anos considerando que ele era o equivalente de uma doença. Mas nesse dia estava menos falso, *era esse o milagre*, ele se deslocara de uma posição de avidez total e alienação completa da própria pessoa (como na época do discurso sobre o cachorro Checkers) para outro lugar onde estava quase reconciliado consigo próprio. Enquanto falava, entrava e saía de foco, dizendo a verdade num momento, mentindo no seguinte, depois corrigindo tranqüilamente o passo em falso.

Pergunta da imprensa: *O senhor enfatiza a mudança ocorrida no país e no estrangeiro. Isso o levou a alguma mudança específica em seu pensamento?*

Resposta: *Claro que sim.* (Mas respondeu depressa demais. O Velho Nixon estava sempre pronto a agradar manifestando o bom e retilíneo entusiasmo juvenil americano. De modo que recuou um passo e abaixou o tom da voz.) *Quando os fatos mudam, qualquer homem inteligente* (firme mas autodepreciativo, está incluindo a imprensa na categoria junto consigo mesmo) *modifica sua abordagem dos problemas.* (Agora uma percepção aguda da próxima atitude da imprensa.) *Isso não significa que ele seja um oportunista.* (Agora em tom modesto, razoável.) *Significa apenas que é pragmático, realista, ao aplicar os princípios a situações novas.* (E agora exibe alguns dos recursos de sua resposta.) *Por exemplo... ao preparar o discurso de aceitação que espero fazer na próxima quinta-feira, estive lendo o discurso que fiz em 1960, e na época achei que foi, francamente, um discurso bastante bom. Mas percebi o quanto boa parte do que eu disse em 1960 sobre as questões internacionais era irrelevante para os problemas de hoje em dia.* (A confissão era surpreendente. O Velho Nixon nunca errava. Agora, explorava a mudança num deslocamento para uma posição política mais à sua esquerda, puro Novo Nixon.) *Naquela época o mundo comunista era monolítico. Hoje é um mundo dividido, esquizofrênico, com... grande diversidade... na Europa Oriental* (uma confissão honesta para qualquer um que tenha trabalhado no mundo de John Foster Dulles)* *... ao fim de uma era de confrontos... entramos agora numa era de negociações com a União Soviética.*

Embora não tenha tido nenhum problema com as perguntas, ficando cada vez mais seguro de si à medida que prosseguia, persistia ainda a tensão entre a presença concreta de Nixon como um homem não totalmente estranho ao abismo de um problema real e o político que ele fora na juventude, aquele insistente

* John Foster Dulles (1888-1959): secretário de Estado de Eisenhower de 1953 a 1959, período de forte radicalização da guerra fria. (N. T.)

vendedor de óleo de cobra que nunca se postava totalmente por trás de nenhuma das idéias que vendia, sempre meio de banda para observar o efeito que aquilo tinha sobre o freguês. Já o Novo Nixon tateava, e procurava o toque comum com que no passado conseguira conquistar o pessoal mais velho, com a facilidade de um íncubo diante de uma solteirona. Agora tentava usar gíria, colocada entre aspas com algo que lembrava de forma tocante, quase patética, a pudicícia, a inibição da educação boa e limpa que se recebia na igreja em sua juventude insistindo em mostrar-se, como se ele dissesse com um riso abafado de jovem membro da YMCA: "Depois que começarmos a usar gíria, há sempre o perigo de essa festa ficar pesada". Fora esse fatal preciosismo que devia tê-lo levado, anos antes, a toda aquela virilidade militarista de espuma de borracha que exibia os músculos e caçava bruxas, marca do jovem senador e do jovem vice-presidente. Assim, agora ele falava com um certo recato de como os membros de sua equipe, ao contar delegados, estavam "praticando o que chamamos de 'jogo pesado'". SORRISO, disse seu cérebro. CLARÃO de dentes. Mas sua voz parecia revelar que, na verdade, o mais provável é que não chamassem de maneira alguma aquilo de "jogo pesado", ou que, caso os outros chamassem, ele pelo menos não chamava. E assim ele enquadrava pequenas expressões. Como "dar um calço". Ou "minha intuição, meu 'sentimento visceral', por assim dizer". Um ar diferencial, seguido de SORRISO — CLARÃO. Seria possível que um dos segredos do Velho Nixon era que sua psique ficara presa em formações rochosas, melhor, em estratos geológicos profundos de inibições de escola dominical? Seria mesmo possível que ele fosse um bom homem, e não um homem mau, um homem bom que fora aprisionado por um meio primevo, e que, por causa de seus hábitos, resultara tão inocente em relação a três quartos da experiência do mundo que acabara se transformando num monstro absoluto de oportunismo em relação ao quarto que compreendia bem até demais? Ouvindo Nixon agora, estudando sua modéstia recente, era impossível dizer se ele era um homem sério no caminho de retorno a sua verdadeira seriedade, dedicado a tornar a unir a nação como prometia em cada frase: "A reconciliação entre as raças é um objetivo básico dos Estados Unidos", ou se o jovem demônio tinha se convertido num diabo ainda mais consumado, o Pai da Mentira sob a aparência de um moderno Abe Lincoln de modéstia.

Pergunta da imprensa: *Há pouco menos de seis anos, logo depois de sua derrota na disputa do governo da Califórnia, o senhor anunciou numa entrevista coletiva que aquela seria a sua última coletiva. Será que o senhor pode rememorar para nós, hoje, os pontos mais importantes do seu pensamento que o fizeram voltar atrás e agora disputar um cargo político no mais alto nível?*

Resposta: *Não tivesse ocorrido a divisão do Partido Republicano em 1964, e não fosse o vácuo de liderança criado por essa divisão e por aquela derrota, eu não estaria hoje aqui... Acredito que minhas viagens pelo país e pelo mundo nesse período de contemplação e durante esse afastamento da cena política* (uma cintilação sombria de felicidade em seus olhos, como se o afastamento e a contemplação lhe tivessem proporcionado os primeiros prazeres profundos, ou talvez os primeiros verdadeiros prazeres religiosos de sua vida), *em que tive a oportunidade de observar não só os Estados Unidos mas todo o mundo, levaram-me à conclusão de que voltar à arena era uma coisa que eu precisava fazer* (dito quase como se tivesse escutado a voz de alguma visitação noturna) — *não que eu me considere um homem indispensável.* (Dito de forma amena num tom descontraído, como se de fato tivesse pensado nisso até o fundo, encontrando finalmente a calma de saber com certeza que não era indispensável, uma vaidade absurda olhando Nixon de fora, mas ele chegara à vice-presidência antes dos quarenta anos, de maneira que fora forçado a ver-se desde cedo, talvez cedo demais, como um homem predestinado. Agora, depois de sublinhar sua reserva, podia prosseguir.) *Mas é uma coisa que eu precisava fazer* (tentar a presidência) *porque eu acho que agora é uma dessas horas em que o homem e o momento certo da história se encontram.* (Uma confissão extraordinária para um republicano, diante do horror protestante pelas profundezas filosóficas ou por qualquer personificação da história. Com uma frase, Nixon ingressava nos oceanos de Marx, Spengler, Heidegger e Tolstoi; e ainda havia Dostoievski e Kierkegaard nos bastidores. Sim, o espírito de Richard Nixon tinha ingressado nas câmaras de tortura da consciência moderna!)

Sempre senti que nenhum homem pode aspirar à presidência e obtê-la simplesmente porque é isso que deseja. Acho que ele só pode aspirar à presidência, e obtê-la, se a presidência estiver precisando do que ele pode oferecer (a presidência era então um assento místico, místico como a escolha do ventre de uma mulher), *e tenho a sensação* (de novo confortavelmente suave e modesto — nada aqui do Nixon falso), *e pode ser uma sensação presunçosa, de que devido ao vácuo de liderança no Partido Republicano, devido à necessidade de uma liderança especialmente qualificada em matéria de relações internacionais, porque conheço não só o país, mas o mundo em decorrência das minhas viagens, que agora o momento* (o momento histórico — o maior inimigo do místico!) *pede que eu torne a entrar na arena.* (E em seguida ele introduziu um pouco de humor. Não muito bom, mas em se tratando de Nixon foi muito curioso, e não de todo indelicado.) *E, por acaso, eu estava muito disposto a tanto.* (Tornar a entrar na arena.) *Não que eu esteja sendo convocado. Quero deixar isso bem claro. O que faço é porque decidi. Nunca houve convocação obrigatória em Miami, pelo menos não no mês de agosto.* (Risos simpáticos da imprensa — ganhou um ponto com eles. E agora podia concluir seu raciocínio.) ... *acredito que, se o meu julgamento — e a minha intuição, meu 'sentimento visceral', por assim dizer, sobre a América e a tradição política americana — está correto, este é o ano em que vou vencer.*

Esse discurso tinha ocorrido no meio da coletiva, e depois dele Nixon continuou neutralizando as perguntas, nunca totalmente à vontade, nunca surpreendido em dificuldade, equilibrado, firme, razoável, altamente disciplinado — é possível que ele fosse um dos homens mais disciplinados da América. Depois que acabou, saiu caminhando pelo corredor e os entrevistadores se aglomeraram à sua volta, embora não em grande número. Houve um momento em que o repórter esteve a meio metro de Nixon, mas na verdade não tinha pronta nenhuma pergunta que pudesse ter uma resposta rápida. "Como o senhor definiria, digamos, o grau de sua familiaridade com a obra de Edmund Burke?" Não, a proximidade serviu mais para formar uma idéia da presença do candidato, que era uma presença modesta, não mais formidável na proximidade da imprensa cercada de sua aura física do que a de um supervisor qualquer de seção de loja de departamentos, como o Velho Nixon sempre tinha sido chamado, quando não de coisa pior — Ajudante de Agente Funerário. É provável que ele não sentisse uma atração acentuada por corpos, e havia uma certa sensação de acanhamento que também aparecia naquele homem — acanhado, depois de tantos anos! —, mas Nixon devia estar habituado à solidão depois de todas as agonias que sofrera na pele circense de Tricky Dick, o "Dick Vigarista". Teria ele de fato melhorado? E o repórter surpreendeu-se esperando que sim. Se a presença física de Nixon não inspirava grande júbilo mas tampouco desconfiança, transmitia a sensação de um homem ainda entrincheirado nos labores do isolamento, como se só o cargo de presidente pudesse estar à altura (pela densidade específica de sua importância) do discurso labiríntico que o homem natural fazia para si mesmo. Então, e só então, ele poderia conhecer a força de sua mão e o que sua moral desejava. Podia até ser uma medida da promessa não de todo morta da América um homem tão oportunista quanto o Nixon de antes ter conseguido crescer em alcance, compreensão e estatura até se transformar num líder. Porque, caso aquilo tivesse sido possível naqueles anos ruins, significava que tudo ainda era possível e o país não fora afinal despojado de sua bênção. Um novo melhoramento, maravilhosamente complexo, de um demônio, de um anjo em crisálida, ou as duas coisas — com o bem e o mal engalfinhados em combate dentro do mesmo homem, Nixon tornara-se no mínimo, debaixo da monotonia quase hermética de sua antiga presença, a figura mais interessante daquela convenção, ou pelo menos foi o que o repórter concluiu ao final da entrevista coletiva daquela manhã de terça-feira. Complexidades desdobradas a partir dessa visão ainda haveriam de seguir-se.

11.

A coletiva seguinte a cobrir estava marcada para o Salão Francês do Fontainebleau, às onze da manhã. O reverendo Ralph D. Abernathy, ex-assistente do reverendo Martin Luther King Jr., e líder da Marcha dos Pobres depois que King foi assassinado, anunciara que ia ler uma declaração e responder a perguntas. Embora a platéia não fosse nem de longe tão numerosa quanto a de Nixon, ainda assim cerca de cem repórteres devem ter comparecido, entre eles um número considerável de negros, e então tiveram de esperar. Abernathy não aparecia. Por volta de onze e quinze, outro negro subiu à tribuna e disse que o reverendo estava a caminho, devendo chegar dali a minutos.

Os mexericos eram mais interessantes. "Tivemos de procurar por ele em cinco hotéis", contou um repórter negro a outros membros da imprensa, e logo se formou uma imagem mental do líder despertando com dificuldade, as atribulações da raça, da tensão, dos compromissos a cumprir, das promessas esquecidas e da necessidade de um esforço militante no dia que tinha pela frente extinguindo a paz precária que conseguira atingir na noite da véspera, nas horas que antecederam o sono.

Ainda assim, era extremamente irritante ser obrigado a esperar pelo entrevistado numa coletiva, e à medida que os minutos passavam e o aborrecimento aumentava o repórter começou a perceber em si mesmo uma emoção curiosa, que nunca sentira antes de maneira consciente, uma emoção simples, que lhe pareceu muito desagradável — estava ficando farto dos negros e dos seus direitos. Era uma admissão lastimável, e por muitos motivos, pois, se ele sentia ainda que só uma ponta dessa má vontade, que imensuráveis marés de ódio não deveriam estar à solta por toda a América? Talvez fosse a atmosfera da própria convenção republicana, essa congregação dos limpos, dos objetivos, dos organizados, dos eficientes. Repórter que se esforça por fazer seu trabalho, talvez ele tivesse mergulhado completamente demais nessa atmosfera, como que para compreender melhor o caráter subterrâneo do que enxergava na superfície, mas de qualquer maneira depois de cumprir tão curiosa peregrinação — ser capaz de olhar para Richard Nixon com olhos livres de ódio! — era quase como se a presença de Abernathy (ou do Abernathy ainda ausente) lhe causasse um certo ressentimento, como se o desconforto daquela ausência negra o forçasse bruscamente a contemplar os dentes apodrecidos e as gengivas ulcerosas do paciente branco. Que obsessão era o negro americano para o branco americano médio a essa altura. Toda vez que esse americano voltava seus pensamentos para o mais doce objeto de contemplação da morada pacata do seu espírito, nada menos que a própria America the Beautiful — a linda América, aquele anjo de segurança no fundo de cada beco —, surgia-lhe de repente o rosto de um negro acusador e amotinado, plantado bem no meio do sonho — bem no meio da ruela —, e a obsessão ficava pendente, sem que se soubesse de que modo dividir a culpa, quanto cabia ao branco, quanto ao escuro. O homem mais culpado do mundo seria capaz de trabalhar 24 horas por dia se conseguisse atribuir proporções claras à sua culpa; mas não saber se era parcialmente inocente ou muito culpado só podia resultar num estado de paralisia. Já que as obsessões esgotam a nossa energia por meio de incontáveis contemplações repetitivas de culpa que não temos como medir nem esquecer, era óbvio que o tipo mais assustador de poder político estava à espera do primeiro demagogo capaz de aniquilar essa obsessão e libertar o homem branco de sua culpa. Torrentes de energia seriam liberadas, sim, as mesmas torrentes que Hitler havia liberado entre os alemães quando pôs fim aos dez anos de obsessão que eles passaram remoendo se tinham perdido a guerra devido à traição ou à fraqueza material. Tinha sido traição, disse-lhes Hitler: na verdade, os alemães eram fortes e bons. As conseqüências jamais poderão ser avaliadas.

Se a América dos subúrbios de classe média não estava à espera de George Wallace, ainda podia estar esperando um Super-Wallace.* Persistia a idéia, persistia a idéia repulsiva de que, malgrado a legitimidade das reivindicações, todas as reivindicações ardentes, todas as reivindicações candentes, malgrado a alegação fundamental de que a riqueza, a brancura e a higiene da América tinham sido refinadas a partir das moléculas mais fortes roubadas do suor do negro, ainda assim o calor da revolução negra tinha feito aflorar o pior junto com o melhor, e se o negros não policiassem sua própria casa acabariam destruídos junto com al-

* George C. Wallace (1919-98): político americano do Partido Democrata, quatro vezes eleito governador do Alabama (1962, 1970, 1974 e 1982) e quatro vezes candidato à presidência dos EUA (em 1964, 1968, 1972 e 1976). Ficou célebre por suas posições contrárias ao fim da segregação racial. (N. T.)

guns dos melhores brancos, e ali — ali estava o caráter oculto e purulento de seu ultraje, agora que Abernathy estava escandalosamente atrasado naquele salão abafado e suarento, superaquecido pelos refletores das câmeras de TV, pelos corpos congregados na espera; sim, o caráter oculto e secreto daquela fúria antinegro que havia dentro do repórter era não saber mais o que o negro queria — será que estava destinado a salvar a humanidade das depredações cancerosas da civilização branca a que o repórter pertencia, ou estaria tão imerso em sua maldição que ansiava pela destruição do seu próprio sustento? Ou, pior ainda: como uma sentinela avançada reconhecendo o terreno para os exércitos do fanatismo mais absoluto, um invasor daquele exército estrangeiro, saltou por cima da última trincheira e, levantando-se para morrer, formulou a pergunta: "Como é que vocês podem saber se o negro não é Cam, o filho do Mal? Como é que podem saber?", e então o soldado explodiu uma barreira de defesa que havia no cérebro do repórter, deixando correr solta a amargura em relação aos negros, abundante como o sangue dos mortos na explosão: ao longo dos últimos dez anos, ele mantivera cinqüenta relações de amizade suficientemente verdadeiras com negros para envolver uma parte do seu coração, e foram dez, ou mesmo cinco das cinqüenta, que tinham dado certo? Consciente de sua própria egocentricidade, de sua capacidade de justificar seus atos nas situações mais adversas, ainda assim lhe parecia que, na maior parte das vezes, deixando de lado a cor — se é que isso jamais seria admissível —, o erro, homem a homem, tinha sido menos freqüentemente dele, que já percorrera todo o catecismo das desculpas liberais, assumira sua responsabilidade, dispusera-se a perdoar e dar suas bênçãos, mas só conseguira embotar a generosidade de seu coração. Ou será que ele era mais pobre do que sonhava, menos capaz de atender à demanda justa embora exorbitante por uma compaixão desmedida, e será que aquela liberdade negra de explorar desmedidamente os brancos que ele tantas vezes reivindicara para os negros, "Se eu fosse negro, exploraria tudo em que pusesse os olhos", será que aquela liberdade negra que ele oferecera com tanta largueza era no fim das contas ofensiva demais para receber seu apoio? Ele estava farto à exaustão de ouvir os negros exaltando aos gritos a superioridade negra no sexo, a superioridade negra na beleza, a superioridade negra na guerra... um clamor repetido em excesso por negros que nem eram tão pretos assim. E, no entanto, o medo e a dor de alguma pequena morte o acometeram com um pensamento — era possível que o repórter estivesse entre os escritores brancos americanos que mais influenciaram os escritores negros, e agora mudar desse modo... Mas ele estava tão sinceramente farto de escutar a tirania da soul music, tão entediado com os negros triunfalmente atrasados para seus compromissos, tão deprimido com a desumanidade de negros para com outros negros em Biafra, tão cansado de ser esquadrinhado por olhos negros no metrô, tão desesperado com o cheiro de bebida e maconha e a esperança gasta nos olhos injetados dos negros já fora de combate ao meio-dia, com tanta inveja, finalmente, daquela liberdade de abdicar dos duradouros jugos do trabalho e da responsabilidade que ano a ano acabavam consumindo décadas, que deve ter se transformado, em alguma parte secreta de sua carne, num republicano enrustido — de que outra maneira poderia explicar o "Isso mesmo, vamos lá" interno que lhe ocorria quando aqueles republicanos gordos e flatulentos se levantavam no salão de convenções para proferir platitudes sobre a necessidade de um retorno ao esforço humano individual. Sim, ele estava furioso com Abernathy por fazê-lo esperar aqueles minutos cruciais, enquanto a substância secreta do seu cérebro se revelava finalmente ao seu espírito.

Abernathy chegou com cerca de quarenta minutos de atraso, acompanhado de vários outros negros, seu assessor de imprensa, Bernard Lee, vestindo um casaco de camurça havana sem colarinho, taciturno e composto por trás de um par de óculos escuros de aparência maligna, contendo uma hostilidade que parecia dizer: "Eu tenho o direito de olhar para você por trás dessas lentes, cara, mas você não merece a menor oportunidade, cara, de olhar para mim".

Abernathy era de outro feitio, profundo, sonhador, malicioso, um tanto confuso — não dava para detectar se estava profundamente melancólico ou dominado por uma ressaca abominável. Falava numa voz de baixo profundo, lenta e comedida, lenta quase além da medida, operística em seus ecos, mas tudo que ele dizia soava como um *récitatif*, porque ele dava a impressão de ler sua declaração com mais atenção para a música da linguagem do que para o significado das palavras. "Se o Partido Republicano tem recursos para pagar esta convenção suntuosa, se o governo pode gastar bilhões de dólares numa guerra desastrosa, se a América tem como subsidiar propriedades agrícolas improdutivas e indústrias prósperas, com certeza será possível atender às demandas da Campanha dos Pobres",* leu ele, e a lógica era poderosa, as demandas estavam claramente pregadas no mastro, mas sua voz estendeu-se na palavra "suntuosa" como se ele estivesse intrigado com a relação entre os sons e os luxos palpáveis que tinha vislumbrado, "desastrosa" o empolgou por suas sibilantes, como se visse uma ceifadeira de vento roçando um campo plantado, "subsidiar" foi uma corrida da voz subindo e descendo quatro degraus, e "improdutivas" ficou pendendo como o eco de uma estalactite. Ele era um marciano, absolutamente fascinado com a ressonância dos sons terrestres.

Começara desculpando-se com a imprensa pelo atraso, e o fizera numa voz tão profunda e graciosa que as poças de irrita-

* A Poor People's Campaign foi criada no início de 1968 por iniciativa de Martin Luther King Jr. (N. T.)

bilidade foram enxugadas de imediato, mas depois tropeçou estragando esse bom primeiro movimento ao dizer: "Claro, eu sabia que boa parte do programa da convenção está acontecendo fora do horário". Mas a única virtude indiscutível da convenção até aquele ponto tinha sido a absoluta pontualidade de todos os eventos — que afirmação mais casual e complacente, como manifestava uma atração irresponsável pelo massacre ao emitir a única acusação que nenhum tribunal poderia considerar justificada àquela altura.

Mas o repórter logo se viu envolvido na tentativa de formar uma opinião sobre Abernathy. Ele não era do mesmo tope, o que infelizmente saltava aos olhos, de Martin Luther King. O repórter se encontrara com aquela eminência uma única vez: King numa sala tinha uma gravidade doce e atenta que cativava quase todos, pois ouvia com cuidado e era sensível quando falava. Tinha a presença de um homem capaz de lidar com a complexidade absorvendo-a em sua disposição de espírito, de resolver a contradição convivendo com ela, uma forma abstrata de dizer que ele costumava compreender as questões através das pessoas que as corporificavam, emanando assim uma sensação de conforto social na companhia de seus interlocutores. Abernathy não era reconfortante. Acima do peso, atormentado, talvez um tanto atarantado, cheio de óbvios orgulhos, cicatrizes e feridas, não dava para dizer se ele era em parte um charlatão, um saltimbanco, ou se fora meramente elevado àquela responsabilidade monumental antes da hora. Mas sua presença não trazia conforto porque ele jamais estava em foco. Nunca era possível dizer se ele era fraco ou forte, poderosamente vibrante mas contido ou na verdade encharcado de baixos profundos de melancolia. "Os pobres", entoou ele, com sua apresentação incorpórea, "deixarão de ser invisíveis, inaudíveis ou desprovidos de representantes. Estamos aqui para chamar atenção para a gente pobre e a sua batalha..." — e sua voz se estendeu numa prolongada reverberação no "a" tônico de batalha. Mais adiante, defendeu que as pessoas assumissem "o controle de suas comunidades e seus destinos pessoais", uma demanda democrática incontestável, mas sem nenhum fogo na voz, sem uma força capaz de contagiar, antes uma sugestão de tristeza nas cavernas de seu tom modulado, como se fosse obrigado a empurrar uma carroça que jamais conseguiria chegar ao alto da encosta, de maneira que se deixou levar novamente em "co*mun*idades" — o alongamento da palavra encobrindo certos novos mistérios da laringe —, o que talvez tivesse a ver com re*mun*eração. E encerrou dizendo: "Parte da nossa tropa de mulas vai ficar estacionada aqui em Miami Beach diante deste hotel e do salão de convenções, para representar a *pobreza*" — enunciando a palavra como se fosse o nome de uma cidade pequena — "nesta linda cidade dominada pelo luxo".

Nas perguntas e respostas, ele se saiu melhor. Quando lhe perguntaram se considerava Ronald Reagan amigo dos negros, Abernathy abriu um sorriso lento e declarou com bonomia de pastor: "Bem, pode ser que ele tenha alguns amigos...". Interrogado sobre o fracasso da Marcha dos Pobres Sobre Washington, apresentou uma cerrada defesa do movimento, falou de como toda a campanha da Conferência da Liderança Cristã do Sul sempre fora descrita como um fracasso, um ataque óbvio àqueles que no passado também qualificaram de fracasso o trabalho de King, e então, por um momento, ergueu-se acima dos escândalos tediosos e infelizes de Resurrection City — o tumulto, as falhas nos serviços sanitários, o banditismo, as acusações que ele próprio fizera dizendo que havia quem morasse em hotéis enquanto os outros dormiam em tendas precárias, falando do quanto tinha sido ganho, dos recursos arrancados ao governo "ao som de muitos milhões", disse ele com sua voz musical, e declarou a cifra, mais de 200 milhões, dizendo que a Campanha dos Pobres prosseguia, e novamente evocou a sensação da labuta dolorosa do dia-a-dia, as exigências infindáveis de toda a operação, a sombra da vasta responsabilidade e dos instrumentos e formas de apoio e lugares-tenentes com que podia contar menos ainda do que consigo mesmo, e o repórter, como que lavado em tigelas de sua própria bile, sentiu-se contrito até certo ponto, mas saiu para almoçar assim que a entrevista acabou, um pouco cansado de contemplar o mistério de sua própria boa ou má consciência.*

Claro que, depois do almoço, o repórter, para sua vergonha profissional, não teve a presença de espírito de persistir, de maneira que eis a citação de Thomas A. Johnson do *The New York Times* acerca dos desdobramentos imediatos da entrevista de Abernathy:

> Assim que se encerrou a entrevista coletiva, por volta de 12h30, 65 membros da Campanha dos Pobres, envergando chapéus de palha e camisas azuis de trabalho, entraram no saguão do Hotel Fontainebleau.
>
> Com os punhos erguidos, saudaram o sr. Abernathy aos gritos de "Soul Power! Soul Power!".
>
> Os delegados à convenção, poucos dos quais são negros, aproximaram-se para assistir. Ao fundo, duas moças brancas vestidas com meias colantes vermelhas e azuis desfilavam pelo corredor cantando

* A Marcha dos Pobres Sobre Washington, convocada por Martin Luther King Jr., tinha sua chegada à capital americana prevista para o dia 22 de abril de 1968. King anunciou publicamente seus planos no dia 4 de março, mas foi assassinado exatamente um mês depois, o que enfraqueceu e modificou o movimento. A Conferência da Liderança Cristã do Sul (Southern Christian Leadership Conference — SCLC), ainda ativa em 2006 (ver www.sclcnational.org), fora criada por líderes religiosos negros do Sul dos EUA, entre eles o reverendo King, em 1957. Cerca de um mês depois da morte de King, o movimento promoveu um gigantesco acampamento nos arredores de Washington, batizado de Resurrection City, Cidade da Ressurreição, abrigando por várias semanas milhares de militantes da Campanha dos Pobres. (N. T.)

em homenagem a Reagan com a melodia de "When the saints come marching in", trocando "os santos" da letra por "Ronnie Reagan". Os manifestantes negros, porém, não se deixaram interromper. James Metcalf, um rapaz de treze anos de Marks, Mississippi, usando uma jaqueta camuflada do Exército que lhe chegava aos joelhos, conduzia o grupo numa ladainha de perguntas e respostas.

"Posso ser preto", gritava ele.

"Mas sou alguém", respondiam os manifestantes.

"Posso ser pobre."

"Mas sou alguém."

"Posso estar com fome."

"Mas sou alguém."

Foi um confronto que o repórter não devia ter perdido. Será que as moças de Reagan se mostravam lívidas ou triunfantes? Os manifestantes negros tinham uma postura digna, soavam ameaçadores ou presunçosos? A matéria era boa, mas o *Times* ainda não chegara ao ponto de estimular em seus repórteres a idéia de que não existe história sem nuance.

12.

Depois do almoço, numa tentativa tardia de alcançar o governador da Califórnia e a direção de sua campanha, o repórter chegou a um dos andares mais altos do Deauville, onde estava prevista uma entrevista coletiva da sra. Reagan às duas e meia da tarde, na verdade o comunicado do Comitê Nacional de Informação afirmava que a imprensa deveria chegar às duas e quinze, mas o elevado quartel-general do Deauville estava dominado pelo embaraço, porque a sra. Reagan não chegara e ninguém conseguia encontrá-la: dizia-se que não fora informada. A dedução inevitável era que ninguém daquele quartel-general tinha lido a programação do dia, e a imprensa acabou dispensada com desculpas por uma bem nutrida e atraente jovem loira, dona de um miúdo narizinho arrebitado e de um discreto queixo duplo em início de carreira. A esbeltez de sua silhueta sugeria todos os rigores de uma dieta. A beleza da jovem era suficiente para que a imprensa lhe perdoasse muita coisa, mas uns poucos dos jornalistas mais europeus viram-se obrigados a se perguntar se a mais eficiente das atuações não acabara de ser apresentada ali por representantes do homem que vivia clamando: "É óbvio que não precisamos de mais governo, e sim de um governo melhor...".

Seja como for, chegara a hora de mais um encontro com Nixon. Não que as atividades de Nixon atraíssem a paixão preferencial do repórter, mas antes porque havia poucas outras coisas que o deixavam intrigado. Se ele fosse mais (ou menos) repórter do que era, saberia que as forças de Reagan estavam desencadeando uma ofensiva total para tentar desviar, converter, enfeitiçar e roubar delegados sulistas de Nixon, e que as forças de Nixon respondiam com uma contra-ofensiva que ainda iria resultar em sua escolha de um vice-presidente, mas o repórter funcionava como um general que estivesse distante da frente de batalha — como não conseguia ouvir o estrondo dos canhões, supunha que a batalha não estava encarniçada. Nada poderia tê-lo convencido, nessa determinada tarde intoleravelmente úmida, que as forças de Nixon pudessem estar em dificuldades, e talvez ele estivesse certo, talvez a ausência de qualquer eco de tal disputa nos saguões do Deauville ou do Hilton fosse um sinal fidedigno da questão, e as sombras longas da história viriam confirmar que o veredicto final nunca esteve em dúvida.

O repórter, de qualquer maneira, partiu para testemunhar a recepção aos delegados no mesmo Cenário Americano do Hilton, onde Nixon dera sua entrevista coletiva no início daquela manhã, e, se houvesse alguém interessado na ciência da comparação entre recepções políticas, ali estava o começo de seu estudo. Pelo menos 8 mil pessoas se aglomeravam nos corredores, nos salões de banquete e nas saídas do Americana quando Rockefeller dera sua festa, e aquela, era bom lembrar, tinha sido um festança onde o glamour farto estava ao alcance de todos, tanto quanto as saladas, onde o fundo de todo copo entregue pelos garçons vinha molhado, o caviar na mesa do bufê se espalhava pela toalha e caía no chão em pingos grossos. Ali, na comparativa imponência do Hilton — só Deus poderia salvar esta marca! —, menos de 24 horas mais tarde, as forças de Nixon mostraram como se devia conduzir uma recepção para os delegados republicanos. Se havia mil homens e mulheres esperando do lado de fora, entupindo o saguão e a base das escadas, e se a fila resultante, com seis a oito pessoas de largura, avançava escadas acima com uma lentidão desanimadora, havia consolo à espera no alto, porque os que ali chegavam eram admitidos por uma porta estreita, dois a dois, e depois avançavam, acompanhando o traçado de uma corda que se estendia por um terço da curvatura do salão, para finalmente atingirem o estrado onde o sr. e a sra. Nixon estavam à espera, e lá eram individualmente cumprimentados por cada um dos dois com uma atenção especial, e depois dessa homenagem avançavam para o centro do salão, onde havia um balcão montado para servir-lhes bebida, e a comida podia ser escolhida num bufê — peru, presunto, um bufê convencional, uma orquestra de cordas.

Umas 2 mil pessoas devem ter feito esse trajeto entre as três e as seis da tarde, talvez menos, porque Nixon passava de cinco a dez segundos com cada delegado ou casal que cumprimentava. Pode ser que os convites se tenham limitado aos delegados comprometidos a votar nele ou simpatizantes de sua candidatura. De qualquer maneira, não foi um número superior àquele com que seria capaz de lidar, só o maior número possível consoante com o problema, que era: como restabelecer naquela massa de delegados, com suas mulheres e filhos, o sentido de importância com que tinham deixado suas cidades de origem.

Nixon sabia como fazer. E ali estava Nixon no seu melhor. Ele não passara aqueles oito anos amarrado, no papel do lacaio mais importante do país, ajudante-de-ordens de um general de cinco estrelas que depois chegara a presidente, um homem de tal maneira servido em seus dias de comandante da OTAN que nenhum criado novo jamais conseguia satisfazê-lo, sim, Nixon não fizera seu aprendizado como mordomo espiritual do representante número um do Ser Mais Amado sobre a terra sem ter aprendido a dar conta de uma fila de delegados republicanos, sozinhos ou aos pares.

A fila não era igual à dos republicanos ricos na recepção de gala, era antes uma procissão de delegados menores, às vezes nem mesmo muito conhecidos em sua cidade de origem, um desfile de esposas e filhos junto com aqueles homens que possuíam lojas de ferragens ou farmácias, eram gerentes de banco, donos de armarinho ou diretores de escola secundária de cidade pequena, o advogado local, um médico aposentado, uma viúva com renda confortável e o pastor de sua cidade, executivos secundários de empresas de menor expressão, proprietários de plantações, algum ocasional dirigente estadual do partido, rotundo e com um ar emborrachado, editor de um jornal de cidade pequena, professor de seminário batista, bibliotecário de escola secundária, moço aspirante a político, jovem vendedor — os estáveis e os estabelecidos, os de meia-idade e os velhos, aqui e ali uma esparsa presença de jovens, as cidades pequenas, as silenciosas e respeitáveis cidades do Meio-Oeste, do Oeste e dos estados fronteiriços vinham prestar sua homenagem a seu candidato genuíno, o verdadeiro representante de seus corações conservadores e ordeiros, e era óbvio que o adoravam de um modo discreto e profundo demais para o aplauso, era óbvio que os Nixon tinham seus seguidores, afinal, naquelas pessoas de classe média vestidas com correção, que avançavam a passos circunspectos, contidos, alheias a seus corpos, respeitáveis e decentes, que também tinham dedicado a vida ao serviço e agora só queriam um momento ao lado do homem que reunia todos os seus votos, e que dessa maneira poderia despertar sua felicidade, porque a felicidade do wasp estava em seu momento de veneração, e tinham veneração por Nixon, herdeiro do Velho Ike — centro de memórias felizes e dias melhores —, veneravam Nixon por seu serviço a Eisenhower, e sua volta — era sua volta que o transformara em herói aos olhos dessas pessoas, porque a América é a terra que venera a Grande Virada, de maneira que a seus olhos ele deixara de ser Tricky Dick, um vigarista, e se tornara o cavalheiro mais correto do país; sentiam orgulho de lhe dar boa-noite.

Os Nixon falavam com cada um sucessivamente. O candidato era o primeiro a receber o próximo da fila, e depois sua mulher, cada um tomando o braço ou apertando a mão do delegado à sua frente e lhe dizendo algumas palavras, olhando ocasionalmente o nome escrito no crachá, mas no mais das vezes reconhecendo o rosto de algum banquete ou encontro para arrecadação de fundos quase esquecido em Platte, ou Akron, ou Evansville, Chillicothe, ou Iowa City; em Columbia, Carolina do Sul, ou Columbia, Missouri; em Boulder ou Fort Collins; em Fayetteville, Arkansas, e Fayetteville, Carolina do Norte; em Harrisburg, Keene, Spokane, Fort Lauderdale, Raleigh e Butte — sim, Nixon tinha percorrido as ramificações mais rasteiras do republicanismo de cidade pequena, e ao longo dos últimos dois anos arrecadara um ou dois delegados de cada vez, votos conseguidos graças a ter passado meia hora aqui, uma hora ali, em conversas que devem ter abordado até os detalhes do funeral que tia Matty deixou especificados no testamento e a história do tronco original da família, trabalhara com os móveis e utensílios descartados dos corações dos delegados, e aquilo se revelava ali no prazer e na habilidade com que cumprimentava cada um deles, nos gestos de suas mãos para cada um deles, porque de alguns ele segurava o cotovelo, noutros ele dava tapinhas nas costas, alguns ele encaminhava para a mulher com um comentário pessoal, sem nunca repetir a mesma frase, sempre zero quilômetro para cada novo delegado. Seu corpo ainda não se movia com a menor elegância, seus gestos ainda se produziam graças a injunções mentais como: "Agarre esse sujeito pelo cotovelo", mas era evidente que ele estava feliz ali, aquela era uma das coisas no mundo que ele fazia melhor, ser generoso com os seus, e Pat Nixon lhe dava o devido apoio, concentrando-se nas mulheres e nos filhos, igualmente habilidosa, e o rosto tenso e pouco atraente de sua juventude (no qual a retidão, a ambição e a falta de caridade apareciam gravados como o esgar do toxicômano em cada linha do encaixe feroz e cerrado de seu maxilar) suavizara-se agora um pouco; tornara-se quase atraente, como se a musculatura rígida da mente da mulher americana em seu pior aspecto houvesse relaxado — e ela parecia quase enternecida: como marido e mulher, eles tinham percorrido todo o longo caminho juntos, e em algum ponto do abismo ela devia tê-lo perdoado pela declaração infeliz que podia ser entendida como "A América não suporta Pat".

E o repórter teve uma revelação: talvez fosse possível que os Nixon tivessem sido os últimos a crescer. Jovem casal ambicioso, eletrificado pela eminência súbita e por oito anos escravo da eminência, falso em cada movimento — porque, afinal, como os dois membros de um jovem casal objeto de um progresso tão extravagante poderiam sentir-se fiéis a si mesmos (ou sequer talvez reconhecer a possível existência de uma condição psíquica que se poderia classificar de verdadeira), como é que poderiam ter adquirido esse conhecimento quando sua vida só lhe parecia estar a serviço de certas políticas, a serviço dos grandes homens, homens vazios, vítimas do próprio poder que sua ambição conquistara? Nixon entrara para a vida da América como um homem pela metade, mas sua posição era tão alta, o poder desse meio-homem fora tão imenso, que ele jamais tivera a oportunidade de reconhecer, antes da queda, que era uma pessoa incompleta. E o mesmo acontecera com a sra. Nixon.

Enquanto a orquestra de cordas próxima a eles não parava de tocar — cinco violinos (tocados por quatro homens e uma mulher) e mais um violão, um acordeom, um contrabaixo —, enquanto aquela orquestra idosa continuava a emitir o tipo de arranjo adocicado de cordas para canções populares que geralmente serve de fundo nos filmes para cenas passadas em hotéis modestos de Brighton, onde envelhecidos coronéis reformados ao fim do serviço na Índia jantam taciturnos, à medida que a tarde e a orquestra prosseguiam como a lenta procissão de delegados, ocorreu finalmente ao repórter a noção de como Nixon devia perceber sua missão. Havia hoje uma certa modéstia entre aqueles convencionais, que eram o centro da nação mas se mostravam contidos em seu orgulho — aqueles mesmos médicos e advogados de cidades pequenas, ou homens não muito diferentes deles, tinham cultivado seus sonhos maníacos de restaurar a ordem na América à força de decretos e chibatadas apenas quatro anos antes. Naquela ocasião, o país lhes assomava aos espíritos como o filho seguro e forte de seus ventres, e eles se dispunham ao combate por toda parte, no Vietnã, na China, nos guetos negros; foram todos favoráveis então a mostrar ao mundo e a algumas minorias americanas onde ficavam as verdadeiras vinhas da ira. Mas os últimos quatro anos tinham esfrangalhado algumas de suas políticas secretas, e agora estavam perplexos. Qualquer que fosse a desculpa dada, que talvez tivesse havido maneiras melhores de conduzir aquela guerra, o wasp construíra seu ninho com estatísticas, e os números acerca da Guerra do Vietnã apresentavam algum erro grave. Como é que a nação podia deixar de vencer quando suas forças superavam as do inimigo numa proporção de cinco para um, a menos que Deus tivesse decidido que a América não estava certa? — a retidão sofrera um golpe cruel na base de sua efígie de mármore. Havia muitas outras coisas erradas, a juventude, os negros, o dólar, a poluição do ar e dos rios, a pornografia, as ruas — e os wasps eram hoje uma força muito mais contida. É provável que dali a pouco a presidência tornasse a ser deles, mas a nação estava profundamente dividida, assombrada por pesadelos — pela primeira vez em sua existência, os wasp*s* tratavam o poder com uma certa humildade. Não tinham certeza de saber o que fazer com ele.

E que visão devia existir então em Nixon, que sonho de salvar o país! Sim, o repórter tinha a generosidade de lhe conceder — ele se transformara num homem mais sincero. Todos os indícios apontavam nessa direção. Afinal, que paixão maior poderia haver num homem como Nixon, tão universalmente semidesprezado, do que mostrar ao próprio centro da história que não era um homem desprovido de grandeza? Que sonho para um homem como ele! Limpar as feridas gangrenadas de uma grande potência, restaurar sua sanidade depois das febres psicopatológicas da atualidade, conter o excesso de demanda e atender à necessidade genuína, trazer um equilíbrio à guerra de reivindicações, arrancar as ervas daninhas do jardim da tradição e demonstrar uma percepção afinada do que havia de esplêndido no novo, servir como o grande educador capaz de conciliar as metades em guerra da nação e restaurar a fé das demais nações numa grande nação em venturosa harmonia consigo mesma — sim, era um sonho magnífico para qualquer líder mundial; e se o repórter não achava que Nixon, pobre-diabo, tinha muita possibilidade de encarnar um sonho como esse, ainda assim não estava convencido de que deveriam negar-lhe o direito de tentar. Era possível, até provável, até necessário, que o wasp tornasse a ocupar o centro da nossa história. O wasp já tinha passado tempo demais como uma minoria maldita, um imenso pedregulho indigerível alojado nas volumosas entranhas ruminantes de todo governo democrata vacum, uma minoria republicana enlouquecida com amplos poderes de negação e controle, uma minoria que tomava conta da economia e de metade das finanças do mundo, de uma parte grande demais dos negócios internos de quatro ou cinco continentes, do Pentágono, da tecnologia do país, da maior parte da polícia secreta, de quase todo policial de todas as cidades pequenas e ainda assim, no fim das contas, não governava o país nem o compreendia; o país lhes escapava, corria à frente deles, o estilo de vida do país teimava em acelerar e pôr-se fora do seu alcance. Constituíam a força mais poderosa da América, mas, ainda assim, não passavam de uma ilha psíquica. Se não encontrassem uma ponte, só iriam enlouquecer mais e mais a cada ano, como um nobre rico isolado em seu castelo vazio a perseguir duendes e ogros com seu cajado. Dispunham de todos os poderes, menos o que lhes era mais necessário — o de associar sua filosofia à história: o farmacêutico e o presidente da siderúrgica precisavam finalmente descobrir se os dois estavam empurrando a mesma roda. Recusadas no centro do poder político, a grande empresa e a cidade pequena permaneciam ideologicamente casadas havia décadas; só quando empunhassem o poder é que poderiam descobrir quais conceitos da filosofia conservadora eram viáveis, e quais idéias dela eram loucas. Era possível profetizar: seus orçamentos haveriam de ser uma loucura, seu amor pela ordem e o pensamento claro acabariam deturpados por muitas gargantas tortas, os fundamentos intelectuais de seu anticomunismo acabariam divididos em suas muitas partes componentes. E a fé da cidade pequena na livre iniciativa de pequeno porte acabaria colidindo de frente com os gigantes empresariais da terra da tecnologia; o amor que sentiam pela cultura bem-educada haveria de colidir com a estética enlouquecida da nova América; sua paixão inabalável pela superioridade militar havia de esborrachar o nariz contra a impossibilidade de conservar essa superioridade sem aumentar os gastos do governo; seu amor pela natureza precisaria pegar em armas contra o inimigo destruidor, eles próprios, sua própria cobiça, suas próprias grandes empresas. Sim, talvez o wasp estivesse chegando ao poder para ter finalmente a oportunidade de crescer, de pegar a velha raiz primitiva de sua filosofia — que julgava que todo homem precisava ir à guerra enquanto o mundo existisse, e que toda mulher devia ter um filho —, sim, pegar essa velha raiz na prateleira alta do sótão de alguma ancestral um tanto dada à feitiçaria, e plantá-la entre os cacos de vidro e os tijolos queimados do depósito de lixo do século XX: e ver o que podia crescer a partir disso nos canteiros da anomalia moderna. Claro, os republicanos ainda podiam ser assustadores, e eram em boa parte, senão em três quartos dos casos, responsáveis por todos os males à nossa volta, e não mereciam a presidência, jamais, mas ainda assim, se a democracia era mesmo o jogo livre e justo das forças humanas, talvez coubesse agora aos wasps o comando do jogo por algum tempo. A esquerda não estava pronta, a esquerda estava a anos de distância de uma visão complexa o suficiente para dar vida ao país, a esquerda ainda não aprendera a falar para além do individualismo inflexível dos mais inflexíveis da América, a esquerda ainda estava entregue demais aos estímulos fortes, à maconha, às pirações dos barbitúricos e da orgia, aos urros da música eletrônica e do LSD. Mas a esquerda também poderia encontrar um espaço para crescer. Se fosse obrigada a atravessar uma espécie de exílio político por quatro, oito ou doze bons anos, pode ser até que adquirisse razão. Podiam ser forçados a estudar o que havia de vivo no sonho conservador. Pois é certo que o mundo não podia ser salvo pela tecnologia, o governo ou a genética, e boa parte da esquerda ainda não sabia disso.

De maneira que o repórter se postou bem no centro da Cena Americana — os pequenos dramas da América, à semelhança dos pássaros, sempre parecem dar um jeito de encontrar o ninho certo — e descobriu que o que estava vivendo era apenas a rearrumação de parte de sua bagagem intelectual (o que na verdade todo cidadão de bem devia sempre providenciar) durante as valorosas operações que ocorrem na alma democrática toda vez que ela se prepara para votar.

13.

A força de sua proposição, contudo, haveria de incomodá-lo logo no início do dia seguinte, ainda às duas da manhã. Ele começara a beber nessa noite pela primeira vez em vários dias. Não gostava de beber demais quando estava trabalhando, mas a sessão de quarta-feira, o dia da escolha, só começaria às cinco da tarde do dia seguinte, e a noite seria longa, com sete, nove ou dez horas de duração, e no final, Nixon indicado, ele não acreditava que aquilo seria motivo de comemoração — além de que já poderia ter passado da hora. Afora isso, estava com vontade de beber. Igual ao alto contraste que uma tintura podia conferir a uma lâmina de microscópio era a clareza que seu querido álcool às vezes trazia a seus devaneios, e ele teve a sorte de acabar de tomar seus drinques no bar de Joe no Hilton Plaza, um vasto e nessa noite movimentado bar de porão onde o pessoal de Nixon se reunia para comemorar. Os jovens estavam presentes em peso, os Jovens Republicanos e a YAF (Youth for American Freedom, Juventude pela Liberdade Americana), além de uma ou duas mesas de representantes do Sul e até uma mesa com partidários de Rockefeller que ele conhecia, de maneira que não era tanto a composição política da platéia quanto o espírito reinante, um espírito que ele poderia encontrar com a mesma facilidade em uma dúzia de bares que conhecia em Nova York em praticamente qualquer noite, e mil devia haver nos Estados Unidos, pelo menos mil, talvez 10 mil. No início, não era mais que uma certa agitação em voz alta do tipo que se escuta em muitos bares freqüentados por estudantes, ou esquiadores, ou surfistas, intricadas canções em que se combinam sílabas sem sentido e uivos de celeiro — "Old Macdonald" talvez seja a primeira dessas canções —, mas aqui as canções eram mais sofisticadas, variações com improvisos do tipo composto nas sedes das fraternidades estudantis, e repetições abruptas, capazes de tirar você do ritmo. O conjunto tinha três cantoras, garotas com vestidos que combinavam um azul elétrico, um verde elétrico e um rosa elétrico, não exatamente minissaias mas antes vestidos de garotinha, meninas que eram uma mistura de animadoras de torcida, prostitutas e Nixonetes — aquele ar duro e saudável no rosto saudável e inexpressivo que denunciava muita ação toda noite e pouca disposição para tolerar contrariedades — cantavam recorrendo a uma cornucópia de coreografias antiquadas, mãozinhas na cintura, joelhos que se dobravam, o recurso a dois compassos de um sapateado fora de moda pois mais não conseguiriam simular, os braços em volta da cintura das outras para quatro compassos de cancã, faziam solos, faziam caras, jogavam as ancas de lado, e um virtuose do trombone executava em alto volume frases de jazz primitivo, cacarejos e choros, imitação ao trombone da agitação de animais estabulados, relinchos e mugidos ao ar condicionado, o trombonista alto e gordo com uma camisa preta imensa que mais parecia um saco em que se lia TUBA 24, e havia também um tocador de tuba, igualmente um virtuose, de cartola tricolor, Tio Sam de casaca preta e calça preta. Dois tocadores de banjo de camisa preta, calça riscada de azul e vermelho, tocavam à máxima velocidade, uma das moças tocava um tambor, um tambor vermelho, o tumulto ia aumentando no estábulo, gritos de guerra da platéia quase a ponto de quebrar ovos e derramar baldes, algumas palhaçadas mais animadas, os bebedores de cerveja com os olhos vermelhos e a cara de porco no escuro, e o toutiço na nuca começava a crescer, carne em cima da carne, porco em cima de porco, sentimentos primevos, prazeres secretos, a diversão e as brincadeiras subindo de tom, vômito lavado em sangue, era hum-pa hum-pa e agora eram halterofilistas dançando, alegres e crus, cervejaria, cervejaria, o mugido de uma vaca, o grunhido roncado de um porco, humpa fazia a tuba e pronto, o javali da Europa não tinha morrido, sua sombra viera para a América e era a América.

Havia malícia no ar, e paciência, e confiança na vitória — criava-se uma atmosfera que poderia se transformar numa onda: se na esquerda havia niilismo, na direita havia sonhos de extermínio. A terra da tecnologia instilara o câncer em cada poro, de maneira que a cura para o câncer estava agora no desmembramento da ordem, em todo logro à justiça. Dali a pouco tempo estariam falando de uma nova ordem.

Nixon podia ter seu sonho de unificação do país, mas ainda não havia olhado de frente o poder de sua própria ala direita, prestes a precipitar-se numa enchente daqueles mugidos de cervejaria, o pior do wasp, todo touro em seus músculos, todo morte em sua nuca — teria Nixon a postura de enfrentá-los? Ou cairia prisioneiro dos loucos das profundezas de seu partido, aqueles loucos ausentes de Miami, aqueles loucos que essa semana ficavam ocultos? A convenção tinha sido pacífica, pacífica demais até aquele momento.

À deriva no oceano, será que as pessoas ainda haveriam de rezar por Nixon e desejar-lhe forças como haviam desejado forças ao velho Hindenburg, a Dollfuss, a Schuschnigg e a Von Papen? Humpa, disse a tuba, e já!, disse o trompete. Em pouco tempo, sangue e merda podiam estar voando para todo lado como o vermelho e o marrom da bandeira *verboten*. Em que também havia o negro. Representando a morte, talvez. Áreas de branco representando a pureza. Dali a pouco iriam falar de pureza. Sempre falavam. E pediam a tosquia dos tosquiados. Deus desse forças a Richard Nixon, e o dom de distinguir a verdade. Humpa, disse a tuba, e flats, peidou o trompete.

14.

Na noite de quarta-feira o Alabama cedeu sua vez à Califórnia, e Reagan foi o primeiro a ser indicado. Ivy Baker Priest fez o discurso, e seu nome agora era Ivy Baker Priest Stevens, uma bela mulher que fora diretora do Tesouro Nacional dos Estados Unidos no gabinete de Eisenhower, e em seguida assistente de Reagan. Tinha uma dupla personalidade. Era uma oradora detestável, com o tom seco, anasalado, maldoso, contundente, ácido e insistente do típico orador republicano: "Um homem capaz de enfrentar os radicais nos campi universitários e os saqueadores nas ruas, e dizer a eles que as leis vão ser cumpridas". Era sempre um alívio quando suas nasalidades começavam a subir de tom e a platéia sabia que a menção ao nome de Reagan estava próxima. "Um homem à altura das nossas montanhas e planícies, um homem impregnado das tradições gloriosas do passado, um homem com a visão das possibilidades ilimitadas de uma nova era. Sim. O destino encontrou esse homem." Dali a um minuto ela havia encerrado, e uma aclamação de bom tamanho pôs-se em andamento. Acabaria se revelando mais branda e menos impressionante que as aclamações a Rockefeller e Nixon, mas foi pelo menos notável por permitir um vislumbre do lado oposto da personalidade daquela senhora. Ela assumiu um ar confiante, entusiasmado, vigoroso, sensual, caloroso e gloriosamente vital, a melhor dona de casa loira que se podia imaginar, acenando para os rapazes da fraternidade estudantil ali em frente enquanto eles cantavam "Dixie" e "California, Here I Come", aplaudindo com absoluto deleite os cartazes que diziam inanidades rimadas como se fossem de fato a coisa mais linda que ela jamais tinha visto, e depois dançando como uma chefe de torcida, aplaudindo e sorrindo, sorrindo ante a visão de cada rosto novo mas familiar, com seu cabelo escovinha, que se levantava na cadeira para soltar suas exclamações de aplauso e dançar pelos corredores em apoio a Ronnie. Havia cinco gaiolas de balões presas ao teto, e uma delas era de Reagan, os balões caíram numa cascata rápida — cada um deles batizado com uma gota d'água em seu interior de maneira a fazer com que tendessem a cair, em vez de flutuar —, desciam quase tão depressa quanto flocos de espuma de borracha de travesseiro e eram detonados com cigarros acesos ou pisoteados pelos pés no chão, e os estouros davam a impressão de que tinham acendido morteiros de fogos de artifício.

Depois disso, uma sensação monumental de tédio tomou conta da noite. Hickel, do Alasca, e Winthrop Rockefeller, do Arkansas, foram indicados na condição de filhos favoritos, o último com dois discursos de apoio e uma aclamação de oito minutos — ao que parece, não estava concedendo nada ao irmão. Romney usou seus quarenta minutos até o fim, a banda de Rockefeller reforçando sua manifestação assim como as tropas de Romney mais adiante reforçariam a de Rockefeller. O senador Carlson, do Kansas, também foi apontado na condição de filho favorito, assim como Hiram Fong, do Havaí. Já passava das nove quando o governador Shafer, da Pensilvânia, se levantou para finalmente incluir Nelson Rockefeller na lista de indicados. Mais de duas horas e meia transcorreram entre o final da indicação de Reagan e o começo da de Rocky. Os repórteres tinham deixado o salão de convenções e se aglomeravam atrás dos bastidores, em lugares como a Sala da Ferrovia, onde havia sanduíches e cerveja de graça e todos debatiam a proposta mais atraente da noite — se todos voltassem para seus hotéis, pagassem a conta e pegassem um avião, ainda poderiam chegar em casa antes do final das indicações e do começo dos escrutínios. Poderiam assistir a todo o resto pela televisão, o verdadeiro motivo de todo aquele desânimo. Aquela convenção demonstrara que nenhum repórter podia mais acompanhar os fatos, a menos que os conferisse de tempos em tempos na TV; os próprios políticos preferiam sempre correr na direção do pessoal da televisão, votando desprezo aos repórteres dos jornais com seus blocos de anotações em punho. Durante esse encontro, assim, um repórter especialmente amargo, um corpulento jovem do Sul com óculos de armação de osso, emitiu a frase da noite. Tomando sua cerveja e mastigando taciturno seu sanduíche (que continha uma fatia especialmente grossa de peru seco como papel), ele disse: "Podem acreditar, a única coisa capaz de animar essa convenção seria Ike bater as botas ainda hoje à noite". De maneira que o respeito que os jornalistas tinham sido obrigados a demonstrar ao longo dos anos só podia ser tolerado agora pelas facas de esfolar do clube.

Shafer indicou o nome de Rockefeller "[...] porque ele está na sintonia certa. As pessoas, jovens e velhas, ricas e pobres, pretas e brancas, respondem a ele. Ele jamais perdeu uma eleição [...]. Senhoras e senhores, devemos escolher Nelson Rockefeller porque ele é o republicano com maiores possibilidades de vitória [...]". Foi um discurso inepto — o nome de Rocky já tinha sido mencionado sete vezes antes que dessem o sinal para os delegados, e a tensão se dissipou. Mas não fazia diferença. Todo mundo sabia que Rockefeller receberia uma enorme aclamação, mas que não faria diferença. Os dias em que as aclamações faziam virar as convenções eram coisa do passado. Os manifestantes sabiam que seriam admoestados nos editoriais do dia seguinte, de maneira que se mostravam um tanto tímidos no meio de suas jigas e sapateados. Dali a pouco tempo as convenções ocorreriam em estúdios de TV.

E então veio Spiro Agnew, em favor de Nixon. Se Agnew não tivesse sido escolhido vice-presidente no dia seguinte, seu discurso passaria despercebido — "É meu privilégio encaminhar a indicação para o cargo de presidente dos Estados Unidos o homem que a história tão claramente aponta, aquele que toda a América reconhece como um homem cuja hora chegou, o homem de 1968, o honorável [...]".

A manifestação em favor de Nixon foi mais ou menos equivalente à de Rockefeller. Muito barulho, duas gaiolas de balões, disparos de tambor metralhados enquanto os balões eram estourados — mas nenhum arrebatamento na platéia, nada de arrebatamento. Nada naquela noite evocava nem de longe a sensação de bárbaros reunidos em torno do fogo, o êxtase guerreiro que Barry Goldwater suscitara em 64.

Ainda assim, as manifestações forneceram outra imagem dos três candidatos. Os homens de Reagan tinham os cabelos cortados bem curtos à moda militar, soldados e policiais estaduais em favor de Ronnie; na medida em que se podia falar de republicanos de vanguarda, esses marchavam com Rocky; e a favor de Nixon, a disposição de espírito da platéia era como a farra no escritório central de alguma empresa no auge da festa de Natal.

Mais indicações. Harold Stassen, pela sétima vez. O senador Case, de Nova Jersey, o governador Rhodes, de Ohio, o senador Thurmond, que imediatamente retirou seu nome em favor de Nixon. À uma e sete da manhã, oito horas e sete minutos depois que a convenção fora aberta para as indicações, ela se encerrava e o recinto era dominado pela certeza de que nada tinha acontecido aquela noite. Seria Nixon no primeiro escrutínio, desde o início, e no fim das contas foi mesmo Nixon. No momento em que o Alabama, o primeiro estado, revelou seus votos, catorze para Nixon, doze para Reagan, as últimas dúvidas foram praticamente desfeitas, porque o *The New York Times*, no domingo, tinha previsto apenas nove votos certos para Nixon. Quando a Flórida se manifestou com 32 dos 34, e a Georgia com 21 onde só catorze eram prováveis poucos dias antes, não havia mais motivo para preocupação. Winsconsin, com trinta votos a favor, decidiu a vitória de Nixon — o total foi de 692. E os demais ficaram bem atrás: Rockefeller 277, Reagan 182, Rhodes 55, Romney 55, Case 22, Carlson 20, W. Rockefeller 18, Fong 14, Stassen 2, Lindsay 1.

Enquanto deixávamos o salão, tivemos a oportunidade de ver Nixon na televisão. Enquanto em 1960 ele dissera: "Tudo que sou devo à minha mãe e ao meu pai, à minha família e à minha igreja", agora ele transmitia antes a impressão de um estrategista profissional ao falar de seus esforços para conquistar a indicação ao mesmo tempo em que unificava o partido. "Entendam", dizia ele às câmeras, "a beleza da nossa disputa deste ano foi que conquistamos a indicação da maneira certa para vencer as eleições. Não cometemos o erro de rachar a delegação da Califórnia, a delegação de Ohio ou de conquistar uma parte da delegação de Michigan. E no estado de Nova York também respeitamos a posição de Rockefeller, candidato por Nova York. E acho que isso dará frutos em novembro. Teremos um partido unido. Claro que lutamos muito [...], mas vencemos a luta de um modo que nos levará unidos para a campanha final." Soava lúcido, soava convincente, disse que se sentia totalmente "à vontade" para escolher seu vice-presidente. "Conquistei a indicação do partido sem precisar pagar nenhum preço, sem precisar fazer acordos com qualquer candidato ou qualquer representante de candidato [...]. Converso com delegados do país inteiro [...] do Sul, do Norte, do Meio-Oeste e do Oeste. Mas tomarei minha decisão baseado na avaliação do homem que possa trabalhar melhor comigo, e que possa, talvez, se um dia for o caso, servir como presidente dos Estados Unidos."

Nos velhos tempos, ele fora apelidado de Tricky Dick porque sempre dava uma impressão mas agia de outro modo — e mais tarde, quando se examinava o que ele dissera, não se podia dizer que tivesse mentido. Assim, literalmente, ele não fizera acordo com candidato algum, mas estava forçando os limites de sua credibilidade quando alegava que não precisaria pagar nenhum preço. E o resto da noite no Miami Hilton seria dominado pelo Sul.

15.

Mas vamos deixar a convenção para falar de Reagan. Ele pediu a palavra assim que o primeiro escrutínio chegou ao fim, apresentando uma moção para que a indicação de Nixon fosse unânime. Reagan sorria quando apresentou sua proposta, e parecia curiosamente mais feliz do que em qualquer outro momento da convenção, como se lembrasse a desistência de Goldwater à indicação em 1960 e os lucrativos resultados dela decorrentes, ou talvez só estivesse satisfeito porque seu espírito de ator determinara que era aquele o papel a representar. Por anos a fio, no cinema, ele sempre representara o mocinho, e se orgulhava disso. Se nem sempre conquistava a mocinha, era porque era um sujeito bom demais para ser irresistível. Mas tudo bem. Era capaz de agüentar firme e conquistar a mocinha da próxima vez. E uma vez que era este, possivelmente, o drama sexual íntimo de metade da América respeitável, Reagan era muito popular entre os republicanos. Para um partido que se orgulhava tanto de seu senso comum, eles eram curiosamente, até mesmo inaceitavelmente, sentimentais.

Agora, enquanto Reagan apresentava sua defesa da unidade, falava com uma brandura, uma falta de carisma, até uma simplicidade, que lembrava a simplicidade de um bom ator de meia-idade especializado em tipos característicos — bem, sabem como é, amigos, o sujeito que estou representando é um intelectual, mas eu, claro, tenho o tipo de cabeça que se confunde até com uma finesse numa partida de bridge.

Foi aplaudido loucamente e fez um ar feliz, como se alguma coisa tivesse acontecido de acordo com seus planos. Houve muita ocasião para lembrar dele na quinta-feira, quando Agnew foi anunciado para vice-presidente; à medida que se desenvolvia o processo da escolha, o repórter pensava numa visão de Reagan que tivera na tarde de terça-feira, depois da recepção oferecida por Nixon para os delegados na Cena Americana.

Na terça-feira, o repórter deparara com Reagan no hotel Di Lido, no centro de Miami Beach, onde estavam hospedadas as delegações dos estados do Alabama e Louisiana. Reunido com a delegação de Louisiana num encontro, o governador saiu mais tarde para dar uma rápida coletiva, alegando ignorar qual fosse a sua situação. Ao ouvi-lo falar, era difícil acreditar que tinha 57 anos, dois a mais do que Nixon, porque tinha um rosto de rapaz, nenhum fio grisalho na cabeça — diziam que tingia o cabelo — e sua maquiagem (sobre a qual se ouviam muito sussurros) era excelente demais, caso tivesse mesmo sido aplicada, para que alguém conseguisse detectá-la.

Ainda assim, ao contrário de Nixon, Reagan mostrava-se totalmente à vontade diante da imprensa. Sempre o tinham tratado bem e continuariam a tratá-lo bem — ele tinha a confiança do governador eleito de um grande estado, precisamente o que sempre faltara a Nixon; além disso, Reagan já incorporara havia muito a confiança do ator que sabe que faz sucesso com os entrevistadores. Na verdade, seus modos em público eram tão naturais que as suas discrepâncias só pareciam um pouco surrealistas: com 57 anos, tinha a presença de um homem de trinta, o entusiasmo deferencial, a mente brilhante mas invariavelmente desprovida de originalidade de um gerente de vendas promovido por sua capacidade de chefiar homens mais velhos do que ele. Também exibia a elegância, e a economia de movimentos, de um homem sem massa suficiente para chegar à presidência, assim como se podia hesitar, digamos, para sequer considerar um cavalheiro como o sr. Johnny Carson, da televisão — por mais inteligente que seja —, para a Chefia do Executivo de um Império Peso Pesado. E o mesmo ocorria com Reagan. Ele era de algum modo leve demais, um peso leve embora com mais de um metro e oitenta — que mais poderia ele fazer, além de acertar alguns diretos e se afastar depressa? Bem, podia tentar agradar os generais a fim de mostrar o quanto ainda poderia tornar-se pesado, o que tornava desanimador passar em revista suas posições políticas. Além disso, nuances cada vez mais escuras do surreal, ele tinha uma segunda personalidade que era mais jovem ainda que a primeira, muito jovem, quase um menino de talvez uns treze ou quatorze anos, com sardas e cabelo arrepiado, explorando um embaraço cômico do tipo epa-pisei-no-cordão-do-meu-tênis. Pois ainda na tarde de terça muitas perguntas foram disparadas em sua direção para saber se estava indo bem na captura de delegados comprometidos com Nixon, e a única coisa que ele conseguia repetir era: "Não sei. Simplesmente não sei. Tenho andado numa roda-viva, conversando em encontros com tantas delegações, e não me sobra tempo de ler o jornal".

"Bem, e o que dizem as delegações, governador?"

"Bem, não sei. Eles me ouvem com muita atenção e gentileza, depois eu vou embora e eles conversam sobre o que eu disse. Mas não sei dizer se estamos avançando. Acho que sim, mas não sei, não sei. Garanto que não sei, cavalheiros", e prorrompeu num sorriso, "simplesmente não sei", exatamente como um menino de treze anos, como se de fato, cavalheiros, ele não soubesse mesmo, e a imprensa e os delegados que o ouviam riam com ele, como se não houvesse mal algum em Ronald Reagan. A menos que um relâmpago caísse ali.

Mas na verdade a tempestade durou todo o dia de terça-feira, com o roubo de delegados numa e noutra direção ocorrendo em todos os campos e a indicação no primeiro escrutínio não mais garantida para Richard Nixon, não mais totalmente garantida, porque quando Reagan anunciara no sábado que não se apresentaria mais como filho favorito da Califórnia e sim numa candidatura aberta, significava que estava em curso um grande movimento para desviar de Nixon delegados do Sul em quantidade suficiente para impedir sua vitória no primeiro escrutínio, e depois conseguir modificar o voto de mais delegados no segundo para abalar a força de Nixon diante dos filhos favoritos. Uma estratégia cujo raciocínio era o seguinte: se Nixon pudesse ser contido nos dois primeiros escrutínios, havia pouco que ele poderia fazer para impedir que a maioria esmagadora dos votos dos delegados do Alabama, Arizona, Califórnia, Flórida, Georgia, Idaho, Louisiana, Mississippi, Montana, Nebraska, Carolina do Norte, Oklahoma, Carolina do Sul, Dakota do Sul, Tennessee, Texas e Virginia se desviasse em apoio a Reagan, num total possível de quase quinhentos. Potencialmente esse era um argumento poderoso, duplamente poderoso porque Reagan era o favorito do Sul, e o repórter, conversando com um líder da delegação de Louisiana, ouviu-o dizer em tom cortês a um delegado: "Fico de coração partido por não poder apoiar um homem com o valor do governador

Reagan, mas o sr. Nixon merece a nossa escolha, e deve recebê-la". O que era uma forma esplêndida de se referir a um acordo.

Havia forças que se empenharam com todas as armas para conter Reagan. O senador Strom Thurmond, da Carolina do Sul, que se candidatara a presidente na chapa "dixiecrata" de 1948,* foi o primeiro a se comprometer com Nixon. Era uma aposta óbvia, pois ele não teria para onde voltar caso Nixon deixasse de vencer: não poderia retornar ao Partido Democrata, era velho demais para procurar um terceiro partido e perderia o poder em seu novo partido no caso de uma vitória de Rockefeller. O cerne da argumentação usada por Thurmond com os delegados do Sul era que Nixon era o melhor conservador que poderiam indicar com chances de vitória, e que obtivera de Nixon o compromisso de não escolher um candidato a vice-presidente que fosse intolerável para o Sul. Durante toda aquela longa tarde, enquanto Nixon apertava a mão de delegados e irradiava serenidade, sua indicação podia estar incerta, dependendo por algumas horas dos esforços de Thurmond, Goldwater, Tower, O'Donnell, do Texas, e vários outros presidentes de comitês estaduais do Sul, e é provável que tenha sido conquistada graças ao argumento quase calado de que, se o Sul não apoiasse Nixon com firmeza, ele ainda poderia vencer no segundo escrutínio com o apoio de Michigan e Ohio. E aí o Sul não ganharia nada, e na verdade teria empurrado Nixon para a esquerda.

O fato de o Sul ter firmado seu apoio a Nixon talvez tenha sido o motivo de Reagan ter parecido confuso naquela entrevis-

* Apelido de uma fração sulista do Partido Democrata (*Dixie* é uma forma afetuosa de referência ao Sul dos EUA) que, nas eleições presidenciais de 1948, abriu dissidência e apoiou a candidatura presidencial independente de Strom Thurmond; nas décadas seguintes, o termo passou a designar de maneira geral os conservadores brancos do Sul que mantiveram a defesa de posições políticas especialmente conservadoras no interior do partido. (N. T.)

ta. Ele deve ter passado o dia inteiro recebendo o afeto dúbio dos delegados que gostavam dele, mas ainda assim não se dispunham a dar-lhe seu voto, e portanto o amavam duplamente. Ainda assim, numa compensação tangível, ele não poderia contabilizar seus ganhos. As notícias conflitavam com o que dizia a sua equipe — de fato, divergiram cada vez mais — e ele não sabia, ele realmente não sabia.

E muito menos o repórter. Na tarde de terça, enquanto observava Nixon receber os delegados, não tinha a menor sensação de que sua indicação corria risco, e nem sabia mais do que a informação obtida na conversa rápida com um delegado da Louisiana, de que Lindsay não seria mais indicado candidato a vice-presidente porque Nixon tinha prometido não chamá-lo. E a notícia foi um desprazer, mas não uma surpresa. Era óbvio que o Grande Unificador só podia começar pela unificação do Sul. E que só poderia se voltar para os negros quando eles tivessem baixado de tom, depois que não lhes restasse nenhuma outra relação com o poder, vale dizer, só depois que ele estivesse eleito. Era uma estratégia que poderia funcionar ou fracassar. Caso falhasse, uma guerra civil e um Estado policial estavam próximos. Mas no fim das contas ele não tinha escolha. A exigência inescapável quando alguém decide unificar uma cisão é fortalecer primeiro o lado mais próximo, porque depois sempre pode oferecer menos para outro lado e ainda assim contê-lo — a menos que esteja realmente pronto para a revolta — com o consolo de que não está sendo esquecido por completo. Nixon não podia abandonar o Sul de modo algum, assim como Rockefeller, se tivesse vencido, jamais poderia virar as costas para o Harlem. O repórter começava a reconhecer pela primeira vez que, mesmo deixando de lado as teses profundas, poderia haver nuvens densas de depressão impedindo-o de levantar-se para votar no dia das eleições.

16.

Por esses motivos, na quinta-feira de manhã o repórter já concluíra que o indicado por Nixon só poderia ser um moderado do Sul ou um conservador do Norte. Nenhum outro arranjo seria aceitável para o Sul. De maneira que partiu para casa confiante em que o indicado seria o senador Howard Baker, do Tennessee, e só ficou ligeiramente surpreso quando o nome indicado foi o de Agnew. Mas naquela noite, cobrindo a convenção diante do aparelho de TV já em casa, percebeu que tinha perdido a noite mais animada da convenção, pelo menos para a platéia, e só pôde se consolar com o triste reconhecimento de que poderia cobrir melhor a convenção pela TV do que estando lá. Claro que mais tarde descobriria que aquela noite ainda acabaria na mais negra depressão, pois muitos se convenceram de que Nixon tinha cometido um erro importante ao escolher um homem tão desconhecido quanto Agnew.

A única pessoa que parecia satisfeita era Nixon. Ocorreu ao repórter a reflexão de que o movimento de Nixon nem fora dos piores, em matéria de benefícios para si mesmo. O indicado para a vice-presidência parecia um homem sem muitos atrativos, e tinha sido o primeiro a dizer: "Sei muito bem que Spiro Agnew não é um nome muito conhecido". Ainda assim, saía-se razoavelmente na televisão, um sujeito alto, atento e de fala mansa. Não seria independente — o que era uma necessidade para Nixon — e sim leal, de uma lealdade exorbitante, como Nixon tinha sido exorbitantemente leal a Eisenhower, porque não havia escolha. De maneira que Agnew daria seu apoio a Nixon, além de poupá-lo do incômodo de ter de se perguntar se o seu vice-presidente poderia vir a ser mais popular do que ele. Nixon estava crescendo, mas ainda não chegara à celebridade de um Papai Noel. E, melhor, não teria nenhum equilíbrio ideológico a manter, poderia trabalhar à vontade, deslocando-se da direita para a esquerda e vice-versa sem nenhum ideólogo concorrendo a seu lado para atrapalhá-lo com recriminações.

A imprensa liberal apressou-se em declarar que Nixon tinha posto a eleição a perder com esse erro, e na verdade ele não conseguiu esconder que Thurmond e outros sulistas tinham eliminado Lindsay, Percy e Hatfield. Ainda assim, Nixon conseguira acertar suas contas com o Sul com um mínimo de estrago — do ponto de vista dele —, e nunca precisaria dormir às voltas com o terror especial de fantasiar que algum imaginável maníaco de esquerda, julgando o vice-presidente mais aceitável do que ele, pudesse sair em busca de uma bala de prata... Nixon, na televisão, parecia contente com sua escolha. Claro, outros ficaram menos satisfeitos.

Visto do Americana pela televisão, Rockefeller dava a impressão de ter tomado algumas doses reconstituintes no meio da tarde. Soando mais do que nunca idêntico a Spencer Tracy tomando consciência de novos ferimentos, Rockefeller declarou em voz rouca: "Não tenho nenhum comentário sobre o sr. Agnew. Vou dar um mergulho. Preciso pegar um pouco de sol, e vou dar um mergulho".

"Dizem", falou o entrevistador, "que o sr. Nixon se avistou com cem líderes republicanos antes de escolher o vice."

"Então", disse Rocky, "acho que agora virei o centésimo primeiro."

Nixon, contudo, fez o possível para sair por cima. Ao entrar no salão de convenções para seu discurso de aceitação, estava animado com o sucesso e feliz, mostrou-se cauteloso com os repórteres ao falar sobre Agnew, mas tratou com benevolência a reação dos moderados rebeldes, que haviam lançado Romney em protesto. Romney perdera por 186 votos contra 1128, e o amargor de ter sido atropelado por um homem tão insignificante quanto Agnew estava muito visível no rubor de sua face, no brilho cinza-esverdeado de seus olhos, mas Nixon fizera questão de chamar Romney para junto de si em sua entrada, de modo a chegar à tribuna com o governador de Michigan pelo braço. "Foi bom termos tido uma disputa", disse ele aos repórteres, "uma coisa saudável para o partido, ajudou a limpar a atmosfera. A partir de agora ficamos mais unidos." Nixon estava obviamente tenso com a espera para começar seu discurso, era óbvio que iria fazer todo o possível para pronunciar o melhor discurso de sua vida.

Sua ovação ao ser apresentado foi grande, porém de modo algum frenética, só o acúmulo formal do vasto som que a convenção reservava ao seu indicado, mas para ele, do alto do palco, deve ter soado muito bem porque durou vários minutos, tempo para ele chamar a mulher e as filhas, Spiro Agnew, a mulher e duas de suas meninas (a terceira ainda era muito nova, e seu filho estava no Vietnã), tempo para Nixon ficar ali de pé sozinho acenando com as mãos para o alto e um sorriso de vencedor, tempo para chegar até o lado da tribuna do orador e receber um beijo da velha senhora engomada que lera a chamada dos estados nas votações dessa e da noite anterior, tempo para sorrir e voltar a sorrir, tempo para revelar os movimentos austeros de seu decoro e os gestos miúdos e afetados que lembravam de longe um certo ditador há muito desaparecido. O enigma que ocorrera ao repórter na noite do bar de Joe tornou a apresentar-se — Nixon se mostraria forte o bastante, ou devíamos temer que suas fraquezas o fizessem mostrar-se forte demais?

Finalmente acenou para a platéia calar-se, suplicando-lhe, com sorrisos e risos, que fizesse silêncio. E então começou o discurso em que vinha trabalhando havia semanas, seu maior feito, escrito em grande parte, pode-se supor, por ele mesmo, porque o estilo do homem, tanto o antigo quanto o novo, as velhas artimanhas e os novos sonhos, os sentimentos estagnados e sugestões de novos pensamentos brilhantes, estavam todos presentes, ele precisava percorrer todas as bases e estava num jogo onde as bases eram vinte. Começou falando do momento, dezesseis anos antes, em que se apresentara "diante desta convenção para aceitar sua indicação como companheiro de chapa de um dos maiores americanos de nosso ou de qualquer outro tempo — Dwight D. Eisenhower [...]". Essa noite, Ike estava gravemente enfermo no Walter Reed Hospital. "Nada poderá animá-lo mais do que a nossa vitória em novembro. E eu lhes digo, vamos vencer por Ike."

É provável que ele esperasse um rugido que faria estremecer os homens do serviço secreto postados nas passarelas elevadas bem acima do salão, mas os aplausos foram vazios. Ike já tinha sido usado, usado de novo e reutilizado ainda mais uma vez, Ike era o estepe recauchutado da carroça da banda, e ecos amargos como o cheiro de uma festa estragada revelaram-se quando se manifestou a lembrança de Pat O'Brien dizendo: "Vamos vencer esta pelo Gipper",* sim, o Velho Nixon fora o primeiro a fraquejar, confessando uma culpa menor. Infeliz como o velho Pai da Mentira ficou o Novo Nixon com o Velho Nixon, porque sua fala, surpreendentemente, não foi bem interpretada. Enquanto o Velho Nixon teria arremessado a isca bem nas bocas abertas e ruidosas de uma multidão entusiasmada de republicanos condicionados a um comportamento de peixes, o Novo Nixon tinha estragado o lance, puxando a linha antes da hora por força de algum constrangimento inconsciente. Tinha se tornado inteligente demais para seus próprios hábitos.

O discurso seguiu em frente. Falava de devolver o poder de governo, transferido de Washington para os estados e as cidades,

* No melodrama *Knute Rockne, all American* (exibido no Brasil como *Criador de campeões*), de 1940, Pat O'Brian faz o papel-título, do treinador que diz aos jogadores de seu time de beisebol universitário que precisam ganhar o jogo "pelo Gipper", jovem membro da equipe falecido há pouco. O papel de George Gipp, "the Gipper", no filme coube a Ronald Reagan. (N. T.)

saudava Rockefeller, Reagan e Romney pelo bom combate, e afirmava saber que lutariam ainda mais pela vitória em novembro. "Um partido capaz de se unir irá unir a América", disse ele, e é possível que sua afirmação não fosse totalmente desprovida de verdade, mas ele ainda estava preso a seus hábitos de vendedor exagerado; quase dava para ouvir a mãe daquela frase "A família que reza unida permanece unida".

Se até agora vinha cortejando os velhos republicanos com frases feitas vulcanizadas de poucas palavras, não poderia porém ignorar que milhões de independentes, alguns deles jovens, também faziam parte da audiência. Assim, transferiu seu foco para o eleitorado mais amplo. "Quando olhamos para a América, vemos cidades envoltas em fumaça e chamas. Ouvimos sirenes na noite. Vemos americanos morrendo em campos de batalha distantes, no estrangeiro. Vemos americanos que se odeiam uns aos outros, que lutam uns com os outros, que se matam uns aos outros em casa... Foi para isso que chegamos até aqui?... morremos na Normandia, na Coréia e em Valley Forge* por isso? Escutem as respostas..." E sua voz converteu-se ao tom dramático-operístico de um radioator por volta de 1939, numa peça de Norman Corwin;** ouvimos "... a voz abafada no tumulto e os gritos... a voz da grande maioria dos americanos, os americanos esquecidos — aqueles que não gritam; os não manifestantes. Não são nem racistas nem malévolos; não são culpados do crime que assola nossa terra; são pretos, e são brancos" — e prosseguiu na enumeração dos americanos esquecidos que trabalhavam em fábricas, dirigiam empresas, eram funcionários públicos, soldados que morriam. "São eles que dão impulso ao espírito da Améri-

* Valley Forge (Pensilvânia): sede de um longo e atribulado acampamento das forças americanas na Guerra da Independência, entre 1777 e 1778. (N. T.)

** Norman Corwin: expoente do radioteatro americano, nascido em 1910. (N. T.)

ca... que dão vida ao sonho americano... são o aço da espinha dorsal da América... gente boa... gente decente... pessoas que trabalham e economizam..." (e assistem TV) "que pagam seus impostos e se importam... que sabem que este país só poderá ser um bom lugar para qualquer um de nós viver se for um bom lugar para todos nós vivermos."

E continuou atacando os líderes que tinham desperdiçado a substância e o orgulho da América, errando no comando das guerras, da economia e das cidades: "... chegou o momento de [...] uma reavaliação completa das diretrizes americanas em todos os cantos do mundo". O que era incontestável. "Prometo a todos aqui, hoje à noite... trazer um fim honroso para a Guerra do Vietnã."

Agora, quer sublinhasse ou não o fato, Nixon estava defendendo o fim do século americano de Henry Luce.* "Existem 200 milhões de americanos e 2 bilhões de pessoas vivendo no mundo livre, e a meu ver chegou a hora de outras nações... cumprirem sua parte." Aplausos. As velhas gargantas secas do isolacionismo republicano emitiram gritos atrofiados de saudação. "Aos líderes do mundo comunista, dizemos... que chegou o momento de uma era de negociações" — e em seguida, protegendo o flanco — "e vamos negociar a partir de uma posição de força, nunca de fraqueza." Mais aclamação. Uma aclamação sem muito entusiasmo. E então, mais adiante: "Estendemos a mão da amizade a todos os povos. Ao povo russo. Ao povo chinês [...] a meta de um mundo aberto, de um céu aberto, de cidades abertas, corações abertos, mentes abertas". Sim, ele estava pronto a se deslocar para a direi-

* Referência ao editorial que Henry Luce, fundador do grupo *Time-Life* e conhecido por suas posições políticas de direita, escreveu e assinou na revista *Time* em fevereiro de 1941. Intitulado "The American century" [O século americano], o texto afirmava que depois da Segunda Guerra Mundial caberia aos EUA impor ao mundo — pela força, se necessário — uma nova ordem regida pelos "valores americanos". (N. T.)

ta em matéria de direitos civis e para mais à esquerda que os democratas em matéria de política externa, mas tomando o cuidado de invocar o âmago do coração patriótico: "Amigos, vivemos uma era de revolução, na América e no mundo... procuremos uma revolução... que jamais envelhecerá, a maior revolução em andamento no mundo, a revolução americana". E seguiu em frente clamando pelo progresso, lembrando a todos que o progresso dependia da ordem. Nessas questões era evidente que ele não tinha a menor vergonha, que não sentia nenhuma paixão definitiva pela integridade incorruptível de alguma idéia; não, as idéias lhe pareciam teclas que podia acionar num teletipo capaz de programar a mente americana. Mas o escândalo é que a mente americana era de péssima qualidade — o melhor sistema educacional do mundo tinha produzido o condicionamento mental mais invasivo de toda a história da cultura, assim como a maior civilização médica da história ainda podia produzir as piores pragas de todos os tempos. E aquilo abria espaço para a idéia de que, se o Senhor em Pessoa decidisse salvar a América, quem poderia empregar como instrumento a essa altura, além de Richard Nixon? Estava claro que o Diabo queria lançar a América no abismo — mas para isso, sem dúvida, Humphrey serviria perfeitamente.

Outra tecla do teletipo: "O maior direito civil de todo americano é ver-se a salvo da violência interna". Uma finta para a direita, uma finta para a esquerda. "Aos que dizem que 'lei e ordem' é um lema disfarçado do racismo, eis a resposta: nossa meta é a justiça — a justiça para cada americano [...]. Se a América é hoje uma grande nação, não é por causa do que o governo fez pelo seu povo, mas por causa do que seu povo fez por si mesmo neste país, ao longo de mais de 190 anos [...] precisamos não de mais milhões em verbas para o seguro-desemprego, mas de milhões de empregos... O maior motor do progresso jamais desenvolvido na história do homem — a empresa privada americana." Ou estaria falando das grandes empresas americanas? Que tinham passado os últimos 35 anos unidas ao governo em casamento.

Mas Nixon discorria sobre o poder do pensamento positivo, "os negros americanos [querem] uma oportunidade igual de possuir suas próprias casas, controlar suas próprias empresas, tornar-se gerentes e diretores de empresas, além de trabalhadores; adquirir uma parte" — e fez uma cara de secretário da YMCA: lá vinham as aspas — "uma parte da 'ação' na estimulante atividade da iniciativa privada". Mas é claro que ele não estava necessariamente enganado. A empresa privada, a pequena empresa privada, era uma porta de entrada na vida existencial tanto para os medíocres quanto para os corajosos.

E prosseguiu perorando. O ano 2000 se aproximava. Tinham pela frente uma grande era de celebração e alegria só por estarem vivos na América. "Vejo um dia", começou a dizer, da mesma forma que Martin Luther King um dia tinha dito "Tenho um sonho". Nixon tinha se especializado em todos os progressos recentes da arte da oratória. Assim, repetiu nove vezes o bordão "vejo um dia". Viu um dia em que o presidente seria respeitado, e "um dia em que todas as crianças deste país, independentemente das suas condições, terão a oportunidade de receber a melhor formação... a oportunidade de chegarem à alta posição a que forem levadas pelo seu talento". Nixon, o socialista! "Vejo um dia em que a vida na América rural irá atrair as pessoas para o campo, em vez de expulsá-las..." E então chegou o dia em que ele vislumbrava uma solução para os problemas dos cortiços, da poluição e do tráfego, e ele viu o dia em que o valor do dólar se conservaria, o dia em que a América e o mundo viveriam livres do medo... e era em nome dessa causa que pedia os votos de todos. Seu discurso tinha quase chegado ao fim, mas ele voltou para os trilhos. "Hoje à noite eu vejo o rosto de uma criança... mexicana, italiana, polonesa... nada disso importa... é uma criança americana." Mas desprovida de oportunidade. Quanta dor naquele rosto quando a criança despertar para a pobreza, o abandono e o desespero. O fantasma de J. M. Barrie agitou-se na voz de Nixon, agitou-se nos bastidores, nas passarelas e nos aparelhos de TV. "Vamos todos salvar Peter Pan", disse o fantasma. E então Nixon viu outra criança. "Ela ouve um trem passar. À noite, sonha com lugares distantes aonde gostaria de ir... recebe ajuda em sua jornada ao longo da vida... um pai que precisou começar a trabalhar antes de terminar a sexta série... uma suave mãe quaker, com um empenho apaixonado em favor da paz... uma ótima professora... um técnico notável de futebol americano... a esposa destemida... as filhas leais... na profissão que escolheu, a política, primeiro foram dezenas, depois centenas, depois milhares, e finalmente milhões que trabalharam pelo seu sucesso. E hoje à noite ele se apresenta perante todos, indicado candidato à presidência dos Estados Unidos. Podem ver por que acredito tão profundamente no sonho americano... ajudem-me a transformar esse sonho em realidade para os milhões que hoje não têm mais como sonhar."

Sim, Nixon ainda era o espírito da televisão. A comunicação de massa ainda era sua doença — e ele achava que poderia usá-la para comunicar-se com as massas. "Despeço-me de vocês por hoje. Disponho-me a assumir uma tarefa maior do que a que coube ao general Washington. Deus, que é grande e o ajudou, precisa me ajudar. Sem essa grande assistência só posso fracassar. Com ela, não tenho como falhar." E em tom sombrio, Nixon disse: "Abraham Lincoln perdeu a vida, mas não fracassou. O próximo presidente dos Estados Unidos irá defrontar-se com desafios que, de certa maneira, serão maiores ainda que os de Washington ou Lincoln... não só o problema de restaurar a paz no estrangeiro, mas de restaurar a paz interna... com a ajuda de Deus e de todos, haveremos certamente de triunfar... Meus concidadãos americanos, a tenebrosa e longa noite da América está a ponto de acabar... Chegou nossa hora de deixar o vale do desespero e subir a montanha...". (E agora foi possível ouvir a voz de Martin Luther King exclamando em seu último apaixonado sermão: "Cheguei ao topo da montanha — eu vi o topo".) Não há dúvida de que Nixon não tinha a menor vergonha, e certamente medo algum; que demônios tinha a coragem de invocar! — "Até o topo da montanha, para que possamos ver o esplendor do amanhecer de um novo dia para a América, um novo amanhecer para a paz e a liberdade no mundo." E tinha acabado, e quem poderia medir o bem e o mal, a força e a fraqueza, a sinceridade e a hipocrisia do que ele dissera? A gaiola de balões foi esvaziada — um sindicato cobrara 33 centavos por cada balão inflado — e as aclamações e aplausos vieram, e a banda, e Nixon e sua família aparentavam felicidade, e Agnew e sua família pareciam tontos e felizes, e a aclamação foi diminuindo, nem grande nem pequena, uma aclamação para a maior obra de oratória de Richard Nixon, e um discurso melhor não poderia ter sido escrito por nenhum computador existente, nem mesmo Hal, o supercomputador de *2001*, e nas ruas de Miami, a dez quilômetros do salão de convenções, na área que vai da 54th à 79th Street e da Seventh à Twenty-Seventh Avenue, os negros se amotinaram, três foram mortos e cinco gravemente feridos na troca de tiros entre policiais de Miami e franco-atiradores: "Tiroteios como os do Vietnã", disse um tenente da polícia, e quinhentos soldados armados da Guarda Nacional ocuparam cem quarteirões, e 150 negros tinham sido presos desde a noite de quarta-feira quando tudo começara, o governador Kirk tinha saído com o reverendo Abernathy, que disse "vou levá-lo pela mão", para negociar com os amotinados. Nessa noite, o governador disse: "Usando a força que for necessária", em resposta à maneira como o levante seria controlado. Foi o primeiro grande motim popular da história de Miami.

O repórter estava a 2500 quilômetros de lá a essa altura, e não poderia ter coberto o levante, mas na verdade não sabia se aquilo era necessário. Haveria mais da mesma coisa em Chicago. Talvez Chicago o ajudasse a ver qual cavalo merecia receber sua aposta na disputa pelo cargo mais poderoso da terra. Ocorreu-lhe que o eleitor americano inteligente estava agora na mesma situação do negro pobre do Sul, forçado ao longo dos últimos cinqüenta anos a escolher entre o racista mau e o racista que talvez pudesse não ser de todo mau. Humphrey versus Nixon.

Mas esse era um recurso pobre do espírito para poder olhar no olho vidrado do problema — porque na verdade o aparelho de televisão deixou o repórter com a idéia de que, pela primeira vez, não fora capaz de sair com um indício do que haveria no coração de um político, na verdade não sabia se estava pronto para gostar de Nixon ou se o detestava por seu sistema binário decididamente não poético, seu cérebro de computador, não sabia se o candidato era verdadeiro como homem ou uma máquina integral, solitário em sua triste eminência ou megalomaníaco, humilde o bastante para sentir as feridas reais do país ou narcisista o suficiente para sonhar o sonho do tirano — o repórter não sabia se o candidato era alguma última esperança oblíqua de unidade ou a raiz quadrada de menos um, um leme para conduzir o barco do Estado ou um capitão vazio contemplando um vácuo sem direção onde despejaria as náuseas terríveis do século. Não tinha a menor idéia de como descobrir se Deus estava no país ou se era o Diabo quem tocava a música. E, se Miami tinha mascarado as respostas que lhe dera, em qual estado de espírito então poderia ele agora seguir para Chicago? Sentia-se como um observador despojado do privilégio de testemunhar ou de ocupar uma cadeira.

2. O cerco de Chicago

CHICAGO, 24 A 29 DE AGOSTO

Chicago é a grande cidade americana. Nova York é uma das capitais do mundo e Los Angeles uma constelação de plástico, San Francisco é uma velha senhora, Boston se transformou em sinônimo de renovação urbana, Filadélfia, Baltimore e Washington piscam como diamantes foscos em meio ao smog da Megalópole da Costa Leste, Nova Orleans não tem nada de notável além do French Quarter, Detroit é cidade de uma única indústria, Pittsburgh perdeu seu triângulo de ouro, St. Louis transformou-se no arco dourado da grande empresa e as noites de Kansas City acabam muito cedo. A isenção sobre o esgotamento do petróleo transforma Houston e Dallas em nada mais que tabuleiros para esse tipo de jogo.* Mas Chicago é uma grande cidade americana. Talvez seja a última das grandes cidades americanas.

* A Bonificação pelo Esgotamento do Petróleo (*Oil Depletion Allowance*) foi um mecanismo de renúncia fiscal instituído em 1913, permitindo aos produtores

O repórter tinha um apego sentimental à cidade. Como foi criado no Brooklyn, não lhe era nada difícil reconhecer, sempre que voltava a Chicago, que os habitantes dessa cidade lembravam o bom povo do Brooklyn — eram simples, fortes, calorosos, astutos, ásperos, compassivos, promíscuos, ardilosos e extraordinariamente benevolentes, porque tinham sexo nos bolsos, músculos nas costas, comida quente na esquina, áreas impregnadas das lendas locais e uma autêntica arquitetura urbana, prédios de apartamentos de pedra escura com janelas diferentes em cada andar, quilômetros de casas geminadas de tijolo vermelho e madeira, com varandas e sacadas, árvores nanicas e atrofiadas férteis como terra arável por sua promessa de ternura nas primeiras tardes de primavera, ruas onde os meninos jogavam beisebol improvisado e hóquei sobre patins de rodas, muita fumaça e crepúsculos de ferro. O clangor do final do século XIX, a própria promessa da cobiça, estava nessas ruas. Londres cem anos antes não devia dar impressão muito melhor.

O Brooklyn, contudo, o lindo Brooklyn, cresceu à sombra dos arranha-céus de Manhattan, de maneira que nunca se transformou numa grande cidade, só um viveiro asfaltado para talentos destinados a atravessar o rio. Chicago não tinha Manhattan para podar seus galhos mais altos, de forma que, partindo do antepasto de seus bairros, cresceu até abrigar parte da melhor arquitetura de arranha-céus do mundo, e como seus habitantes eram polacos, ucranianos e tchecos, além de irlandeses e todo o resto, a cidade tinha esquinas bizantinas dignas de Praga ou Moscou, antigas pontes retráteis torturadas e bonitas cruzando o rio

americanos de petróleo o abatimento de 5% sobre sua renda bruta como compensação pela finitude do bem que vendiam. Contudo, em 1926 o valor da isenção foi elevado para 27,5% da renda bruta e, embora o privilégio tenha sofrido muitas críticas e tentativas de mudança, só seria eliminado em janeiro de 1975. (N. T.)

Chicago, altas torres góticas como a do arranha-céu que abrigava o *Chicago Tribune*, curvas, contrafortes e sacadas em estruturas cilíndricas com trinta andares de altura, retorcendo-se para acompanhar e contrastar com as curvas do rio, e lindas balaustradas em seus parques. A parte norte de Chicago tinha Lake Shore Drive, onde se encontravam os prédios de apartamentos mais elegantes do mundo — a Sutton Place em Nova York revelava o analista de custos no olho de seus arquitetos, se comparada a esses palácios de vidro e aço cor de carvão. Em soberbas ruas sem movimento por trás das torres à beira do lago erguiam-se prédios de pedra que falavam de ironias, da cupidez e da ambição complexa nos punhos dos *robber barons* que encomendaram sua construção — substancialmente, muito trabalho, alto consumo de bebidas, as sedes carnais do prazer e uma noção do Meio-Oeste de como atingir um decoro de classe superior também se encontravam na grandeza americana daquelas poucas ruas. Se havia um belo porte aristocrático americano, estava provavelmente nas limpas, vigorosas e perspicazes damas de Chicago que se podem ver nas ruas próximas a Lake Shore Drive, na parte norte da cidade.

Mas não estou aqui para um roteiro de viagem — não preciso portanto detalhar como é o Loop, o centro da cidade, agonizante como o centro de qualquer outra cidade americana, mas que morte! Antigas lojas de departamentos, antigos teatros de revistas burlescas, avenidas, avenidas sujas, o "L", trem urbano suspenso com seu diálogo oitocentista de ferro rangendo contra ferro em cada curva, e cavernas de sombra nas calçadas abaixo dele, os grandes hotéis com seus saguões imensos, seus tetos barrocos, resplandecentes como bordéis romanos, com nomes como Sheraton-Blackstone, Palmer House, intermináveis extensões vermelhas de carpete, gaiolas douradas como elevador, o estrépito inaudito de forjas estampando formas novas em materiais imensos e resistentes está sempre presente no ouvido interno — não era à toa que Dreiser escrevia sobre Chicago.

A oeste do lago ficavam fábricas e Cicero, os bairros operários, as terras da máfia e as áreas dos imigrantes; ao norte, os subúrbios de classe média, os Evanstons; ao sul, os guetos negros do South Side — cinturões de negros amplificando cada um a ressonância da causa do outro — e no cinturão negro havia os Blackstone Rangers, a maior gangue de delinqüentes juvenis do planeta, com 2 mil componentes segundo um cálculo — mas sem dúvida a gangue teria líderes com um potencial tão grande quanto o de Aníbal ou de Átila, o Huno, de que outro modo se poderia explicar a força e o espírito de um rapaz capaz de chegar tão alto em meio aos Blackstone Rangers?

Mais para o sul e para oeste ficavam os terrenos da Universidade de Chicago, mais fábricas, mais bairros para polacos, mais alguns bons hotéis à beira do lago, e áreas infindáveis — bairros brancos que se estendiam por quilômetros e quilômetros de onipresentes casas encardidas de madeira com quintais nos fundos, áreas que lembravam a Europa Oriental, a Irlanda, o Tennessee, uma reunião de todos os clãs do Meio-Oeste, os índios e os esco-ceses-irlandeses, os suecos, alguns alemães, italianos, húngaros, romenos, finlandeses, eslovacos, eslovenos — só os franceses não viajavam. No Meio-Oeste, a terra se espraiava em todas as direções; a menos de dez quilômetros do centro da cidade, havia áreas tão vazias, desertas, enormes e melancólicas à noite quanto os pátios de trens cargueiros em torno de Omaha. Algum deserto ou pântano industrial estaria logo além do horizonte, uma área tomada pelo vozerio durante o dia, deserta à noite, salvo pelos volumosos vagões de carga e os barracões baixos, os depósitos, as cercas de arame que ladeavam estradas sem asfalto por milhares de metros.

Os currais eram assim, os famosos currais dos matadouros de Chicago eram tão vazios à noite quanto os ramais secundários das estradas de ferro da Lua. Muito antes de a convenção democrata de 1968 vir para o Anfiteatro de Chicago,* na verdade dezoito anos antes, quando o repórter fizera sua única visita anterior à cidade, aquela área ainda era deserta à noite, vazia como as trincheiras de um campo de batalha depois que a guerra acaba. A oeste do Anfiteatro, os ramais de estrada de ferro pareciam estender-se por muitos quilômetros, ladeados por aqueles mesmos galpões baixos maiores do que grandes arsenais, com currais capazes de abrigar dezenas de milhares de cabeças frenéticas, bois, carneiros e porcos, animais entregues a uma orgia de comer, defecar, esperar e farejar o cheiro de sangue. Nos matadouros, durante o dia, uma carnificina digna de *Os desastres da guerra*** ocorria a cada manhã e a cada tarde. Filas intermináveis de animais eram conduzidas por longos corredores até eles serem derrubados com golpes de martelo na cabeça e terem depois as patas traseiras amarradas, as carcaças içadas e presas a ganchos, seguindo de cabeça para baixo o caminho de um trilho aéreo que as levava até trabalhadores negros ou brancos, geralmente imensos, os brancos quase sempre poloneses ou húngaros (ali chamados de *hunkies*, etimologia de *honkie*, gíria para "homem branco", palavra originária de Chicago), os negros vindos do Sul, homens imensos com uma compleição à altura das exigências do serviço,

* O Anfiteatro, oficialmente chamado Anfiteatro Internacional de Chicago, era um imenso prédio construído em 1934 para abrigar uma exposição internacional de gado. Ficava a leste dos currais dos matadouros, quase sete quilômetros ao sul do Loop. Depois de ter sido usado como centro de convenções, arena esportiva e casa de espetáculos por muitos anos, acabou demolido em 1999. (N. T.)

** Série de gravuras do artista espanhol Francisco de Goya que retratam as atrocidades cometidas pelas tropas napoleônicas durante a invasão da Espanha entre 1808 e 1814. (N. E.)

a cutelada com uma faca no pescoço do animal e jorros de sangue banhando-lhes os torsos (necessariamente nus até a cintura) e salpicando suas pernas. Os animais transmitiam para trás uma certa corrente psíquica ao longo do trilho suspenso — cada garganta cortada transferia seu grito de morte para a garganta ainda não cortada logo atrás, e aquela penúltima garganta aumentava a voltagem, impelindo a corrente para trás e mais para trás ainda até impregnar com ela os gritos de todos os animais que pendiam de cabeça para baixo daquele trilho suspenso, a luz berrante de lâmpadas elétricas nuas nos olhos e no cérebro do animal, gorgolejos e horrendos sons cavernosos emitidos mais à frente pelo encanamento aberto da jugular cortada como se a morte fosse na verdade alguma corredeira no curso de algum rio subterrâneo, e o medo e a angústia absolutos dos animais agonizantes de cabeça para baixo mais adiante transferia-se para trás ao longo do cortejo, refazendo todo o caminho de volta até os currais e os cercados, de volta até os trilhos dos ramais onde os animais ainda abarrotavam os vagões de carga, de volta até, quem sabe — tão alta podia ser a voltagem psíquica do animal —, de volta à fazenda onde foram embarcados no caminhão que os transportara até o trem. Que cheiro medonho o medo da morte absoluta e inevitável conferia aos excrementos, às entranhas e à merda totalmente vomitosa dos animais que esperavam nos cercados dos currais dos matadouros, que suor de couro infernal, e ainda assim aquele odor, não, aquele fedor titânico que se erguia dos currais não era simplesmente a diarréia coletiva de uma legião histérica de animais, não, porque depois que as gargantas eram cortadas e o sangue corria em sarjetas copiosas, tingindo de vermelho claro as costas suadas dos rubros cortadores de gargantas, os animais agonizantes e outros recém-mortos eram ruidosamente conduzidos pelos trilhos suspensos, enquanto o sangue arterial ainda jorrava em espasmos como os últimos esguichos de um menino que urinasse em público, e a carcaça vermelha e quente logo chegava diante de outro negro ou húngaro armado com uma faca comprida na ponta de uma vara que abria o ventre do animal do peito à virilha, e um ensopado malcheiroso de cem quilos de estômago, pulmões, intestinos, muco, baço, explosão de bosta de vaca e titica de porco, sangue, ligamentos prateados, fígado, tecido de cor madrepérola e entranhas em geral caía aos borbotões e escorregava pelo chão, e o homem da faca também recebia um belo banho de sangue enquanto escavava a cavidade com sua lâmina que torcia para desprender as raízes dos órgãos, os intestinos e ligamentos ainda integrados à carne e ao osso da existência esvaziada em que trabalhava.

Pois o cheiro das entranhas e daquele sangue agônico eletrificado por todos os neons externos do medo supremo impregnava-se na essência do fedor do matadouro. Vamos omitir o retalhamento e o esquartejamento, as fervuras e raspagens, o cozimento e a cura da carne em açúcares, mel e fumeiros, o recozimento da carcaça do boi, o carimbo do inspetor, o chamuscamento do pêlo, a fervura dos cascos, a moagem das cartilagens, a embalagem em papel-manteiga e em plástico, o acondicionamento em papel-alumínio ou em latas, a queima dos resíduos e o último gotejamento de gosma das tripas inutilizáveis quando eram lançadas no incinerador do matadouro, o sangue queimado, o osso queimado e os pêlos queimados acrescentando suas propriedades de mau cheiro específico ao sangue fresco, às entranhas frescas e às fecalidades frescas que já empesteavam a atmosfera. Tudo reunido é o cheiro dos matadouros, um fedor tão violento que, se a pessoa assistir ao abate dos animais, nunca mais volta a comer carne. Vendo o abate dos animais, percebemos o dilema humano — por mais que possamos nos elevar para perto dos anjos, o magarefe também estará sempre presente. Que seja. Chicago foi feita para espíritos fortes. Em qualquer noite, o cheiro pode chegar a qualquer lugar — até Gary, para defrontar-se com o smog e o coque, até Cicero, para acalmar as gangues com seus sonhos de supremacia e limpeza, rumo ao norte até Evanston, para lembrar aos bem-educados que nascemos *inter faeces et urinam*, e no rumo leste até o meio do lago Michigan, onde as superfelicidades presentes no fedor de desgraças e corrupções terrestres como essas podem deixar os peixes mais satisfeitos com as águas claras, profundas e espermáticas de seu destino.

Sim, Chicago era uma cidade onde ninguém podia esquecer de onde vinha o dinheiro. Ele era recolhido no chão ainda grudento de sangue, e, se a pessoa não se revoltasse decidindo tornar-se vegetariana, pelo menos aprendia que a vida era dura, que a vida estava na carne e no massacre da carne — respiramos a última agonia dos animais. De maneira que parte das entranhas e dos segredos das tripas transparecia nas fisionomias dos nativos de Chicago. Uma grande cidade, uma cidade forte com rostos duros como o couro curtido e o asfalto das ruas, era também uma cidade onde os rostos adquiriam uma bestialidade declarada, de ouvidos insensíveis a ponto de ignorar os berros dos condenados, narizes temperados a ponto de não mais sentir o fedor de todo fim infeliz, bocas — de lábios grossos ou meras fendas — prontas a saborear o molho que era o prêmio final de todo massacre, e olhos, olhos simples de porco, capazes de olhar de frente a verdade porca. Em qualquer outra cidade teriam encontrado tecnologias para silenciar os animais com injeções, esquartejá-los com a ajuda de máquinas, acalmá-los com música funcional, revestir o piso de aço inoxidável, usar alumínio para o trilho suspenso — e os animais ainda receberiam uma injeção de suplemento vitamínico antes da última viagem. Mas em Chicago faziam a coisa da maneira mais crua, cortavam os animais com vontade — e é por isso que ela era a última das grandes cidades americanas e seus habitantes tinham aqueles rostos incríveis, carnais como o sangue, vorazes, diretos, impacientes demais para a hipocrisia, apaixonados pela pilhagem honesta. Eram grandes e humanos, e seu irmão celestial era o porco abatido — não o ignoravam. Se os berros e guinchos do abate do animal eram o caldo que dava força à cidade, tinham pelo menos a honestidade de agüentar seu cheiro até o fim — não lavavam a cidade com desinfetantes ou desodorantes, viravam sua cerveja, marcavam os pontos do jogo e davam à América sua última oportunidade de um drama sem disfarces. Só uma grande cidade proporciona um espetáculo honesto, pois é esta a salvação da alma esquizofrênica. Chicago pode ter feras nas ruas, pode ter um prefeito que é um gigante de fortaleza convertido em fera — um homem que é a cara de Chicago —, mas é uma cidade honesta, não se dispõe a incubar psicopatas ao longo de corredores com ar condicionado e piso de vinil.

2.

Se a cara de Chicago podia ser reduzida a um nariz largo e carnudo com as narinas bem abertas para o mau cheiro, a fedentina, o poder, um dia bonito, uma mulher bem fornida e a beleza do dinheiro sujo, os rostos dos cerca de 5 mil partidários de Eugene McCarthy reunidos no aeroporto de Midway para receber o senador no domingo, 25 de agosto, podiam encontrar seu arquétipo em qualquer um dos inúmeros jovens razoavelmente magros e altos vestindo ternos de tecido crespo com óculos de armação de osso, rostos pálidos, narizes finos e narinas — e era este o centro do denominador comum —, narinas delgadas. As pessoas vorazes precisam de uma capacidade extraordinária para livrar-se dos restos — é necessário, pois sempre consomem em excesso. Enquanto os comedidos, por outro lado, acabam equipados para absorver pouco demais — e o exemplo era a comparação entre as narinas de Chicago e as narinas dos partidários de McCarthy. Claro, o comedimento dos partidários de McCarthy era de um tipo especial — não tinham sido exatamente mesquinhos com os recursos no apoio a seu candidato, nem parcimoniosos na ousadia de sua campanha, e ninguém podia alegar que a lealdade de seus esforços não fosse a maior dos últimos muitos anos — pelo menos desde Adlai Stevenson, talvez desde Henry Wallace.* Não, como todos os cruzados, sua agressividade residia numa feroz falta de tolerância ou de ligação com o que se encontrasse à sua esquerda ou à sua direita — a procura do Graal parece ocorrer invariavelmente em linha reta. Não era acidental que um número extraordinário de partidários de McCarthy parecessem dirigir Volkswagens (ou seria extraordinário o número de Volkswagens que traziam a psicodélica flor azul e branca de sua campanha? — se é que a flor, aliás, podia ser chamada de psicodélica, uma vez que o azul era desbotado demais e o branco leitoso demais para os verdadeiros freqüentadores de paragens alucinatórias). O apoio a Eugene McCarthy era, claro, um movimento cuja força residia nos subúrbios de classe média e na academia — dois baluartes daquela fé segundo a qual todo homem devia ter o direito de levar uma vida modesta e razoável sem a interferência de forças maiores. Se a corrupção na política, o oportunismo e a ambição desmedida despertavam seu desprezo, e a injustiça nas relações raciais provocava sua reprovação (pois a injustiça era inflamatória para a razão), a Guerra do Vietnã estimulava sua mais honrada fúria contida porque era a expressão de uma força externa imensa e abominável capaz de pôr fim às

* Henry Wallace: ex-vice-presidente de Franklin Roosevelt, postulante liberal derrotado por Harry Truman na disputa da candidatura democrata à presidência nas eleições de 1948. (N. T.)

suas vidas. Nos subúrbios e na academia, pais e filhos confluíam no horror à guerra.

Os poderes morais do vegetariano, do pacifista e do intenacionalista eram de tal modo refinados e distanciados da origem de grande parte do poder — a violência infantil — que acabavam ostentando um despojamento, um entusiasmo e uma ferocidade total que só podem sugerir os mundos de que desistiram: precisamente esses mundos carnais da corrupção, da promiscuidade, dos compromissos à base de suborno, das alianças políticas forjadas pelos fogos do álcool e daquele sentido de propriedade que é o fundamento de todas as relações políticas.

Falarei disso mais adiante; por enquanto, basta observar que as 5 mil pessoas reunidas no aeroporto de Midway para aguardar a chegada de Gene McCarthy formavam uma massa notavelmente homogênea, na maioria jovem, jovem demais para votar, um número desproporcional de bebês no colo de suas mães — sugestão indireta da mentalidade de esquerda de classe média que predominava ali! (A esquerda de classe média jamais iria aprender que os trabalhadores de macacão sujo de graxa sempre fazem questão de votar contra a mãe com um bebê no colo — o rosto compenetrado de qualquer dessas mães há de lembrar-lhes as professoras que detestavam na infância!) Sim, a manifestação que ocorria numa área reservada do estacionamento do aeroporto revelava vislumbres de rostos notavelmente homogêneos para uma manifestação política. Havia de jovens corpulentos com barbas cerradas e mochilas de vinte quilos nas costas a jovens poetisas adolescentes, pálidas como Ofélia, empertigadas como Florence Nightingale, de estudantes usando suéteres com sugestões de pensamento hippie a tipos da Madison Avenue com grandes costeletas, chapéus de palha e uma espécie de pose desafiadora de quem toma suas pílulas; de fileiras decentes e levemente fanáticas de profissionais de classe média — alguma sugestão de sangue viciado em seus rostos — até aquela parte do teatro e do showbiz que sempre se alinhava com as causas dos setores mais limpos da esquerda. Uma delas, uma linda morena de vestido vermelho, puxava uma série de canções de cadência marcada com os pés enquanto esperavam o avião do senador, as letras de um estilo situado onde o liberalismo se encontrava com o humor, lembrando assim o tipo de canções que Adolph Green e Betty Comden vinham compondo e Tom Lehrer, interpretando havia anos. "Aquele seu fascínio especial... achamos que ele é sensacional... Gene!!!", duas notas soando em "Gene", "Dji-yin", com muita graça, porque a letra dava a entender que quem cantava se alinhava com um grupo limitado de seres humanos que descendessem ao mesmo tempo de Noël Coward, Ogden Nash e da mais ordinária música caipira* — "Dji-yin! Dji-yin!".

E a canção continuava: "Os republicanos vão chorar na cama, porque ele vai mudar o panorama. Dji-yin! Dji-yin!". A depressão assolou o repórter. Por mais que tentasse, não conseguia se encantar com os partidários de McCarthy. O denominador comum entre eles parecia ter sido encontrado em alguma área vazia da alma, uma espécie de idealismo desinfetado que, quando se estava no meio deles, dava a sensação de que se tinha entrado na ala dos lobotomizados da Alta Utopia. George Wallace, preste bem atenção!

Claro, o repórter tinha apoiado Bobby Kennedy, animado precisamente por sua combinação de idealismo com a disposição de lidar com demônios, ogros e toneladas de corrupção. Mais de uma vez, tinha sido essa a característica do estilo dos Kennedy.

* Noël Coward (1899-1973): sofisticadíssimo dramaturgo, compositor e escritor inglês. Ogden Nash (1902-71): grande poeta "modernista" americano. (N. T.)

Eles irradiavam uma certa magia porque eram um pouco melhores do que deviam ter sido e, assim, prometiam tornar a América um pouco melhor do que devia ser. O repórter respeitava McCarthy, respeitava-o imensamente por arriscar-se à vingança de Lyndon Johnson, e seu coração recebera um sopro de vida com o sucesso da campanha dele nas primárias de New Hampshire. E, se havia pouco que o deixasse satisfeito com a escolha infeliz do momento da entrada de Bobby Kennedy na corrida pela candidatura, ainda assim ele continuara apoiando Kennedy — e julgando trágica a batalha entre os dois; e não tinha gostado nada do debate entre Kennedy e McCarthy na televisão antes das primárias da Califórnia; não sentira o menor prazer em torcer por Kennedy e em ser forçado, portanto, a condenar os modos apáticos de McCarthy, sua aparente falta de afeto e a sugestão de fraqueza na olheira profunda debaixo de cada olho. Aquelas olheiras falavam de clichês — olhos sustentados por frouxos sutiãs de pele, coisas assim. E ele sabia que os partidários de McCarthy seriam capazes de encontrar defeitos equivalentes em algum ponto de Kennedy.

Poucas noites depois desse debate, o repórter fora despertado de um pesadelo especialmente opressivo pelo toque da campainha do telefone. E ouviu a voz de um velho companheiro de bebida com quem não se encontrava havia dois anos. "Cox", gritou ele ao telefone, "você ficou maluco? Que idéia é essa de me ligar às três da manhã?"

"Escute", respondeu o amigo, "ligue a televisão. Acho que você devia ver. Bobby Kennedy acaba de levar um tiro."

"Não", berrou ele. "Não! Não! Não!", sua voz raspando a garganta com uma feiúra e uma dor que traziam ao seu ouvido a lembrança dos guinchos descontrolados de um porco ferido. (Onde ele já tinha ouvido aquele grito no momento não lembrou.) Sentiu-se como se lhe tivessem arrancado uma parte vital do corpo, e no meio desse horror percebeu que guinchava como um porco, não como um leão nem um urso. O repórter convivia havia anos com a premissa de que, a todo momento, precisamos equilibrar o anjo e o suíno que existem dentro de nós — e o som de sua voz, portanto, só pôde deixá-lo profundamente chocado. Aquele equilíbrio, afinal, não era o que ele imaginava. Ficou assistindo televisão pelas horas seguintes, num estado que oscilava aleatoriamente entre dois horrores. E então, sabendo que uma boa resposta levaria pelo menos alguns dias, se é que seria ouvida, sobre a possibilidade de recuperação possível para Bobby Kennedy, voltou para a cama e deitou-se banhado no suor da cumplicidade, como se sua própria falta de testemunho moral (do heroísmo sutil demonstrado por Bobby Kennedy ao decidir concorrer à presidência) pudesse ser encontrada na dança de evasões em que seu gosto por uma vida movimentada transformara sua vida de casado, como se aquela falta específica pudesse ter sido responsável (na vasta arquitetura da catedral da história) pela falta de um cravo de apoio para o senador Kennedy em sua escalada solitária daquelas paredes arqueadas, como se finalmente os esforços dos homens de coragem pudessem depender em parte da proteção de outros homens que se considerassem pelo menos provisoriamente corajosos, ou, se não corajosos, pelo menos equilibrados numa certa estabilidade entre o desprendimento pessoal e o apetite, e portanto — para todas as finalidades práticas — homens decentes. Mas ele estava perto de entregar-se além da conta ao apetite — passara a tarde anterior àquela noite do assassinato entregue a folguedos amorosos — e fiquemos por aqui —, maneira não de todo atípica de empregar seu tempo, e agora deitado ao lado de sua mulher, enquanto as imagens do noticiário de TV sobre o assassinato ricocheteavam por toda a pedra arranhada de seu crânio, detestava sua mulher por ter permitido que aquilo ocorresse, detestava sua cumplicidade sutil em empurrá-lo para fora de casa e depois afastá-lo dela, e sabia, devido ao outro lado do seu amor, que agora precisava confessar o que fizera à tarde, como se isso pudesse trazer alguma ajuda mágica ao senador Kennedy na longa viagem através da profundidade das cavidades explosivas abertas em seu cérebro, mas nem teve a coragem simples de confessar, detido em seus passos mentais como se esbarrasse com um valentão num beco e se visse totalmente incapaz de prosseguir — e o valentão no beco eram as reservas ilimitadas de raiva proletária e destemperada de sua mulher. De maneira que ele fez o que todos os homens acima do peso devem fazer — pediu a Deus que tivesse piedade de sua pobre existência mortal (já que tinha carne em excesso a oferecer), implorou a Deus para que poupasse a vida do senador Kennedy, e prometeu que abriria mão de alguma coisa, abriria mão do quê? — abriria mão da mágica que era capaz de atribuir a essa ou aquela das mulheres, sim, que abriria mão disso se aquela vida fosse salva, e recaiu no horror de tentar descansar com a sensação de que sua oferenda pudesse ter chegado com atraso e no tom errado — a confissão para sua mulher fora o que a pressão moral lhe tinha demandado num primeiro momento —, e assim adormeceu com a sensação incômoda de que o Diabo sempre estaria ali para recolher sua oferta depois que o anjo se afastasse enojado.

Kennedy morto, ele vivia um luto duplo, um luto exaltado pela perda daquela bela luz valiosa; como todo mundo, passou a adorar Bobby Kennedy umas cinco vezes mais na morte do que em vida — algumas vidas têm o condão de iluminar-se na morte. Mas também se sentia tomado de desgosto ante o que poderia ter concedido naquela outra noite. Pois acreditava que um universo no qual em dados momentos a pessoa pudesse falar baixinho com a manifestação de Deus ou do Diabo que se encontrasse nas proximidades só podia ser uma proposição filosófica tão razoável quanto qualquer suposição de que esses diálogos fossem ilusórios. De maneira que era possível que ele tivesse chegado a dar alguma coisa, mas em troca de nada: os danos extensos e irreversíveis infligidos ao cérebro do senador já tinham ocorrido antes que a fonte de sua própria generosidade sequer se mostrasse úmida. Realmente! Como saber o que poderia lhe ter sido concedido caso obedecesse ao primeiro impulso e tivesse ousado apresentar sua confissão no leito matrimonial? Pode ser que tivesse feito bem a algum outro homem, e por outro caminho.

Ele nunca chegou a saber ao certo se tinha desistido de alguma coisa — vinha trabalhando demais em coisas demais para poder perceber qualquer mudança sutil. (Embora lhe parecesse provável que tivesse desperdiçado uma certa porção de magia.) Mas quem mais se importava com aquilo, além do repórter? No geral, ele estava deprimido; e então encontrou o senador McCarthy num coquetel em Cambridge, menos de uma semana depois do assassinato. McCarthy também estava em depressão.

3.

No tal coquetel, McCarthy exibia um ar incrivelmente cansado, a pele estava de um amarelo gasto, o corpo só servia para manter a cabeça acima dos demais convidados do coquetel. Como peixinhos famintos, pessoas menores mordiscavam sua carcaça relutante com perguntas, perguntas cretinas, interrogações petulantes que ele já ouvira mil vezes. "Por quê?", perguntou uma jovem senhora, professora de faculdade, óculos de aro de osso, "Por que não saímos do Vietnã?", a voz quase histérica, soando com a eletrônica áspera de uma garganta cancerosa, e McCarthy reagiu com uma expressão quase de dor diante da questão e da exigência biliosa de uma resposta. "Bem", respondeu ele com sua voz deliberadamente suave e baixa, a última gota de bom humor nunca esgotada — porque no caso de se ver ocasionalmente cercado por alta voltagem, muita bobagem e circuitos vazios o melhor a fazer era sempre dirigir suas palavras diretamente ao anjo do riso. "Bem", disse o senador McCarthy, "parece que há alguns obstáculos no caminho."

Mas seus claros olhos verdes tinham aquela expressão intermediária entre o humor e o sofrimento que a Criação sempre pode apresentar quando confrontada com os tratores do tédio.

Anos antes, em 1960, o repórter tivera dois vislumbres de Eugene McCarthy. Na convenção democrata de Los Angeles que indicou John F. Kennedy, McCarthy fizera um discurso em favor de outro candidato. Foi o melhor discurso de indicação que o repórter jamais ouvira. E escreveu sobre o discurso usando a metáfora de uma corrida de touros:

> Ele dominou a platéia como um toureiro [...] acumulando a emoção do público, descarregando-a, criando mais emoção na esteira da anterior, fazendo passes cada vez mais próximos à medida que se preparava para matar. "Não rejeitem esse homem graças ao qual temos orgulho de ser chamados de democratas, não podemos permitir que esse profeta deixe de ser honrado por seu próprio partido." [...] McCarthy prosseguiu, a capa dobrada sobre a espada para os passes finais. "Só havia um homem propondo que falássemos com sensatez para o povo americano [...]. E ele disse que a promessa da América é a promessa de grandeza. Foi sua a conclamação à grandeza... Não esqueçam esse homem... Senhoras e senhores, apresento-lhes não o filho favorito de um estado, mas o filho favorito dos cinqüenta estados, o filho favorito de todo país que nunca o viu, mas saúda seu nome em segredo." Tumulto. E o golpe de misericórdia. "Senhoras e senhores, apresento-lhes Adlai Stevenson, de Illinois." As orelhas e mais a cauda. Os cascos e o

touro inteiro. Um rugido ergueu-se da platéia como o clamor ouvido no dia em que Bobby Thomson rebateu seu *home run* no Polo Grounds e os Giants derrotaram os Dodgers no terceiro jogo do *playoff* da temporada de 1951. A manifestação tomou conta da platéia como uma cascata, todos se puseram de pé, o ginásio soava como as entranhas de um tambor.

Três meses talvez mais tarde, pouco depois de seu artigo sobre aquela convenção ter sido publicado e com as eleições cada vez mais próximas, ele se encontrara com o senador McCarthy em outro coquetel em Central Park West destinado a arrecadar fundos para a campanha de Mark Lane, que na ocasião concorria a uma cadeira na Assembléia Estadual de Nova York. O repórter fizera um discurso naquele dia. Tendo decidido, devido à excitação da candidatura Kennedy e a outras excitações (muita maconha, por exemplo), concorrer à prefeitura de Nova York no ano seguinte, fez seu primeiro discurso ao partido, um discurso político curioso e certamente singular, particular, pessoal, torturado nas metáforas, demonstrando uma indiferença sublime para com as grandes questões, uma plataforma de governo ou qualquer parafernália reconhecível do processo político, e lido com uma velocidade excessiva para o espanto de sua platéia, um rígido conclave (no fim das contas muito indiferente) de matronas judias de Central Park West. O orador convidado, o senador McCarthy, viria em seguida, e subindo na tribuna improvisada enquanto o repórter descia, o senador dirigiu-lhe um vasto e agradável sorriso, amplo como as grandes planícies de seu Meio-Oeste natal.

"Melhor aprender a respirar, meu rapaz", murmurou com o canto da boca, e pôs-se a divertir a platéia pelos minutos seguintes com um discurso que misturava urbanidade, elegância profissional e habilidade política. Isso ocorrera oito anos antes.

Mas agora, quase oito anos mais tarde, o momento era outro, e os convidados reunidos no coquetel de Cambridge, com suas perguntas e seus conselhos intermináveis, sua familiaridade excessiva mas ainda assim reverente além da conta, seu desejo de tocar em McCarthy, provocá-lo, eletrizá-lo, pareciam só fazê-lo afundar mais e mais no isolamento de seu cansaço, em seu desencanto — era o que seus poros davam a impressão de dizer — com o processo democrático. Não era homem de se misturar. Ou se tinha sido, muitos anos antes, já se cansara disso, certamente ficara farto disso, depois das primárias de New Hampshire, Winsconsin, Indiana, Oregon e Califórnia — tornara-se, ou talvez sempre tenha sido, um homem reservado demais para a odiosa dinâmica política da mistura, dos acertos, dos apertos de mãos, da resposta às mesmas perguntas que já se respondiam elas mesmas em sua própria formulação. E agora, além do mais, a ameaça de assassinato por cima de tudo, a possibilidade de que sua morte pudesse lhe chegar como uma carta que se recebe, e algum homem jamais estaria pronto? As reverberações melancólicas, ocas, sepulcrais, daquele último tiro provocando sem dúvida ondas ásperas em seus sonhos, porque seus olhos, sensíveis, amistosos e remotos como os olhos amarelos de um primata superior engaiolado, falavam do alto do rosto cansado e caído, acima das olheiras fundas, parecendo dizer: "Sim, tentem me resgatar daqui — mas, como estão vendo, não é muito possível". E o repórter, pensando em cumprir essa tarefa de resgate, procurou-o para falar do discurso de 1960 em Los Angeles, e dizer-lhe que tinha sido o segundo melhor discurso político que ouvira em sua vida.

"Ah", disse McCarthy, "e qual foi o melhor, pode me dizer?"

Outra pessoa abriu espaço à força no círculo em torno de McCarthy para fazer-lhe outra pergunta, produzindo um impacto que fez empertigar-se o agente do serviço secreto de terno cinza junto ao cotovelo de McCarthy. Mas McCarthy manteve o interrogador à distância, dizendo: "Não, prefiro ouvir um pouco". Era óbvio que adquirira o prazer de ouvir os outros. De maneira que o repórter contou-lhe a história do discurso feito por Vito Marcantonio no Yankee Stadium em 1948, e o senador ouviu atentamente, quase com tristeza, como se rememorasse outros grandes momentos da oratória.

A caminho da porta para ir embora, sob a pressão dos convidados e dos militantes locais do partido enfileirados para cumprimentá-lo antes de partir, um sujeito alto de barba, com um queixo enorme, rosto largo, óculos grossos de armação de osso, falou numa voz ressonante, atenuada apenas pela complacência de certas intrigas nasais. "Senador, sou estudante de inglês e gosto muito das suas posições políticas, mas devo lhe dizer que acho a sua poesia muito ruim."

McCarthy recebeu aquilo como um lutador que leva um tapa do juiz no antebraço. "Estão vendo no que dá, concorrer à presidência", dizia o riso nos seus olhos. Se costumava fazer suas orações em algum altar, era ao lado da imagem do santo do bom humor.

"Dê minhas lembranças a Robert Lowell", disse o repórter. "Diga a ele que li 'O pescador embriagado' faz poucos dias."

McCarthy parecia a vítima na neve quando o são-bernardo chega com o barrilzinho de rum. Seus olhos se acenderam à menção do poema... "Vou fisgar Cristo com uma isca preparada", pode ter sido o verso que recordou. Acenou de leve, e saiu porta afora.

Ainda assim o repórter ficou deprimido com o encontro. McCarthy não tinha o aspecto nem transmitia a sensação de um presidente, e aquele sujeito alto e cansado com os olhos cintilantes e sutis capazes de aguçar ainda mais o gume de uma nuance, não, lembrava antes o decano do melhor departamento de literatura inglesa do país. Não produzia aquela impressão de um homem dotado de vasta ambição e do caráter suficiente para torná-la luminosa, de maneira que lhe faltava aquele carisma que nos dispensaria de qualquer discussão posterior sobre a natureza de sua tentativa.

4.

Se aquele encontro foi no início de junho, havia diferenças agora, no final de agosto. McCarthy, chegado ao aeroporto de Midway para saudar os voluntários de sua campanha, tinha uma bela aparência em seu terno de candidato presidencial nessa tarde ensolarada, já não mais cansado, aparentando satisfação com a massa presente e a atmosfera de sua recepção. Percorreu a fileira de amigos e repórteres que tinham conseguido ultrapassar a corda que continha a multidão e apertou muitas mãos, distribuindo piscadelas confiantes ou olhadelas reluzentes, "E você, o que está fazendo aqui, Norman?", perguntou com um sorriso, rápido como um jab, abrindo caminho até a plataforma onde um aglomerado de microfones presos a seus pés guarnecia sua tribuna. Mas os microfones estavam desligados. O que fez McCarthy rir. Enquanto isso, cartazes eram exibidos em meio à massa: A ESPERANÇA FUNDAMENTAL DA AMÉRICA; LUCIDEZ, E NÃO LOUCURA; PARA MIM, MCCARTHY. Ele examinou aqueles cartazes feitos à mão como se tivesse formado daquela linguagem, ao cabo de mais de uma década, uma visão enciclopédica o bastante para valorizar cada rara originalidade, e ria de tempos em tempos, quando via alguma coisa de que gostava.

Finalmente, dirigiu-se à platéia. "Eles cortaram a luz. Nós estamos tentando consertar." Grandes lamentos estudantis diante da torpeza da oposição — risos sensatos diante da graça da situação. "Vamos cantar", disse Gene McCarthy; um grito da multidão. Seu estandarte era o mesmo que o deles: nada como o bom humor para suportar os pequenos horrores. "This land is your land, this land is my land", "esta terra é a sua, esta terra é a minha", e McCarthy experimentou os outros microfones, com grandes deslocamentos de sua comitiva de maneira a permanecer junto dele, até finalmente desistir e voltar ao primeiro. As coisas tinham sido consertadas. Apresentou o senador Yarborough, do Texas, que por sua vez iria apresentá-lo. Yarborough tinha a aparência corada e simpática de um congressista conservador britânico em forma de barril com cintas metálicas, e falava com um ligeiro sotaque texano; disse à platéia que McCarthy tinha "vencido a campanha junto aos corações do povo americano". Enquanto ele falava, McCarthy ficou sentado ao lado da esposa, Abigail, uma mulher de colorido quente com um rosto agradável, marcado pelos traços maliciosos de uma aristocrata de espírito crítico severo. Alguma coisa em sua expressão indicava um senso de humor impiedoso, mas era uma mulher elegante — e dava para imaginá-la como primeira-dama. De fato! Agora era quase possível imaginá-lo como presidente. Ele tinha o porte, ele tinha o senso de humor. Parecia forte. Quando se levantou para falar, mostrava-se em forma e relaxado. Depois de ter rido de um cartaz que dizia BEM-VINDO A FORT DALEY, começou enviando seus cumprimentos ao prefeito de Chicago, que "está zelando por todos nós".

"O Grande Irmão!", gritou uma voz potente na platéia.

McCarthy falou por seis ou sete minutos. A platéia estava à espera de um discurso que a fizesse sair derrubando todas as cercas do curral, mas o senador tinha outros planos. Falou em tom manso, com seu senso de humor fluente, sua segurança quase desafiadora — "Podemos construir uma sociedade nova e um novo mundo", disse ele a certa altura, usando os tons mais brandos de seu registro brando, acrescentando em seguida, como que para livrar-se da maldição de tamanha presunção intelectual: "Não estamos pedindo nada demais — só um uso moderado da inteligência".

"Está pedindo demais", murmurou com admiração o repórter de uma agência de notícias.

Um grande grito se elevou da platéia. Bastava um uso moderado da inteligência para evitar o Vietnã.

E McCarthy atraiu mais uma aclamação quando declarou não estar interessado na vice-presidência. "Não estou aqui para negociar abrindo mão daquilo que trabalhamos tanto para conseguir", disse ele sob aplausos, e logo adiante, para a decepção do público, encerrou seu discurso. A banda começou a tocar — era a Warren King's Brass Impact, composta de quatro trombones, duas guitarras, tambores, seis trompetes e um sax tenor, com dois negros não muito pretos entre os músicos.

Sim, ele não abria mão de nada, nem mesmo em matéria de música. Se no fundo era um conservador, e não muito empenhado na causa dos negros, então não havia a menor hipótese de recorrer a órgãos elétricos e avalanches de soul music. Não, até aquele momento ele sempre fizera as coisas do seu jeito, eliminando qualquer de seus conselheiros que demonstrasse interesse pela politicagem à moda antiga do toma-lá-dá-cá, não, sua campanha começara com um intuito educacional, e era educacional que ele sempre a mantivera — não tinha cedido nem um centímetro, não recorrera à demagogia em momento algum e isso lhe dera forças, talvez não forças suficientes para vencer, certamente não o bastante para vencer, mas seu rumo fora ditado pela retidão, e nessa atmosfera de uma campanha finalmente dirigida a homens inteligentes, nada de esmolas para putas, ele foi embora.

Não foi um grande comício, mas havia uma eletricidade presente, algum fio mínimo de esperança de que a vitória, sem a menor possibilidade de um salto brusco para as alturas, ainda pudesse encontrar asas. E aproveite para olhar bem, pois trata-se da última dessas ocasiões agradáveis. Mais tarde, nesse mesmo dia, Hubert Humphrey desembarcou no aeroporto O'Hare, mas não havia muita gente para recebê-lo, só alguns colaboradores de sua campanha. Havia dois tipos de pessoa trabalhando para Hubert Humphrey. Parte deles, com seus cabelos cortados rente ou muito bem penteados, poderia estar igualmente alinhada com Ronald Reagan. Os outros tinham saído diretamente daquele restaurante onde a máfia aperta a mão do sindicato. Ninguém pode dizer que Humphrey fosse antipático com as pessoas de verdade. Mas há mais coisas a examinar sobre todos esses homens.

5.

> Aqui, amigos, nas pradarias de Illinois e do Meio-Oeste, podemos ver longe em todas as direções... aqui não existem barreiras, não existe resistência contra idéias ou aspirações. E não queremos mesmo que haja. Queremos que o espírito e a mente não estejam manietados, que não haja padrões rígidos de pensamento nem uma uniformidade férrea. Queremos apenas a fé, as convicções na vitória e uma disputa livre e justa.
> (De um discurso de Adlai Stevenson, governador de Illinois, na convenção democrata de Chicago em 1952.)

Talvez seja a hora de tentar um sumário das forças que atuavam na convenção de 1968.

Um exame semelhante da convenção republicana nunca pareceu necessário. Os antecedentes de Miami Beach eram simples: Nixon, em decorrência de um vácuo histórico que ele foi o primeiro a detectar e por graça de um trabalho intenso, ocupou o centro republicano desde o primeiro momento — e o resto da história ficou por conta das tentativas de Rockefeller no sentido de tornar suas próprias posições mais claras para si mesmo. Devia responder apenas à corrente republicana desesperada para não ser derrotada por Johnson e depois por Kennedy, ou será que devia concorrer às primárias e dividir o partido? Uma vez que ele era perfeitamente capaz de ganhar as eleições presidenciais mesmo com o Partido Republicano dividido, já que sua presença dividiria ainda mais o Partido Democrata, a pergunta era acadêmica. Mas a história de Rockefeller não pode ser escrita sem que se conheçam a estratégia de seus conselheiros e os conselhos de seus íntimos, os quais, pode-se presumir, ainda não estão dispostos a fazer essas revelações.

Onde ela não permanecia oculta, a história republicana era relativamente simples e pode ser deixada de lado. É a história do Partido Democrata que insiste em se apresentar, porque nenhuma convenção jamais teve fatos iguais como prelúdio.

Em 31 de março, numa noite em que a pesquisa Gallup mais recente mostrava que LBJ, o presidente Lyndon B. Johnson, só contava com a aprovação de 36% dos americanos (enquanto apenas 23% eram a favor da maneira como vinha conduzindo a guerra), Johnson anunciou numa rede nacional de televisão que não iria disputar nem "aceitar a candidatura à presidência pelo meu partido". No dia 2 de abril, começaram os rumores sobre uma candidatura de Humphrey — McCarthy vencera a primária de Wisconsin com 57% dos votos contra 35% de Johnson (e calculava-se que, caso Johnson não tivesse renunciado, o resultado da votação estaria mais para 64% a 28%).

No dia 4 de abril, Martin Luther King Jr. foi assassinado por um branco, e ondas de violência, incêndios e saques irromperam em Memphis, no Harlem, no Brooklyn, em Washington D. C., Chicago, Detroit, Boston e Newark ao longo da semana seguinte. O prefeito Daley deu sua famosa ordem de "atirar para matar" à polícia de Chicago, e a Guarda Nacional e tropas do Exército americano foram enviadas a algumas dessas cidades.

No dia 23 de abril, estudantes da Universidade de Columbia isolaram com barricadas o gabinete de um decano. Um dia depois o campus se amotinou, depois foi fechado, e não voltaria mais a funcionar regularmente pelo resto do semestre. No dia 10 de maio, como que sinalizando um movimento espontâneo mundial, os estudantes da Sorbonne travaram batalha com a polícia de Paris em barricadas e nas ruas. No mesmo dia, Maryland prometia discretamente o apoio de seus delegados a Humphrey.

No dia 3 de junho, Andy Warhol sofreu um atentado a bala. No dia 4, depois de vencer as primárias da Califórnia por 45% contra 42% para McCarthy, com 12% para Humphrey, Robert F. Kennedy foi baleado na cabeça e morreu no dia seguinte. Encerrava-se finalmente a guerra canibalesca entre as forças de paz de McCarthy e de Kennedy. McCarthy tinha sido quase esmagado em Indiana, Nebraska, Iowa e Dakota do Sul; Kennedy ficara seriamente prejudicado por sua derrota em Oregon. Enquanto isso, Humphrey vinha acumulando delegados em estados como Missouri, que não tinha eleições primárias, e mais delegados em estados que tinham, como a Pensilvânia, mesmo depois de 90% dos votos das primárias do estado terem ido para McCarthy.

E assim correu o mês. A cidade de Cleveland, com seu primeiro prefeito negro, ainda estava amotinada. Spock, Goodman, Ferber e Coffin foram condenados a dois anos de prisão.* Ken-

* Em junho de 1968, o célebre pediatra e escritor Benjamin Spock, o escritor Mitchell Goodman, o professor universitário Michael Ferber e o reverendo William S. Coffin foram julgados e condenados por um tribunal federal, acusados de "conspiração para aconselhar, apoiar e estimular a resistência ao recrutamento". O veredito seria derrubado dois anos mais tarde por um tribunal de apelação. (N. T.)

tucky, com 46 delegados, deu 41 a Humphrey, e os partidários de McCarthy se retiraram do recinto. Dia sim dia não corriam histórias sobre o desejo de Humphrey ter Teddy Kennedy como candidato a vice, e muitos comentários nas colunas dos jornais sobre a ansiedade dos democratas em transferir a convenção de Chicago. Os serviços telefônicos da cidade estavam em greve, e esperava-se uma greve dos táxis e dos ônibus. Muito a contragosto, Chicago seria a sede de uma convenção yippie (de YIP, Youth International Party, Partido Internacional da Juventude) na mesma semana em que receberia os democratas. Em Chicago ainda havia o mau humor taurino do prefeito Daley — e nos bastidores muito se trabalhava para transferir a convenção democrata para Miami, onde as linhas de telefone e televisão operavam, e Daley não. Mas Daley não estava disposto a permitir que a convenção deixasse sua cidade. Prometeu que garantiria a ordem e não permitiria manifestações extremadas, deu a entender que sua cólera, caso a convenção fosse transferida, poderia abalar bastante a firmeza do apoio de certas pessoas. Uma vez que Hubert Humphrey era o candidato mais qualificado a obter o apoio de tais pessoas, não tinha a menor pressa de ofender o prefeito. Lyndon Johnson, quando instado pelas partes interessadas a fazer Daley concordar com a mudança, teria respondido, segundo os boatos: "Miami Beach não é uma cidade americana".

As redes de TV faziam grande pressão no sentido de transferir a convenção para outro local. Em Chicago, em decorrência da greve, suas câmeras só poderiam funcionar nos hotéis e no Anfiteatro — elas não poderiam levar seus geradores portáteis para as ruas e alimentar suas câmeras coloridas de TV. Isso não seria permitido. Só poderiam usar câmeras de filmar, o que lhes valeria um atraso de pelo menos meio dia na cobertura de eventos ou em entrevistas realizadas na rua (e um atraso de meio dia para a televisão equivale a um atraso de uma semana para o resto da imprensa). E devem ter concentrado muita pressão sobre Daley e

Johnson. Cabe curiosamente ao prefeito o crédito de ter sido forte o bastante para enfrentá-las. Prova cabal de que Daley não era um político do século XX, dirigido por outros. Qualquer homem assim teria reconhecido os poderes de retaliação dos meios de comunicação de massa. A inimizade de uma rede de televisão nunca sai barato; ela sempre pode responder ao ataque com um crônico tom de má vontade na voz do locutor cada vez que o nome fatal for mencionado ao longo dos próximos doze meses. Ou doze anos. Daley, porém, não era um político nacional, e sim membro de um clã — capaz de conquistar 73% de qualquer eleitorado cujos ancestrais se sentissem à vontade brandindo armas primitivas nas florestas da Polônia, nos pântanos da Ucrânia, nos charcos da Irlanda; aqueles homens sabiam defender seu território: ele também. Representante nenhum de uma rede de comunicação wasp-judaica iria dominar as ruas da cidade paroquial de Daley, tampouco nenhum dos seus criptocúmplices com seus cabelos compridos, sua liberdade sexual, seu uso de drogas e suas línguas desatadas. Era como se os poderes primitivos dos pulmões do prefeito, havia muito acostumados a inspirar todo tipo de bênçãos e maldições (das exalações que lhe chegavam dos antepassados, dos eleitores e dos animais nos matadouros onde trabalhara por mais de uma década), fossem capazes de absorver tudo aquilo em seu peito, o poderoso tonel que era o peito de Richard J. Daley, noventa quilos, um metro e setenta de altura. Essas bênçãos e maldições, depois de ostensivamente aspiradas em público, podiam ser processadas, trituradas e dissolvidas no sangue colérico, dominado pelo desafio em sua densidade e na própria hemoglobina — "Engolirei o cuspe deles e depois usarei como arma", podia sempre berrar o prefeito para o seu eleitorado. De maneira que Daley estava pronto a enfrentar a ira eletrônica dos semicondutores do mundo, seu sangue alimentado a voto repleto de substância e maldições para usar contra as transistorizadas cabalas comunicatórias dos meios de comunicação. E por trás dele — embora jamais possam surgir provas comprobatórias — devia estar Lyndon Johnson, o grande feiticeiro secreto e ferido do Partido Democrata. Se Teddy Roosevelt certa vez arruinara William Howard Taft e o Partido Republicano candidatando-se pelo Partido Progressista,* Lyndon Johnson agora também se transformara no chefe guerreiro de um terceiro partido, tendo passado os meses de junho, julho e agosto concentrado em criar uma convenção maldita, uma plataforma, um candidato e um partido que seriam só seus, da mesma forma que a visão de pesadelo de um navio fantasma é a alma de uma febre; ele faria o possível para rachar seu partido, dividi-lo ao meio — aquele partido ao qual sua fidelidade de quase quarenta anos nem podia ser questionada —, porque o partido tinha aceitado abandoná-lo. Para se vingar, ele iria criar um candidato que jamais seria sequer capaz de concorrer, porque sua campanha se esgotaria na escolha pelo partido. Imagine o que ele poderia pensar de um candidato capaz de atrair mais votos do que ele.

6.

"Política é propriedade", disse Murray Kempton, delegado de Nova York, em torno das epifanias de uma bebida, e nunca uma nova ciência foi mais bem compreendida por um jovem delegado a uma convenção. Lyndon Johnson era primeiro preceptor do princípio de que política-é-propriedade, segundo o qual ninguém jamais pode dar alguma coisa em troca de nada. A

* Alusão ao episódio em que Theodore Roosevelt, depois de exercer a presidência dos EUA de 1901 a 1909, decidiu tornar a candidatar-se em 1912. Entretanto, postulou tarde demais a candidatura pelo Partido Republicano, que já estava praticamente comprometido com Taft, e assim acabou fundando um terceiro partido, o Partido Progressista (cujo símbolo era um alce, daí o apelido de *Bull Moose Party*, "partido do alce"), pelo qual se lançou na disputa, dividindo o eleitorado de Taft: as eleições acabaram vencidas pelo democrata Woodrow Wilson. (N. T.)

política das convenções, portanto, não é tanto a arte do possível quanto a arte do que é possível quando você negocia com detentores de uma certa propriedade. O voto de um delegado é o que ele possui — e ele jamais vai dá-lo em troca de nada, assim como ninguém jamais assinará a doação integral de sua casa por uma causa, por mais meritória que seja.

O verdadeiro proprietário nunca é ambivalente em relação às suas terras, não ri delas e nunca vê as propriedades adjacentes como mais meritórias do que a sua — e assim um profissional da política que não se orgulhe do que possui é um desertor. O mais insignificante dos cabos eleitorais do bairro mais pobre de Chicago tem algo que é só seu — e não pode ser desalojado sem deixar sua maldição ou nos obrigar a desemaranhar os nós de suas relações com cem outros donos de empregos na área; ele paga seu dízimo reafirmando sua lealdade umbilical para com seu chefe político, e recebe em troca proteção para o que lhe pertence.

Essas relações de propriedade podem ser observadas em todas as sinecuras políticas do país — os postos da magistratura, os cargos, as obras públicas, as promessas — e se traduzem por empregos públicos e pela palavra que pode ser negociada como um título financeiro: tudo isso é a política como simples propriedade. Todo mundo que participa no jogo tem alguma coisa, e essas posses podem ser aplicadas, equivalem ao capital e podem ser usadas para arrecadar juros quando investidas em sólidos empreendimentos conservadores, como por exemplo décadas de lealdade à mesma Máquina. Enquanto o sistema progredir, a propriedade da pessoa será premiada com dividendos. Mas essa propriedade também pode ser usada como típico capital de risco — a pessoa pode apoiar um movimento insurgente dentro de seu próprio partido, ou até arriscar a perda de sua propriedade inicial, em troca da possibilidade de ganhar muito mais.

E esta, claro, ainda é a política praticada na sede das assembléias municipais, do condado ou do estado, a política do membro regular do partido, a política como simples propriedade, vale dizer, a política como poder concreto negociável — o valor do envolvimento de cada um na política é, a qualquer momento, quase diretamente conversível em dinheiro.

A política no plano nacional ainda pode se dar no âmbito da política-como-propriedade, desde que a pessoa não esqueça que a integridade moral (ou a impressão pública de integridade) de um político importante também é propriedade, pois lhe carreia poder e/ou emolumentos. De fato, um político muito importante — ou seja, um estadista, ou um líder partidário — só tem substância política se estiver a serviço de instituições ideológicas ou dos interesses e das paixões morais correntes do eleitorado, de maneira que, ao mesmo tempo em que serve, ele é o agente do poder político que seus eleitores lhe conferem, poder que é sem dúvida uma propriedade. Ser um anticomunista de destaque já foi uma propriedade de muito valor, à qual não havia muito que se comparasse — Richard Nixon obteve cedo o equivalente a uma imensa extensão grilada em Oklahoma, reivindicando a posse de vastos territórios dessa propriedade. "O fim da Guerra do Vietnã" é uma propriedade para alguns, "impedir o derramamento de sangue americano em vão" é obviamente outra. Um político reflete e faz sua escolha entre as propriedades morais. Se tiver uma mente ágil, for inescrupuloso e não se incomodar com uma vida de ansiedade constante, fará o possível — já que existe grande concorrência pelas coisas valiosas na política — para apoderar-se do máximo de propriedades que puder, mesmo que sejam de domínio rival. Na medida em que o político só tiver compromisso consigo mesmo, preso à procura de sua própria verdade espiritual — vale dizer, na medida em que estiver disposto a acabar em qualquer posição pouco palatável a que possa conduzi-lo o caráter de sua verdade —, estará mal equipado para o jogo da política. Política é propriedade. Você acumula o máximo que puder, paga o mínimo possível para manter suas posses, extrai o máximo de rendimento delas e combina-se aos outros sempre que pode — pequenos gênios como Humphrey perceberam, por exemplo, que a devoção ao sindicalismo e um anticomunismo fervoroso podem ter sido campos opostos no passado, quando se situavam dos dois lados de uma terra de ninguém, mas logo depois da Segunda Guerra Mundial estavam prontos para o enriquecimento mútuo, decuplicando-se em termos de respeitabilidade nacional.

Nem é preciso sublinhar a capacidade de Lyndon Johnson para compreender essas questões. (Para o jogo mais alto da política-como-propriedade em escala internacional, estava tão bem equipado quanto William F. Buckley, Eleanor Roosevelt, Barry Goldwater, George Patton, J. Edgar Hoover, Ronald Reagan e Averell Harriman, mas isso é outro problema.) Johnson entendia que, na medida em que um homem era um animal político (e portanto desligado da busca de alguma verdade pessoal que pudesse ser independente da política), tornava-se quase um homem morto se privado de suas propriedades. De maneira que o verdadeiro animal político é cauteloso — nunca se permite, exceto nos momentos mais revolucionários, assumir alguma posição em que tenha de arriscar todas as suas posses políticas numa única questão, numa aposta única, não, para evitar esse transe ele chegará até a entregar uma parte do que possui em troca de nada e aceitará pagar um tributo, o que é a mecânica de alguns ataques surpresa e foi como Barry Goldwater conquistou sua indicação. (Pois seus seguidores lhe prometeram o extermínio político mais rápido possível de todos os delegados marginais que ainda não se dispusessem a segui-lo.)

A pérola na ostra dessa idéia é que só existe nos Estados Unidos um cargo político que não vem associado a nenhuma propriedade efetiva, exceto a propriedade fantástica da promoção por tragédia, e é claro que se trata da vice-presidência. É o único alto cargo que pode exibir todas as características secundárias da propriedade política — ampla divulgação pública do nome, atenção na imprensa para os discursos, emolumentos honorários no Senado, intimidade com o presidente (em grau variado), pequenas missões no estrangeiro com tudo pago. Se você for muito ativo na vice-presidência, todos os americanos conhecerão o seu nome. Mas esta será sua única propriedade. E é diferente do poder de verdade — lembra antes a vida de uma estrela de cinema. Em proporção ao tamanho do cargo, na realidade o vice-presidente detém menos posses que o cabo eleitoral instalado em sua cadeira de ante-sala. O vice-presidente pode prometer muitas coisas, mas não pode garantir a entrega de nada. De maneira que nunca pode ter certeza de obter nada em troca. Não é cargo para um político, e sim para um filósofo.

A tese deste argumento é de que Lyndon Johnson, havendo reconhecido que não tinha como vencer as eleições de 1968 (e que só poderia conquistar a indicação de um candidato de sua escolha cindindo o seu partido em dois ou mais fragmentos), ainda assim decidiu usar o partido em sua vindicação. A última das propriedades políticas é o ego, o ego intacto, o ego brunido pela chama da instituição e da reverência. Nem todos os homens desejam que seus túmulos ostentem estátuas suas, mas é difícil imaginar LBJ sepultado sob uma lápide simples — "Aqui jaz um sujeito simples com muitas vitórias e com um erro calamitoso" —, Lyndon seria capaz de levar seus emolumentos para as câmaras de debate dos infernos. Afinal, fora obrigado a viver os meses de março, abril e maio com a possibilidade de Bobby Kennedy conquistar a indicação, vencer as eleições, os risos dos

Kennedy ecoando nas paredes dos seus pesadelos; Lyndon aprendera, nos dias que vivera sem propriedade na vice-presidência, como pode ser rápido o escoamento das posses de uma pessoa, o quanto eram solúveis os sais orgulhosos do seu ego. O quanto poderia ser rápida a sua deterioração se um Kennedy assumisse de novo o cargo — e, nesse caso, sua própria morte obscura já deveria ter-lhe parecido óbvia. Os homens cuja vida se constrói com base no ego podem morrer de qualquer doença dolorosa, menos uma — não conseguem tolerar a dissolução de seu ego, pois a partir de então não lhes resta mais nada com que possam enfrentar a emoção, nada além do impulso de rastejar aos pés do inimigo. É o preço bruto que se paga pelo apego a propriedades desprovidas de valor moral. E quanto Johnson não devia estar disposto a oferecer em março, abril e maio para que Bobby Kennedy fosse detido. Talvez até o sacrifício de sua própria vindicação.

Depois do assassinato do senador, porém, a indicação de Humphrey tornou-se vazia para Johnson. Se Humphrey desejava vencer as eleições, era do seu interesse dissociar-se do presidente. Uma vez que isso contrariava os interesses de Johnson, a tortura de Hubert Humphrey começou.

Anote: a política é a negociação dura entre homens duros em torno da propriedade; a força deles está em sua capacidade de negociar e em sua masculinidade. Por trás de cada negociador paira a magia de suas propriedades reunidas — e a questão real em jogo na negociação é: as propriedades de quem são dotadas da magia mais poderosa? Um bom político, então, pode negociar com qualquer tipo de proprietário, menos o fanático, porque o fanático está desencarnado de sua propriedade. Imagina que sua propriedade — seu nobre ideal! — existe sem ele. Sua magia é da ordem do surreal. É por isso que Lyndon Johnson nunca seria capaz de negociar com Ho Chi Minh, e foi por isso que pôde manipular Hubert Humphrey com absoluta segurança. Humphrey fora obrigado a viver quatro anos basicamente privado de qualquer propriedade, e ninguém melhor que o presidente sabia o efeito que aquilo podia ter sobre um animal tão encharcado de política quanto Hubert. Humphrey jamais conseguiu tomar a iniciativa. Privado por quatro anos de sua cadeira no Senado, privado de eleitores e do poder de negociar votos, da pequena e intricada medula nutritiva graças à qual podia medir ganhos ou perdas no comércio de favores concretos por favores concretos, da troca de inclinações políticas com base em sólidas negociações de entrega e aquisição de propriedade, forçado a acenar com uma influência que podia ou não possuir, Humphrey nunca soube onde se situar em negociações explícitas ou não com Lyndon Johnson. De maneira que seus pés estavam sempre escorregando. Contra as cruzadas de lei e ordem que se armavam pela direita, sua esperança era armar uma cruzada pela esquerda sem dividir a esquerda. Mas para tanto teria de arriscar-se a virar inimigo de Lyndon Johnson, teria de correr o risco real de perder a indicação, e esse era o risco que não podia correr, porque representaria a morte mais vã que podia haver, perder-se na aposentadoria enquanto sua carne ociosa testemunhava com horror a decomposição do seu ego. Um político em situação tão desfavorável pode chegar ao ponto de entregar o que lhe resta de alma para não ser obrigado a contemplar o quanto já entregou.

Hubert Humphrey era o pequeno gênio da política americana — seu horror foi estar unido em matrimônio a Lyndon Johnson, o gênio doméstico de todos nós. Humphrey não conseguiu acumular no fígado orgulho suficiente para pedir o divórcio. Seu fígado desfazia-se de terror. Chegou a Chicago sem ninguém para recebê-lo no aeroporto além de um punhado de seguidores fiéis — as parcas propriedades exclusivas do vice-presidente —, homens cujo salário ele pagava, e não eram muitos. Mais tarde, um grupo de algumas centenas foi ao seu encontro na Sherman House, e surgiram os rapazes e as meninas de Humphrey. Em 1964, algumas das meninas de Goldwater pareciam prostitutas a cavalo, e agora, em 68, algumas das mulheres que apoiavam Humphrey pareciam simplesmente prostitutas. A máfia adorava Humphrey; sempre gostou dos líderes políticos que andavam com uns trocados bem azeitados no bolso das calças, e havia muito dinheiro por trás de Humphrey, 800 mil dólares foram arrecadados para ele numa única noite em Nova York; ele daria um presidente perfeito — por algum tempo — para qualquer especulador que gostasse de um bom contrato governamental para ancorar seus negócios ao mesmo tempo em que recebia um lançamento açucarado para um *touchdown*. De maneira que havia dinheiro de Humphrey presente em Chicago para os festejos da convenção, e um clube noturno ou cabaré especial no Hilton, chamado Hubaret, onde qualquer um precisaria de um guia especializado para distinguir os mafiosos dos líderes sindicais, e as mulheres — mas não vamos insultar as mulheres. Basta dizer que as colméias estavam todas em ação, e que toda moça chamada Maria usava um penteado de Maria Antonieta. Todos os negros venais também estavam lá — alguns dos vigaristas mais escorregadios, redondos e pretos que já mantiveram contato com alguém, do prefeito Daley aos Blackstone Rangers. O movimento era constante no Hubaret, e todo bebedor tardio era bem recebido. Se Hubie ganhasse, os bares tardios haveriam de prosperar; as políticas do prazer jamais exigiriam que todos os bares fechassem às quatro — e quem podia achar isso ruim?

Os negros de maneira geral nunca tinham ficado encantados com McCarthy. Se ele era a epítome do que o homem branco tinha de melhor, isso significava um branco dez vezes mais distante, humor seco, costas empertigadas, dois séculos e meio de cultura augusta e seus destilados — os modos irônicos da aristocracia rural mais rígida; os pretos não queriam o branco melhor e mais seco possível num ano em que estavam à procura de qualquer justificativa (nem muito difícil de encontrar) para odiar os brancos. Mas se nem o militante negro e o trabalhador negro conseguiam encontrar consolo ou atrativos em McCarthy, tente imaginar como é que o negro que estava mais por baixo olhava para ele, também conhecido como Clean Gene: Gene, o Limpo. Esse homem não queria ter de peregrinar até alguma sacristia católica nos bosques do norte de Minnesota, onde banhavam um grão de ervilha em água quente e apresentavam o produto como sopa de ervilha; não, o que ele queria era uma boa lasca de toucinho nas mãos. Não dava para se conformar com as bolinhas duras e santificadas de titica de bode que McCarthy vinha passando para os negros mais simples como bolas de gude políticas, quando eles estavam esperando era que alguém finalmente lhes passasse o molho. De maneira que Hubie Humphrey chegou a Chicago com nove décimos do Partido Democrata organizado — o apoio negro, o apoio trabalhista, o apoio da máfia e o apoio dos delegados do Sul, e procurando bem podia-se encontrar tudo isso no Hubaret, assim como levas sempre renovadas de delegados com buttons de apoio a Humphrey, o HH em letras imensas e grossas com sua referência talvez involuntária — embora nesses dias quem saberia dizer exatamente o que era calculado ou não? — a cercas de arame farpado, a campos de concentração, a câmaras de gás. A letra H marchando rumo ao horizonte.

Havia entre 1400 e 1500 delegados garantidos a favor de Hubert Humphrey no dia em que ele chegou a Chicago — era a estimativa de seus assessores mais próximos, Larry O'Brien, Norman Sherman, Bill Connell; o número era baixo, estavam descontando os filhos favoritos do Sul e a pequena reserva de delegados ainda não comprometidos. Mesmo assim, havia rumores de tormenta e muita ansiedade — o prefeito Daley tinha convocado uma reunião com a delegação de Illinois no domingo, saíra com eles da reunião sem prometer nenhum dos 118 votos do estado a um único candidato, e havia comentários de que Daley queria Teddy Kennedy. John Connally, do Texas, furioso diante da iminência da abolição da regra unitária naquela convenção, ameaçava no domingo indicar Lyndon Johnson.*

Ou a convenção já estava costurada em favor de Humphrey ou ainda estava indefinida. Ninguém sabia ao certo. Geralmente, bastava chegar a uma convenção com pouco menos de uma vitória em primeiro escrutínio, com um deficit de até duzentos votos, que a vitória era certa. A corrida entre os delegados para aderir ao lado vitorioso no último minuto era sempre um estouro de boiada. Era como se as terras deles fossem dobrar de valor. Humphrey chegou com cem a duzentos votos além do que precisava, mas ainda assim não se livrara do seu pânico; tomou o cuidado de anunciar no programa de televisão *Meet the Press*, antes de embarcar no avião para Chicago, que apoiava a política do presidente Johnson no Vietnã porque era "basicamente sensata". Fazia dois meses que ele vinha vacilando, sugerindo um dia que não estava muito longe das "pombas" e, no dia seguinte, correndo de volta para mostrar-se alinhado com o governo. Sempre se podia dizer, claro, que fazia parte de sua habilidade política manter os partidários de McCarthy incertos de sua posição; caso se convencessem de que ele adotaria uma linha próxima da de Lyndon Johnson em relação à guerra no Vietnã, poderiam cogitar — inclusive o próprio McCarthy — em induzir Teddy Kennedy a concorrer. De maneira que Humphrey fazia de conta que era favorável à paz, como forma de manter o mais jovem dos Kennedy paralisado em Hyannis. Mas o que ele tinha a ganhar, além da aprovação de Lyndon Johnson? Uma aliança com McCar-

* A regra unitária, *unit rule*, previa que todos os votos de uma delegação fossem para o candidato que conquistasse a maioria de seus eleitores. (N. T.)

thy poderia até dar-lhe alguma chance de vitória em novembro. Mas ainda assim Humphrey empenhou-se em manobra segura atrás de manobra segura, cortejando o Sul, cortejando LBJ, Daley, Meany, Connally; e mesmo assim chegou a Chicago com a indicação incerta. Tinha 1500 votos, mas se alguma coisa desse errado não estava seguro de nenhum deles — todos podiam se esvair da noite para o dia. Humphrey ficaria hospedado no Conrad Hilton, mas sua primeira iniciativa depois de pousar no O'Hare foi tomar o rumo da Sherman House para uma visita à delegação de Illinois. Daley estava empenhado em induzir Teddy Kennedy a concorrer — depois de concorrer e perder, Teddy Kennedy sempre poderia ser convencido a aceitar uma candidatura a vice-presidente. Por outro lado, depois de lançar-se, poderia até demonstrar uma grande força — e nesse caso Daley teria como reivindicar o mérito de ter retirado a indicação de Humphrey e entregado a Kennedy. Daley não podia perder. Passava o tempo todo estimulando Kennedy a candidatar-se. E Humphrey prometia a Daley tesouros cada vez mais valiosos, forçado — já que àquela altura ainda não contava com propriedades políticas próprias — a hipotecar propriedades futuras. Concedia substância futura em dobro a Daley, aos sindicatos, ao Sul, aos interesses empresariais. Suas operações de consolidação, suas manobras seguras para garantir sua indicação depois que já estava garantida, foram ficando cada vez mais exorbitantes. E uma piada transitava pelos corredores da convenção:

"O que Hubert ainda não precisou entregar?"

"Bem, Muriel continua casada com ele."

O risco que ele corria era absurdamente pequeno. McCarthy, triplamente impopular com os delegados, porque tinha razão, porque sentia orgulho de ter razão e porque negociava apenas com propriedades morais, não tinha a menor possibilidade de vitória. Ainda por cima, despertava intensa antipatia entre os partidários dos Kennedy. Se Bobby Kennedy e Gene McCarthy militassem no Sinn Fein ao mesmo tempo, prenderiam os coldres de suas armas debaixo de ombros opostos — eram a personificação suprema da guerra entre os irlandeses. McCarthy tinha a fama de viajar com livros de santo Agostinho e santo Tomás de Aquino dentro da mala; Bobby Kennedy devia achar que um dos castigos por ser irlandês era a oportunidade de se perder na *Suma teológica*.

Mas Hubert Humphrey não carregava nem armas, nem livros. No fim das contas, era um falcão e não uma pomba, pela mais visceral das razões — suas vísceras não tinham a firmeza necessária para enfrentar a ira coletiva do complexo industrial-militar que conhecia tão bem em Washington, aquela esquizofrenia de carabineiro que se podia ver nos olhos dos funcionários do Pentágono, sim, seu medo ia além do bom senso político e de uma verdadeira oportunidade de vitória, ia além até de sua servidão a LBJ (porque LBJ no fim das contas também tivera medo do Pentágono), e reduzia-se ao simples medo de dizer aos generais que estavam errados. A paz eles podiam até aceitar, mas não o reconhecimento de que eram um tanto loucos — seria mais fácil mandar dragões mudarem seu ninho de lugar.

7.

Era uma convenção diferente, quase resolvida antes de começar, exceto pelo medo que tanto abalava a bile do indicado: o medo de perder; estava decidida, mas ao mesmo tempo extraordinariamente indecisa, ainda que totalmente dominada por Lyndon Johnson. Ele tinha homens fiéis em toda parte — Hale Boggs, chefe da bancada da maioria no Congresso, no Comitê de Plataforma; Carl Albert, líder da maioria no Congresso, no cargo de presidente da convenção; John B. Connally, governador do Texas, e o prefeito Daley, de Chicago, postados logo à frente da tribuna dos oradores com suas delegações do Texas e de Illinois, e a própria tribuna na verdade tão sobrecarregada de delegações favoráveis a Humphrey que, se uma pessoa percorresse o semicírculo dos estados mais próximos do pódio, Minnesota, Utah, Kentucky, Tennessee, Texas, Rhode Island, Ilhas Virgens, Illinois, Pensilvânia, Virgínia Ocidental, Havaí, Connecticut, Nova Jersey, Delaware e Flórida, os resultados finais para o candidato de Johnson seriam de 730 votos entre 834 possíveis, e em nenhum desses estados ele tinha menos de dois terços dos delegados. Mais para o fundo do Anfiteatro, num semicírculo formado pelos assentos mais distantes da tribuna, ficavam Vermont, Porto Rico, Nova York, Califórnia, Colorado, Virgínia, Wisconsin, Arkansas, Oregon, Missouri, Mississippi e New Hampshire, e a votação a favor de Humphrey era apenas de 297 em 720.

Podia-se perguntar o sentido dessas precauções mesquinhas, e a resposta é que política é propriedade. Um bom assento numa convenção, forte, central e nas primeiras filas, é tão importante quanto um bom lugar na platéia de um espetáculo. Os egos dos políticos não dormem longe de sua propriedade; já que são todos um tanto psicopatas (tendo uma consciência do presente muito mais intensa que seu senso do passado), um mau lugar deprime a visão que têm de si mesmos. Isso pode ter um efeito de menos de 1% nos homens de coração resistente, mas Lyndon Johnson, assim como a máfia, trabalhava com décimos de ponto percentual e sempre recolhia o troco miúdo de cada percentagem.

O responsável pela distribuição foi John Criswell, tesoureiro da Convenção Nacional Democrata, um desconhecido até ser instalado ali pelo presidente; era homem de Johnson a tal ponto que até para o pessoal de Humphrey criava dificuldades em questões menores, precisamente a maneira de lembrar a um homem como o vice-presidente que ele ainda era um sem-terra político. Ainda assim, os contingentes de Humphrey foram instalados nas primeiras filas — podiam vaiar ou aclamar o orador, perturbar-lhe a fluência com sua presença próxima, nada insignificante quando a pessoa era obrigada a encarar os capangas de Illinois que bufavam ao comando de Daley. Alguns tinham olhos penetrantes como brocas; outros, narizes que pareciam arados; queixos que lembravam joelhos amputados; penteavam o cabelo bem esticado com um repartido do lado, imitando o prefeito, que, de perto, tinha uma pele avermelhada com muitas veias aparentes, e um cabelo que lembrava seda cinzenta suja penteado em linha reta — em seu pior dia, Daley lembrava de fato uma velha camponesa corpulenta usando uma peruca muito suja de fios de seda cinza. (No melhor, parecia respeitável o suficiente para ser o treinador do Chicago Bears.) De qualquer maneira, não era coisa pouca subir à tribuna com a delegação de Illinois bem debaixo do nariz, todos aqueles provocadores, acertadores de contas, puxa-sacos e capangas percorrendo atentamente a platéia com os olhos, como que para congelar certos rostos insubordinados, transformá-los em candidatos a um contrato e um atentado. Era assim que sempre se comportavam os sujeitos com olhos de broca, era o que dominavam da arte dramática, mas a diferença nessa convenção eram os tumultos que também ocorriam do lado de fora, os maus-tratos aos delegados nos corredores, os caminhões com geradores na proximidade dos matadouros prontos a eletrificar as cercas de arame farpado, a polícia e o grupamento de cães treinados estacionados nos charcos a oeste do Anfiteatro. Política é propriedade. Avançar logo com seu estandarte. Empurrar em frente. Chegando perto da tribuna, as únicas coisas que havia para ver eram Daley e Connally. Olhe bem para Connally, governador do Texas, que já esteve sentado à frente de John F. Kennedy naquela limusine presidencial que passava pelo depósito de livros da Elm Street. Connally é um belo homem, mau, mau até a medula, tem cabelo ondulado cor de prata, é atrevido como um janota, exibe um nariz afilado e um sorriso texano de lábios finos, um sorriso confiante — revelando dentes que sabiam até onde podiam morder cada osso, torta, mamilo ou teta. Connally pertencia à escola texana da política como pura propriedade: existem os De Dentro e os De Fora. Os De Fora têm uma única filosofia. Tornar-se um dos De Dentro. E os De Dentro também têm uma única filosofia. Manter os De Fora do lado de fora. A política era assim. E o lugar onde cada um se sentava era muito importante.

Era importante também porque os microfones reservados aos delegados variavam de volume. Os microfones de Illinois, Texas, Michigan e Ohio, como os demais microfones pró-Humphrey, tinham um som claríssimo. Os microfones de Nova York, Wisconsin e Califórnia tinham um volume baixo. Numa emergência, em alguma tentativa de pedir a palavra à presidência da mesa, seria muito mais difícil berrar do fundo da sala, muito mais fútil acenar de lá com faixas e bandeiras. Em alguma emergência total, se todos os microfones emudecessem — e bastava um dedo num interruptor para tanto —, quem poderia ser ouvido do fundo da sala, se as primeiras filas pedissem a palavra? Sim, era a convenção de Lyndon, e ele a controlava através de Criswell, Daley e os seguranças de Andy Frain, através dos passes de plástico usados para entrar no Anfiteatro — tão especialmente magnetizados, anunciaram, que não bastaria inseri-los numa fenda para entrar na sala, mas era ainda necessário tornar a inseri-los na saída, para que se desmagnetizassem. Quanta fúria e quantos murros dos seguranças não choveram sobre um dos delegados de New Hampshire que usara um cartão de crédito para entrar e sair e foi detectado da segunda vez, quando tinha um repórter a seu lado. Mas as experiências de todos os membros da imprensa que tinham um cartão do Diners' Club revelaram que ele era precisamente, micrometricamente igual em tamanho aos passes de entrada — e que era óbvio que seria possível inundar de gente as galerias ou o plenário caso a necessidade se apresentasse. Que falta de verdadeira segurança! E, enquanto isso, quanta dificuldade para ingressar no plenário. O número de passes de entrada para a televisão, os jornais, o rádio e os periódicos eram drasticamente reduzidos. A cada vez que a convenção adquiria vida, ficava quase impossível chegar ao plenário, a fim de limitar os danos que uma cobertura muito ágil pudesse causar. E não era tanto questão de atingir um certo objetivo prático quanto de criar uma atmosfera opressiva para a convenção como um todo. A essa altura LBJ odiava a imprensa, pela liberdade que tomava nas críticas à sua coragem, às suas boas intenções e à sua concepção da verdade. Detestava os jornalistas por terem mostrado a cicatriz de sua operação de vesícula em todas as primeiras páginas do país, por revelarem a futilidade de sua guerra no Vietnã, e secretamente devia culpá-los pela derrota na guerra — não era segredo que a essa altura o Pentágono odiava a imprensa, que constituía uma insólita quarta dimensão para além das três dimensões consolidadas da tradicional política-como-propriedade, que abria as portas para a zombaria dos mais altos cargos, que dava destaque aos hippies, que difundia as críticas à guerra e promovia um niilismo indefinível. Dava destaque às coisas erradas. De maneira que, até onde pôde, Lyndon fechou-lhe as portas da convenção; Daley era o seu braço armado.

Ainda assim, não obstante todo o vigor de seu comando sobre o plenário da convenção, Johnson não apareceu em pessoa para falar uma vez sequer, raramente foi mencionado e a convenção se instalou sem exibir qualquer fotografia sua em lugar nenhum. Em Atlantic City, em 1964, havia duas fotos suas com quatro andares de altura, erguendo-se da platéia até o mais alto dos balcões. Já na convenção atual, a presença de Lyndon era percebida antes como um cérebro do tamanho de um dirigível pairando acima dos delegados no ar carregado de fumaça.

Ainda assim, não obstante o quanto ele a controlava, a convenção foi a mais agitada das convenções democratas das últimas décadas, talvez em mais de quarenta anos, e a mais amarga, a mais violenta, a mais desorganizada, a mais dolorosa e, de certo modo, a mais descontrolada — de maneira que lembrava exatamente o governo de Johnson: rigorosamente controlada até onde chegava o último eco de sua voz, mas para além disso um caos absoluto. Numa das pontas estava Carl Albert, presidente da mesa, que recebia deixas quanto ao que fazer através de acenos de cabeça, gestos de dedos e outros sinais transmitidos pelos capangas de Daley, transparentes em seu significado — "Agora fala o chefe", ou "Faça esse sujeito calar a boca" — para 30 milhões de telespectadores. Na outra extremidade ficou o caos da Michigan Avenue quando a polícia resolveu batizar os yippies e saiu malhando o feno como um bando de porcos selvagens. E no meio de tudo a comédia, triste, apagada e melancólica como uma risada constrangida, quando o senador Daniel K. Inouye, do Havaí, homem de Johnson, abriu a convenção usando dez das treze laudas de seu discurso para descrever os males da nação. E não era o que se esperava dele. O discurso de abertura da convenção costuma exaltar as glórias do partido e as iniqüidades da oposição. O discurso de abertura da convenção é um dividendo puro e automático das posses coletivas. É como o dinheiro que cada um recebe no jogo de Banco Imobiliário ao passar pelo Ponto de Partida, duzentos dólares; mas o país se encontrava em tamanhos apuros que, mesmo com um homem de Johnson na tribuna, o discurso de abertura foi obrigado a tratar da crise americana e apresentar um apanhado muito perturbador e bem formulado.

Houve a briga pela regra unitária, que deixou Connally furioso a ponto de prontificar-se a indicar Johnson. Houve disputas por credenciais que chegaram a tais assomos da fúria às duas e meia da manhã de terça-feira, quando a primeira sessão noturna de segunda ainda não fora encerrada, que o presidente da mesa foi vaiado por muitos minutos. Na noite de terça, quando a delegação da Georgia, por aclamação oral, foi reacomodada às pressas para dar conta de sua cisão, metade para Maddox e metade para Julian Bond, representou-se uma comédia mais rasgada. "Tiraram meu lugar", reclamou um delegado magro e branco da Georgia, com ar de garoto, "sem me pedir ou me dar um aviso, sem que a presidência se dignasse a promover uma votação. Foi assim que tomaram meu assento na convenção. Uma arbitrariedade total." O delegado prosseguiu, numa voz aguda, como um carro gemendo na mudança de marchas: "Era o meu lugar, e não tinham o menor direito de ficar com ele. Estou me sentindo meio estranho sem o meu assento". Sim, através das multiplicidades de suas negociações e conchavos, a política se reduzia à disputa da melhor cadeira no círculo da família em torno da mesa da cozinha, e quando o Irmão Mais Velho ou a Irmã Mais Velha toma o nosso lugar, isso é motivo para reclamação. Mas quando Mamãe vai embora, ou qualquer autoridade a quem se possa apelar, bem, a política deixa de existir. Pelo menos a política à moda do Sul.

"Pois é isso", disse o delegado da Georgia. "Vou voltar para minha cidade para pensar um pouco, e depois posso até me decidir a trabalhar pelo sr. Wallace."

"Quer dizer", perguntou o entrevistador, "que o senhor não pretende trabalhar pelo candidato do Partido Democrata?"

"Mas como? Eles tomaram meu lugar."

8.

Na manhã de terça-feira, a delegação da Califórnia reuniu-se no salão de baile do LaSalle para ouvir um debate improvisado entre o senador McCarthy, Hubert Humphrey e o senador McGovern. Havia outro debate programado para a televisão, entre Humphrey e McCarthy, mas não ocorreu. Quando McGovern e Lester Maddox anunciaram suas candidaturas, insistiram em participar do debate. Na confusão, Humphrey se retirara.

Agora, porém, tinha voltado. O ônus de recusar-se a debater com McCarthy já não seria mais dele — além disso, era tarde demais para ganhar ou perder mais alguns votos com esse tipo de atividade, e de fato é provável que McGovern, que se sairia muito bem naquela manhã, não chegasse a ganhar nem vinte delegados a mais com esse esforço extra. Política é propriedade, e apaixonar-se pela voz de um homem a ponto de dar-lhe seu voto no dia seguinte equivale a não conseguir bons rendimentos com suas posses — além do mais, os votos que McGovern acabou roubando foram em sua maioria de McCarthy, que tampouco prometia muito lucro.

O salão de baile do LaSalle ficava no 19º andar do hotel, e era um salão nobre, com uns quinze metros de largura e três vezes isso de comprimento, com um teto arqueado de uns dez metros de altura. Cerca de mil delegados, convidados e jornalistas se acotovelavam nesse espaço, a fome de confronto alimentando não só as massas de estudantes e yippies nas ruas do lado de fora como também os delegados e a imprensa, como se a frustração de ouvir Johnson e Humphrey defendendo a guerra por mais quatro anos tivesse desencadeado diálogos inconscientes em muitos homens e mulheres desacostumados a falar sozinhos nas ruas — de fato, com a devida antecedência, 20 mil ingressos poderiam ter sido vendidos para esse encontro entre os três.

Que entretanto foi curiosamente um anticlímax. Embora a atmosfera do salão de baile fosse tensa, teatral, até mesmo histórica, o debate não foi grandioso. As tecnologias da televisão e da política de convenção eleitoral eram muitas vezes estranhas, pareciam calculadas para dissolver as possibilidades dramáticas, e não podia haver exemplo mais evidente do que o formato adotado para o debate (talvez por pressão dos adeptos de Humphrey, pois só a ele beneficiava), uma vez que previa um pronunciamento de abertura de dez minutos para cada candidato, depois do que o encontro ficaria aberto a perguntas dos delegados. Cada candidato a que se fizesse uma pergunta teria três minutos para responder, e seus oponentes, dois minutos para comentários. No final, cada um ainda poderia apresentar uma breve conclusão. Era um formato decoroso, concebido precisamente para inibir a possibilidade de um confronto contínuo entre os principais debatedores, uma vez que qualquer discussão iniciada não teria como continuar além do tempo concedido para cada resposta. Política é propriedade, e a propriedade de que Humphrey dispunha aqui eram seus vinte anos de serviço no Senado e no governo — e ele não iria deixar que o debate se limitasse a um festival de críticas ao Vietnã, não, estava disposto a ocupar sua cadeira e deixar que o formato cobrisse outros tópicos, como a atuação do Legislativo, a Suprema Corte, sua disposição de apoiar os candidatos democratas; e acabaram falando apenas uns poucos minutos sobre o Vietnã. Só mais tarde, porém. O início não foi muito promissor. O debate estava marcado para as dez horas da manhã, McGovern entrou às dez e cinco, McCarthy às dez e treze. Humphrey, obedecendo à lógica dos combates por disputa do título, em que o desafiante é sempre obrigado a esperar no ringue, não teve a menor pressa em aparecer. Às dez e vinte e seis, McCarthy deixou o palco e se deslocou lentamente na direção da porta, apertando as mãos de amigos com quem começou a conversar. Parecia pronto a ir embora.

Mas o vencedor também não pode entrar na hora errada. Humphrey ingressou no salão às dez e meia, e o debate, com meia hora de atraso, começou. McCarthy foi o primeiro a falar, e uma certa impaciência própria da derrota tinha se infiltrado em seu texto. Falou em seu estilo descontraído e direto, já famoso pela ausência de ênfase, pela pouca força e pela falta de concentração dramática, como se o maior desejo de todos os homens não devesse ser a presidência, mas a necessidade de evitar a todo custo ser forçado a alguma coisa (como se o primeiro desejo do Diabo fosse transformar cada um de nós em instrumento de nossas próprias vontades). Insistira, ao longo de todos os meses de campanha, que precisava continuar a ser ele mesmo e nunca procurar superar-se em qualquer ocasião, nunca injetar mais força em seus discursos quando os fatos externos indicassem que uma demonstração de força ou de poder retórico pudesse ter uma certa utilidade. Não, McCarthy seguia fiel à lógica do santo, o que não significa que se visse necessariamente como um santo (embora deva ter tido os seus momentos!), mas que a sua psicologia era do mesmo tipo: era Deus, e não o homem, quem haveria de julgar a importância do evento; e Deus haveria de dar língua para falar, se fosse a língua o órgão adequado para se manifestar. Ele haveria de ser bom quando o Senhor quisesse que fosse bom, poderoso quando o Senhor precisasse de poder, dominante quando Deus assim o decidisse. Tentar vencer empregando a energia de seus próprios meios seria vaidade, um exercício para o demônio que vive em cada um, talvez até uma oferenda ao Diabo. Tudo nos modos de McCarthy, sua voz contida, a recusa obstinada em adornar sua presença de espírito com qualquer marca de ênfase, a maneira de falar, na qual as afirmativas sobre o futuro do mundo deviam ser feitas no mesmo tom usado para pedir um frasco de aspirina, sugeriam seu profundo conservadorismo. Deixado por conta de suas inclinações, devia ser o conservador mais sério a disputar uma indicação desde Robert Taft — sim, tudo nos modos de McCarthy manifestava uma aversão profunda ao impulso romântico. O homem não era um projeto dele mesmo nem uma criação de si próprio para lançar-se de um lado ao outro do vácuo na esperança de que algum filamento de massa cinzenta que pudesse ter em si pudesse resultar numa ponte por cima do abismo, não, o mais provável é que o homem fosse um ser amaldiçoado e, quando não amaldiçoado, um maldito idiota, de maneira que devia desconfiar sempre de seus impulsos mais ousados e aventurosos. Mas não se podia negar que McCarthy também fosse um romântico — só um romântico se atreveria a enfrentar a ira incalculável despertada em Lyndon Johnson pela ruptura de suas propriedades vulcânicas, mas um McCarthy que estendesse a mão esquerda para o tabu se refrearia ao mesmo tempo com a direita. Uma coisa era concorrer, outra concorrer traindo seus princípios. O requisito central era lembrar sempre que toda imundície e toda confusão do mundo tinham sido produzidas porque alguns homens haviam ido além do que podiam, ostentando emoções que na verdade nem sentiam tanto assim, usando a matéria do coração para tomar atitudes teatrais com a finalidade de manipular os outros — e era este o combustível explosivo da danação espiritual. Assim, McCarthy ficava longe de arriscar a perdição fingindo o que quer que fosse em qualquer ocasião.

E a ocasião no salão de baile pedia uma série heróica de discursos históricos capazes de demolir Humphrey, reduzi-lo a uma poça gordurosa no centro de seu assento, mas o senador não estava disposto a nenhum movimento em falso. Nesse dia, o impulso de matar, o fogo de condenar, a fúria de brandir a espada do santo não estava presente nele. A derrota pairava sobre sua causa. Teddy Kennedy não sairia indicado, tampouco nenhum filho favorito do Sul. Os meses de campanha estavam quase no fim. O romântico secreto, que devia alimentar esperanças contra todas as correntes cinzentas de ferro que continham sua inteligência, a esperança de que de algum modo, em algum lugar, ainda se revelaria que a política do partido era não a propriedade mas o espírito, estava mais morto então que o gosto da própria morte — falava em voz baixa, com a amargura controlada de um homem cujo maior vício fosse a amargura. Se havia algum defeito grave em McCarthy, estava na parcimônia de seu espírito; amargo demais até para manifestar a amargura que entretanto ultrapassava as barreiras de sua presença de espírito, voltava-se sob a forma de castigo contra seus próprios seguidores, apresentando-se em tom brando e determinado numa hora dramática e, transbordando, parecia impregnar-se até no próprio amarelo de sua pele, o menos atraente de todos os seus traços.

Ele estava furioso não tanto por perder, mas pela falta de reconhecimento com que seu partido tratava o isolamento e a energia de seu desempenho; estava furioso com a indiferença, a antipatia até, do grosso dos seguidores de Kennedy; ficara magoado, mais talvez do que se dispunha a admitir até para si mesmo, com a entrada na disputa do senador George McGovern, que agora concorria com uma plataforma quase idêntica à sua, só que mais suave, mais concessiva. Devia estar gelado de ira com os comentários feitos por McGovern na reunião da véspera com os delegados de Nebraska. McGovern dissera a respeito de McCarthy que "sua posição é de que precisamos de uma presidência passiva e inativa, e isto me perturba. Resolver nossos problemas internos será muito mais difícil do que isso, e pede um presidente ativo e compassivo".

E assim McCarthy, em suas primeiras frases para a delegação da Califórnia, só dedicou uma palavra ao Vietnã, chegando a enfatizar que não queria repetir o que já dissera, e então — ninguém é páreo para a viscosidade e o gume do humor de McCarthy, e o tubarão que existia nele aparecia em seu melhor aqui — disse, ao falar das críticas que lhe faziam, "[...] mais recentemente, a sugestão de que eu daria um presidente passivo.

Pois acho que um pouco de passividade no cargo vai bem, uma espécie de equilíbrio, ao que me parece. Nunca soube muito bem em que consiste a compaixão ativa. Na verdade, para mim, a compaixão consiste em sofrer com o outro, e não adiante dele". Fez uma pausa. "Ou pelo menos não necessariamente em público." Outra pausa. E seus dentes apareceram. A voz não se alterava. "Mas, passivo ou não, fui o candidato mais ativo do partido este ano todo."

Ele tinha jogado como arremessador para um time de beisebol juvenil — e pode-se presumir que tivesse aprendido a maneira de atirar bolas de dois ou três tipos com os mesmos gestos; alguns de seus arremessos eram capazes de arrancar a cabeça de um homem. E prosseguiu, falando de New Hampshire no frio e na neve, de Wisconsin no gelo, "fazendo propostas o tempo todo" — sua alma estava agora totalmente tomada pelo gelo —, "mas disseram que fui impessoal, e quero que saibam que fui o único candidato a declarar que me livraria de J. Edgar Hoover, que é uma pessoa".

McGovern veio em seguida. McGovern era simpático. McGovern era o homem mais simpático de Chicago. Era um sujeito razoavelmente alto, de boa compleição, com um rosto honesto de habitante do Meio-Oeste, uma sobriedade de comportamento, uma sinceridade de apresentação, uma juventude de intenção, qualquer que fosse sua idade, que lembrava Henry Fonda. Agora, estava apresentando suas desculpas a McCarthy. "Digo a meu amigo e colega Gene McCarthy que quero agradecer o que ele fez ao se apresentar primeiro nessa corrida presidencial, para ajudar a mudar o rumo da política americana no Sudeste Asiático." Mas ele era amigo de todo mundo, "e não tenho memória curta. Lembro do vice-presidente Humphrey como alguém que, por vinte anos, carregou o estandarte dos direitos civis e da justiça em nosso país". McGovern exibiu seu sorriso doce. "O que estou tentando dizer nesta manhã é que não sou admirador de Richard Nixon." Ele estava destinado a conquistar a platéia naquelas duas horas exatamente desse modo. E então encerrou seu pronunciamento inicial sugerindo que "precisamos amansar a selvageria do homem e tornar mais gentil a vida no mundo". Exalava uma doçura cristã que parecia um aroma mediúnico — era um bom candidato e um homem agradável, não fosse por essa doçura. Era excessiva. Não artificial, mas excessiva, como o cheiro da madressilva também pode ser.

Ele falara uma vez e meia mais do que McCarthy. E Humphrey falou três vezes mais, hesitando através de uma certa imprecisão de linguagem, um descuido formal da sintaxe que lhe permitia puxar as frases de um lado para outro como um sinaleiro que, para localizar um certo trem de carga, precisa deslocar todas as composições paradas nos trilhos da estação.

"Acredito que uma das qualidades singulares do Partido Democrata seja a liderança que vem exercendo ao longo dos anos — reconhecendo sua falibilidade, reconhecendo suas inadequações, porque é um instrumento humano — e seja a capacidade que este país tem de vir a esse partido e a sua liderança, para ir ao encontro da mudança, e responder ao futuro." Enquanto Lyndon Johnson falava e escrevia em frases que podiam ser hifenadas como as cercas temporárias armadas pelo prefeito Daley no caminho do Anfiteatro, desviando o olho dos passantes do mato no terreno baldio para as duas pistas de estrada à frente, as frases de Hubert Humphrey eram como lotes de terreno a serem ocupados por construções, e cada expressão era a área destinada a uma casa — o único problema era que os lotes ficavam em várias cidades diferentes, e pequenos clichês de discursos diversos proferidos ao longo dos anos acerca de assuntos sem qualquer relação entre si eram agoras alinhados um ao lado do outro no mapa descosido de sua mente. Ele passava vários minutos plantando arbustos em cada lote isolado, dizendo coisinhas gentis sobre seus adversários, falando das dificuldades do século XX e das honrarias que constavam de seu currículo pessoal, da luta incansável que tinha travado, da importância da unidade. Sua voz tinha uma animação aguda que parecia ser emitida pelo próprio ato de exercitar a faculdade da fala; assim que a corrente de ar começava a deixar seus pulmões, ele vibrava como um conjunto de tubos de órgão — o único cuidado era evitar que aqueles tubos emitissem notas muito fortes, qualquer que fosse a música resultante. De maneira que ele falava sem parar e, quando acabou, metade do tempo do debate já tinha se esgotado.

Finalmente surgiu a questão do Vietnã. Um delegado pediu a palavra — devia estar mancomunado com Jesse Unruh, por que não?

Delegado: "Senhor vice-presidente, especificamente em que pontos o senhor discorda, se é que discorda, da posição do presidente Johnson em relação ao Vietnã?".

Humphrey demorou para subir à tribuna. Era uma pergunta que ele devia estar preparado para enfrentar, mas ainda assim parecia nervoso. Uma coisa é saber que vamos morrer um dia, outra acordar no meio da noite com dor no coração. Humphrey tentou dar uma resposta grandiosa; mas os tubos de órgão engasgaram — e sua voz saiu esganiçada. "O senhor se incomoda", perguntou ele, "se eu simplesmente disser qual é minha posição quanto ao Vietnã?"

"Não", respondeu a massa. "Não! Não!"

"Porque", continuou ele com sua vozinha determinada, "o presidente dos Estados Unidos não é candidato, e não vim aqui para repudiar o presidente dos Estados Unidos. E isto eu quero deixar muito claro."

Gritaram que não, houve ameaças de vaia, exclamações abafadas de desgosto. Uma salva de palmas profissional vinda de seus partidários na platéia ergueu-se em seu apoio, e no som havia uma espécie de afirmação peremptória de que quem-manda-na-reunião-somos-nós-e-prestamos-continência-à-bandeira. Na verdade, seus partidários não mandavam na reunião. Era a delegação da Califórnia, comandada por Jesse Unruh, antes comprometida com Bobby Kennedy e agora mais ou menos dividida entre McCarthy e McGovern, quem comandava as ações, mas havia suficiente autoridade nas palmas pesadas das mãos dos homens que aplaudiam Humphrey, mãos afeitas à manipulação de medicine balls, para lembrar aos presentes outros encontros que eles já tinha comandado, além de encontros que ainda haveriam de comandar. Era o som da Máquina que se revelava nos efeitos percussivos de sua pele.

E foi assim que Humphrey se livrou da necessidade de traçar uma separação clara entre a posição de Lyndon Johnson e a sua própria em relação ao Vietnã. E depois prosseguiu em seu discursinho característico — o mesmo que o vinha afastando do afeto da esquerda liberal pelos últimos três anos. Claro que eles não se caracterizavam exatamente pelo bom gosto, senão jamais o haveriam admirado muito para começo de conversa, mas nunca tiveram antes a oportunidade de constatar continuamente e em detalhe que Hubert Humphrey era simplesmente incapaz de conectar sua retórica a qualquer realidade; pelo contrário, era perfeitamente capaz de usar a mesma palavra, por exemplo "liberdade", para descrever um arreglo entre a máfia e a polícia em Minneapolis ou uma reunião de quakers. De maneira que continuava falando da nossa presença no Vietnã como se de fato estivéssemos lá "para impedir o sucesso de uma agressão". De nada adiantaria dizer-lhe que havia 1 milhão de soldados americanos e sul-vietnamitas para combater a agressão de 200 mil ou 250 mil soldados vietcongues e norte-vietnamitas. Se ele dizia que era agressão, então agressão passava a ser sua realidade — o que nada tinha ver com números. Assim, a "democracia" no Vietnã do Sul estava estabelecida pelo mero uso da palavra por Lyndon Johnson e ele próprio. A aura reluzente de democracia vinha da própria palavra, "Democracia!". Halos nos olhos. "Em termos da cena mundial, as eleições [no Vietnã do Sul] foram perfeitamente satisfatórias, e a base atual do governo é um governo de base mais ampla." E anteriormente ele chegara até a dizer: "Não procuramos impor uma solução militar. Infelizmente, as guerras sempre têm uma tendência à escalada". Só mesmo um grande romancista se atreveria a pôr essas palavras na boca de um personagem tão importante quanto Humphrey. "As barricadas que impedem a paz, meus caros amigos, não estão em Washington, mas em Hanói, e precisamos reconhecê-lo."

Os medicine balls deram-lhe mais uma boa salva de palmas, e ele se mostrava muito satisfeito consigo mesmo ao descer da tribuna. Fizera mais um discursozinho cálido e sincero em que obviamente acreditava, ou melhor, que de fato experimentara. Enquanto falava, a sensação de verdade tremeluzia à sua volta como um nimbo. Ele deve ter se sentido banhado em luz. Foi tão autêntico quanto um ator representando Napoleão — no momento em que os refletores o iluminam, ele é Napoleão. Assim, quando as luzes se acendiam sobre Hubert, existia de fato democracia no Vietnã do Sul, e nossa incapacidade de pôr fim à guerra era de fato culpa de Hanói (muito embora nós nunca tivéssemos declarado guerra ao Vietnã do Norte e ainda estivéssemos bombardeando metade de tudo que se movia por lá). Hubert Humphrey adorava a América. De maneira que a loucura da América se transformara na sua loucura. Afinal, ele era um apaixonado.

Chegou a vez de McCarthy falar. Todo mundo se inclinou para a frente. O confronto estava próximo. Mas McCarthy, não tendo recebido nenhuma voz interior, bebendo de alguma taça amarga da rejeição ou do desespero, tomado pelo desgosto absoluto pela raça humana que nele despontava, contentou-se em declarar, em seu tom mais parcimonioso: "O povo conhece minha posição". Pode ser que seu silêncio tivesse a intenção de transmitir algum desprezo supremo pelas palavras de Humphrey ou alguma reafirmação absoluta de sua fé política segundo a qual ninguém deve fazer nada sem uma sanção interna, em qualquer ocasião; ainda assim, sua abstenção foi extraordinária.

Uma raiva surda percorreu a platéia — mas é claro! Foi exatamente por isso que McCarthy não conseguiu conquistar a candidatura. Será que em algum momento ele tivera mesmo alguma vontade de ganhar, ou em tudo aquilo ele sempre tivera algum outro objetivo sinistro, explorando outras possibilidades? Ou será que estaria apenas entregue a um amuo irlandês porque McGovern se transformara obviamente no queridinho de todos? Mais uma vez, o abismo entre a resposta de um lado e do outro da pergunta era maior do que a própria pergunta. Se Nixon era um enigma, McCarthy era um enigma maior ainda.

McGovern recolheu todas as fichas. "Chegando tão tarde quanto cheguei", disse ele em relação à sua postulação, "não posso me dar ao luxo de abrir mão de nenhum tempo gratuito." E exibiu um sorriso angelical. A platéia veio abaixo. Ele os ganhara. Agora só lhes faltava uma boa resposta para Humphrey.

Se um diretor de elenco de Hollywood precisasse encontrar um chefe de escoteiros capaz de fazer o papel de galã romântico numa superprodução de 10 milhões de dólares, McGovern seria sua melhor escolha. Não havia homem mais limpo ou correto do que George McGovern em toda a cidade de Chicago. E ele proferiu todas as palavras certas com sua voz doce, empenhada, vibrante e honesta de bom moço e bom missionário cristão. "Acho que nós, democratas, carregamos um fardo especial diante do povo americano em 1968, pois quatro anos atrás pedimos seus votos e sua confiança com um grito que dizia: 'Não a uma guerra maior'."* A casa veio abaixo. Aplausos frenéticos. Sinais de manifestação improvisada. "Está certo", disse McGovern, cavalgando a energia de seu entusiasmo, "falar da eleição recente no Vietnã, mas devemos lembrar que um dos candidatos mais honrados daquelas eleições, o candidato à presidência Chu, foi recentemente sentenciado a cinco anos de trabalhos forçados pelo crime de ter defendido o que o senador McCarthy, George McGovern e tantos outros defendem, ou seja, 'um fim negociado para a guerra'. Muito obrigado."

Recebeu uma verdadeira ovação, com a platéia de pé. Todos ficaram encantados. Todos o adoraram. Não tinha na verdade a estatura necessária para ser imaginado na presidência, apresentava um excesso daquela mesma doçura onipresente que acabara dissolvendo em Humphrey a conexão entre os fatos concretos e seu pobre cérebro, mas McGovern ainda tinha muitos anos pela frente antes de começar a cantar *castrat*'. Teria conseguido até — caso tivesse entrado mais cedo na disputa — conquistar um número modesto mas respeitável de delegados de McCarthy, oferecia tudo que faltava a McCarthy, inclusive o prazer de ver o sorriso de querubim tostado exibido por Hubert Humphrey diante da ovação consagradora dirigida ao orador que acabara de demolir o seu discurso. Que desejo apaixonado havia no ar de fazer chegar a Humphrey a fúria das pombas.

Tinham sido espremidos, esmagados, abatidos a tiros, driblados em manobras, forçados a debandar dos pináculos do po-

* No original, "*No wider war*", slogan que cita uma célebre canção de Phil Ochs (1940-76) sobre a Guerra do Vietnã, "We seek no wider war" ["Não estamos querendo uma guerra maior"], de 1964, que começa com os versos "Sobre as cinzas do sangue marcham os soldados civilizados / sobre as ruínas da fortaleza do fracasso francês". A íntegra da letra original pode ser encontrada, por exemplo, em www.lyricsdir.com/phil-ochs-we-seek-no-wider-war-lyrics.html. (N. T.)

der nessa convenção, tinham visto seu partido escapar de suas mãos e precipitar-se no abismo, forçados a aceitar o bufão como seu candidato — e essa era a oportunidade que tinham de gritar na cara dele, e não iriam perdê-la. Bufão idiota!

Quando acabou a ovação, o debate prosseguiu no anticlímax, salvo por um tardio discurso de McCarthy, discurso em que ele praticamente deu adeus a todos os que ainda tinham esperanças nele no auditório, e naquela terra de subúrbios de classe média e aparelhos de televisão onde sua cruzada começara a colher aplausos. Quando lhe perguntaram se daria seu apoio "a outra pessoa com posições semelhantes", ele começou falando baixinho e continuou baixinho, mas a metáfora que usou na ocasião estava à altura de sua amargura, de seu orgulho e de sua alta noção dos padrões. E ele baixou o pano com aquela dignidade que era seu mais singular patrimônio político. "Muitos preferiram ficar de lado, como eu disse antes, no cume das montanhas, dançando em torno das fogueiras. Foram poucos os que desceram para o vale onde se dava a ação. E eu disse na época que, se alguém desafiava o presidente, devia estar preparado para ser presidente. É como atacar o Rei — um gesto perigoso." E o tamanho do perigo só ele sabia. Só ele tinha como saber até que ponto a pressão podia levar o terror, e quantas mutações um pesadelo podia produzir, sim, ele fora obrigado a enfrentar Lyndon Johnson às oito da manhã e às três da madrugada, no cansaço das cinco de uma tarde de trabalho árduo e depois da meia-noite sob o resplendor de uma lua cheia — fora o único a ter de defrontar-se com Lyndon Johnson com pensamentos dessa ordem depois da morte de Bobby Kennedy. Talvez existisse um azedume tão justificável para que a boca desse homem pudesse contrair-se ante qualquer convite à fala. "Já disse antes em New Hampshire, durante as primárias de New Hampshire — perguntaram-me se eu apoiaria o senador Robert Kennedy se ele fosse o indicado e suas posições fossem iguais às minhas. Respondi que sim... e que esperava que ele dissesse o mesmo a meu respeito." Virou-se, começou a sair e depois voltou. "Mais uma coisa. Eu disse também que não poderia apoiar um candidato democrata cujas opiniões não fossem nem próximas das minhas."

Depois que se afastou e se instalou em sua cadeira, os aplausos começaram devagar e foram aumentando de volume. Cresceram por um tempo surpreendente, nunca desenfreados em seu entusiasmo, mas constantes. A força do respeito também produzia uma modesta ovação.

9.

No mesmo dia, ao cair da tarde, McCarthy compareceu a uma reunião com Steve Smith, cunhado de Teddy Kennedy, e lhe disse que estaria disposto a retirar-se da disputa caso Kennedy entrasse, e que diria a seus delegados que estavam liberados; além disso, ainda lhes pediria que dessem seu apoio a Kennedy.

Havia alguma coisa que ele quisesse em troca?

Não, ele não pedia nada, na vitória nem na derrota. (McCarthy era obviamente um fanático — e fazia de tudo para destruir a política-como-propriedade.)

Smith agradeceu, disse que transmitiria seu recado a Teddy Kennedy, fez algum comentário sobre a munificência da oferta, pensando talvez com seus botões que chegava um pouco tarde, e foi embora.

Umas duas horas mais tarde, o repórter encontrou-se por acaso com McCarthy num restaurante da zona norte de Chicago.

O senador, sentado a uma mesa comprida no canto da sala principal do restaurante, um salão modesto (porque o restaurante ficava situado num antigo prédio de apartamentos), tinha as costas confortavelmente viradas para a parede e conversava com seus convivas enquanto tomava seu café. A atmosfera era suficientemente relaxada para que o repórter e seu amigo, outro repórter que vinha escrevendo uma matéria sobre McCarthy para a revista *Look*, conseguissem passar pelo serviço secreto sem grande esforço para cumprimentar o senador. Nenhum dos dois repórteres viria a saber de qualquer coisa sobre o encontro com Steve Smith senão dali a alguns dias, mas tudo indicava que McCarthy tivesse chegado a alguma decisão — no mínimo, estava mais à vontade do que em qualquer outro encontro com o repórter em Chicago. Talvez fossem os amigos com quem ele estava, na maioria irlandeses altos como ele, alguns acompanhados das mulheres, ou pelo menos foi o que o repórter pensou, pois foi apresentado a mais de meia dúzia de pessoas depois de seu cumprimento ao senador e alguns deles eram irlandeses altos e gentis com óculos de aro de osso enquanto outros eram irlandeses magros com rostos encovados, e um era um irlandês de Limerick com uma cara de dublinense, um terço poeta, um terço guerreiro e um terço amanuense. Talvez fosse a companhia, mas o repórter jamais vira McCarthy numa disposição semelhante. Não havia sinal da personalidade benigna das reuniões públicas, agradável mas nunca irresistível, a personalidade que sugeria que toda atividade séria tinha algo de absurda — desaparecida. Os modos que declaravam: "Sou um bom sujeito, e olhem só onde fui parar" — desaparecidos!

Falando com a licença de um homem que teve seu jantar interrompido, McCarthy retomou a conversa de doze semanas antes numa sala de Cambridge: "Ainda está esperando que eu repita aquele discurso de 1960?".

"Bem, senador", respondeu o repórter — que estava tentando reunir a presunção suficiente para dizer: "se o senhor pudesse fazer um discurso como aquele sobre a Guerra do Vietnã hoje à noite, quando for discutida a posição do partido sobre a paz..."

Mas McCarthy o interrompeu. "Aquilo foi no passado. Nem sempre conseguimos conservar necessariamente todos os nossos talentos. Depois que você perde um talento, como fazer para reconquistá-lo?" Era impossível dizer se zombava do repórter ou de si mesmo. "Naquela época eu me indignava", disse ele do outro lado da mesa com uma expressão malvada de satisfação, como se também gravasse suas palavras para a posteridade, os olhos amarelos cintilando à luz, "mas não consigo voltar a me indignar. É um dom a pessoa conseguir se indignar sempre que quer, Mailer."

"Uma verdadeira graça, eu diria."

Se a mesa vinha rindo das tiradas de McCarthy, agora riram da sua. Os amigos do senador tinham uma aparência áspera e mentes endurecidas, mas estavam obviamente abertos ao humor, de onde quer que ele viesse.

"Mas aí você também se pergunta se deve provocar a indignação nos outros", continuou McCarthy no tom da mais temperada das ironias. "Depois que consegue deixá-los indignados, você precisa acalmá-los. O que nem sempre é fácil. Lyndon, por exemplo, nunca entendeu esse problema. Ele acha que os políticos são bois, quando na verdade são quase todos porcos. E existe uma diferença, Norman, entre bois e porcos que a maioria das pessoas não conhece. Lyndon não conhece. Para fazer os bois andar, você primeiro faz um barulho qualquer e depois, quando eles começam a correr, você precisa fazer mais barulho para continuar a levá-los para onde quer, mais e mais barulho. Mas com os porcos é diferente. Para fazer um porco começar a correr você precisa de muito barulho, na verdade a melhor maneira de fazer porcos começarem a correr é recitar latim em voz muito alta que eles saem correndo — mas depois, para eles continuarem, você precisa ir baixando a voz pouco a pouco. E isso Lyndon nunca entendeu."

Concluídas essas observações gnômicas, o repórter não sabia precisamente do que o senador estava falando. Estava expandindo uma metáfora, e o que estava em questão eram imagens dos matadouros, da convenção, da guerra nas ruas, a expressão no rosto dos delegados que apoiavam Humphrey e nos partidários de McCarthy, além de alguma onda imensa de desprezo em relação aos encanamentos imundos e poluídos por baixo de todas as coisas. No riso que se seguiu, o repórter ficou calado.

"E os porcos ainda fazem uma coisa engraçada", prosseguiu McCarthy. "Têm uma forma estranha de se manterem aquecidos no inverno quando se encontram do lado de fora. Sabe, os porcos não sentem frio se estiverem com o focinho quente. De maneira que se distribuem em círculo, cada um com o nariz enfiado entre as patas traseiras do porco da frente. É ou não é uma relação interessante?"

"Ah, senador, eu diria que é uma relação satânica."

McCarthy juntou-se aos risos. Mas seu rosto estava duro, duro como os ossos e a carne flagelada da incorruptibilidade, duro como o chão frio de pedra de um mosteiro nas Florestas do Norte às cinco da manhã. O repórter se inclinou para a frente a fim de dizer-lhe uma coisa ao ouvido.

"O problema", disse ele, "a tragédia de toda essa história é que o senhor nunca devia ter tido de se candidatar a presidente. O senhor teria sido perfeito para o ministério." Um lampejo agudo nos olhos de McCarthy deu-lhe autorização para continuar. "Isso mesmo", disse o repórter, "o senhor teria dado um chefe perfeito para o FBI!", e os dois se entreolharam. McCarthy sorriu e disse: "Claro, você tem toda razão".

Do outro lado da mesa, o repórter contemplava uma das expressões mais duras e limpas que jamais tinha visto, todas as sutis sugestões de vaidade e dúvida às vezes visíveis na expressão do senador totalmente ausentes, não, o rosto que o contemplava pertencia a um homem duro, duro como as mais resistentes ligas do aço, um rosto impiedoso e muito justo, o tipo de rosto irlandês que poderia pertencer a um dos juízes mais severos de uma verdadeira corte celeste, ou ao comissário certo para uma força policial honesta demais para jamais ter existido.

O repórter foi embora. Mas a memória de McCarthy sentado àquela mesa persistiu. E a memória de sua presença, mais dura que as mais duras ligas do aço. Mas não injusta. Quanto ferro ela não deve ter exigido para ser temperada no hálito vulcânico de Lyndon. Sim, o repórter já tinha conhecido muitos candidatos, mas McCarthy era o primeiro que lhe dava a impressão de um presidente, ou pelo menos lhe parecia um presidente naquela hora difícil depois de ter abandonado a última de suas esperanças, e assim ter-se liberado para apreciar seu jantar em paz.

10.

Até agora, estivemos presentes a um relato da convenção democrata de 1968. No entanto, não foi uma descrição dos acontecimentos. O que aconteceu foi uma convenção reunida ao longo de uma batalha contínua de cinco dias nas ruas e praças de Chicago, entre alguns dos esbirros dos ocupantes de altos cargos e alguns dos niilistas entre os jovens. Se tivéssemos começado com uma descrição dessa soberba batalha, porém, não teríamos como transferir o interesse para a convenção, já que os momentos mais animados do Anfiteatro eram muitas vezes reflexos da guerra travada do lado de fora.

No entanto, vamos hesitar o tempo de um último brado patriótico antes de arrastar nossos pés para a frente de batalha. E o brado vem do discurso do governador Lester G. Maddox, da Georgia, que anunciara sua candidatura à indicação democrata em 17 de agosto de 1968. Já que só tornaremos a ver o governador uma vez mais, e que ele é um sujeito de fala vigorosa, vamos descrevê-lo com vigor: o governador Maddox tem o rosto de um bebê de três meses perverso, careca e de óculos.

Do discurso do nosso governador:

> Tenho orgulho de ser americano. Vocês não?
> Amo meu país e sua bandeira, e considero defendê-los um privilégio, mais que um simples dever. Vocês não?
> Eu... quando canto "God bless America", acredito em cada palavra da letra, com todo o coração.
> [...] os problemas que temos pela frente são conseqüência direta de não termos insistido com nossos líderes para que enfrentassem primeiro as questões mais importantes... a segurança dos cidadãos que cumprem as leis, antes da segurança dos cidadãos que desafiam a lei [...]

Política é propriedade: as relações de propriedade respeitam a lei. Mesmo a desapropriação pode ser regida por leis. Assim, a história de uma convenção precisa tratar dos cidadãos obedientes à lei; inversamente, um estudo dos cidadãos que desafiam a lei e protestam contra as deliberações dessa convenção nas ruas deve constatar que são destituídos de qualquer propriedade e, portanto, estão excluídos da política. Mas na verdade não é assim. Não exatamente. Havia dois grupos no exército de jovens que se reuniu em Chicago; e podem ser convenientemente divididos em socialistas e existencialistas. Os socialistas, pode ter certeza, acreditavam em todo tipo de idéias sociais e revolucionárias, menos a filiação ao Partido Socialista, que, claro, sendo jovens, eles detestavam; na maioria, eram estudantes da nova esquerda filiados à SDS (Students for a Democratic Society, Estudantes por uma Sociedade Democrática), à Resistência (movimento de resistentes confirmados ao recrutamento militar) e uma dúzia de outras organizações pacifistas. Embora seu patrimônio fosse quase inteiramente constituído de propriedades morais, só uma cabeça muito dura poderia alegar que os socialistas não mantêm relações de propriedade em sua política, porque na verdade, governador Maddox, existem ideologias entre esses maricas que vêm sendo transmitidas como legado familiar de geração em geração, e a guerra pelo controle de um comitê de radicais muitas vezes gira em torno da cadeira já ocupada do presidente da mesa.

A ênfase da nova esquerda, contudo, não está mais tanto nas lutas pelo poder; os velhos grupos marxistas dissidentes reduziram muitos velhos almirantes radicais ao comando de canoas furadas ou, para nos mantermos fiéis a nossa metáfora corporativa da propriedade, grandes senhores de terras ao comando de galinheiros. O interesse principal da nova esquerda era transformar a sociedade (e possivelmente transformar-se a si mesma — eram românticos, antes de mais nada) através do trabalho em prol de um novo tipo de existência nos guetos, nas universidades e no movimento contra a guerra. Se ainda eram referidos genericamente como socialistas é porque o produto de seus labores, como se temia, era em última análise ideológico: era sua prática que daria forma às suas idéias e idealmente essas idéias serviriam para iluminar a prática de outros, que assim ficariam mais próximos do movimento radical. Embora detestassem quase sem exceção a repressiva, obsessiva e finalmente — eram espíritos modernos — a analmente compulsiva opressão do comunismo russo (tanto quanto detestavam as ideologias analmente retentivas da grande empresa), havia muitos entre eles que eram totalmente favoráveis aos comunistas tchecoslovacos, a Che Guevara, a Castro, a Tito até certo ponto, à Romênia e aos norte-vietnamitas. Alguns inclusive faziam questão de ostentar bandeiras da FLN, a Frente de Libertação Nacional do Vietnã, em comícios e passeatas. Parte deles, devotos da memória do Che, exaltavam-se também com os ideais revolucionários militantes. Alguns tinham vindo a Chicago decididos a enfrentar a polícia. (Podemos ter certeza de que seus similares na Europa Oriental e na União Soviética estavam sendo presos pelos burocratas russos, que são a cara de Spiro Agnew, Dick Nixon e Hubert Humphrey.)

Inicialmente articulado para esse movimento em Chicago no dia 23 de março, num acampamento da YMCA em Lake Villa, Illinois, num encontro que reuniu cerca de cem grupos de oposição à guerra, o projeto foi apresentado num primeiro momento como uma ação direta capaz de atrair grandes multidões, pois Johnson ainda ocupava a presidência e a Guerra do Vietnã não dava sinais de estar perto do fim. Mais ou menos sob a égide da Mobilização Nacional pelo Fim da Guerra no Vietnã (a mesma organização de redesconto que acabara comandando a Marcha sobre o Pentágono), planos foram feitos para organizar manifestações de massa contra a indicação de Lyndon Johnson como candidato à reeleição. Uma vez que o presidente anunciara uma semana depois sua decisão de não tornar a concorrer, acompanhada logo em seguida pelo início da Conferência de Paz de Paris, muitos dos membros dos grupos de oposição à guerra ficaram um tanto perdidos, e os esforços em prol dessa imensa mobilização sob o comando de David Dellinger, editor da revista *Liberation* e principal arquiteto da Marcha Sobre o Pentágono, de Rennie Davis, chefe do Centro de Pesquisa Radical, e de Vernon Grizzard, líder do movimento contra o recrutamento militar em Boston, perderam o foco com a adesão de muitos dos jovens militantes às campanhas de Bobby Kennedy e de McCarthy. O sonho da reunião de uma frente ampla de grupos radicais em Chicago já não parecia mais praticável. Assim, planos mais modestos foram consolidados em entendimentos entre Rennie Davis e Tom Hayden, talvez o mais importante jovem líder da nova esquerda depois que Jerry Rubin se transformou em yippie e Mario Savio recaiu num relativo silêncio. Somando Hayden, Davis e Dellinger, a mobilização haveria de funcionar. Nos pontos onde os objetivos coincidiam com os dos yippies, comandados por Abbie Hoffman, Paul Krassner — editor da revista *The Realist* — e Jerry Rubin, haveria até cooperação. Rubin, antigo associado de Dellinger na Marcha sobre o Pentágono, vinha trabalhando desde dezembro de 1967 com o projeto de trazer 100 mil jovens para Chicago, com a finalidade de realizar um Festival da Juventude que, através de uma mistura de música, feitiçaria e feliz desordem espontânea, exacerbaria a tal ponto a ansiedade do sistema que a candidatura de Johnson só conseguiria prosperar sob guarda armada e atiradores texanos de verdade. Nem é preciso dizer que os planos dos yippies também sofreram muito com a desistência de Johnson.

Ainda assim, no meio do verão, as fileiras da MOB (National Mobilization to End the War in Vietnam, Mobilização Nacional pelo Fim da Guerra no Vietnã) e do exército yippie estavam mais ou menos prontas. Num flanco ficava a nova esquerda, ainda genericamente socialista e acreditando numa política de confronto, inteligentes guerreiros programáticos, positivistas em sua filosofia, pedagógicos em seus métodos, ideológicos em seu foco de interesse — o que significa que qualquer homem era menos importante que suas idéias; no outro flanco, os yippies, dedicados a uma política do êxtase (vamos evitar comparações com a alegre política de Humphrey), programáticos quanto ao consumo de drogas, dionisíacos, propagandistas pelo exemplo, místicos em seu foco de interesse. (Rubin chegara certa vez a queimar dinheiro num debate com um trotskista.) No verão de 1968, porém, cada um desses grupos já tinha influenciado o outro a tal ponto nas universidades, via atividades de rua e manifestações, que as diferenças entre eles não eram mais significativas. De fato, sob o impacto das idéias de Rubin, a ênfase estava muito mais numa política do confronto que tentava dramatizar a revolução enquanto teatro.

Mas vamos deixá-los falar por si mesmos. Eis uma citação de Tom Hayden, da nova esquerda:

> [...] a hipertrofia da burocracia e da tecnologia pode levar a um esgotamento. A corda do relógio pode ficar apertada demais. O superporta-aviões *Forrestal* foi destruído por um dos seus próprios foguetes. Em Chicago, nesta semana, a máquina militar e de segurança [...] pode acabar devorando sua mãe, o Partido Democrata [...]
>
> Pensem nos dilemas que afligem aqueles que administram o [...] aparato. Estão centralizados, aparelhados para enfrentar (ou negociar com) uma oposição centralizada, mas muito mal preparados para lidar com ondas espontâneas de ação [...]. Não sabem distinguir entre radicais "puros" e jornalistas, ou entre observadores e delegados [...]. Não sabem distinguir rumores sobre manifestações do fato em si. Não têm como saber ao certo se as ameaças de bomba são a sério, por mais que possam ter "desinfetado" os hotéis e o Anfiteatro [...].
>
> Sempre soubemos que tentar tomar de assalto ou perturbar fisicamente a convenção, ou travar uma guerra de guerrilhas em território estranho, era uma loucura. A perspectiva era mostrar o caráter não representativo do sistema político, expondo sua resposta essencialmente repressiva às necessidades humanas e ao protesto [...].
>
> [...] Vinte e cinco mil soldados estão sendo trazidos para cá não para deter os "desordeiros" — não existe aparato de segurança capaz de deter um assassino ou o homem que arma uma bomba —, mas porque os governantes [...] confiam na coerção [...]. Somos forçados a adotar um estilo militar não porque sejamos "destrutivos"

> ou "niilistas", mas porque nossos direitos normais não estão garantidos [...].

E eis uma citação de Ed Sanders, característica dos aspectos visionários da prosa hippie:

> Cavalheiros, alegria, mulher, grupos em círculo, risos, dança, partilha, erva, magia, meditação, música, teatro, e risadas de macaco estranhas de esperma mutante e cromossomos avariados sempre foram o que eu quero encontrar no Lincoln Park.
> Vosso para o poder das misturas potentes.

E os mais práticos — palavras de Abbie Hoffman em *The Realist*:

> Uma convenção constitucional está sendo planejada [...] visionários moldadores da mente que, por cinco longos dias e noites, se dedicarão à tarefa de formular os fins e os meios da Nova Sociedade.
> Será uma mistura de tecnólogos e poetas, de artistas e militantes, de qualquer pessoa que tenha uma visão. Tentaremos desenvolver uma Comunidade da Consciência.
> Haverá um imenso festival de rock gratuito [...] grupos de teatro de todo o país comprometeram-se a vir. São parte integrante das atividades [...].
> Oficinas sobre uma variedade de assuntos como resistência ao recrutamento militar, drogas, o desenvolvimento de comunidades, o teatro de guerrilha e meios de comunicação clandestinos serão realizadas [...].
> Deverá ocorrer uma grande passeata através da cidade para apavorar os democratas.
> Quem vier para Chicago deve começar a preparar-se para cinco dias de troca de energias. Não venha pensando em sentar-se no

chão e ficar assistindo, ser alimentado e cuidado [...]. Se você não tiver alguma coisa para fazer, fique em casa, ou só vai atrapalhar. Todos esses planos dependem de uma licença, e estamos trabalhando na direção de obtê-la. Uma licença é uma contradição clara do ponto de vista filosófico, pois não reconhecemos a autoridade da velha ordem, mas é uma necessidade do ponto de vista tático. Estamos negociando, com o governo da cidade de Chicago, um tratado de seis dias. Todos os jornais de Chicago, além de vários grupos de pressão, vêm pedindo que a cidade nos conceda a licença. Reconhecem bem o imenso problema social que terão pela frente se formos obrigados a usar as ruas de Chicago para a nossa ação [...]. Tivemos várias reuniões, especialmente com David Stahl, vice-prefeito de Chicago, e só falta acertar os termos finais do acordo — suspensão do toque de recolher, regras quanto à permissão de dormir nas praias etc. — para que tenhamos nas mãos uma licença perfeitamente válida.

A possibilidade de violência ficará muito reduzida. Não há garantia de que será totalmente eliminada. Estamos nos Estados Unidos, em 1968, é bom lembrar. Se você tem medo da violência, nem devia ter cruzado a fronteira.

Essa questão da licença é um jogo de gato e rato. As autoridades de Chicago não querem concedê-la cedo demais, sabendo que com ela aumentará o número de pessoas que virá para a cidade. Mas também não podem se dar ao luxo de esperar até tarde demais, porque isso iria inibir nosso planejamento e criar mais caos.

Não é nosso desejo enfrentar tropas com armamento superior que nos excedam em número em território inimigo desconhecido. Não é desejo deles ver o candidato democrata à presidência escolhido em meio a um banho de sangue. O tratado irá funcionar para os dois lados.

Os yippies, como os hippies, destacavam-se pelo seu otimismo. A licença não foi concedida, nem por Stahl nem por Daley.

Por sua vez, a oferta que Daley fez no dia 21, de permitir uma passeata entre uma e quatro da tarde numa área de Chicago a quilômetros de distância da convenção foi rejeitada pela Mobilização. Hayden respondeu que os manifestantes que chegavam a Chicago "às dezenas de milhares" preferiam ficar perto do Anfiteatro. E assim a cidade começou a se preparar para a semana de tumultos que seus jornais tanto haviam aconselhado que evitasse. Só se pode imaginar a expressão no rosto de Daley ao ler textos como o se segue — tirado de um panfleto distribuído no Lincoln Park em pleno domingo, 25 de agosto:

YIPPIE!

LINCOLN PARK

VOTE PORCO EM 68

Motel Grátis

"venha dormir com a gente"

REVOLUÇÃO POR UMA

SOCIEDADE LIVRE: YIPPIE!

Por A. Yippie

1. Fim imediato da guerra no Vietnã [...]
2. Liberdade imediata para Huey Newton, dos Panteras Negras, e todos os outros negros. Adoção do conceito de controle comunitário nas áreas de gueto [...]
3. Legalização de maconha e de todas as outras drogas psicodélicas [...]
4. Um sistema de prisões baseado no conceito de reabilitação, e não na idéia de castigo.

5. [...] abolição de todas as leis relativas a crimes sem vítimas. Ou seja, manutenção apenas das leis que dizem respeito a crimes em que haja uma parte atingida contra a vontade, i. e., assassinato, estupro, agressão.
6. Desarmamento total de todas as pessoas, a começar pela polícia. O que inclui não apenas as armas de fogo, mas outros artefatos brutais tais como gás lacrimogêneo, spray de pimenta, aguilhões elétricos, cassetetes curtos e compridos e assemelhados.
7. Abolição do Dinheiro. Abolição de pagamento por habitação, meios de informação, transporte, comida, educação, roupas, assistência médica e banheiros públicos.
8. Uma sociedade que promova e vise ativamente o conceito de "pleno desemprego". Uma sociedade em que as pessoas se vejam livres do aborrecimento do trabalho. Adoção do conceito "Que as máquinas façam tudo".
9. [...] eliminação da poluição de nosso ar e da nossa água.
10. [...] incentivos para a descentralização de nossas cidades superpovoadas [...] estímulo à vida rural.
11. [...] informações gratuitas sobre o controle da natalidade [...] abortos quando desejados.
12. Reestruturação do sistema educacional, dando ao estudante o poder de determinar o rumo dos seus estudos e permitindo sua participação no planejamento geral do ensino [...]
13. Uso aberto e gratuito dos meios de comunicação [...] a TV a cabo como método de aumentar a seleção de canais disponíveis para o espectador.
14. Fim de toda censura. Estamos fartos de uma sociedade que não hesita em mostrar as pessoas cometendo violências, mas se recusa a mostrar um casal trepando.
15. Acreditamos que as pessoas deviam trepar o tempo todo, a qualquer momento, com quem quisessem. Isto não é um pro-

grama de reivindicação, mas um simples reconhecimento da realidade à nossa volta.

16. [...] um sistema nacional de referendo conduzido através da televisão ou de um sistema de votação por telefone [...] descentralização do poder e da autoridade com a formação de muitos e variados grupos tribais. Grupos em que as pessoas existam num estado de confiança básica, livres para escolher sua tribo.
17. Um programa que estimule e promova as artes. No entanto, achamos que se a Sociedade Livre que imaginamos pudesse ser atingida por nossa luta, todos nós poderíamos concretizar a criatividade que temos em nós. Num sentido muito concreto, teríamos uma sociedade em que todo homem seria um artista.

[...] Porcos Políticos, seus dias estão contados. Somos a Segunda Revolução Americana. E venceremos. Yippie!

Mas vamos ao Lincoln Park naquela tarde de domingo.

11.

Um momento:

O que se segue são palavras de Dino Valente, guitarrista. Figuraram no alto de um anúncio do *East Village Other*, divulgando um disco de músicas suas.

> Você tira a energia elétrica da parede e manda através da sua guitarra, molda e dá forma a essa energia e a transforma em alguma coisa, como canções para as pessoas, e esse poder é uma coisa maravilhosa.

Sim, os yippies eram a ala militante dos hippies, o Partido Internacional da Juventude (Youth International Party, YIP), e o movimento era movido a espírito, não o espírito do álcool que chega a nós através do mistério da fermentação — por que, santo Deus, quando certos frutos e grãos começam a apodrecer, algum destilado dessa arte da terra em decomposição tem o poder de inflamar a consciência e nos dar acesso a visões do Céu e do Inferno? —, não, na verdade estamos falando do espírito que se deve a outro mistério, a passagem de um fio metálico através de um campo magnético. O que serve para dar origem ao monstro de toda a tecnologia moderna, a eletricidade propriamente dita. Os hippies fundaram seu templo na esquina onde o LSD atravessa a pulsação de uma guitarra elétrica a todo volume no ouvido, no plexo solar, na barriga e nos quadris. Uma unidade tribal se difundiu entre a juventude americana (e de metade dos países do mundo), uma visão curtida de prazeres orgiásticos despidos de violência ou mesmo da diferenciação de sexo. No ensopado oceânico de uma celebração tribal não violenta movida a drogas, mamilos, braços, falos, bocas, úteros, axilas, pêlos pubianos, umbigos, peitos e rostos, odor de incenso, flores e funk, enveredaram fodendo juntos pela Estrada da Revelação Pirada, e os meninos que tomaram ácido viram o valhala, a cura de todos os males e o Taj Mahal. Alguns partiram para sempre, alguns enveredaram gritando pelos corredores dos loucos, onde as baratas se deslocam como Volkswagens pelo linóleo que cobre a Lua, glutões encontraram a vertigem em centrífugas da consciência, vomitórios de ingestão; outros encontraram o amor, outros a manifestação do amor na luz, em cacos do nirvana, em chispas de satori — e voltaram para o mundo na forma de uma tribo do século XX que usa guizos celebratórios e roupas imundas. Fígados desgastados davam a seus rostos uma palidez doentia, e o cabelo crescia em seus rostos como erva daninha. Ainda assim, eles tinham recebido a revelação de alguma visão incontestável do bem — para eles o universo não era absurdo; como os peregrinos, contemplavam a sociedade com olhos de criança: a sociedade era absurda. Todo rei que passava pelo caminho estava nu, e eles ofereciam flores aos policiais.

Não tinha como durar. Nos cortiços em que decidiram morar — porque na maioria eram refugiados dos subúrbios da classe média — reclamavam deles, reclamavam de sua imundície, de sua coabitação sem regras, de seu desprendimento (que é sempre o maior insulto possível ao gueto, porque para os pobres o desprendimento é um luxo, a marca do homem desprovido de orgulho, do indiferenciado, do inepto, do marginal, do afogado — um pobre não é nada sem os espinhos aguçados do seu ego). Assim, os hippies entravam em choque com os cortiços, viviam sendo surrados e roubados, tosquiados, açoitados, enterrados e aprisionados, aqui e ali até assassinados, mas aqui e ali davam certo, porque mantinham uma ligação esparsa com os motociclistas, os Panteras e os porto-riquenhos na Costa Leste, e os mexicanos no Oeste. Chegou um momento em que, como a maioria das tribos, eles se dividiram. Parte dos mais fracos e alguns dos menos comprometidos voltaram para os subúrbios de classe média ou entraram para o comércio ou as comunicações; outros procuraram moradias mais agradáveis, onde o sol era suave e as flores abundantes; outros se endureceram e, como todo peregrino com uma visão própria da terra prometida, começaram a aprender como trabalhar por ela e, finalmente, como lutar por ela. E foi assim que os yippies nasceram dos hippies, dos ex-hippies, dos picaretas, dos motociclistas, dos ex-estudantes que largaram a faculdade, dos hipsters do Sul. Formavam uma espécie de comunidade porque seus princípios eram simples — todo mundo, obviamente, deveria poder (não há como evitar as próximas palavras) entrar na sua, contanto que não ferisse ninguém no processo — e ainda não haviam aprendido que na base da construção da sociedade estão muitas pessoas causando dor a muitas outras, e que o que está sempre em disputa é apenas decidir quem causa a dor. Não entendiam necessariamente o quanto sua simples presença magoava muitos bons cidadãos no veludo mais íntimo de seus corações — os hippies e provavelmente os yippies não conseguiam reconhecer a profundidade daquela esquizofrenia a partir da qual a sociedade se constrói. Nós lhe damos o nome de hipocrisia, mas trata-se na verdade de uma esquizofrenia, uma vida modesta de casa de fazenda e outra de aventuras militares draconianas; uma terra de oportunidades iguais em que uma cultura branca se apóia numa negra; uma comunidade horizontal de amor cristão e uma hierarquia vertical de igrejas — a cruz foi um símbolo bem desenhado! —, uma terra da família e outra do calor ilícito; uma política do princípio e outra da propriedade; a nação da higiene mental onde os filmes e a TV evocam um chiqueiro do espírito; patriotas que têm horror à obscenidade mas poluem seus rios; cidadãos que cultivam o horror ao controle do governo mas não toleram nenhuma situação fora do controle. A lista deve ser infinita e o efeito cômico, no final das contas, é pequeno — nossa sociedade só consegue seguir em frente cambaleando como um policial de 150 quilos ladeira acima porque, vivendo num tal estado de desleixo e obesidade, pelo menos não precisa explodir em esquizofrenia — e a vida continua. Os rapazes podiam continuar freqüentando regularmente a igreja de sua cidade natal enquanto esperavam sua vez de queimar aldeias no Vietnã. O que os yippies não reconheciam era que sua exigência de uma entrada acelerada numa Utopia do século XX (onde o homem moderno da massa teria todas as oportunidades diante de si ao mesmo tempo, e assim poderia criar e saquear com a mesma consciência — encoste na parede, filho-da-puta, quero beijar seus pés!), fosse ela uma visão a desejar ou a abominar, de qualquer modo equivalia à loucura pura e simples para o Bom Americano Médio, já que a expressão liberada dele podia não ser um transbordamento de amor, mas a queima do celeiro do vizinho. Ou, já que estamos em Chicago, esmagar o crânio do bom vizinho com um tijolo de seu próprio muro dos fundos. Os yippies, mesmo os seguidores de McCarthy, representavam por sua presença nada menos que a destruição de toda hipocrisia de salvação, com o choque conseqüente que produziam em cada pessoa — não é tão fácil assim viver cada dia da existência sustentando os muros de sua própria sanidade. Não admira que os brancos dos arrabaldes de Chicago, da mesma forma que muitos brancos de outras cidades pequenas, adorassem George Wallace — ele arremetia como a cavalaria, apresentando-se como capaz de consertar todas as brechas surgidas no forte.

Pensamentos sombrios para uma caminhada pelo Lincoln Park numa tarde de domingo no verão, mas o tráfego de turistas e curiosos era grande; era preciso deixar o carro a seis quarteirões dali. A curiosidade ficava contida, porém, no interior do automóvel da família: os habitantes locais não chegavam até o parque. Havia ali jovens turistas e viajantes em grande número, rapazes fortes de origem polonesa e irlandesa (nem todos à paisana) circulando em torno da massa, e no centro da parte sul do Lincoln Park, onde os yippies haviam decidido reunir-se num inofensivo gramado idêntico a tantos relvados semelhantes em tantos outros parques do país, ouvia-se um conjunto de folk rock. Era uma platéia ordeira. Entre mil e 2 mil rapazes e jovens adultos estavam sentados na grama ouvindo música, e mais mil ou 2 mil, recém-chegados ou inquietos demais para ficarem sentados, moviam-se num círculo exterior à platéia ou faziam o possível para avançar e ver melhor. Não havia palco — a entrada de um caminhão cuja carroceria os músicos pudessem usar como estrado para tocar não tinha sido permitida, de modo que os músicos estavam semi-ocultos e o sistema de som — será que funcionava à base de baterias? — não era especialmente nítido. Para um dos números que se seguiu a qualidade do som não importava — um jovem cantor branco com cara de anjo, de talvez dezoito, talvez 28 anos, cabelos presos num imenso coque amarrado entre quinze e vinte centímetros acima da cabeça, zarpou numa viagem sonora interplanetária e logo depois intergaláctica, a meio caminho entre a música espacial de Sun Ra e "O vôo do besouro", a cabeça do músico balançando na decolagem como o vislumbre impreciso de uma mosca a zumbir, seu som uma algaravia elétrica de energia saída da parede (ou do fio estendido na grama, ou dos elementos da bateria) sem que o cantor decidisse moldá-la, preferindo fazê-la girar, queimar, relampejar em algum recanto da consciência, o som berrando até atingir um clímax de vibração que lembrava a explosão de um foguete, a violência do barulho uma vertigem dos caldeirões do espaço interior — era o rugido da besta de todo niilismo, acompanhado por baixo elétrico e bateria movidos pela vontade própria num deslocamento infindável até os confins da mente. E o repórter, emaranhado naquele barulho — será que os elmos dos hunos jamais produziram som comparável? —, descobriu que aquilo era uma variedade de canto verdadeiro para os hippies e os adolescentes reunidos nesse enclave de relva ao ar livre (com os apartamentos de luxo de Lake Shore Drive a menos de cinco campos de futebol de distância), crescendos sonoros tão ásperos aos seus ouvidos, os ouvidos de uma geração que dançara com "Star dust", que os alienavam completamente daquele som, aqueles jovens pintados e sujos de menos de vinte anos eram monstros, e mesmo assim, aferrando-se à reflexão na experiência, ele concluiu que eram uma geração que vivia ao som da destruição de toda ordem que ele jamais conhecera, bem como de mundos de outra composição; naquele holocausto de decibéis havia o som de montanhas desmoronando, de corações estourando, literalmente estourando, como se aquele fosse o som da morte por explosão interna, os tambores do clímax fisiológico que ocorria quando os limites da mente rebentavam e as forças do futuro, poderosas, desprovidas de caráter, loucas e escaldantes quanto ondas de lava, derrubavam a urna de toda a cultura adquirida e forçavam o cérebro a descer corredeiras abaixo chocando-se nas pedras como um casco naufragado, girando num redemoinho de demônios, num poço de furor, na vibração das dissonâncias, o crescendo elétrico berrando como que no clímax eletromecânico de nossa era, e aqueles jovens, como cristãos imundos sentados calmamente na relva, aplaudindo educadamente, assobios e exclamações de aprovação contida ao fim da canção, e o repórter tão afetado pelo som (tão afetado ao perceber o grau de niilismo que podia ser calmamente contemplado numa tempestade musical como aquela), como se tivesse ouvido aquilo numa sala à meia-noite em meio a corpos pintados e visões caleidoscópicas, adquiriu uma certeza que passava pelas gangues, pelos grupos e pela ralé, pelos turistas e pelos santos consagrados, pelas vestais com címbalos presos aos dedos, pela visão dos negros que apreciavam calmamente o som dos brancos, negros contidos que se mostravam não impressionados, mas curtiam, serenos na periferia do gramado (mais tarde, fariam seus relatórios para a zona sul da cidade), que passava até pela sugestão de ameaça emanada pelos motociclistas, figuras estranhas àquela música, vindas para se divertir mas que agora assistiam, tocados até certo ponto pelos sons tão próximos das transcendências sonoras que eles próprios produziam quando o gemido metálico das engrenagens se combinava à maconha que os fazia sair para a estrada fazendo cantar o aço e a gasolina, é, aço e gasolina que eram exatamente iguais à carne mais o ódio, o sangue mais o ódio; as equações eram simples quando a pessoa cavalgava o equilíbrio de uma máquina, até os turistas e os calouros que não iriam necessariamente voltar ao parque contribuíam ainda assim para aquele estado de espírito de certeza. Havia uma espécie de pantomima sendo encenada, parte da celebração da convenção yippie que ainda seria realizada, quando Pígaso, literalmente um porco (pig), seria indicado como candidato à presidência. VOTE PORCO EM 68, diziam os cartazes dos yippies, e agora no palco, depois do fim da música, anunciaram a presença de outro candidato, provocando uma onda de risos tranqüilos por sobre a relva, seu nome era Humphrey Dumpty, e um palhaço yippie apareceu caminhando em meio à platéia, um ovo pintado com pernas, "o próximo presidente dos Estados Unidos", seguido por uma marcha de delegados que desciam um corredor improvisado desde as primeiras filas da platéia até os últimos espectadores sentados. Um palhaço vestido como um mineiro do Colorado de parque de diversões era o primeiro; em seguida a Miss América, com horrendos peitos postiços de plástico e estrelas de ruge nas bochechas; depois vinha a máquina política do prefeito Daley — um palhaço com uma caixa imensa presa horizontalmente ao peito, uma imensa colher de bebê dentro de uma tigela no alto da caixa e uma luz verde piscando; mais atrás o convidado especial à convenção, o Boina Verde, um palhaço munido de uma metralhadora de brinquedo, a cara coberta de graxa e tinta vermelha e um chapéu australiano na cabeça. Uma espécie de escultura pop, um vômito de cera, coroava a copa do chapéu. Sim, a certeza do repórter se duplicava. Assim como percebera num segundo, na festa de gala republicana de Miami Beach, que Nelson Rockefeller não tinha a menor chance de conquistar a indicação, constatava agora nessa tarde fresca e cinzenta de um domingo de agosto, com uma queda na temperatura do ar que lembrava o calafrio do patíbulo e o pássaro do medo começando a aninhar-se em sua garganta, que ia haver problemas, e problemas sérios. O ar do Lincoln Park chegava-lhe ao nariz com aquela suave alteração que o ar sempre parece transmitir quando o perigo anuncia sua presença. O repórter correu um olhar infeliz à sua volta. Seriam aquelas crianças estranhas e desgrenhadas o tipo de combatente com quem alguém pudesse desejar entrar num campo de batalha?

12.

As justificativas da Marcha sobre o Pentágono não se aplicavam aqui. O repórter era um homem da literatura — o símbolo tinha o poder de impeli-lo a ações mais heróicas do que ele próprio. O fato de ter marchado para manifestar-se contra um prédio que era o símbolo vivo de tudo que ele mais desprezava — o complexo industrial-militar de seu país — contribuíra para fortalecer seus passos. O símbolo do Pentágono servira como cálice para conter seu medo; naquelas circunstâncias, o medo chegara ao ponto de temperar sua coragem com as mais doces emoções da batalha.*

Mas em Chicago não havia nenhum símbolo como aquele à sua disposição. Não o Anfiteatro próximo aos matadouros, porque dispunha de um passe da imprensa para entrar e lá entrava de fato — e não lhe parecia um protesto digno do nome marchar contra um prédio ao qual tinha acesso. Além disso, a cidade não autorizara marcha alguma: a única escolha disponível era entre a abstenção e a exposição ao gás lacrimogêneo. Claro, o Conrad Hilton podia ser visto como símbolo da convenção, mas era quartel-general tanto do Partido Democrata quanto da imprensa, e o próprio repórter ocupava um quarto lá, na verdade era o

* O autor refere-se a seu livro de 1967, *The armies of the night* (*Os exércitos da noite*, publicado pela primeira vez no Brasil como *Os degraus do Pentágono*), em que relata sua participação na manifestação daquele ano contra a Guerra do Vietnã. O livro ganhou o Prêmio Pulitzer e o National Book Award. (N. T.)

único hotel Hilton de que não desgostava, porque era velho e não novo e tinha milhares de pequenos quartos, ou pelo menos era o que parecia, como o St. George do Brooklyn, e mais uma encardida fachada de fundos com 25 andares de altura e a triste legenda "O Maior e Mais Simpático Hotel do Mundo", pintada em preto e branco nos cansados tijolos cinzentos descorados. Havia o Lincoln Park, e qualquer pessoa que quisesse protestar contra os horrores do prosseguimento da Guerra do Vietnã ou os horrores daquela convenção democrata, que acabaria escolhendo o candidato menos popular e menos qualificado para liderar por sua força, dignidade ou imaginação, sempre podia acomodar-se para dormir no Lincoln Park. A prefeitura, devemos nos lembrar, recusara-se a conceder uma licença aos yippies. De maneira que eles não podiam dormir no parque. Tinham recebido ordens de evacuá-lo até as onze horas. Até alguns de seus líderes chegaram a lhes dizer que deviam sair de lá.

Paul Krassner:

"Dormir no Lincoln Park depois das onze da noite não é tão importante quanto viver lá a nossa revolução durante o resto do dia (o parque abre às seis da manhã)."

Jerry Rubin:

"[...] Chicago é um Estado policial, e precisamos nos proteger. A polícia quer transformar nossos parques em cemitérios. Mas nós, e não eles, é que vamos decidir quando a batalha começa."

Na verdade, como todo mundo sabia, muita gente não estava disposta a evacuar o parque e queria forçar a polícia a expulsá-los; assim poderiam protestar com seus corpos, podiam ser alvejados pelo gás lacrimogêneo — com que grau de dano posterior aos olhos nunca ficou claramente determinado — e ter seus crânios rachados pelo cassetete de um policial, ou levar alguns murros dos agentes à paisana. O repórter tinha aversão a tudo isso. E, além do mais, tinha medo de sua própria violência.

Não que fosse um lutador tão bom assim, mas também não se destacava exatamente pela cortesia — já quebrara o queixo de outro homem numa briga não muito tempo antes, e não tinha certeza de que aquele fora seu último combate; aquilo o deixara nervoso e um tanto descontrolado em matéria de brigas. Não temia sua própria violência por julgar necessariamente horrendo quebrar o queixo de um policial, bom cidadão que era! Na verdade, preocupava-se um pouco era com o que os amigos e colegas do policial pudessem dar-lhe em troca logo em seguida. Já tivera suas amostras do que era levar uma boa surra num ou dois momentos de sua vida; pode-se até imaginar que estivesse pronto para mais, mas não tinha como fazer de conta que iria recebê-la bem.

De maneira que, nessa noite — depois da visita ao parque na tarde de domingo —, ele foi a uma festa, de lá para o Hilton e uma rápida visita improvisada ao quartel-general particular de Humphrey, onde, tarde da noite, não havia ninguém para recebê-lo além de seis ou oito jovens agentes do serviço secreto ou do FBI com as caras de bala de fuzil, os cortes militares de cabelo e uma tensão absurda quando reconheceram seu nome.

Baldada a missão de ver Humphrey, como ele esperava, pois sua única vontade era ver de perto o estilo dos meganhas que cercavam o vice, desceu alguns andares e foi para a cama, e só na manhã seguinte é que foi saber que uma batalha fora travada no Lincoln Park, que os yippies tinham sido expulsos bem depois do toque de recolher das onze da noite por gás lacrimogêneo, e, o que era mais sensacional, que alguns repórteres e fotógrafos devidamente identificados por suas credenciais da imprensa tinham apanhado muito junto com os demais.

Na noite de segunda-feira, a cidade foi tomada por uma atmosfera de batalha. Na vizinhança do Anfiteatro, poucas horas depois do início da convenção, só se via nas ruas carros de patrulha e barricadas da polícia a cada esquina. O fedor dos matadouros estava pesado nessa noite, e na área próxima onde o prefeito morava, assim como o resto de seus vizinhos, numa pequena casa de estrutura de madeira, e a sensação de que Chicago era uma cidade da planície (como tantas pequenas cidades à beira das ferrovias na Dakota do Norte e em Nebraska) estava bem clara na imagem e à luz baça dos postes das ruas e nas calçadas desertas, porque quase ninguém saía naquela área, as casas tinham um ar invariavelmente pardo e o medo do lado de dentro parecia quase palpável do lado de fora. O habitante médio de Chicago, amaldiçoado com a cultura medíocre sem retoques daquela monótona *midcult* americana que envolve a mente dos americanos como um trapo molhado, não dispunha dos bulevares, das mansões e dos monumentos mentais com que uma cultura mais rica pode contribuir para o enriquecimento da paranóia; não, o habitante de Chicago que se entocava dentro de casa nessa noite de segunda-feira (como ainda haveria de ficar entocado na noite de terça, na noite de quarta e na noite de quinta) talvez temesse uma erupção dos negros ou uma avalanche de yippies que pudessem tomar de assalto a castidade de seu reduto familiar. De maneira que o medo estava à solta naquelas ruas vazias, além da raiva que a cidade sentia de seu próprio medo, uma raiva que valia como uma promessa que não podia ser cumprida em pouco tempo por medidas mais amenas do que a tirania.

Dez quilômetros a nordeste dali, mais ou menos à mesma distância que o Greenwich Village fica do Harlem, a atmosfera de preparação para o combate tomara conta do Lincoln Park. Passava das onze, já era quase meia-noite, e havia carros de polícia por toda parte, pelotões de policiais separados por poucas dezenas de metros, em quantidade suficiente para uma parada militar. No gramado da esquina da North Clark Street com LaSalle Drive, onde o repórter ouvira música na tarde anterior, havia agora algumas centenas de pessoas a vagar. No escuro ele não tinha como contar, talvez fossem alguns milhares de pessoas em todo o parque, jovens preparados para algum acontecimento com todas as emoções misturadas e abafadas, o medo evidente como o de esquiadores antes de descerem uma pista muito inclinada e uma alegria vigorosa e enlouquecida no ar, como a de estudantes arruaceiros antes de um assalto às calcinhas no dormitório das meninas; ao mesmo tempo, a noite transcorria não sem horror, nem de longe sem horror, como se algum acidente automobilístico terrível tivesse ocorrido apenas dez minutos antes e aquelas pessoas caminhassem no escuro com plena consciência de que poderia haver corpos envoltos em cobertores ensangüentados alinhados junto a algum barranco próximo. Ali perto a luz azul de um carro de polícia girava no escuro, a ameaçadora luz azul girando 360 graus e tornando a girar, e de novo, e a luz branco-prateada feria a retina alternadamente, iluminando os rostos daqueles rapazes de menos de 22 anos, de menos de vinte, alguns enrolados em cobertores indígenas ou em ponchos, outros de calça cáqui e camisa branca com as mangas arregaçadas, uns de casaco, outros com capacetes de motociclista, outros com capacetes de futebol americano, um ou dois abrigos de esgrimista e vislumbres de um ou outro com alguma arma pessoal, alguns rapazes negros andando por ali, emitindo aquela fumaça alta de ação que se carrega de noite em noite na calma eletrificada do sangue.

Vinte ou trinta dos garotos construíram uma barricada. Carregavam bancos do parque e mesas de piquenique e os empilharam ao longo de quinze, depois trinta metros. Uma barricada de talvez dois metros de altura. Que não fazia o menor sentido. Erguia-se no meio de um campo aberto e não havia elevações ou desníveis nos flancos para impedir que fosse ultrapassada — bastava aos carros de polícia contorná-la, ou caminhões blindados para atravessá-la.

Foi então que o repórter decidiu ir embora. O parque estava fresco, passava da meia-noite, e se a polícia ainda não chegara podia ser que não chegasse pelas próximas horas, ou talvez nem viesse — talvez tivessem recebido novas ordens, para deixar os garotos dormirem no parque —, ele simplesmente não tinha como saber. Só sabia que não queria passar horas naquele parque. O que poderia fazer quando viesse o ataque? Se era para concordar em ir embora quando lhe pedissem — uma atitude pouco honrosa —, por que esperar para apresentar aquela obediência humilde? E ficar — para quê?; para protestar contra a expulsão do parque, levar gás lacrimogêneo na cara, ter a cabeça rachada? Ele não conseguia fazer a conexão essencial entre aquilo e o Vietnã. Se a guerra já estivesse em andamento, se aquele trecho de terreno fosse essencial como apoio para outras posições... mas aquela barricada ridícula, aquela disputa simbólica em que cabeças de verdade ficavam cobertas de sangue — ele simplesmente não sabia o que pensar. E tinha uma desculpa legítima para se retirar. Um de seus melhores amigos estava com ele, um pugilista profissional, ex-campeão. Se a polícia encostasse nele, é provável que ele fosse incapaz de se conter e acabasse derrubando seis ou oito homens. E a polícia então iria quase matá-lo em resposta. Era uma possibilidade real. O repórter tinha a responsabilidade de tirar o amigo de lá, e foi o que fez, mesmo depois de ter cruzado no caminho com Allen Ginsberg, William Burroughs, Jean Genet, Richard Seaver e Terry Southern, que chegavam. Todos tinham o ar determinado e infeliz de soldados de infantaria escalados para guarnecer a frente de batalha; e Ginsberg, que não tinha o menor gosto pela violência que se anunciava nem a menor intenção de procurar algum modo de evitá-la, fez-lhe uma continência amigável, livre de preconceito, e seguiu adiante para o gramado arrastando os pés enquanto Genet, um homem do tamanho de Mickey Rooney e de aparência angelical, olhou para ele com aquela arrogância que os intelectuais franceses levam pelo menos duas décadas para adquirir. Burroughs só lhe fez um aceno de cabeça. Nada poderia surpreendê-lo, para o bem ou para o mal.

Havia agora, claro, todas as pressões para voltar atrás, mas o repórter não recuou — havia o risco real (ainda que muito fortuito) de expor seu amigo pugilista; havia sua própria decisão. Ou ele estava sendo sensato, de uma sensatez militar, revolucionário na maneira dura como encarava os próximos vinte anos de um futuro semelhante e a necessidade de exercer a paciência até o advento das verdadeiras batalhas, ou então se acovardara. E ele não sabia a resposta. Havia medo nele, mas já agira com destemor no passado diante de um medo muito maior. Não conseguia concluir se corria o risco de estar em processo de deterioração ou se tinha endurecido o suficiente para ser capaz de dar um passo atrás.

E aproveitou a festa à qual foi depois disso e divertiu-se até de manhã, quando descobriu que o ataque da polícia tinha sido feroz, que Ginsberg havia sido atingido pelo gás lacrimogêneo e ficara com a garganta tão afetada que mal conseguia falar — e, já que entoar seus hinos hindus era um maná espiritual para Ginsberg, aquele impedimento de sua voz devia doer-lhe muito. Pior. Dezessete jornalistas haviam sido atacados pela polícia, um fotógrafo do *The Washington Post*, dois repórteres do *Chicago American*, um do *Chicago Daily News*, dois fotógrafos e um repórter do *Chicago Sun-Times*, um repórter e um fotógrafo da revista *Life*, cinegrafistas de três redes de televisão e um fotógrafo da revista *Newsweek*. Mas, como o repórter não estava lá, citemos o *The Washington Post*, numa reportagem escrita por Nicholas von Hoffman:

> O ataque começou quando um carro de polícia arrebentou a barricada. Os rapazes atiraram nele tudo que haviam tido a antevisão

de acumular em matéria de armamento, especialmente pedras e garrafas. Houve então um período de ação policial antes do grande ataque.

Gritos e gemidos vinham de toda a área arborizada do acampamento, enquanto os militantes mais experientes continuavam a gritar: "Andem! Andem! Pelo amor de Deus, não corram!". Existe um adágio entre os rapazes veteranos, de que "gente em pânico incita os policiais ao ataque".

Finos rios de gente correndo saíam dos bosques do outro lado do gramado, os estacionamentos que dão para a Clark Street. Em seguida, os policiais irromperam de repente dos bosques, perseguindo seletivamente os fotógrafos da imprensa. Fotografias são uma prova inquestionável num julgamento. Tinham removido suas insígnias, os distintivos com seus nomes, até os galões bordados com o número de seus batalhões, transformando-se numa corja uniforme e inidentificável de empunhadores de cassetetes.

[...] E houve a cena no Henrotin Hospital, onde os editores chegavam para reclamar seus feridos. Roy Fischer do *Chicago Daily News*, Hal Bruno da *Newsweek*. Cinegrafistas da televisão que tinham apanhado especialmente, reunidos na sala de espera, descrevendo o que tinha acontecido e fitando com raiva os policiais espalhados por ali com a expressão de quem cumpria uma noite de rotina.

A contra-revolução tinha começado. Era como se a polícia tivesse declarado que os jornais não representavam mais o verdadeiro sentimento do povo. O verdadeiro sentimento do povo, diziam os cassetetes da polícia, estava com a polícia.

13.

O dia seguinte era o aniversário de Johnson, que o presidente festejou em seu rancho. Três mil jovens compareceram ao Coliseu de Chicago, um antigo salão de reuniões arruinado, para uma festa de antianiversário patrocinada pela Mobilização Nacional pelo Fim da Guerra no Vietnã, e a Holocaust No-Dance Band tocou a todo volume; discursos foram feitos; uma canção chamada "Master of hate" ["Mestre do ódio"] foi dedicada a LBJ. E dizia:

O suicídio é uma coisa ruim
Mas às vezes é bom
Se você esteve onde vive o mestre
Acho que valeria a pena

Phil Ochs cantou: "São sempre os velhos que nos levam para a guerra; são sempre os jovens que tombam", e a platéia se levantou, erguendo no ar os dedos em V fazendo o sinal da Vitória, e entoou: "Não, não, eu não vou!".

Burroughs e Genet chamaram os policiais de cães ferozes, foram lidas declarações em nome de Terry Southern e Allen Ginsberg, e Dick Gregory fez o último discurso. "Acabo de saber que o primeiro-ministro Kossiguin mandou um telegrama ao prefeito Daley pedindo que lhe mandasse imediatamente 2 mil policiais de Chicago."

O repórter não estava presente no Coliseu. Estava cobrindo a convenção nos arredores dos matadouros, esperando que ocorresse nessa noite o debate em torno das diferenças entre as propostas de programa da maioria e da minoria em relação ao Vietnã, mas a sessão da convenção foi suspensa pouco depois da meia-noite, e o debate, marcado para a tarde seguinte. Pouco aconteceu nessa noite que mereça ser contado. De maneira que o repórter foi de carro até o Lincoln Park em torno de uma e meia da manhã, e tudo parecia calmo. Havia alguns policiais na área, e um ou dois rapazes, com lenços molhados cobrindo a boca, passaram por ele. As ruas exalavam um cheiro azedo de gás lacrimogêneo velho. O repórter não sabia que a pior batalha da semana ocorrera menos de uma hora antes. Leiamos um relato longo mas excelente escrito por Steve Lerner e publicado no *The Village Voice*:

> Por volta da meia-noite de terça-feira, cerca de quatrocentos religiosos, cidadãos locais interessados e outros habitantes respeitáveis juntaram-se aos yippies, aos membros da Students for a Democratic Society e ao Comitê Nacional de Mobilização contra a guerra para lutarem pelo privilégio de permanecerem no parque. Ostentando nos braços faixas decoradas com uma cruz preta e entoando hinos pacifistas, os homens de Deus exortaram sua congregação radical a deixar de lado suas pedras e juntar-se a uma vigília não violenta.
>
> Tendo antevisto que só poderiam travar uma guerra simbólica com "Daley, o pequeno césar", vários religiosos de iniciativa trouxeram consigo uma imensa cruz de madeira que plantaram no meio dos manifestantes, debaixo de um lampião de rua. Três deles assumiram poses heróicas em torno da cruz, lembrando antes os fuzileiros que ergueram a bandeira em Iwo Jima do que qualquer quadro de inspiração cristã que pudessem ter em mente.
>
> Durante o interlúdio de meia hora entre a chegada dos religiosos e o ataque da polícia, um debate fascinante em torno dos méritos relativos de uma não-violência estrita comparada à autodefesa armada acendeu-se entre o clero e os militantes. Enquanto o clero ouviu que seus membros eram "maiores de trinta anos, o ópio do povo e totalmente irrelevantes", a nova geração foi advertida de que "chamando os policiais de porcos e lutando com eles, vocês se igualam ao mal que eles praticam". Embora o conflito nunca tenha chegado a uma conclusão, todo mundo mais ou menos resolveu continuar na sua. A essa altura os manifestantes, mais ou menos em número de oitocentos, começaram a sentir a proximidade

das falanges da polícia, que cercou o parque e foi fechando o cerco; mesmo os mais militantes esqueceram suas divergências com "os infiltrados liberal-religiosos" e começaram a se congregar em torno da cruz.

Quando a polícia anunciou que os manifestantes tinham cinco minutos para bater em retirada antes que o parque fosse evacuado, cada um entregou-se à sua modalidade individual de pânico. Um rapaz sentado ao meu lado desembrulhou um sanduíche de queijo e começou a enfiá-lo na boca sem se dar ao trabalho de mastigar. Uma moça de pé na periferia do círculo, e que estava sozinha desde o início da noite, aproximou-se de um rapaz de capacete e bigode e agarrou-se a ele. Em todo o parque, as pessoas se apresentavam timidamente umas às outras, como se não quisessem morrer sozinhas. "Meu nome é Mike Stevenson, de Detroit; o que fez você entrar nessa?", ouvi alguém me perguntar. Outros se interessavam mais e mais pelos cuidados mais minuciosos com a sobrevivência: esfregar vaselina no rosto para impedir que o gás de pimenta queimasse a pele, abotoar os casacos, molhar os lenços e amarrá-los cobrindo o nariz e a boca. "Se for gás, lembrem-se de respirar pela boca, não correr, não arquejar, e pelo amor de Deus não esfreguem os olhos", anunciou piedosamente alguém pelo alto-falante. Um rapaz no centro do círculo levantou-se, saiu andando entre seus amigos sentados e tomou o caminho das árvores. "Não vá embora agora", exclamaram várias vozes em pânico. O rapaz explicou que só estava indo urinar.

Sentados num aglomerado perto do círculo principal, Allen Ginsberg, Jean Genet, William Burroughs e Terry Southern apreciavam a cena. Ginsberg estava em seu elemento. Como durante todos os momentos de tensão ao longo da semana, entoava OM num murmúrio rouco, pontuando ocasionalmente o ritual com um tinido de seus címbalos de dedo. Burroughs, de chapéu de feltro, fitava a cruz com o olhar vazio, os lábios finos retorcidos num meio sorriso. Genet, baixo, forte, calvo, com o ar de um presidiário santificado, esfregava o nariz na manga da jaqueta de couro. Perguntei-lhe se estava com medo. "Não, eu sei como é isto", respondeu. "Mas saber como é não lhe mete mais medo?", perguntei. Ele fez que não com a cabeça, e começava a falar quando o céu desabou sobre nós.

Tudo aconteceu num instante. A noite, até então dominada pela escuridão e pelos murmúrios, explodiu num grito de fogo. Imensas granadas de gás lacrimogêneo foram arremessadas contra nós de posições entre os galhos, que arrancavam no caminho antes de explodir no centro da massa. De onde eu estava caído, debatendo-me na relva, podia ver os pastores batendo em retirada com a cruz, carregando-a como se fosse um camarada caído. Uma nova bateria de granadas me fez pôr-me de pé. Havia gás por toda parte. As pessoas corriam, gritavam, tentavam refugiar-se entre as árvores. Alguma coisa colidiu com a árvore ao meu lado e eu tornei a cair no chão, alguém me ajudou a me levantar, dois rapazes tiravam um galho grande de cima de uma garota que berrava histericamente. Eu não enxergava nada. Alguém me agarrou e me pediu para que o levasse para fora do parque. Saímos andando, mãos estendidas, esbarrando em pessoas e árvores, lágrimas correndo dos olhos e muco espalhado por nossos rostos. Pensei em combatentes da Primeira Guerra Mundial cercados na terra de ninguém durante um ataque de gás mostarda. Tive certeza de que ia morrer. Ouvi outras pessoas sufocando à minha volta. E então tudo clareou.

De pé na calçada que cerca o parque, contemplei a dúzia de pequenas fogueiras que iluminavam o arvoredo, ainda enevoadas pelo gás. A polícia avançava em fileiras, batendo nos desgarrados e nas figuras caídas; caminhões enormes, geralmente usados para a limpeza das ruas, avançavam na nossa direção emitindo mais jorros de gás. Alguns garotos começaram a rebentar o calçamento e a atirar pedras do tamanho de bolas de neve nas janelas dos

caminhões. E então tomaram as ruas de assalto, bloqueando o tráfego, engalfinhando-se com policiais à paisana que estavam à espera de nosso êxodo do parque, e apedrejando os carros de patrulha que tentavam abrir caminho em meio à multidão.
O exército em frangalhos dividiu-se numa série de grupos que saíram percorrendo as ruas, quebrando vitrines, ateando fogo em latas de lixo e destruindo pelo menos uma dúzia de carros de polícia que deram o azar de entrar pela rua errada na hora errada. Fumaça se erguia de uma casa a vários quarteirões de onde eu estava, e os carros de bombeiro começaram a chegar. Um policial corria de um grupo furioso de apedrejadores, perdeu seu quepe, hesitou e continuou a correr sem ele. Na esquina da Clark com a Division, quatro carros de polícia chegaram ao mesmo tempo e policiais pularam para fora atirando para o ar. De todos os quatro lados os manifestantes atacaram; a maior parte dos mísseis ultrapassou os alvos e atingiu outros camaradas ou as vitrines do outro lado da rua. Mergulhando no metrô, encontrei um grande grupo de refugiados que escapara da mesma maneira. O túnel parecia um abrigo antiaéreo superlotado; lá em cima, o tiroteio continuava.

14.

Eram rapazes que não queriam ir para o Vietnã. De maneira que decidiram mostrar a todos que gostavam da guerra que o motivo pelo qual não queriam ir nada tinha a ver com a falta de coragem: não, eles levariam a luta para cada rua da Cidade Velha e do Loop onde a oportunidade se apresentasse. Se tinham sido atacados com gás e pancadas, se seus líderes tinham sido presos com falsas acusações (Hayden, preso sentado debaixo de uma árvore em plena luz do dia no Lincoln Park, naturalmente protestou; a acusação resultante foi "resistência à prisão"), estavam decididos a mostrar que não iriam desistir, que eram da mesma matéria de que são feitos os melhores soldados. Domingo tinham sido expulsos do parque, segunda-feira também, agora já era terça. Os centros onde passavam as noites em sacos de dormir estendidos no chão perto do Lincoln Park tinham sido invadidos pela polícia, havia delatores e provocadores por toda parte; na noite anterior, caminhões de gás lacrimogêneo tinham sido usados. Mas eles ainda não estavam dispostos a se render. Na verdade, sua militância podia até ter ficado mais aguerrida. Cuidaram de seus feridos em pior estado e depois seguiram na direção do Loop, recolhendo mais manifestantes à medida que avançavam. Talvez o gás lacrimogêneo funcionasse como uma espécie de catarse para alguns deles, provocando o derramamento de lágrimas, a purgação de velhas fraquezas de classe média. Alguns se transformavam de jovens estudantes em revolucionários. Parecia que, quanto mais apanhavam e respiravam gás, mais atacavam de volta. Agora, com a facilidade para a comunicação clandestina que parecia um instrumento tão instintivo de sua geração, estavam a caminho do Grant Park, em massa, mil deles, 2 mil, talvez chegassem a 5 mil rapazes e moças reunidos no Grant Park às três da manhã, ouvindo oradores, aplaudindo, cantando, dirigindo seus insultos à imensa fachada do Hilton do outro lado da Michigan Avenue, o Hilton que ocupava a área de um quarteirão e tinha mais de 25 andares de altura, com suas alas imensas e a fachada com reentrâncias (a fim de multiplicar o número de janelas com vista para a rua e o Grant Park). As luzes estavam acesas em centenas de quartos do Hilton, na verdade em todo o hotel havia gente que dormia e sonhava com o som dos jovens oradores discursando na noite, vozes que subiam 25 andares, vozes claras recitando um feitiço sonoro que envolvia o Hilton. O quartel-general de Humphrey ficava lá, bem como o quartel-general de McCarthy. Metade da imprensa estava hospedada lá, além de Marvin Watson. Diretor-geral dos Correios dos Estados Unidos e quebra-galho do presidente, viera trazer alguns recados de Johnson para Humphrey. Sua suíte tinha vista para o parque. Na verdade, nessa madrugada, duas, três e quatro da manhã da noite de terça-feira, não, da manhã de quarta, dois terços dos nomes mais importantes da convenção deviam ter vista para o Grant Park, do outro lado da rua, tomado por um exército revolucionário de refratários ao recrutamento, manifestantes, jovens estudantes, voluntários da campanha de McCarthy e turistas prontos para terem a cabeça rachada, e toda a noite puderam ouvir os manifestantes gritando: "Venham também, venham também", além do berro colegial de total desprezo: "Hump no Lixo! Hump no Lixo!",* toda a fúria pelas surras e as nuvens de gás, todas as amargas decepções daquela luminosa primavera recém-finda quando o único problema era decidir quem seria um melhor presidente, Kennedy ou McCarthy (e agora todo o pavor de um futuro com Humphrey ou Nixon). Também havia a sensação de que a polícia entrara em suas vidas, tornando-se um elemento tão presente quanto as drogas, os livros, o sexo, a música e a família. De maneira que eles gritavam para as janelas do Hilton, para os delegados e os voluntários das campanhas que dormiam ou tremiam ao lado das camas, ou ainda aplaudiam da janela aberta; gritaram noite adentro, de um palco tão vasto e imponente quanto uma das visões de Wagner, onde os gritos dos carros de polícia juntavam-se a eles, freando, tornando a arrancar, as luzes azuis girando, fileiras formadas por centenas de policiais com suas camisas azul-celeste e seus capacetes azul-celeste, expulsan-

* *Hump*, além de forma reduzida de *Humphrey*, significa "corcunda", tanto a corcova quanto seu portador, e adquiriu na gíria obscena o sentido de "ato sexual" e "prostituta". A palavra de ordem original ainda era enriquecida pela rima: "*Dump the Hump!*". O verbo *dump* significa, literalmente, "jogar no lixo". (N. T.)

do os manifestantes para trás das barreiras e forçando-os a atravessar a Michigan Avenue para o lado oposto ao do Hilton, e mais fileiras de policiais e cercas da polícia acumulando-se do lado da rua onde ficava o Hilton. Era óbvio que a polícia recebera ordens de não atacar os manifestantes ali, não na frente do Hilton e debaixo dos olhos de metade do Partido Democrata, não àquela altura, às três da manhã — será que alguém um dia irá descobrir o que faria essa decisão mudar dali a dezesseis horas?

Agora, uma aclamação se ergueu em meio à massa. A polícia estava sendo substituída pela Guarda Nacional. A guarda estava entrando em ação! Era como um atestado de mérito para os manifestantes ver a polícia se afastar marchando e centenas de membros da Guarda Nacional assumir posições em seu lugar, uniformes e capacete cáqui e fuzis, caminhões do Exército tossindo, latindo e circulando de um lado para o outro pela Michigan Avenue, e nas transversais em torno do Hilton jipes de má catadura com grades de arame farpado presas aos pára-choques dianteiros que avançavam em grupos e estacionavam por trás da massa de manifestantes. Os jipes agora transportavam barreiras portáteis de arame farpado.

No início da semana, fora relativamente simples chegar ao Hilton. Grandes grupos de voluntários da campanha de McCarthy e adolescentes excitados lotavam as escadas e o salão principal do saguão de entrada gritando palavras de ordem o dia inteiro, cantando músicas de campanha, caçoando de todos os elementos da campanha de Humphrey que conseguiam identificar, permanecendo em seus postos horas a fio na esperança de que, ou devido ao boato de que, McCarthy passaria por lá, e seus gritos tinham a graça e a energia rítmica concertada de uma torcida de futebol acompanhando o time. Isso se repetira no sábado, no domingo e na segunda, mas a polícia finalmente erguera barricadas, expulsando os jovens do saguão e agora, à noite, cobria as entradas do Hilton, pedia para ver credenciais de imprensa e as chaves do quarto, como condições de entrada. O Hilton suspirava e oscilava ante uma série de ataques e crises. Como um velho forte, como o velho forte do velho Partido Democrata, a ponto de cair para sempre em meio às fórmulas mágicas de seu xama supremo, de seu chefe guerreiro martirizado, ridicularizado pelos jovens, desprezado por seus próprios soldados — os mesmos delegados que se mostrariam leais a Humphrey na escolha do candidato, mas intimamente leais a nada —, aquele forte espiritual do Partido Democrata agora se abrigava no Hilton que estremecia, com todas as caldeiras acesas, todos os motores vibrando, mas ainda assim parecendo desfazer-se ante a pressão vinda da rua, como se o velho Hilton se tivesse transformado num artefato do partido e da nação.

Nada funcionava bem no hotel, e muita coisa não funcionava de todo. Não havia lavagem de roupa por causa da greve dos ônibus, e os telefones da casa geralmente não funcionavam; os telefones dos quartos eram tão interceptados, e os equipamentos de gravação deviam estar tão embaralhados, que conversas diferentes se cruzavam no mesmo aparelho ou se distribuíam em todas as direções como três bolas em jogo numa quadra cercada por quatro paredes. Às vezes o telefone ficava mudo, às vezes emitia gritos medonhos, ou guinchos, em meio ao áspero desconforto eletrônico de uma estática constante. Às vezes dava para fazer ligações interurbanas através da telefonista, às vezes só se conseguia linha para falar para fora ligando para a recepção e exigindo, às vezes só era possível falar com a telefonista do hotel pedindo uma linha externa. E, o tempo todo, havia uma fotografia do prefeito Daley, do tamanho de um selo postal, colada ao aparelho, "Bem-Vindo à Convenção Nacional Democrata de 1968", dizia o selo. Muitas vezes, não era possível extrair nem um gemido do telefone do quarto. Ele simplesmente sucumbia e ficava morto horas a fio. O sucesso de uma convenção reduz-se ao sucesso nas comunicações, como o repórter ainda viria a aprender; e as comunicações, no quartel-general do maior partido do país mais famoso do mundo por sua tecnologia de comunicações, estavam entrando em colapso por causa das greves, da pressão, da sabotagem, dos excessos da segurança, do superdesenvolvimento de equipamentos técnicos muito avançados mas insuficientemente testados: na base da pirâmide, a pura e simples incompetência humana ante o assédio combinado da pressão e de uma guerra nas ruas.

O funcionamento dos elevadores era abominável. Em certos andares, os botões de chamada pareciam não funcionar. Podia-se esperar até meia hora para que um elevador finalmente parasse ali a caminho do térreo. Depois de algum tempo, todo mundo decidia subir para o último andar a fim de conseguir descer. E mesmo assim não se podia usar as escadas, interditadas por agentes do serviço secreto. Na pior das hipóteses, um hóspede podia levar uma hora para subir a seu quarto e tornar a descer. De maneira que talvez fosse melhor hospedar-se em algum outro hotel do outro lado do Loop; mas havia os engarrafamentos, as fileiras de policiais e manifestantes toda noite, os manifestantes marchando com lenços cobrindo o nariz.

Nessa noite, com os manifestantes acordados e ativos no Grant Park, o gás lacrimogêneo atingia direto o hotel. A polícia tinha tentado usar gás para expulsar os garotos do parque quando começaram a chegar em grande número vindos do Lincoln Park, mas o vento soprou na direção errada e provocou lágrimas do outro lado da rua, contaminando o ar condicionado do saguão do Hilton, e os delegados, a imprensa e as autoridades andavam de um lado para o outro com os olhos ardendo, gargantas queimando e a forte sensação de que iam pegar um resfriado. O saguão fedia. Não devido ao gás lacrimogêneo, mas por causa das bombas de mau cheiro, ou alguma variedade avançada, pois a fonte do odor era misteriosa, irremovível ou se instalara nas entranhas mais íntimas dos condicionadores de ar, uma vez que piorava dia a dia e inundava a cafeteria, os bares e o saguão do hotel com um fedor que não era fácil de esquecer. Sempre que você se aproximava de alguém, predominava o cheiro de vômito produzido pelas bombas — não, era pior do que vômito, lembrava antes um cheiro realmente atroz de corpo mal lavado evocando o potencial da presença de vômito azedo em cada junta de alguma obra terrível de trabalho psíquico. De maneira que as relações pessoais eram curiosas. Você encontrava homens ou mulheres atraentes, apertava suas mãos, conversava um bocadinho e se despedia. E a memória que ficava da ocasião era aquele cheiro fétido. Delegados, políticos poderosos, velhos amigos e desconhecidos, todos cheiravam muito mal.

De maneira que nada funcionava direito no hotel, tudo fedia, e havia multidões — os que conseguiam entrar — andando de um lado para o outro, a polícia vigiava a entrada, e do lado oposto da rua, enquanto o repórter se deslocava em meio à massa compacta de jovens sentados muito juntos uns dos outros na grama, aplaudindo os oradores, gritando "Venham para cá! Venham para cá!" e "Largue Hump", o fedor das bombas de mau cheiro ainda estava presente, mas agora diferente, igualmente horrível e vomitivo, mas produzido por laivos meio apagados de gás de pimenta. A nação dividida ia à guerra munida de fedores; cada lado infligia um cheiro fétido ao adversário. Anos de sabotagem nos aguardavam — uma perspectiva assustadora: os estudantes de engenharia teriam de passar por testes de lealdade antes da formatura; o FBI viria interrogar qualquer jovem que fizesse um curso de rádio por correspondência. Era possível que estivéssemos chegando àquele ano divisor de águas a partir do qual o país nunca mais voltaria a funcionar direito, e o serviço nos hotéis americanos ficasse igual ao dos motéis do México. Mas não importava!, os jovens estavam avivados com o fogo revolucionário nessa linda noite de terça-feira, nessa linda madrugada de quarta, e a Guarda Nacional que os policiava também estava totalmente desperta. Incidentes ocorriam. Explosões contidas. Um soldado negro baixinho começou a cutucar um manifestante com seu fuzil, com uma fúria súbita despertada como que pelo apelo selvagem de uma briga selvagem de rua; o manifestante — que tinha o ar pacato de um estudante de seminário religioso —, pasmo e assustado com o que desencadeara; não compreendera que aquele negro não queria ouvir nada que ele tivesse para lhe dizer. E um oficial da Guarda Nacional chegara correndo para conter o negro. (Na noite seguinte, não haveria mais negros presentes nas fileiras da Guarda Nacional.)

Os garotos estavam cantando. Havia duas velhas músicas que eram cantadas o tempo todo. Não se passava uma hora sem que fossem ouvidas mais uma vez. De maneira que recomeçavam a cantar "We shall overcome" e "This land is your land",* e um orador gritava para o alto dos 25 andares do Hilton: "Nós temos os votos, vocês têm as armas", referência às pesquisas indicando que McCarthy era mais popular do que Hubert Humphrey (sim, se Rockefeller tivesse concorrido pelos democratas e McCarthy pelos republicanos teríamos um confronto ideal entre um esbanjador e um conservador), e então outro orador, referindo-se à marcha sobre o Anfiteatro programada para o dia se-

* Em tradução literal, *We shall overcome* significa "Havemos de triunfar"; a canção tem origem em hinos religiosos e foi adaptada e registrada pelo cantor e compositor Pete Seeger no final dos anos 50. "This land is your land" ("Esta terra é sua terra") é de autoria de Woody Guthrie e data de 1956. As duas são dois grandes clássicos da canção folk americana, cantadas em praticamente todas as grandes manifestações políticas de massa ocorridas nos EUA na década de 1960. (N. T.)

guinte, gritou: "Vamos marchar sem permissão — os russos é que exigem permissão para comícios em Praga", e a multidão aplaudiu suas palavras. E aplaudiram com entusiasmo desatado quando um orador, um delegado, teve a inspiração de pedir aos delegados e voluntários de campanha que assistiam das centenas de quartos do Hilton com vista para o parque: "Acendam as luzes, e façam-nas piscar se estiverem conosco. Se estiverem conosco. Se são simpáticos a nós, pisquem as luzes, pisquem suas luzes". E, para o deleite da platéia, as luzes começaram a piscar no Hilton, dez, depois vinte, talvez até cinqüenta luzes tenham começado a piscar ao mesmo tempo, e em seguida toda uma fileira de luzes no 15º e no 23º andares se apagou e acendeu ao mesmo tempo, e tornou a se apagar e acender. O quartel-general de McCarthy, o 15º e o 23º andares, estava piscando, e a multidão aplaudiu. Agora eram eles a platéia que observava os atores hospedados no hotel. Assim, duas platéias se entreassistiam, como navios que trocassem sinais luminosos à noite de um lado ao outro de um golfo, e delegados foram deixando o hotel; havia uma atmosfera de nova beleza no ar, presente ali em meio aos garotos enfaixados, ao odor azedo de vômito do gás de pimenta, aos suspiros e gemidos dos caminhões militares que chegavam e partiam o tempo todo, em meio às adenóides, laringes, espirros e roncos dos oradores, ao pisca-pisca das luzes do Hilton, sim, ali estava o alento daquela cruzada incrível em que o medo estava em cada bocado de ar respirado, de modo que todos respiravam devagar e o ar chegava aos pulmões como um atestado de coragem, como uma dádiva, e os rostos dos jovens refulgiam à luz forte dos faróis dos caminhões da Guarda Nacional e dos holofotes da polícia postados em frente ao Hilton do outro lado da Michigan Avenue. E o Hilton, abalado em seus alicerces, cintilava como um bolo de aniversário. Os horrores chegariam no dia seguinte. Não, já é o dia seguinte. Já é quarta-feira.

15.

Se quarta-feira seria o dia da escolha do candidato, também seria a tarde em que teve lugar o debate sobre a posição do partido quanto à paz no Vietnã. Na verdade, foi ainda a noite em que ocorreu o Massacre da Michigan Avenue, um acontecimento extraordinário: um verdadeiro massacre, igual em seu resultado final a alguns dos antigos ataques às aldeias indígenas, mas no qual ninguém foi morto. Claro, muitíssima gente saiu ferida. E várias centenas de delegados iniciaram uma marcha a partir da área dos matadouros, na madrugada de quinta-feira, depois da escolha do candidato, portando velas acesas em protesto. Foi obviamente um dos dias mais agitados de toda a história das convenções políticas.

Advertido por sua portentosa intuição sulista do porvir, Lester Maddox, o quarto candidato, governador da Georgia, renunciou à sua candidatura na manhã de quarta-feira. Citamos a matéria de Walter Rugaber no *The New York Times*:

> Sua mulher, Virginia, estava sentada a seu lado chorando baixinho quando o sr. Maddox encerrou sua campanha de onze dias com uma última entrevista coletiva no muito iluminado salão de baile do Conrad Hilton Hotel.
>
> Falou dos socialistas desinformados e dos políticos enlouquecidos pelo poder. Acusou o Partido Democrata de ser o partido "da pilhagem, do incêndio, da matança e da queima de cartões de recrutamento. E mais", acrescentou, "renego todos eles".

Em seguida embarcou num avião de volta a Atlanta. Quem poderia afirmar que as palavras de ordem gritadas no Grant Park durante as longas horas da noite de terça-feira, junto com aqueles gritos semi-obscenos — Hump no Lixo! —, não terão contribuído para acelerar sua decisão?

Originalmente, o debate em torno da posição do partido sobre o Vietnã tinha sido marcado para a noite de terça-feira, mas a sessão da convenção se estendera até além da meia-noite, e os falcões tentaram realizá-lo durante a madrugada. Esperavam começar à uma da manhã, hora de Nova York, tendo assim o prazer de negar às pombas um vasto público telespectador. Mas as pombas, em plena madrugada, promoveram uma manifestação no plenário que foi ficando cada vez mais turbulenta até o prefeito Daley cometer o erro de se levantar para admoestar os presentes, avisando que as galerias seriam evacuadas caso eles não se acalmassem. "Vamos nos comportar como damas e cavalheiros, e deixar que as pessoas sejam ouvidas", disse Daley para a convenção e milhões de telespectadores, com a mais perfeita aparência de astro teatral saído diretamente de uma apresentação de *Guys and dolls*.* Mas era óbvio que quase todo o barulho vinha do próprio plenário atrás de Daley, das últimas filas onde os delegados favoráveis a McCarthy e McGovern de Nova York, Califórnia, Dakota do Sul, Massachusetts, Wisconsin e Oregon tinham sido acomodados, bem longe da tribuna. De qualquer maneira, as forças do governo acabaram perdendo. Uma coisa era cortar uma discussão — coisa simples de executar. Bastava dar um sinal seguido de um movimento rápido que podia ser reconhecido com igual rapidez pelo presidente da mesa, desencadeando a iniciativa relâmpago de convocar uma votação aberta. "Os que votam sim... os que votam não... moção aprovada", diria ele, golpeando a mesa com o martelo e descendo do palco para encerrar a sessão. Mas ali, depois da meia-noite, o que os falcões

* *Guys and dolls*: musical que estreou na Broadway em 1950 e foi transformado em filme em 1955 (com elenco encabeçado por Marlon Brando, Jean Simmons e Frank Sinatra e exibido no Brasil com o título de *Eles e elas*); é a história de um jogador que aposta com seus comparsas mais ou menos gângsteres que irá conquistar uma missionária, mas acaba se apaixonando por ela. (N. T.)

estavam tentando não era pôr fim a uma discussão, e sim iniciá-la; as pombas não tinham nada a perder com um ruidoso protesto ininterrupto. Tentativas de obter silêncio, marteladas enérgicas desferidas por Carl Albert com uma expressão enfurecida por estar sendo ignorado, música em alto volume da orquestra para tentar encobrir o clamor das últimas filas. Nada funcionou. As câmeras focalizavam as pombas que protestavam contra o adiantado da hora. Os falcões poderiam levar adiante a sua proposta, mas na televisão ficariam parecendo o pior dos ladrões de gado. Assim, um sinal foi dado a Daley por um representante do governo, que passou o dedo pelo pescoço, um sinal inconfundível para encerrar o assunto por aquela noite. Daley, com o ar de quem acabara de engolir um bagre vivo, levantou-se, pediu a palavra e propôs o adiamento do debate. Proposta imediatamente acatada por Carl Albert. O pequenino presidente da mesa estava exaltado, e começou a dizer "o prefeito Daley, do grande estado de Chicago...". Recobrou-se depressa, porém, o suficiente para bater o martelo e declarar que a mesa acolhia a moção, aprovando-a com uma pressa fagueira, como se a idéia tivesse sido sua desde o início! E o debate foi adiado para a tarde de quarta.

O debate, porém, acabou sendo um anticlímax. Havia a esperança de que McCarthy falasse, sonhos vãos de que ele pudesse fazer um grande discurso. Mas correu o boato de que o senador, levando em conta o imponderável protocolo dos códigos de conduta profundamente arraigados das convenções políticas, decidira só entrar no debate caso Lyndon Johnson comparecesse ao Anfiteatro para sua festa de aniversário. Johnson, porém, não estava no salão; continuava no Texas, onde haveria de permanecer (ouvindo seus melhores conselheiros, pois não tinha como assegurar o caráter de sua recepção no Anfiteatro nem a natureza do estímulo que poderia despertar nas ruas). McCarthy, portanto, em respeito ao equilíbrio, também não estaria presente.

Num primeiro momento os falcões propuseram a duração de quinze minutos para o debate, depois trinta. Uma hora foi o máximo que as pombas obtiveram. Na questão nacional mais importante enfrentada por qualquer convenção política desde a Segunda Guerra Mundial, o debate proporcionaria uma hora de discursos para cada lado. E mais, os lados fariam discursos alternados. Assim, não poderia ocorrer uma apresentação em massa de argumentos, tampouco uma avalanche de emoções.

Tendo essas restrições limitado o resultado do debate antes mesmo de seu início, o deputado Philip Burton, da Califórnia, foi o primeiro a falar pela minoria, em seguida o senador Muskie, do Maine, pela maioria. Burton pediu que "escutássemos as vozes dos homens e mulheres de boa vontade que pedem a paz de um lado a outro do país". Muskie examinou as diferenças entre as posições da maioria e da minoria, além das semelhanças, e concluiu que a maioria cuidava da proteção aos nossos soldados, enquanto a minoria se precipitava ao desejar a paz a qualquer preço.

Os oradores se sucederam. Pareciam tomar o cuidado de evitar uma linguagem muito rica, extravagante ou apaixonada. Ninguém se levantou para dizer que 1 milhão de combatentes do nosso lado não tinham sido capazes de derrotar 250 mil do outro, pois isso teria sido impatriótico (o que, para um político, é um sacrilégio equivalente à queima de dinheiro ou à inundação de terras particulares), não, os melhores da maioria vaguearam em meio a minuciosos e miúdos aspectos legais, falaram dos aspectos técnicos de nosso compromisso, da segurança dos soldados americanos, do tempo necessário para a instalação de um governo representativo; falavam num estilo que às vezes lembrava a eminente sanidade de Dean Rusk, sempre um modelo de sanidade em todos os detalhes menos um: convencera-se da ilusão de que a guerra não era infinita em sua loucura. Claro, palavras como loucura não eram adequadas para o plenário da convenção. Muskie; o senador McGee, do Wyoming; o governador Hearnes, do Missouri; a sra. Geri Joseph, de Minnesota; David Pryor, do Arkansas; o deputado Ed Edmondson, de Oklahoma; o prefeito Wilson Wyatt, de Louisville; o deputado Zablocki, de Winsconsin; e o deputado Hale Boggs, de Louisiana, presidente do Comitê de Plataforma, falaram em nome da maioria por tempo suficiente para abordar minudências irrelevantes e perorar contra o comunismo. Parece óbvio que a lamúria proveniente das passagens nasais de um americano deve estimular alguma coisa no ouvido interno dos demais americanos toda vez que o comunismo é fustigado. Em seguida, os falcões exaltaram o caráter pacifista da proposta da maioria. As pombas, porém, responderam através do senador Morse, dizendo que "a proposta da maioria, despojada de sua semântica, não passa de uma proposta de persistência nua e crua nos erros de nossa política no Vietnã". Falaram também pelas pombas: Paul O'Dwyer, de Nova York; Ken O'Donnell, de Massachusetts; John Gilligan, de Ohio; o senador Gore, do Tennessee; Ted Sorensen, de Nova York; e Pierre Salinger, da Califórnia.

Para os que ficaram curiosos, trechos de alguns discursos.

> *Senador Edmund Muskie:* "A escolha é a seguinte. Um acordo negociado com, ou um acordo negociado sem salvaguardas para a realização de eleições livres [...]. Uma suspensão dos bombardeios levando em conta, ou uma suspensão dos bombardeios deixando de levar em conta, a proteção aos nossos soldados contra os riscos militares vindos do norte da zona desmilitarizada [...]. Senhor presidente, peço a adoção da proposta da maioria". (Muskie tinha o ar óbvio de um galo satisfeito.)

> *Theodore Sorensen:* "Propomos o fim imediato dos bombardeios — eles só querem o fim dos bombardeios se, e quando, e talvez.

"Segundo, propomos uma retirada mútua de todas as tropas americanas e norte-vietnamitas agora [...]. A proposta da maioria diz que talvez, em algum momento, caso todas as hostilidades do vietcongue venham a cessar antes.

"Terceiro, propomos, como propôs Ted Kennedy, que deixemos os sul-vietnamitas decidirem sozinhos qual será o seu futuro. Eles propõem que os Estados Unidos permaneçam e submetam os vietnamitas a nossos padrões políticos e econômicos.

"Quarto, propomos uma redução imediata do número de soldados americanos [...]. Eles propõem uma redução do número de soldados só quando o Exército sul-vietnamita estiver pronto para assumir o controle [...]".

Governador Warren Hearnes: "[...] muitas das decisões que estão sendo tomadas aqui neste salão de convenções por nós, políticos, foram ditadas pela perspectiva de vitória ou derrota. Vitória ou derrota em novembro [...].

"[...] pelo amor de Deus, se adotarmos a posição proposta pela minoria, vamos pôr em risco as vidas de nossos soldados no Vietnã".

Kenneth O'Donnell: "[...] fomos obrigados a ficar assistindo enquanto o Congresso dos Estados Unidos [...] cortava 6 bilhões de dólares do orçamento no último período legislativo, cortando em todos os programas que afetam a vida de todos os americanos, os programas de saúde, de educação e voltados para os problemas das nossas crianças [...] não poderemos contar com esse dinheiro, a menos que consigamos de algum modo pôr fim ao desperdício não só de nosso maior tesouro, os jovens, mas dos 30 bilhões de dólares que gastamos por ano numa aventura estrangeira no Vietnã do Sul. Isto precisa acabar".

Deputado Hale Boggs: "Será que o general Abrams podia responder a uma pergunta minha? E faço a pergunta:

"Existe alguma possibilidade de o senhor nos fornecer um cálculo, ainda que aproximado, do número adicional de baixas que sofreríamos se o bombardeio do Vietnã do Norte fosse interrompido por nós, incondicional e unilateralmente?

"E a resposta veio, e vou lê-la para vocês — não são palavras minhas, são palavras do general Abrams: 'Se o bombardeio do Vietnã do Norte hoje autorizado fosse suspenso unilateralmente, o inimigo, entre dez dias e duas semanas, poderia aumentar sua capacidade na zona desmilitarizada, em termos de escala, intensidade e duração de combate, na ordem de cinco vezes sua capacidade atual'.

"Não posso concordar. Não posso concordar em expor nossas forças ao risco que a capacidade do inimigo passaria então a representar. E isto, amigos, encerra o nosso debate". (Hale Boggs era a própria andorinha-do-mar entre os falcões.)

Mas o governo não queria correr risco com nenhuma ave. Um despacho confidencial da Casa Branca havia sido acrescentado à munição desse debate, e no momento em que o último orador concluía seu discurso eram os militares que encerravam o debate, os mesmos militares que, ao longo dos últimos anos, vinham produzindo tantos palpites especializados sobre o número de soldados ou o número de bombas que seriam necessários para garantir a vitória num certo número exato de semanas ou meses; e o partido continuava engolindo esse tipo de consultoria especializada. "Escala, intensidade e duração de combate, na ordem de cinco vezes." A delegação do Texas, nas primeiras filas, aplaudiu com entusiasmo. Basta enfiar um sujeito grande num uniforme grande e fazê-lo recitar cifras grandes; eles vão preferir sua palavra à de um sacerdote, ou mesmo do papa. Na América, a farda sempre chegava em primeiro lugar, o especialista em produção em segundo e ainda se aceitava que Cristo chegasse em terceiro. De maneira que a votação acabou 1567¾ a 1041½ — e a posição proposta pela maioria foi aprovada. Lyndon Johnson era vindicado com base nos mesmos argumentos ruins que o comprometeram originalmente. Política era propriedade, e a força gravitacional de posses substanciais bastava para tirar qualquer um de seus apuros.

Mas o plenário não sossegaria. As delegações de Nova York e da Califórnia começaram a entoar "We shall overcome". Rapidamente, a plataforma do partido foi aprovada; ainda assim, a delegação de Nova York não parava de cantar. Então foi Wisconsin que se pôs de pé nos assentos das cadeiras. As últimas filas do plenário vaiavam as primeiras. Centenas de cartazes, CHEGA DE GUERRA, produzidos às pressas algumas horas antes especialmente para a ocasião, foram erguidos. Os delegados derrotados gritavam "Chega de guerra", na frustração feroz de saber que a posição do partido era a de Lyndon Johnson, e que o partido ainda pertencia a ele. A sessão da convenção foi encerrada. E a delegação de Nova York não parava de cantar "We shall overcome", de pé em suas cadeiras. A orquestra da convenção tentou afogar seu canto. E começou a tocar cada vez mais alto "We got a lot of living to do".*

Os gerentes da convenção desligaram os microfones de Nova York e aumentaram o som da orquestra. Desse modo, no plenário da convenção, as pombas foram afogadas pelo som inimigo, mas nos aparelhos de TV a recepção era o contrário, porque as redes tinham colocado seus microfones próprios perto dos delegados, e eles cantavam com toda força de um lado a outro do continente. Assim, poucos milhares de pessoas no plenário e nas

* *We got a lot of living to do*: literalmente, "Ainda temos muito que viver", canção de 1960. A gravação mais conhecida é de Elvis Presley. (N. T.)

galerias mal ouviam as pombas — mas todo o resto da América as ouvia com toda clareza. A política como propriedade chegara ao ponto de fissão. Quem controlava o plenário não controlava mais o poder da opinião pública. Não admira que os velhos operadores do partido detestassem as redes de TV — era perturbador ter passado anos e anos aprendendo a operar todas as trancas e chaves da casa da política para depois descobrir que havia uma nova porta que não conseguiam fechar. Desgostosas, as delegações de falcões foram abandonando o plenário. As pombas continuavam a cantar "We shall overcome". E agora a orquestra tocava "Happy days are here again".*

Os manifestantes gritavam "Queremos paz!, Queremos paz!". "I'm looking over a four-leaf clover" era o que a orquestra oferecia, e depois abandonou, atacando "If you knew Suzy" antes de desistir. Os manifestantes começaram a cantar o "The battle hymn of the Republic".** Nova York, Califórnia, Oregon, Wisconsin, Dakota do Sul e outras delegações marchavam pelo plenário vazio. Meia hora se passara desde que a sessão da convenção fora encerrada. E eles ainda cantavam. Tinha sido longa a guerra que perderam.

* *Happy days are here again*: literalmente, "Os dias felizes estão de volta", canção popular de 1929. Ironicamente composta no mesmo ano da crise da Bolsa de Nova York que deu início à Grande Depressão, tornou-se muito popular e, graças à sua promessa otimista, foi a música-tema da posse de Franklin Roosevelt em 1932, tornando-se a partir de então uma espécie de hino informal do Partido Democrata. (N. T.)

** A "guerra" das canções: "I'm looking over a four-leaf clover", canção americana de 1927, foi gravada por João Gilberto no Brasil em seu primeiro LP com o título de "Trevo-de-quatro-folhas", em versão de Nilo Sérgio; "If you knew Suzy", literalmente "Se vocês conhecessem Suzy", canção de 1926, sucesso de Al Jolson. "The battle hymn of the Republic", literalmente "O hino de guerra da República", composto em 1861, é o que tem o famoso refrão *"Glory, glory, hallelujah"*. (N. T.)

16.

Enquanto isso, um comício ocorria em torno da concha acústica do Grant Park, a uns quinhentos metros da Michigan Avenue e do Conrad Hilton. O comício foi promovido pela Mobilização, e compareceram entre 10 e 15 mil pessoas. O prefeito dera licença para a reunião, mas recusara-se a permitir uma passeata. Já que a Mobilização anunciara que tentaria mesmo assim promover a marcha sobre o Anfiteatro, a primeira finalidade de sua ida a Chicago, a polícia compareceu com todas as forças para cercar a manifestação.

Um incidente ocorreu durante os discursos. Três manifestantes escalaram um mastro para arriar a bandeira americana e hastear uma bandeira confederada. Um esquadrão de policiais atacou disposto a dar-lhes uma surra, mas viram-se eles próprios em maus lençóis porque, quando lançaram as bombas de gás, os manifestantes as arremessaram de volta e a polícia, sufocada por seu próprio gás, só conseguiu abrir caminho à custa de muita luta e debaixo de uma chuva de pedras. Surgiu então uma força muito maior de policiais atacando a área, derrubando bancos, agredindo membros da platéia e depois acelerando na direção de Rennie Davis, que empunhava o megafone. Um dos coordenadores da Mobilização, seu rosto era conhecido e ele tinha sido apontado inúmeras vezes por policiais à paisana. Enquanto pedia aos presentes que se sentassem e ficassem calmos, foi atacado por trás pela polícia, um corte de oito centímetros abriu-se em sua cabeça e ele ficou inconsciente por algum tempo. Furioso com o ataque, Tom Hayden, que se mantinha incógnito nos últimos dois dias para evitar uma nova prisão, dirigiu-se à massa, disse que ia sair dali para cumprir certas tarefas especiais e sugeriu que outros manifestantes também formassem pequenos grupos e saíssem pelas ruas do Loop "para fazer o que tem de ser feito". Alguns foram embora com ele; a maioria ficou. Embora aquele fosse um exército do povo e portanto completamente desorganizado em matéria de farda ou uniformidade, contava com uma série de comandos especiais, além dos soldados regulares; havia de tudo, desde uns poucos camicases qualificados, prontos a atacar as fileiras de policiais numa dança da serpente à moda japonesa, expondo-se às conseqüentes surras violentas, até vários tipos de pequenos sabotadores, atiradores de pedras, velocistas de corredor polonês — alguns dos garotos mais velozes eram especialistas em provocar os guardas ao mesmo tempo em que se mantinham minimamente além do alcance de seus cassetetes —, o que não era muito diferente de correr dos touros em Pamplona. Muitos dos que ficaram no parque, porém, ainda eram nominalmente pacifistas, contestadores, adeptos de Gandhi — acreditavam na não-violência, na interposição mística de seus corpos ao ataque, como se a violência do inimigo pudesse ser drenada pelo gesto espiritual da resistência passiva ao longo dos anos, ao longo das milhares, dezenas de milhares, centenas de milhares de surras suportadas ao longo dos anos. Era o que Allen Ginsberg lhes dizia agora.

Os policiais, observando tudo através das viseiras de plexiglass que tinham baixado de seus capacetes, foram então obrigados a assistir enquanto o poeta, com sua cabeça calva, seus olhos gentis muito aumentados pelas lentes dos óculos de armação de osso e sua longa barba escura, pronunciava suas palavras com a voz rouca. Sofrera ataques de gás nas noites de segunda e terça-feira, e fora até a praia ao amanhecer para recitar tantras* hindus

* Curiosamente, o autor usa a palavra "tantra" quando, para o budismo e o hinduísmo, chamam-se "mantras" as orações ou hinos curtos, versos ou fórmulas sonoras destinadas a invocar certas energias, enquanto "tantra" significa "ensinamento oculto" e se refere a uma das escolas esotéricas da ioga, envolvendo magia e ritos eróticos. (N. T.)

para alguns dos yippies, e a combinação da cantilena com o gás quase tinha acabado com sua voz, a linda voz com que falava, um dos instrumentos mais poderosos e hipnóticos do mundo ocidental, agora reduzida a uns arranhões da garganta, esfolada como a carne depois de uma curetagem.

"A melhor estratégia para vocês", dizia Ginsberg, "em casos de histeria, superexcitação ou medo, ainda é entoar OM todos juntos. Isso ajuda a acalmar a sensação de borboletas batendo asas na barriga. Repitam comigo, que vou tentar conduzi-los."

E os presentes acompanharam Ginsberg. Eram de uma geração disposta a experimentar todas as idéias, todas as drogas, todas as ações — era possível até que alguns tivessem curtido uma certa onda com o gás lacrimogêneo nos últimos dias —, de maneira que entoaram OM. Havia fanáticos da cultura hindu entre eles, garotos que adoravam a Índia e desprezavam tudo que fosse ocidental; havia cínicos para os quais a melhor coisa que se podia dizer de um país que deixava sua população excedente morrer aos milhões nos campos assolados pela fome era que tão cedo não estaria pronto para dominar o mundo. Havia também os militantes, prontos para sair em passeata. E a polícia ali postada para impedir, empenhada em comunicações com outros destacamentos policiais por meio de rádios cujas antenas ficavam presas a seus capacetes, o que lhes conferia a aparência de insetos gigantescos.

Teve início uma hora confusa. O Lincoln Park tinha formas irregulares, com trilhas que descreviam curvas; mas o Grant Park, na verdade, era menos propriamente um parque do que uma série de faixas ajardinadas separando as grandes avenidas paralelas que se sucediam entre a Michigan Avenue e o lago Michigan, a mais ou menos um quilômetro dali. Uma vez que havia vários pontos de travessia de pedestres cortando essas vias perpendicularmente, uma variedade de pontes e passarelas servia como vias de acesso para a cidade. O parque, assim, apresentava uma alternância de gramados e pistas de alta velocidade. De maneira que a polícia podia cercar os manifestantes, mas não por completo. Havia pontes demais, saídas demais, com efeito, para a polícia controlar. A essa confusão somou-se o fato de que cada confronto entre manifestantes e a polícia, agora reforçada pela Guarda Nacional, atraía centenas de jornalistas, e por isso teve início uma série de tentativas de negociação entre porta-vozes dos manifestantes e das tropas. Os manifestantes finalmente tentaram enveredar à força por uma ponte e tomar o caminho da cidade. Repelidos pelo gás lacrimogêneo, seguiram para outras pontes e mais outras, até que finalmente acharam uma pouco guardada, enveredando por uma passagem e encontrando um caminho que lhes permitiu espalharem-se pela cidade às seis e meia da tarde. Circularam por alguns minutos pelo Loop, onde só encontraram as mulas e três carroças da Campanha dos Pobres. Autoridades do governo da cidade, temendo contrariar os negros da zona sul, tinham concedido licença ao reverendo Abernathy, e ele planejava conduzir uma marcha com as mulas e as carroças descendo a Michigan Avenue até a sede da convenção. Uma passeata improvisada formou-se imediatamente por trás das carroças, e várias fileiras de manifestantes, sessenta, oitenta, cem deles por fila ocupando toda a largura da avenida, começaram a avançar à luz cinzenta do crepúsculo prematuro das sete horas; subitamente, a Michigan Avenue foi tomada por manifestantes em marcha, talvez uns 4 a 5 mil, incluindo espectadores da calçada que decidiram juntar-se à passeata. As ruas do Loop também estavam tomadas pelo gás lacrimogêneo — o vento empurrara parte do gás para oeste, atravessando a Michigan Avenue depois de ter sido lançado nas pontes, e uma parte dele se impregnara nas roupas dos manifestantes. Em fileiras irregulares, parte passeata, parte multidão em festa, os olhos avermelhados pelo gás, os rostos excitados pela tensão da tarde e pela emoção da fuga do Grant

Park, agora descendo a Michigan Avenue na direção do Hilton com sonhos de ainda marchar até o Anfiteatro seis quilômetros adiante, satisfeitos de seguir as carroças da Marcha dos Pobres, os manifestantes gritavam para os passantes na calçada: "Venham também, venham também", e as calçadas respondiam com gente que aderia à marcha.

Mas na esquina da Balbo Avenue, pouco antes da Michigan chegar ao Hilton, os manifestantes foram interceptados pela polícia. Foi uma longa parada. Trinta minutos, talvez. Tempo para que as pessoas que acompanhavam pela calçada se juntassem à passeata, dessem mais alguns passos, esperassem junto com os outros, se entediassem e fossem embora. Foi o tempo para que alguém no comando de centenas de policiais na área se comunicasse com o quartel-general e explicasse o problema, tempo para que o dilema fosse passado adiante, as alternativas fossem examinadas e em resposta chegasse a ordem presumível para atacar e dispersar a multidão. Se era assim, primeiro montaram uma armadilha. As mulas tiveram permissão para atravessar a Balbo Avenue, e depois foram separadas por uma fileira de policiais do resto dos manifestantes, que agora, vários milhares de pessoas comprimidas, lotavam a esquina da Michigan com a Balbo. E ali, cercada pela polícia por três lados e separada das carroças da Marcha dos Pobres, ali, bem debaixo das janelas do Hilton que davam para o Grant Park e a Michigan Avenue, a passeata imobilizada sofreu um ataque abrupto. A polícia atacou com gás lacrimogêneo, gás de pimenta e cassetetes, atacando como uma serra de fita cortando a madeira, os dentes da serra a ponta de seus cassetetes, atacou como uma foice ceifando a grama, fileiras de vinte e trinta policiais avançando em arco, seus cassetetes batendo, os manifestantes fugindo. Visto de cima, do 19º andar, aquilo parecia o vento soprando a poeira, ou a franja das ondas empurrando a espuma na areia.

A polícia cortou em meio à massa numa direção, e depois noutra. Empurraram as pessoas para o parque, onde as encurralavam e surravam; cortaram pela esquina entre a Michigan e a Balbo como uma navalha que abrisse um sulco na cabeleira de alguém, e depois admitiu nesse canal dúzias de outros policiais que, por sua vez, começaram a exercer pressão de dentro para fora, brandindo seus cassetetes para os dois lados, abrindo novos sulcos, e mais outros. Correndo, os manifestantes se reagrupavam e os novos grupos tornavam a ser desfeitos pela polícia. A batalha continuou por dez minutos, quinze minutos, com a ferocidade absoluta de uma tormenta tropical, e acompanhá-la de uma janela no 19º andar tinha um pouco do distanciamento que se experimenta observando uma tempestade noturna através de uma vidraça. A luz era de um lindo azul-acinzentado, a polícia usava uniformes azul-celeste e até a ferocidade tinha algo do embate elemental entre as forças da natureza e outras forças, como se lâminas de chuva tropical atingissem aquelas ruas formando um desenho, desenhos curvos que tornavam a se curvar uns sobre os outros. Carros da polícia se aproximavam, prisioneiros eram espancados e enfiados em caminhonetes, levados embora. A chuva de policiais, enlouquecida pelo desencadeamento de sua própria tempestade, investiu contra suas próprias barricadas apinhadas de turistas na rua diante do Hilton, que depois ainda esmagou com toda força — mas eis uma citação de J. Anthony Lukas no *The New York Times*:

> Até espectadores idosos foram atingidos pela violência da polícia. A um certo ponto, os policiais atacaram várias dúzias de pessoas que de pé, em silêncio, por trás das barreiras da polícia em frente ao Conrad Hilton, assistiam à manifestação do outro lado da rua. Sem qualquer motivo que pudesse ser determinado na hora, os policiais de capacete azul investiram contra as barreiras, esmagando

> os espectadores contra as janelas do Haymarket Inn, o restaurante do hotel. Finalmente uma janela se partiu, empurrando senhoras de meia-idade e crianças através dos fragmentos de vidro. Os policiais então invadiram o restaurante, espancaram algumas das vítimas que tinham caído através da vidraça e as prenderam.

E agora outra citação, de Steve Lerner no *The Village Voice*:

> Quando veio o ataque, começou uma correria na direção dos flancos. As pessoas subiam umas nas outras, debruçando-se sobre os corpos umas das outras como cães acasalados. Cair no meio daquele aperto era tão aterrorizante quanto enfrentar diretamente a polícia. De repente, percebi que meus pés não estavam em contato com o chão enquanto a massa se dirigia para a calçada. Eu agarrava o casaco militar do rapaz à minha frente; a garota às minhas costas prendia-se a meu pescoço num estrangulamento e gritava incoerente no meu ouvido.

E, agora, uma citação mais longa de Jack Newfield no *The Village Voice.* (As matérias que saíram no *Voice* de 5 de setembro foram melhores do que quaisquer outras publicadas naquela semana.)

> Na entrada sul do Hilton, um rapaz magro de cabelos longos, de uns dezessete anos, caiu na calçada, e quatro policiais acima do peso pularam em cima dele, desferindo pancadas em sua cabeça. Os cabelos do rapaz esvoaçavam com a força dos golpes. Uma dúzia de filetes de sangue começou a correr em cascata da testa do rapaz, pingando na calçada. Ele não chorava nem gritava, mas arrastava-se num estupor na direção da sarjeta. Quando viu um fotógrafo tirando seu retrato, fez o sinal de V com os dedos.
>
> Um médico de uniforme branco e faixa da Cruz Vermelha no braço começou a correr na direção do rapaz, mas dois outros poli-

ciais o atingiram por trás e o derrubaram no chão. Um deles enfiou o joelho no pescoço do médico e começou a espancar suas costelas. O médico conseguiu escapar, mas os policiais foram atrás dele, batendo com força, às vezes errando.

A poucos metros, uma falange de policiais investiu com tudo contra um grupo de mulheres, repórteres e jovens ativistas da campanha de McCarthy que assistiam a tudo encostados nas janelas do restaurante do Hilton, o Haymarket Inn. As pessoas, aterrorizadas, começavam a cair ante o ataque inesperado da polícia quando a janela de vidro se espatifou e todos caíram para trás através dela. Em seguida, os policiais pularam para dentro do restaurante e começaram a espancar as pessoas, algumas das quais bebiam calmamente no bar do hotel.

Na entrada lateral do Hilton, quatro policiais perseguiam um rapaz assustado de uns dezessete anos. De repente, Fred Dutton, ex-assessor de Robert Kennedy, deixou a proteção da marquise do hotel e interpôs seu corpo entre o rapaz e os policiais.

"Ele é meu convidado no hotel", disse Dutton aos policiais. Que começaram a espancar o rapaz.

Dutton pediu aos gritos o nome e o número do distintivo do primeiro policial, que agarrou Dutton e ameaçou prendê-lo, até um repórter do *Washington Post* identificar Dutton como um ex-assessor de Robert Kennedy.

Manifestantes, repórteres, voluntários da campanha de McCarthy, médicos, todos começaram a invadir o saguão do Hilton aos tropeços, o sangue cobrindo o rosto e escorrendo de ferimentos na cabeça. O saguão cheirava a gás lacrimogêneo e a bombas de mau cheiro atiradas pelos yippies. Algumas pessoas começaram a conduzir os feridos para um hospital improvisado no 15º andar, o quartel-general da assessoria de McCarthy. Fred Dutton gritava com os policiais e com os jornalistas, dizendo-lhes que escrevessem sobre aquela "brutalidade sádica". Richard Goodwin, com a ponta de um cigarro de cinza comprida destacando-se do rosto cansado, murmurou: "Isto é só o começo. Vamos ter quatro anos disso".

Os manifestantes desafiadores começaram uma retirada lenta e ordenada pela Michigan Avenue acima. Não entraram em pânico. Não revidaram os golpes. Enquanto recuavam, ajudavam a recolher os camaradas caídos que tinham sido espancados ou atingidos pelo gás. De repente, um agente à paisana vestido de soldado saiu das sombras e derrubou um rapaz com um soco de cima para baixo. O rapaz se agachou no asfalto da avenida, tentando proteger o rosto, enquanto o policial à paisana de Chicago o golpeava com uma precisão selvagem. Um soco atrás do outro. Manchas borradas de sangue espalharam-se pelo rosto do rapaz. Dois fotógrafos se aproximaram. Vários policiais formaram um cordão em torno do espancamento para evitar as fotos. Um deles esguichou gás de pimenta nos fotógrafos, que se dispersaram. O agente à paisana se dissolveu em meio ao cordão de policiais.

Vamos fugir para as ruas. O repórter, assistindo em segurança do 19º andar, agora entendia como o genro de Mussolini certa vez fora capaz de ver beleza na explosão das bombas que lançava de seu avião, sim, crianças e jovens, homens e mulheres de meia-idade estavam sendo sovados, espancados, surrados e impregnados de gás, caçados e empurrados, dispersados em todas as direções por pelotões de policiais que explodiram abruptamente todos os limites como um furúnculo que arrebenta, mas ainda assim ele experimentava uma sensação de calma e beleza, sentia-se despojado até mesmo do desejo de estar lá em baixo, como se nos anos vindouros fosse enfrentar surras suficientes, algumas por escolha, outras de surpresa, mas como se a guerra tivesse finalmente começado e aquele fosse portanto um momento grandioso e solene, como se de fato até os deuses da história se tivessem congregado em torno daquele espaço em frente ao Hilton Hotel, diante das câmeras de televisão de todo o mundo e dos olhos dos voluntários das campanhas e das esposas dos delegados, sim, ali, diante dos olhos de metade dos participantes da convenção esse drama foi encenado, como se a espinha militar de um grande partido liberal tivesse finalmente sido separada de sua pele, como se, na falta de metáfora de tamanho suficiente, o Partido Democrata tivesse rachado em dois diante dos olhos da nação ao impacto da baleia de Melville que investia contra ele desde o fundo do mar.

Um grande silêncio ergueu-se da rua em meio a todos os pequenos rumores de surras e gritos de dor, sirenes, os gemidos das caminhonetes que levavam os prisioneiros, os gritos dos policiais enquanto se deslocavam em círculos cada vez maiores, a esquina ficando mais vazia e ainda mais vazia, um silêncio que tomava conta do aço e da pedra do hotel, adensando-se no centro perplexo de cada quarto onde delegados, esposas, imprensa e voluntários das campanhas, que até aquele momento ignoravam o funcionamento íntimo das forças sociais, podiam contemplar agora o paradigma homicida do Vietnã logo ali, bem abaixo deles, naquela esquina importante de uma grande cidade americana. Vejam — um rapaz correndo pelo parque, perseguido por um policial. E o policial o atinge na nuca com seu cassetete! Missão cumprida! E o policial volta para junto dos seus! E o rapaz, pondo-se de pé com dificuldade, é ajudado a erguer-se por uma moça que apareceu correndo.

Sim, só poderia ser sinal de um encontro dos deuses que dessa vez a história ocorresse não em algum beco distante, em algum salão inacessível ou em algum laboratório idêntico a tantos outros, nem por força das hipocrisias ocultas de um comitê de especialistas acima da lei, mas bem no centro do palco, como se os deuses alinhados dos dois lados tivessem decidido: "É aqui que travaremos nossa batalha. É aqui que venceremos".

Mais tarde, os manifestantes ficariam encantados por terem sido brutalizados diante dos olhos do público, encantados por terem incitado, cutucado, hostilizado e provocado os policiais ao longo daqueles dias com pedras, garrafas e gritos de "Porco!", a ponto de fazer a polícia investir com uma raiva cega tendo como palco o único lugar da cidade (além do Anfiteatro) onde a platéia, os atores e as câmeras podiam todos convergir, sim, os rebeldes julgaram ter conquistado uma grande vitória, e talvez tenham mesmo; mas o repórter se perguntou, no momento em que assistia àquilo, se naquela meia hora de espera a polícia não tivera tempo de receber instruções dos poderes locais, talvez do poder federal, e se o poder tinha decidido: "Não, não deixem que eles continuem por mais dez quarteirões antes de dispersá-los por ruas menos movimentadas; não, melhor que aconteça diante de todo o país, para todo mundo ver que a discordância se paga com sangue; para todo mundo entender que o poder é implacável, e está disposto a espancar, esmagar, prender e até matar antes de abrir mão de qualquer fração sua. Que vejam então diante dos seus olhos o quanto pode lhes custar sua insistência em nos tratar com zombaria e desafio, em resistir a nós. Existem atrás de nós mais milhões do que em apoio a eles, muito mais gente disposta a extirpar, envenenar, sufocar com gás e aniquilar cada flor cujo poder não compreende mais do que heróis alinhados com eles, heróis que mesmo diante da nossa determinação brutal ainda se disponham a resistir. Mais vale um covarde vivo que um herói morto. De outro modo não teríamos chegado a este ponto", disse o Príncipe da Cobiça.

Quem sabe. Podia-se agradecer à cidade de Chicago, onde o drama ainda se dava em cena aberta. Havia calma agora, nada a se ver além das mulas e dos policiais que as guardavam. As mulas não tinham se movido durante toda a refrega. Isoladas da batalha, ficaram ali paradas em seus arreios, esperando que alguém as mandasse andar. Só de vez em quando viravam a cabeça e olhavam para trás. Seu papel na Marcha dos Pobres era esperar e servir. E finalmente puderam seguir em frente. A noite tinha chegado. Escurecera. O cruzamento estava vazio. Havia bolsas, pés de sapatos e peças de roupa espalhados pela rua do lado em frente ao hotel.

17.

São poucos os estudos sobre as diferenças psicológicas que existem entre policiais e criminosos, e o motivo não é difícil de descobrir. Os estudos baseados nos testes psicológicos habituais não detectam nenhuma diferença significativa. Talvez não tenham sensibilidade suficiente.

Se a civilização transformou o homem moderno num esquizofrênico natural (uma vez que ele não sabe, no centro de suas deliberações, se deve confiar nas máquinas ou nas impressões imperfeitas que ainda lhe são trazidas por seus sentidos distorcidos e nas mensagens mais ou menos torturadas que lhe são transmitidas pela água poluída, pelo solo superfertilizado ou pelo ar venenoso e irritante), o homem médio é um suicida diante da sua esquizofrenia. Suprime seus impulsos e acaba morrendo de câncer, de loucura declarada, de envenenamento por nicotina, de ataque cardíaco ou das complicações de uma bronquite. É essa minoria — os policiais e os bandidos — que busca uma saída para a violência que hoje atrai nossa atenção. O criminoso tenta reduzir a tensão que existe dentro de si manifestando na linguagem direta da ação o que existe de mais violento e ultrajado no seu íntimo; como não é um homem poderoso, sua violência é meramente anti-social, como o atentado ao pudor, a fraude ou o estelionato. Já o policial tenta resolver sua violência dando-lhe a cobertura de um uniforme. Isto é virtualmente um lugar-comum, mas explica por que os policiais agüentam salários baixos, a antipatia pública, as condições desconfortáveis de trabalho e uma sensação generalizada de má consciência. Sabem que têm sorte; sabem que obtiveram uma licença para dar vazão impune à criminalidade cujo gosto sentem no próprio sangue. Esse gosto é praticamente primordial na mente de qualquer policial; transpira suor fétido e abundante sempre que entra em ação; pouco tolera insultos e quase nenhuma contradição; mente com uma simplicidade e uma confiança que chocam qualquer cidadão decente que se confronte com elas pela primeira vez. A diferença entre um bom policial e um mau policial é que o bom policial se limita a uma versão modificada dos fatos — o mau policial inventa a sua versão. E foi exatamente por isso que a polícia prendeu os pedestres que empurrou através do vidro da janela do Haymarket Inn, no Conrad Hilton: quanto mais condenável a situação em que se encontra o policial, mais ele irá atacar a vítima de sua culpa.

Existem — e eis outro lugar-comum — policiais decentes. Alguns deles são verdadeiras obras de arte. E alguns policiais, violentos na juventude, suavizam-se e se transformam em oficiais modestamente corruptos, mas engraçados e decentemente eficazes. Toda figura pública dotada de algum poder, toda autoridade local, todo político importante ou toda figura proeminente do governo sabe, em seu íntimo, que a polícia é essencialmente uma força criminosa refreada por sua culpa, por sua consciência dissimulada de que são impostores e por um pequeno grupo de policiais de carreira cuja educação, retidão, capacidade atlética ou dedicação religiosa os leva a trabalhar em prol de um equilíbrio entre a justiça e a autoridade. Esses homens, que metem tanto medo no policial corrupto médio quanto um padre mete medo num menino de coro, constituem a escassa margem de contenção civilizada de uma força policial. Isso, e a sensação do policial corrupto médio de que não é muito querido por ninguém.

O que mais abalou os delegados que assistiram ao ataque — melhor chamá-lo de massacre, porque foi súbito, total e sem provocação — da Michigan Avenue foi que ele revelou todo o espectro do que pode significar para a polícia tomar a sociedade a seu encargo. Nesse caso, ela pode se comportar não como uma força de promoção da lei e da ordem nem como uma força de repressão da desordem civil, mas como uma verdadeira força criminosa, caótica, dada ao improviso, indisciplinada e finalmente — quando excitada além de certo ponto — incontrolável.

A coesão da sociedade é mantida por laços proporcionalmente tão tênues quanto os fios de uma teia de aranha; e ninguém sabe disso melhor que os homens encarregados da administração de uma sociedade. Assim, as imagens do massacre deram início a um pesadelo. Quanto mais desordens houvesse no futuro, mais necessidade haveria de maiores contingentes policiais, e de deixá-los de rédeas soltas. No entanto, soltas as rédeas, podia não demorar muito para que o caráter criminoso da polícia acabasse predominando em sua relação com a sociedade. O que sugeria então substituí-la pela lei marcial. No entanto, se o Exército virasse a força corretiva da sociedade, o Pentágono se transformaria na única autoridade significativa do país.

De maneira que uma atmosfera de indignação, histeria, pânico, boatos desencontrados, explosões incontidas, fúria, loucura, humor patibular e melancolia pairava sobre a noite da escolha do candidato na convenção.

18.

O Anfiteatro era o melhor lugar do mundo para uma convenção. Relativamente pequeno, tinha aquela intimidade repleta de uma academia de boxe de bairro. Os acessos para as galerias eram estreitos como corredores, e o balcão parecia pender logo acima de cada orador. As cores eram preto, cinza, vermelho, branco e azul, cores brilhantes e fortes servindo de cenário para um mar de rostos de democratas carnívoros e rubicundos. Nesse espaço apertado, os estandartes eram em tal número que lembravam lanças. Os corredores estavam repletos. Os carpetes eram vermelhos. O plenário, em seus votos, tinha um sangue que descendia em linha direta da turba que aplaudia o sangue dos bravos cristãos e os leões ferozes. Podia ter sido uma grande convenção, apesar do mau cheiro — a política num *abattoir* é tão adequada quanto a luxúria num *boudoir*. Essa convenção tinha fundo: reuniam-se ali algumas das fisionomias mais interessantes e mais corruptas da América. O câncer se acotovelava com a acromegalia, a obesidade com o edema, a artrite com o alcoolismo, fígados em pandarecos amaldiçoavam brônquios inflamados, bochechas gordas e frementes irradiavam má sorte para panças gigantescas. Charutos retorciam bocas que, do canto, sussurravam palavras em orelhas de couve-flor. Os leprosos cuidavam dos cegos. Os surdos ligavam seus aparelhos de audição à laringe dos mudos. Os jogadores de tênis se comunicavam com os proprietários de terras, a máfia conversava com o sindicato sobre boliche, diretores piscavam os olhos para diretores, os honestos e os exaltados enrouqueciam de tanto berrar em microfones desligados.

Mas a noite prometia dificuldades e havia pavor no sangue, uma atmosfera de circo também pairava no ar de matadouro. Pelas delegações corriam notícias de monstruosidades sem precedentes. Antes que sequer começasse a chamada dos estados,

Peterson, de Wisconsin, Donald Peterson, homem de McCarthy desde a vitória nas primárias de Wisconsin, já estava de pé, tendo conseguido obter a palavra. (Uma vez que estava cercada pela TV, pelo rádio e pelos demais órgãos da imprensa, a mesa percebeu que seria mais fácil conceder-lhe a palavra do que ignorar seu pedido.) Peterson queria... Peterson queria que a convenção fosse adiada por duas semanas e transferida para outro salão em alguma cidade distante, devido à "violência à sua volta" e ao "pandemônio no recinto". Antes que um poderoso rugido pudesse sequer decolar, a mesa já passara ao ponto seguinte, tinha chegado a hora das indicações e isso foi anunciado sob vaias densas como uma imunda maré de petróleo. E a sensação de motim não arrefecia. Delegados abandonavam o plenário para ver os filmes da violência nos noticiários da TV, diziam que McCarthy tinha assistido a tudo de sua janela e dito que aquilo era "muito ruim". McGovern descreveu os combates que viu como um "banho de sangue" que "me deixou de estômago virado". Não via "nada igual desde os filmes sobre a Alemanha nazista".

Mas era essa a atmosfera que reinava no salão, uma pândega de banquete, hurras e horror, um hálito de glutão, um cheiro de sangue. O partido sempre estivera instalado nas mansões e nos matadouros da sociedade; Hyde Park e os dividendos da política, a legislação social e a vaselina das prostitutas sempre haviam ocupado suas respectivas extremidades do consenso democrata, os sonhos e o faro de poder dos aristocratas e da boa sociedade misturava-se a surras nos becos, a sepultamentos em alto-mar com botas de cimento, à cobrança da taxa per capita com a velha retórica da taxa per capita.* Os mais honrados e os mais decaídos

* Até 1964, quando foi expressamente proibida por emenda constitucional, havia em muitos estados americanos a cobrança de uma taxa per capita, a *poll tax*, a cujo pagamento estava condicionado o direito ao voto dos cidadãos. (N. T.)

tinham sentado à mesa em almoços do partido. Agora, o partido estava perdendo sua metade melhor, e a turma da terra arrasada não estava nem aí. Estavam prontos a arregaçar as mangas e dividir o bolo, o bolo local — e dane-se a perda da eleição maior. Tinham passado tempo demais segurando as alças do caixão do idealismo moral. Mas agora iam enterrá-lo de vez. O país estava sem rumo, e para eles não fazia diferença — que o barco do Estado, deixado à deriva, encontrasse seu verdadeiro porto: que o patriotismo e a mamata coabitassem no conforto para o qual foram concebidos e pusessem um fim a essas colaborações impossíveis.

De maneira que incidentes eclodiam por todo lado. A polícia entrou e saiu arrastando um delegado depois que um sargentão do partido lhe disse para voltar para seu assento, o delegado desobedeceu e os dois trocaram desaforos. Paul O'Dwyer, candidato ao Senado por Nova York, agarrou-se a ele e foi levado junto. Mike Wallace, repórter da CBS, levou um soco no queixo quando fez certas perguntas — foi retirado do recinto numa revoada de policiais convocados às pressas, e boatos se espalhavam de todos os cantos. A certeza clara de onde se encontrava a sede do poder tinha desaparecido. Agora, os delegados precisavam enfrentar a quimera da prisão pela polícia, seguida de encarceramento. E quem poderia tirá-los da cadeia? Era Daley quem tinha o poder, ou Johnson? Será que Humphrey algum dia faria alguma coisa? Seria o caso de chamar os fuzileiros? Um desarranjo dos pontos cardeais básicos de todas as localizações manifestava-se no ronco das tripas. Nessa cidade um político podia ser morto por um policial, eis o sentimento generalizado, e quem se atreveria a enfrentar o prefeito? Se política era propriedade, alguém tinha revelado o enredo: o Oeste agora ficava no Norte! Aos mais liberais dos legisladores e delegados presentes ao plenário, deve ter ocorrido o verdadeiro pânico de se perguntar: teria sido essa a sensação no momento em que os nazistas chegaram ao poder, o riso untuoso no rosto com aquele charuto que até então tinha sido odioso mas leal? Gargalhadas mal contidas de satisfação trovejavam em meio aos delegados mais profundamente entregues à cobiça e de bile mais fervente. Havia uma sensação de que todos os centros se tinham deslocado, de que a autoridade estava em férias.

A sessão de indicações ocorreu de maneira muito discreta. Os democratas decidiram que não haveria manifestações na convenção. Os democratas! Famosos por suas manifestações. Mas agora temiam arroubos maníacos a favor de McCarthy, cenas de pugilato no plenário, pelotões de guerreiros políticos agarrando rivais pelo pescoço. Então ficou combinado que a proposta do nome de cada candidato seria encaminhada de maneira simples, seu nome em seguida seria aplaudido, depois viriam os discursos de apoio e depois a lista seria reaberta, mais um candidato proposto, e assim por diante.

O nome de McCarthy foi encaminhado pelo governador Harold Hughes, de Iowa, o de Humphrey pelo prefeito Alioto, de San Francisco. Ouçamos um pouco do que cada um deles disse — pois não exibem um caráter diferente dos seus indicados. Disse Hughes:

> Estamos no meio do que só pode ser chamado de uma revolução em nossa política doméstica e também em nossa política externa. E como disse certa vez o falecido presidente Kennedy: "Os que tornam a revolução pacífica impossível tornam a revolução violenta inevitável".
>
> [...] Precisamos de um líder capaz de pôr fim à polarização da nossa sociedade, à alienação entre negros e brancos, entre os que têm e o que não têm nada, entre os velhos e os jovens.
>
> Precisamos escolher um homem com a sensatez e a coragem de mudar a direção de nossa política externa antes que ela nos con-

dene eternamente a um labirinto sem saída de envolvimentos no estrangeiro, sem finalidade clara nem justificativa moral.

Mas acima de tudo o homem que escolhermos precisa representar as aspirações de todos aqueles que procuram levar a humanidade a seu potencial mais alto. Ele precisa ter aquela qualidade rara e intangível capaz de arrebatar nossos corações e purificar a alma angustiada deste país.

Gene McCarthy é este homem.

E o prefeito Alioto disse:

Vim aqui falar-lhes a respeito do homem que pelos últimos vinte anos, até o dia de hoje, vem sendo o expoente das aspirações do coração humano — para os jovens, para os velhos, e para os que se encontram a meio caminho.

Não vou ler para os senhores, mas lhes peço que se projetem para o dia 20 de janeiro de 1969, nos degraus do grande Capitólio de Washington, e imaginem com os olhos do espírito um homem de pé nesses degraus com as mãos levantadas, jurando que vai cumprir as funções de presidente dos Estados Unidos e que, na medida de sua capacidade, irá preservar, proteger e defender a Constituição dos Estados Unidos, com a ajuda de Deus.

Esse homem terá diante de si um país tomado pelo desejo sincero de encontrar uma saída para a confusão e a frustração que hoje o contaminam. E naquele momento o povo estará à procura de um líder decisivo.

Pois vou lhes dizer diretamente — esse homem, em 20 de janeiro de 1969, precisará ser um homem extraordinário. E, se não for um homem extraordinário, as dificuldades do cargo irão quebrá-lo e a turbulência dos tempos irá nos engolfar.

McGovern foi indicado por Ribicoff, o senador Abraham Ribicoff, de Connecticut, ex-governador do estado, homem de

Kennedy havia muitos anos — sua carreira prosperara com os Kennedy. Não era um homem de aparência impressionante. Tinha cabelo grisalho prateado nas têmporas, sobrancelhas escuras, uma boca fraca que indicava o tipo de cálculo que nunca envolve grandes riscos. Tinha um corpo delgado, com uma barriga proeminente. Não era um peso pesado. Tinha conseguido prosperar vivendo e deixando viver, fazendo os amigos certos. Nunca foi famoso pela oratória, mas começou dizendo: "Senhor presidente... quando olho para a confusão neste recinto e assisto pela televisão ao tumulto e à violência que competem com esta grande convenção pela atenção do povo americano, uma outra coisa desponta em meu coração, e não o discurso que me preparei para fazer".

Foi um começo curioso, mas logo à frente o discurso ficou maçante, apesar da força de algumas de suas frases: "Quinhentos mil americanos nos pântanos do Vietnã". Ribicoff se arrastava, não tinha ânimo, na verdade era tão tedioso quanto um orador republicano. Ouviram-se bocejos quando ele disse:

> George McGovern não se conforma de ver nesta nossa nação, nesta nossa grande nação, uma taxa de mortalidade infantil tão grande que ficamos em 21º lugar entre todas as nações do mundo.
> Precisamos de unidade e só poderemos ter unidade com uma nova fé, novas idéias, novos ideais. A juventude da América reúne-se sob os estandartes de homens como George McGovern, assim como correu para os estandartes de John F. Kennedy e de Robert Kennedy.
> E com George McGovern na presidência dos Estados Unidos nós não teríamos essas táticas da Gestapo nas ruas de Chicago.
> Com George McGovern, não teríamos uma Guarda Nacional.

Segundos se passaram. As pessoas se entreolhavam. Ele disse mesmo "táticas da Gestapo nas ruas de Chicago"? Sim, ele tinha dito. Sua voz tremera um pouco de indignação e medo, mas ele disse as palavras, e Daley estava de pé, Daley sacudia o punho para a tribuna, Daley emitia impropérios. Não dava para ouvir suas palavras, mas seus lábios articulavam com toda clareza. Daley parecia estar mandando Ribicoff ter relações carnais consigo mesmo.

Houve uma onda de rugidos no plenário, um zunzum nas galerias. Daley fitava Ribicoff com ódio e Ribicoff lhe devolvia o olhar, seu rosto comum subitamente embelezado, dignificado por alguma posse acima de suas possibilidades. Ribicoff debruçou-se na tribuna e disse com uma bela voz de orador: "Como é difícil aceitar a verdade".

Talvez tenha sido o melhor momento de Ribicoff. Mais tarde, nos bastidores, no quartel-general da campanha de McGovern, ele tinha um ar menos feliz e consideravelmente menos autoconfiante enquanto as pessoas vinham cumprimentá-lo por seu discurso. Na verdade, Ribicoff tinha a expressão exausta, preocupada e sem fôlego de um boxeador peso leve que cinco minutos antes no ringue de treinamento tivesse quebrado com um jab o nariz de um campeão de pesos médios que se exercitava com ele. Agora o peso leve volta e meia acordaria no meio da noite perguntando-se como seria o troco. Mas fiquemos antes com a lembrança do homem em seu momento de glória.

A votação finalmente começara. Não se esperavam surpresas, e nenhuma aconteceu. A Dakota do Norte disse: "A Dakota do Norte, que admite modestamente ser mais limpa e mais verde no verão e mais clara e mais branca no inverno, tem 25 votos, dezoito para Hubert Humphrey, sete para Gene McCarthy". Em seguida Ohio deu 94, Oklahoma, 37½, e o plenário começou a gritar. Pensilvânia ofereceu 103¾ de 130, e Humphrey estava escolhido. Era o estado onde McCarthy conseguira 90% dos votos nas primárias. O fato foi consumado. O futuro gerente de fachada da máfia fora indicado para concorrer contra o provável príncipe da grande empresa. Em sua suíte do Hilton, Humphrey beijou a sra. Fred H. Harris, mulher do senador de Oklahoma e co-chefe de sua campanha; em seguida, como que para dissipar os rumores e reinstaurar a propriedade em seu devido lugar, correu para a tela da televisão e beijou a imagem de sua própria mulher, focalizada naquele momento. Era um político; era capaz de beijar bebês, ruge, borracha, veludo, sebo e vidro. Não fora à toa que Deus lhe dera aquela excelência oral.

E então começaram os telefonemas. O presidente Johnson, a quem Humphrey disse, com uma cortesia sulista: "Abençoado seja o seu coração", a sra. Johnson, Lynda Bird e Luci; depois Dick Nixon, que o cumprimentou por ter conquistado a indicação num ponto da chamada dos estados mais próximo do início do que aquele em que a escolha dele próprio fora confirmada. Dizem que Nixon afirmou ter gostado muito de ver a sra. Humphrey e o resto da família na televisão.

O resultado apurado da eleição foi: Humphrey, 1.761¾; McCarthy, 601; McGovern, 146½; Channing Philips (primeiro negro a disputar uma candidatura à presidência), 67½; Dan Moore, 17½; Edward Kennedy (sem indicação), 12¾; James H. Gray, ½; Paul W. "Bear" Bryant, treinador de Alabama, 1½; e George C. Wallace, ½. George C. Wallace se sairia muito melhor em novembro.

19.

A doença se instalara debaixo da pele, o século sofria de uma moléstia tão maligna e intricada que era atacada tanto pelos yippies quanto pelos muçulmanos e pelos caipiras de George Wallace. Podiam entredevorar-se primeiro, mas aquela era apenas mais uma faceta da peste — o canibalismo ainda era a melhor cura para o câncer.

Se eram essas as divagações médicas do repórter depois da escolha do candidato democrata, a contrapartida podia ser vista nos rostos dos delegados que exibiam a depressão que o público sempre ostenta à saída de uma luta ruim: emoções primais tinham sido despertadas por muito pouco.

Um grupo razoável de delegados, várias centenas, de Nova York, Califórnia, Wisconsin, Oregon e algumas outras delegações, iam reunir-se numa das salas do hotel para discutir a estratégia imediata. Não estavam evidentemente muito felizes, mas como o tom característico dos partidários de McCarthy predominava — acadêmicos com óculos de armação de osso envergando ternos de tecido crespo, ou políticos pálidos e geralmente magros com uma integridade tensa nos lábios, e as mulheres na maior parte naturais em excesso, algumas dando a impressão de não ter usado batom nos últimos muitos anos —, a pergunta cínica se impunha: como teriam eles celebrado uma vitória? A derrota fazia parte integrante de seu caráter. O vinagre era o afrodisíaco de sua dieta.

Paul O'Dwyer discursava para eles. Candidato ao Senado em oposição a Jacob Javits nas eleições vindouras, ele seria um belo adversário para aquele digníssimo senador — O'Dwyer era um homem baixo de cabelos brancos, sobrancelhas escuras, aparência honesta e bem cortada de irlandês, um sotaque de County Mayo que ainda se distinguia e um senso de humor de operário. E também era um cavalheiro. Tinha uma elegância natural. De maneira que daria um ótimo candidato. Falava agora para aquela assembléia reunida sobre o amargor da derrota, esforçando-se para torná-la menos dolorida. Um homem que obviamente estivera em muitas batalhas políticas, algumas das quais vencera e muitas perdera, aprendera a descobrir a mistura equilibrada entre indignação e esperança, tão necessária para reerguer-se depois da derrota e sair à procura de novos embates. Assim, começou alimentando a fúria dos derrotados ao comentar a convenção — "um estrangulamento inacreditável do processo democrático", disse ele, e em seguida louvou o grupo por sua dedicação, seu trabalho árduo e sua confiança, e lhes disse que podiam estar certos de que os eleitores lá fora só podiam estar com eles, e que esse era um poder que o tempo haveria de confirmar. Deu um sorriso. "Se continuarmos trabalhando por mais alguns anos, acho que na próxima convenção o outro lado é que estará reunido aqui no salão 2." Foi alegremente aplaudido por essas palavras, quase um pouco histericamente, como se quase em reconhecimento de que a melhor felicidade quase sempre vinha quando conseguiam sentir alguma esperança no meio da derrota. É uma emoção conhecida tanto pelos mais nobres carnívoros quanto pelos mais renitentes vegetarianos.

O'Dwyer era o espírito da reunião, e quando ele parou de falar a melancolia tornou a instalar-se. O deputado Bill Ryan, de Nova York, falou cinco minutos sobre a reunião que tivera com Daley. Contou a história da maneira certa, dizendo que tinha enveredado pelo corredor para falar com o prefeito de Chicago, esperando ser recebido com a devida cortesia, posto que afinal pertenciam os dois ao mesmo partido e ele era um congressista (e ambos eram irlandeses — o que Ryan não chegou exatamente a dizer, embora tenha sugerido), e por fim, ao cabo de cinco minutos de preparação dramática para chegar à informação incisiva que estava a ponto de revelar, denunciando alguma nova e íntima vilania do prefeito Richard J. Daley, o fim da história não pôde mais ser adiado e Ryan admitiu: Daley tinha olhado para ele e dito: "Volte para a sua delegação". Um inacreditável estrangulamento do processo democrático.

O repórter descobriu em si um impulso de se embebedar. Essa assembléia era composta só de gente honrada, agora ansiosa, dedicada ao desejo de encontrar algum modo de protestar contra aquela indicação, a brutalidade da polícia, a pura e simples incongruência do tempo presente; estavam na política devido à angústia filosófica de tanto ruminar um problema que podia não ser solúvel — exatamente o que conferia a McCarthy aquela dignidade inimitável —, e o repórter não se sentia próximo deles. Precisavam de algum gesto que servisse para todos os males, eram os descendentes eleitos de Eleanor, a última praticante da higiene Roosevelt; agora, devido à sua paixão por agir, e agir mesmo nessa noite, agir especialmente nessa noite, foi encaminhada a proposta de uma passeata em vigília, desde o Anfiteatro até o Conrad Hilton. Seria uma forma de manifestar sua preocupação com as vítimas da polícia. E já tinham até as velas. Richard Goodwin, assessor de McCarthy, preparado para tudo nessa noite da escolha do candidato, tinha trazido mil círios, para o caso de resolverem protestar no plenário e as luzes serem apagadas. Agora eles podiam ser usados numa passeata pelas ruas escuras e desoladas de Chicago.

O'Dwyer deu um riso infeliz. "Qual é a distância?", perguntou. "Pode ser que alguns de não sejam tão jovens quanto alguns de vocês. Não são treze quilômetros?"

"Não, menos de sete", responderam.

Ele pôs a idéia em votação. A maioria esmagadora foi a favor. "Que seja", disse, suspirou, e sorriu.

Começaram então a discutir se iriam cantando por todo o caminho com Theo Bikel, um dos delegados de Nova York. Mas Bikel lembrou que já cantara bastante nos últimos dias, e que sua voz não agüentaria — e mais, iriam marchar por ruas onde havia gente dormindo —, o que só poderia causar problemas desnecessários. "Além disso", disse Bikel, "uma vigília silenciosa de homens e mulheres caminhando à luz de velas é muito impressionante. Vamos sair daqui cantando, até atravessar as barreiras logo depois dos matadouros, mas depois de passarmos a barreira vamos seguir em silêncio." Todos concordaram. Ele imediatamente começou a cantar acompanhado de seu violão, e saíram andando.

O repórter não seguiu com eles. Sentira uma pontada inconfundível de medo ante a idéia de sair marchando com aquelas pessoas através do Cinturão Negro de Chicago ou mesmo através dos bairros de predominância polonesa nos arredores imediatos. Imaginou-os atacados por gangues, e a idéia de levar uma surra terrível na companhia de não violentos seguidores de McCarthy e McGovern, ombro a ombro com Arthur Miller, Jules Feiffer, Theo Bikel e Jeremy Larner, não, se era para apanhar, era melhor apanhar sozinho ou junto com pessoas de quem se sentisse próximo, pessoas que comparativamente não eram tão inocentes a respeito de como se luta.

Em conseqüência, assim que eles saíram do Anfiteatro, o repórter tomou um rumo diferente na direção de seu carro, agitado, envergonhado, tomado pelo curiosidade de saber como aqueles liberais de que sempre zombara tinham conseguido reunir nessa noite a simples dedicação que os levaria a caminhar por ruas desconhecidas, desarmados, com velas nas mãos. Seria remotamente possível que fossem mais corajosos do que ele?

Deixou a área dos matadouros em alta velocidade e foi até o Lincoln Park ver o que estava acontecendo, mas a área estava deserta. Ali a guerra tinha acabado. Então voltou de carro até o Hilton, encontrou um bar aberto num hotelzinho chamado Essex na Michigan Avenue e tomou algumas doses de bebida. Não sabia que àquela altura a marcha já tinha acabado. Os líderes, acompanhados por um grupo muito respeitoso de policiais — ele devia ter imaginado! —, decidiram no fim das contas que a marcha seria mesmo longa demais, de modo que embarcaram em vários ônibus que os levaram até um ponto de reunião não muito distante do Hilton e de lá subiram a Michigan Avenue com suas velas acesas, e logo os hippies e os jovens voluntários da campanha de McCarthy juntaram-se a eles no Grant Park, e agora estavam quase diretamente do outro lado da rua, ouvindo discursos. Mas o repórter não sabia. Estava bebendo e contemplando seu medo. Tinha a impressão de ter sentido medo a vida inteira, mas de ter aprendido nos anos recentes, ao que parecia, a maneira de dar um passo à frente em sua relação com seu medo, de optar pelo gesto que lhe dava mais medo (e que portanto mais poderia libertá-lo). Não era sempre que conseguia fazê-lo, quem seria capaz de tanto?, mas pensava que o segredo do progresso era, pura e simplesmente, conseguir ser um pouco mais destemido do que era covarde, e na verdade por que a vida não podia ser simples assim, de maneira que os iletrados e os despreparados também pudessem ter sua chance? Era uma filosofia de trabalho e ele tentava segui-la, mas naquelas horas pareceu-lhe que ele dava as costas ao que já sabia. Será que nos últimos dias sua coragem sofrera um desgaste maior que sua consciência do medo? Continuou a beber.

20.

O foco de seu medo começara para ele na terça-feira, não, melhor voltar até a noite de segunda no Lincoln Park, quando fora embora no mesmo momento em que Ginsberg, Burroughs, Genet e Terry Southern chegavam — e seguiam para a frente de batalha. Claro, poderia situar o início de seu medo até na própria tarde de domingo, quando estivera no parque ouvindo música, vendo os meninos no gramado e a polícia nas alamedas, tendo experimentado no estômago uma sensação não diferente do pavor que se acumula na base dos pulmões depois que você passa horas dirigindo em estradas geladas. Mas o repórter vinha sentindo medo de Chicago desde que ouvira falar em dezembro de um Festival da Juventude que pretendia obrigar os democratas a indicarem Lyndon Johnson sob proteção armada. De fato, era um medo com que ele vinha convivendo de longa data — como tantos outros. Era como se medos diferentes encontrassem abrigos diferentes no corpo e ali se alojassem por anos a fio.

Mas no dia anterior, terça-feira, o medo tinha crescido várias dimensões e forçara a consciência a emergir. Geralmente, o repórter tomava as suas atitudes — fossem gestos destemidos ou evasivos — sem conviver muito intimamente com sua ansiedade. Mas dessa vez ela se manifestara claramente. O repórter sentiu uma relutância especial em comparecer ao comício marcado para a concha acústica do Grant Park na tarde de quarta-feira e à passeata até o Anfiteatro prevista para depois da manifestação. Nunca iriam deixar que a marcha se aproximasse do Anfiteatro — não era à toa que a presença do prefeito Daley se fizera sentir em Chicago por todos aqueles dias!

Seu medo era muito estruturado, apoiado por muitos argumentos racionais. Ele tinha muito trabalho pela frente se pretendia retratar essa convenção, e apenas duas semanas para escrever seu artigo se quisesse vê-lo publicado antes das eleições. Uma surra violenta poderia fazê-lo perder dias, ou uma semana; cada dia de trabalho lhe seria insubstituível. Além disso, a partir de agora, uma variedade de alternativas militantes estaria presente por vários anos, e não seria possível, a cada vez, simplesmente aceitar a alternativa mais perigosa; desse modo ele nunca mais voltaria a trabalhar. E então, tomado por outro medo, um medo conservador, o repórter examinou sua relutância em perder mesmo a América que tivera, esse país louco, tecnológico e belicoso com seu ar poluído, suas auto-estradas, seus especialistas e sua profunda desonestidade. Apesar disso, o país lhe permitia escrever — e nem mesmo o deixara totalmente desprovido de honrarias, certamente não de ganhos. Vivia bem o bastante para ter acumulado seis filhos, uma casa à beira-mar e um bom apartamento, comer bem e beber bem, aprendera até a gostar de vinhos. Um revolucionário que adquire o gosto por vinhos já percorreu metade da distância que separa Marx de Burke; ele deveria morar na Inglaterra, onde ninguém jamais vê seu radicalismo posto à prova; não, na verdade, ele ainda era romancista o suficiente para ver as raízes do futuro manifestarem-se em cada veio e estrato que encontrava, e uma parte profunda sua (exatamente aquele imenso fundo literário de propriedade do romancista maduro!) detestava a idéia de ver sua sociedade americana — perversa, absurda, tocante, patética, nojenta, cômica, repleta de medula romanesca — desaparecer agora na voragem niilista de uma desordem nacional. Os yippies ainda podiam acabar com o país — ou pior: já que nunca chegariam a ter de fato o poder de fazê-lo, poderiam servir de pretexto para a entrada em ação das falanges totalitárias da lei e da ordem. Claro que era por isso que ele já estava ficando farto de ouvir falar nos direitos dos negros e no Poder Negro; cada motim de negros o deixava mais perdido junto com o resto, mais perto do ponto onde teria de aderir à revolução — que perspectiva tediosa de prisões, tribunais e coisas piores; ou então ficar de lado observando enquanto os melhores entre os americanos, tanto brancos quanto negros, fossem capturados, maltratados, arrebentados, queimados e finalmente perdidos. Não, antes o exílio. Ainda assim, ele detestava a idéia de viver em qualquer outro lugar que não a América — a essa altura já era americano demais: não desejava caminhar por ruas estrangeiras evocando com uma nostalgia imperfeita a gordura suja de hambúrgueres espetaculares, não quando nem aqui os comia. E também podia ser que os países estrangeiros também se acabassem dali a não muito tempo. A peste sobre a qual ele vinha escrevendo fazia anos parecia estar chegando — e ele perceberia seus fenômenos sociais mais depressa que os outros. Pelo menos se não perdesse seu distanciamento e não se visse obrigado a comprar uma esperança barata. Bebendo do outro lado da rua, bem em frente ao Grant Park, a possibilidade de sucumbir a medos maiores do que ele lhe parecia possível, embora a essa altura não passasse de um ponto no horizonte. Não mais que um ponto no horizonte era o que a candidatura de Humphrey tinha dado a impressão de ser quando começaram os rumores a respeito. Seria por isso que os delegados agora marchavam com suas velas acesas? Para não sucumbirem diante de medos maiores do que eles?

Era como se a temperatura histórica da América subisse a cada mês. A diferentes graus de aquecimento, os óleos das diversas psiques ficavam mais soltos — e diferentes bons americanos começavam a fritar. Claro que o primeiro impulso deles era esperar que a temperatura baixasse rapidamente. Talvez pudessem retornar para a despensa. Mas, se o calor continuasse aumentando, o arranjo particular que proporcionara a ele pelo menos uma quantidade módica de felicidade terrena — o equilíbrio preciso que ele pudesse ter encontrado entre a satisfação do idealismo e a satisfação de suas necessidades (ou talvez seja melhor chamar de ganância) seria totalmente desfeito, e sua vida não poderia mais continuar como tinha sido até aquele momento. Pelo tamanho do seu medo, o repórter podia avaliar como a perda seria grande. Ele gostava da sua vida. Ele queria que ela continuasse, o que significava que ele queria que a América continuasse — não da maneira como vinha vindo, não no Vietnã —, mas qual preço ele estava realmente disposto a pagar? Estaria pronto a abrir mão dos prazeres de fazer seus filmes, escrever seus livros? Eram prazeres que, em última instância, ele não queria perder.

Ainda assim, se ele cedesse a seu medo, se procurasse evitar por todos os modos os feios confrontos que tinha pela frente, sua vida estaria igualmente arruinada, e de maneira pior. Ele simplesmente não estava acostumado a viver com uma consciência tão impura quanto aquela com que assistira ao confronto do 19º andar. Seria mesmo impura? Onde estava seu verdadeiro comprometimento? Ter perdido aos 45 anos a certeza de onde estavam suas lealdades — à revolução ou à estabilidade do país (ao custo de algum sofrimento pessoal, pode-se sugerir) — era assumir a angústia do intelectual europeu dos anos 30. E para ele a ironia mais violenta é que vivera doze anos vazios de esperança em seguida à Segunda Guerra Mundial, com o amargor, a raiva e a militância potencial de um verdadeiro revolucionário, tendo exercido talvez alguma influência sobre essa geração de yippies que agora tomava as ruas, só que a revolução não começara nos anos em que ele estava pronto — o cálculo de tempo de sua alma era apocalipticamente inadequado.

Pensamentos vastos para um repórter. Os repórteres costumam viver alegremente distantes de si mesmos. Têm olhos para ver, ouvidos para ouvir e dedos para escrever suas reportagens. Era como se a bebida que ele absorvia agora o deslocasse milímetro a milímetro de um chapéu para outro. Ainda seria levado a participar, ou então guardaria a vergonha no fígado — o último lugar para uma emoção semelhante! As doenças do fígado vêm do acúmulo da vergonha cotidiana — um dia ainda hão de descobrir a química do processo!

Ele falara nessa tarde no comício. Não queria; dissera a David Dellinger na tarde de terça-feira que não iria falar — não queria expor antes da hora as idéias que vinha armazenando para seu texto. Dellinger fez que sim. Não queria discutir. Era um homem de aparência robusta com uma simplicidade e uma solidez de modos que eram confortáveis. Dava a impressão de um homem que dizia a verdade, mas da maneira mais decente possível. O repórter ligara para ele e lhe dissera que desejava visitar o quartel-general da Mobilização para falar com ele, mas como Dellinger precisava mesmo ir ao Hilton fora ao quarto do repórter na tarde de terça, com seu filho e Rennie Davis. O repórter lhe disse que não iria à passeata porque não desejava ser preso — não podia se permitir alguns dias na cadeia a essa altura, caso decidissem transformá-lo num exemplo. De maneira que também não apareceria na concha acústica. Simplesmente não queria ficar ali em cima olhando enquanto os outros saíam em passeata. Dellinger não discutiu nem objetou. Era um homem de óbvia paciência e parecia ter chegado à conclusão de que cada um comparecia a cada evento obedecendo à sua própria agenda de militância. Assim, limitou-se a tomar um gole de sua bebida e assistir à convenção pela TV por alguns minutos. Era sua primeira oportunidade de vê-la, provavelmente sua primeira oportunidade de relaxar na última semana. Ao se levantar, sorriu na direção do aparelho e disse: "Sabe, isso até que é interessante".

Na tarde de quarta-feira, o repórter sentara-se diante do mesmo aparelho no mesmo quarto, assistindo ao debate sobre a posição do partido em relação à paz. Ao final de algum tempo, descobriu que não conseguiria ficar longe do comício. No entanto, quando lá chegou, depois de passar pela polícia, pelos xerifes e finalmente misturar-se à multidão, não sabia de nada do que já tinha acontecido, não sabia que Rennie Davis tinha sido espancado até desmaiar, nem do discurso enraivecido de Tom Hayden nem de outros — só viu Allen Ginsberg fazendo seu discurso sobre as propriedades calmantes do OM. Em seguida, falaram Burroughs e Genet. Ele precisava falar também — era impossível deixar de fazê-lo. Então abriu caminho em meio à massa levantando muito os joelhos, desajeitado, passando pelas pessoas sentadas no gramado, chegou à concha, subiu ao palco — havia uma dúzia de pessoas sentadas em cadeiras de vários tipos no fundo do palco — e em seguida foi até Dellinger e perguntou-lhe se poderia falar. Dellinger deu-lhe um sorriso. Ele era bem-vindo.

De maneira que tinha discursado na concha acústica. Ali de pé, vendo a multidão à sua frente, sentindo o calor previsível daquele poder, toda a sua coragem lhe voltou, ou pelo menos foi o que sentiu — no fim das contas, era ator suficiente para enfrentar no palco perigos que não se disporia a encarar em outras instâncias com a mesma ligeireza. E sentiu um respeito surpreendente, até admiração, por aquelas pessoas instaladas nos bancos e no gramado que tinham respirado gás lacrimogêneo dia após dia e ali estavam agora, prontas a marchar. Chegou até a começar por lhes dizer "Vocês são maravilhosos", uma vulgaridade do show business que ele detestava até o fundo da alma, mas disse, e depois ainda fez piadas sobre o cheiro de gás de pimenta no microfone — o cheiro de bombas de mau cheiro ou de gás de pimenta se impregnara na esponja cor de carvão enrolada em torno do microfone. Em seguida, disse que estavam vivendo o início de uma guerra que haveria de durar mais vinte anos, e que essa passeata seria uma de suas batalhas. Explicou em seguida que não estaria marchando com eles porque tinha prazo para entregar um trabalho e não podia correr o risco de perdê-lo, "mas vocês todos vão saber que sou um mentiroso se não me virem em outras passeatas", acrescentara, e eles o aplaudiram, aplaudiram-no entusiasticamente antes mesmo que ele dissesse que só fora até ali saudá-los. O repórter ficou perturbado diante da aclamação por um discurso relativamente quietista, e quando acabou gritaram para ele: "Escreva direitinho, garoto", e um jovem negro dos Panteras, dos Rangers ou de onde ele não sabia, que atuava como uma espécie de mestre-de-cerimônias improvisado, ergueu seu braço no ar junto com o dele, o braço preto e o braço branco juntos no ar, aquele negro deu-lhe sua bênção e ele se arrependeu de todos os pensamentos maldosos que tivera ultimamente. E cumpriu a palavra, indo embora logo depois, jantando bem e cedo na companhia de amigos para não chegar tarde demais à convenção. E estava por acaso lavando-se em seu quarto quando ocorreu o massacre da passeata, três horas mais tarde. Agora bebia naquele bar em frente ao Grant Park na companhia de um californiano simpático que trabalhava para McGovern. O repórter apreciara suas bebidas. O bar estava fechando e ele ia dormir. Mas a lembrança de seu discurso naquela tarde o incomodava. Tinha sido fácil demais. Ele sabia que se sentiria melhor caso tivesse participado da passeata, apanhado no massacre ou mesmo caminhado na vigília que deixara o Anfiteatro. Através da bebida, a vergonha se armazenava em seu fígado.

E foi assim que, quando se levantou para ir embora e deu boa-noite a seu novo amigo, em vez de entrar e cruzar o saguão ele saiu do hotel e atravessou a Michigan Avenue.

21.

A Guarda Nacional estava formada em plena força. Nas ruas transversais do hotel, caminhões militares de duas toneladas e meia tinham estacionado, ocupando todos os espaços disponíveis. O tráfego estava interrompido. Os jipes com rolos de arame farpado presos à frente do pára-choque dianteiro, que na véspera um jornalista apelidara de "tratores Daley", estavam alinhados em fila do outro lado da Michigan Avenue, um pouco ao sul do Hilton, e o repórter atravessou para o Grant Park ao som dos veículos militares em ponto morto, a tosse urgente e surda de carburadores regados, forçados, impelidos e afogados por motoristas nervosos, os pés colados ao acelerador e à embreagem enquanto seu caminhão esperava imóvel. Os imensos holofotes em frente ao Hilton lançavam seu facho de luz de uma altura de três ou cinco metros, do alto de uma varanda ou de um caminhão, não dava para ele ver no clarão, mas iluminavam os destroços e o clangor da Michigan Avenue, a fileira de soldados na calçada logo além do limite do Grant Park, a numerosa massa encurralada, milhares de pessoas, encarando a fileira de soldados. Por algum motivo, um hidrante fora aberto na Michigan Avenue no quadrado vazio delimitado por fileiras de soldados da Guarda Nacional e pelas barreiras da polícia em frente ao Hilton, e as luzes dos holofotes refletidas no asfalto molhado produzia aquela cintilação de luz, urgência e glamour que só se vê quando uma produtora de cinema filma tarde da noite nas ruas de uma cidade, e os passantes ficam encantados com sua boa sorte de poderem assistir.

Nesse momento ele teve um sinal do que devia fazer, quer dizer, ele teve um impulso. Seus impulsos, talvez em compensação ao seu regime geral de cautela, eram quase sempre sensacionais a ponto de demandarem a ingestão de quatro copos de gasolina antes de sequer poderem ser sentidos. Mas agora, sem questionar o impulso, ele percorreu aquela fileira de soldados, caminhando debaixo de seus fuzis erguidos, a pouco mais de um palmo de seus rostos, com o ar (supunha ele — e talvez fosse mesmo) de um oficial em inspeção, pois encarava com ar severo, pensativo ou condescendente o rosto de um soldado de cada vez, exercendo aquele escrutínio oficial do caráter que os oficiais em inspeção tinham deixado gravado em sua memória. Na verdade, era um antigo sonho militar seu que se tornava realidade.

Uma vez que alguns dos soldados não gostaram do que ele vinha fazendo, nem um pouco!, e mudavam bruscamente a posição das mãos em seus fuzis com fortes palmadas, como garanhões nervosos que escoiceassem as tábuas da cocheira com uma contrariedade abrupta e anunciada, ele teve o prazer reverso de descobrir que sua coragem recuperara a firmeza, e que sentia uma indiferença sublime pela possibilidade de algum daqueles soldados rachar-lhe a cabeça com uma coronhada.

No meio da inspeção dessa fileira, que devia ter uns duzentos soldados de comprimento, uns cansados, outros entediados, alguns nervosos, outros curiosos ou amigáveis, alguns carregados de animosidade, e quase todos descuidados com seus uniformes — o que ele observou com desgosto, pois era de fato um oficial em inspeção —, o repórter passou pelo palanque dos oradores, uma mesa do parque ou coisa parecida onde havia uma dúzia de homens de pé, um deles com um microfone ligado por um fio a um enorme alto-falante portátil carregado por outro manifestante. Os discursos não paravam, e dois guitarristas apareceram, prontos a se apresentar em seguida.

Uma conhecida sua, que trabalhava na equipe de McCarthy, abordou-o. "O senhor vai falar?", perguntou.

Ele assentiu com a cabeça. Sentia-se mais ou menos pronto a falar, e teria respondido "Sim, assim que concluir esta inspeção" se alguma sensatez salvadora num canto de seu cérebro não tivesse reconhecido o quanto isso poderia soar absurdo aos ouvidos dela.

De maneira que concluiu sua inspeção, gastando o tempo necessário para encarar cada soldado da longa fileira, e pareceu-lhe que tinha conquistado uma vitória particular de uma parte sua sobre outra — exatamente quais eram teria sido aborrecido concluir no momento, pois sentia-se cheio de energia, pronto, tomado pela força do orador.

Um yippie de suéter sujo e rasgado, com cabelos compridos e emaranhados formando cachos cerrados que se erguiam verticalmente no ar, um cabelo à altura de Bob Dylan, conduzia o programa e murmurou um cumprimento cordial, trouxe o repórter até o centro daquela plataforma ridiculamente pequena, com a área talvez de duas banheiras grandes postas lado a lado, e lhe disse que seria sua vez de falar assim que os guitarristas terminassem.

E ele ficou ali parado, entre dois guitarristas que cantavam um folk rock alto e agitado, um tanto batido, uma canção patriótica da esquerda cujo título lhe escapava. Normalmente ele não gostava da canção, mas ali no alto da plataforma, ladeado pelos dois cantores, com o megafone no alto bem atrás de sua cabeça voltado para a multidão, ele se sentiu ilhado por aquele som, completamente enlouquecido por ele e portanto de certa forma seguro, uterinamente seguro, uterinamente protegido — será que o embrião viveria uma cachoeira de som semelhante cada vez que a digestão da mãe completava o ciclo? Sua mente estava agradavelmente vazia enquanto esperava, normalmente um sinal de que estava pronto para fazer um discurso de verdade.

Quando a canção acabou e lhe entregaram o microfone ao final de uma generosa apresentação e de uma gentil salva de palmas estimulada justamente pela apresentação do jovem do suéter sujo e cabelo à moda de Bob Dylan, ele começou só falando o tempo suficiente para dizer aos manifestantes que primeiro queria dirigir-se aos soldados. Então virou-se de costas para a massa e o megafone virou junto com ele, e ele discursou para a formação de soldados que pouco antes inspecionara, apresentando-se como um romancista cujo livro sobre a guerra alguns deles podiam até ter lido, já que era famoso em muitos alojamentos militares por suas passagens indecentes e seus muitos palavrões, embora nem de longe tão famoso quando outra obra, *A* *um passo da eternidade*, com cujo autor ele era muitas vezes confundido.* Não queria decepcionar os soldados, disse ele, mas não era aquele belo autor, o sr. James Jones, e sim o outro, o que tinha escrito aquele outro livro.

Depois de dizer e saborear essas palavras, dirigiu-se então aos soldados como um homem que também fora soldado. "Quando caminhei diante da sua formação, inspecionando vocês, percebi que são o tipo de soldado que eu fui quase 25 anos atrás, quer dizer, um soldado não muito bom, meio infeliz com o exército em que eu me encontrava." Porém, continuou ele, a guerra em que tinha lutado não afetara nem um pouco seu sentido do que era certo ou errado, da maneira como aquela guerra no Vietnã devia afetar o deles. E falou de como os soldados americanos encontravam pouco motivo de orgulho numa guerra onde sua superioridade era tão grande e nem assim eles conseguiam vencer, de como ele achava que isso se devia à vergonha que sentiam dessa guerra. Os americanos podiam ser os melhores soldados do mundo se achassem uma guerra que fosse para eles a mais honrosa do mundo, mas a guerra no Vietnã era a pior das guerras, de maneira que não tinham como combater com entusiasmo. Os americanos, pelo menos, eram honestos; e por isso precisavam de uma guerra honesta.

Teria sido um discurso perfeito para tropas combatentes. Mas no nervosismo geral da ocasião o repórter não chegou exatamente ao ponto central — os soldados formados à sua frente não tinham o menor desejo de servir no Vietnã. E era por isso que estavam na Guarda Nacional. Ainda assim, gostou do seu

* *From here to eternity* (1951), de James Jones, adaptado para o cinema em 1953 com o mesmo título e ganhador de oito Oscars em 1954; embora fosse um retrato "realista" do Exército americano durante a Segunda Guerra Mundial, ficava aquém da crueza de *Os nus e os mortos* (*The naked and the dead*, 1948), romance de Mailer sobre o mesmo tema. (N. T.)

discurso para os soldados, que o aqueceu para as palavras seguintes, que começou a proferir girando 180 graus sem sair do lugar, acompanhado pelo megafone, dirigindo-se agora aos manifestantes reunidos no parque. Formavam um semicírculo de uns cinqüenta metros de diâmetro, reunindo pelo menos vários milhares de pessoas, prestando uma atenção que ele percebeu imediatamente o quanto era soberba, porque era enternecida como a fadiga da experiência compartilhada e elétrica como a dor de um novo ferimento.

Apresentou novamente seus cumprimentos, explicando como tinha deixado de comparecer a uma refrega atrás da outra sem saber ao certo se pelo melhor dos motivos. Foram gentis mesmo diante disso, como se a confissão de honestidade da parte de um orador fosse tudo que desejassem ouvir. Mas ele os tinha visto, explicou ele, ao longo dos últimos dias, levando surras e voltando, levando surras e voltando; e assim tinha ido àquele parque falar com eles (embora mais cedo não tivesse a menor intenção de fazê-lo). Eram bons soldados, declarou ele, compunham o tipo de tropa que qualquer general se orgulharia de comandar. Tinham tido a coragem de viver uma guerra de quatro dias numa cidade governada por um monstro.

E a resposta foi um urro de satisfação. O repórter sentiu as alturas do Hilton atrás de si, os holofotes, e os soldados. Diante dele, aqueles jovens revolucionários — que já não eram mais os mesmos jovens da Marcha sobre o Pentágono. Eram soldados.

"Sim, esta cidade é governada por um monstro, e no entanto essa declaração não nos traz o menor prazer", disse o repórter, "porque ele é um gigante que virou um monstro. E isso faz parte do horror. Porque o nosso presidente também era um gigante e virou um monstro. Por todo o mundo existem líderes que acabam virando monstros; existe uma monstruosidade no cerne deste século", disse ele, ou palavras semelhantes, e prosseguiu, "devemos até ter um momento de compaixão pelo prefeito Daley, porque ele é um gigante decaído e isso é uma tragédia", e os presentes aplaudiram Daley devido a alguma boa vontade e também a um certo senso de humor ensandecido, como se o prefeito Daley fosse um homem maravilhoso por lhes ter proporcionado aquilo tudo — que porcos magníficos!, e alguém gritou: "Me arranje um pouco desse seu fumo, Norman", e ele berrou em resposta: "Faz um mês que não fumo um baseado". Gargalhadas. "Bastam quatro bons uísques", declarou o demagogo, e os soldados se sentiram no céu.

E esse diálogo o conduziu à idéia seguinte. Tornou a dizer que tinha decidido não marchar, reiterou sua intenção de evitar ser preso ou tomar uma pancada na cabeça, e eles gritaram de volta, "Escreva! Escreva!", "É isso mesmo, continue escrevendo!" Mas agora, continuou ele, até os delegados democratas tinham saído em passeata. Ele não tinha participado, declarou, da vigília nem da marcha dos matadouros até o hotel, porque "aquela era a direção errada". Metáfora de demagogo, resultado de demagogo. E colheu ricos aplausos. Não, no dia seguinte, disse-lhes ele (uma idéia que acabara de lhe ocorrer nesse exato instante), ele tentaria reunir trezentos delegados para marchar na companhia deles até o Anfiteatro. E aí sim ele iria participar da passeata! Mas não se houvesse menos de trezentos delegados! Porque, se pelo menos um décimo do Partido Democrata não se dispusesse a sair e usar o corpo como garantia de segurança para todos, não haveria sentido em marchar para dentro de mais uma armadilha. Já tinham apanhado bastante. Se não havia indignação autêntica no Partido Democrata, já estava na hora de saberem; a partir de então, seria o caso de se prepararem para a clandestinidade. Novo rugido de entusiasmo dos novos soldados sentados no gramado.

Havia delegados presentes?, perguntou ele. Velas acenaram no escuro — e só então ele as percebeu. "Espalhem a notícia", exclamou, "amanhã estarei aqui."

E então começou a falar da clandestinidade, que iria tentar explicar como era. O outro lado reunia toda a força, todas as armas, todo o poder. Tinham tudo, menos criatividade e presença de espírito. De maneira que a militância clandestina teria de funcionar na base da presença de espírito, na concepção criativa de cada passo seguinte. Jamais deveriam repetir uma tática já usada, por mais bem-sucedida que tivesse sido. "Uma vez filósofo, duas vezes pervertido", berrou ele. E, no meio das risadas que responderam, disse: "Voltaire!", e eles voltaram a rir. Nunca fizera discurso melhor.

Por exemplo, continuou ele, a passeata do dia seguinte com seus trezentos delegados seria uma tática nova, e poderia lhes dar uma chance real de chegar às barreiras da polícia formadas do lado de fora do Anfiteatro, onde poderiam fazer um comício e depois se dispersar com toda calma. Isso seria uma afirmação, pois até então o prefeito não permitira que chegassem nem mesmo às redondezas. Claro que, se a polícia decidisse atacar de novo no dia seguinte, bem, haveria trezentos delegados democratas na passeata — e assim o país ficaria sabendo que a autoridade não hesitava inclusive em espancar seus próprios companheiros de partido. E por isso ele estava decidido a marchar, repetiu, caso os delegados também fossem, mas nem lhe passava pela cabeça, disse ele aos presentes, dar aos policiais a oportunidade de espancá-lo a troco de nada, depois que ele se expusera ali dessa maneira insultando o prefeito; não, ele só pretendia se expor ao perigo caso um décimo dos delegados democratas também se dispusessem a correr o risco. E nessa nota encerrou seu discurso e saiu andando pelo meio dos manifestantes, parando a cada passo para trocar apertos de mãos com os rapazes e moças sentados na grama. Alguns estavam bem vestidos, outros quase em farrapos, alguns tinham o ar empoeirado dos combatentes, outros eram miúdos e angelicais. Havia de tudo, dos fantasmas do bando de Robin Hood aos descendentes dos piores burocratas bolcheviques, ali no gramado do Grant Park às cinco daquela manhã, partidários de McCarthy e de McGovern, moças atraentes, estudantes de faculdade e muitos negros, bem mais do que em qualquer dia ou noite anterior, e todos trocavam apertos de mãos com ele, e o Poder Negro apresentava um certo deslocamento de suas posições mais profundas. Havia dedos-duros, policiais à paisana, agentes de segurança, punguistas e provocadores com expressões astutas no rosto e a boca um pouco desequilibrada, olhos que se deslocavam com movimentos reveladores; mas também havia mais jovens e adolescentes bonitos nesse grupo do que em qualquer outra manifestação da nova esquerda ou dos yippies que ele já tinha visto, como se a guerra na verdade lhes tivesse feito bem. E ele foi modesto no calor dos cumprimentos recebidos, e não cheio de si, pois eles lhe davam um crédito que ele não possuía — estavam prontos a perdoar qualquer tipo de deserção em troca do prazer de um bom discurso.

E assim ficou circulando em conversas e voltou ao palanque para uma rápida emenda. Alguns delegados presentes lhe tinham dito que trezentos delegados era uma quantidade grande demais para tentar reunir em tempo tão curto. Não seria possível falar com todos eles. Duzentos era um número melhor. Ele transmitiu a informação aos manifestantes, e acrescentou que estaria de volta ao parque ao meio-dia.

Voltou para o hotel, satisfeito com seus planos e consciente de uma visão completamente nova de si mesmo. Ele era capaz de toda a coragem e determinação, contanto que pudesse comandar. Não parecia haver em nenhum exército um posto que lhe conviesse abaixo da patente de general — eventos extraordinários despertam intuições extraordinárias a respeito de nós mesmos. Não admira que o repórter tivesse passado tantos anos no posto de general de um exército de um homem só. Era uma verdadeira façanha descobrir a fonte secreta do rio de sua própria coragem ou covardia. E a bebida nem era um mau barco. Foi para a cama preparado para feitos heróicos ao despertar.

22.

Mas o que lhe ocorreu foi uma aula de alfabetização em matéria de ação política, a saber: uma paixão não vale nada sem um bom cavalo que nos leve em visita às terras do vizinho. O repórter foi dormir às seis da manhã disposto a se avistar com vários líderes assim que acabasse seu discurso do meio-dia; às seis da tarde pretendia estar pronto para a passeata, com todos os delegados reunidos.

Esteja preparado para o fracasso total.

Se isto fosse essencialmente uma narrativa sobre as ações do repórter, seria interessante acompanhá-lo ao longo da derrocada de quinta-feira, mas suas ações só nos interessam na medida em que ajudam a iluminar a convenção republicana de Miami, a convenção democrata de Chicago e a guerra nas ruas adjacentes. De maneira que o discurso que fez para os yippies e os jovens reunidos teve seu valor, pois foi ali que ficou sabendo, para informação de sua reportagem, que essa era uma geração com apetite para o heroísmo, cuja presença emanava um ar não desprovido de beleza; eram melhores do que ele pensava, jovens, dedicados e genuinamente dispostos a morrer — diferentes de suas réplicas de dez anos antes. Alguma coisa acontecera na América, o aço tinha sido forjado. E ele descobrira enquanto discursava que, caso a guerra civil ocorresse mesmo, havia um lado ao qual podia se juntar. A que preço! A que preço!

Descobertas como essas, porém, são perturbadoras. O repórter ficou deitado na cama sem conseguir dormir; na verdade, pairou à beira de um sonho crepuscular exuberante como haréns orientais na riqueza de seu colorido, mas comemorava antes da hora, porque às nove da manhã, quando o álcool que ingerira acabou de metabolizar-se em beleza, encontrava-se naquele tipo de estado deplorável a partir do qual tantas comédias se desenvolvem. Exercícios rápidos, um banho de chuveiro, a barba feita e a urgência de sua missão não o deixaram exatamente com um cérebro capaz de funcionar depois de apenas três horas maldormidas. Num minuto começava a pensar direito, mas depois desabava como um espírito enfraquecido demais para a concentração exigida por pensamentos consecutivos.

Podemos poupar-nos desse dia, e falar apenas da lição. O repórter fez seu discurso no Grant Park ao meio-dia, depois falou com os repórteres, falou com os delegados (que tinham ido ao parque) no Hilton, discutindo os problemas e combinando tornar a encontrá-los, mas não conseguiu comparecer aos encontros. Não conseguiu avistar-se sozinho com McCarthy nem com McGovern, perdeu horas na esperança de uma conversa com a delegação de Nova York, não descobriu como fazer para falar com Peterson, de Wisconsin, quase chorou por falta de uma secretária ou de um walkie-talkie, pois os telefones se recusavam a funcionar direito ou sequer a funcionar de todo, não se reuniu com ninguém. Corria de um lado para o outro por toda Chicago, mandava recados — através de qualquer um que aparecesse à sua frente — para o parque; estaria de volta às três, estaria de volta às quatro; encontrou-se com Murray Kempton, que estava disposto a marchar até sozinho, mesmo que só para se interpor entre a polícia e um manifestante (e de fato Kempton acabaria preso mais adiante nesse mesmo dia), esteve com outros, perdeu o contato com os delegados que lhe ofereceram ajuda, confundia-se com a falta de sono e sempre chegava cedo demais ou tarde demais para os encontros com as figuras políticas com quem queria conversar, estava sempre se apressando ou esperando em algum corredor — e aprendeu a primeira lição das convenções políticas: nelas, nada se consegue sem a capacidade de comunicar-se mais depressa que o adversário. Se a política era propriedade, uma convenção era uma investida para a tomada de controle acionário, e sua oferta precisava chegar ao plenário a tempo.

De maneira que o repórter acabou derrotado. Não conseguiu organizar nada. De ressaca, esgotado, reduzido a cinzas no íntimo e possivelmente com uma aparência tão ruim quanto a de Rockefeller em Opa Locka ou a de McCarthy em Cambridge, voltou para o Grant Park no final da tarde disposto a fazer o discurso em que admitiria seu fracasso, mas descobriu que o parque estava quase vazio. Todos que tinham a intenção de sair em passeata já tinham partido com Peterson, de Wisconsin, ou mais tarde com Dick Gregory.* (Haveria talvez um total de cinqüenta delegados democratas nessas duas passeatas.) Agora o parque estava praticamente deserto, exceto pela Guarda Nacional. Uns cem ou duzentos curiosos, descontentes, vagabundos e punguistas vagavam por ali. Um mulato de má catadura passou diante da fileira da Guarda Nacional de canivete na mão, com a lâmina aberta, murmurando: "Esta é a minha baioneta". Sim, o Grant Park estava agora mais para a Times Square em Manhattan ou a Main Street de Los Angeles. Os yippies tinham ido embora; outro tipo de presença se instalara. E a grama tinha uma aparência suja e amarela, coberta por um holocausto de jornais. Um vento

* Peterson: Donald O. Peterson, empresário e político, figura destacada da ala mais liberal do Partido Democrata nos anos 60 e 70. Dick Gregory: comediante e escritor negro americano nascido em 1932, muito ativo nos movimentos em defesa dos direitos civis na década de 60; em 1968, lançou-se candidato independente à presidência dos EUA, tendo recebido quase 50 mil votos naquela eleição. Desde os anos 80 vem se destacando pela defesa da adoção de dietas vegetarianas radicais e outras fórmulas para a promoção da saúde. (N. T.)

seco, empoeirado e frio trazia a sensação de fim de verão. O repórter voltou para o seu quarto. Tinha acumulado lições políticas a absorver por todo um ano, analisando os detalhes de seu fracasso absoluto em cumprir o que prometera.

23.

Vamos observar a convenção em sua última noite. Duas horas antes de sua derradeira sessão noturna, a gráfica Progress Printing Company, perto dos matadouros, entregou a encomenda de última hora: pequenos cartazes com cerca de cinqüenta centímetros de altura e os dizeres CHICAGO AMA O PREFEITO DALEY. Foram distribuídos quando o público chegou à noite; milhares de funcionários da prefeitura apinhavam as galerias de espectadores e mais as áreas reservadas para o rádio, a TV e os periódicos. Esse público, fortalecido com ingressos de plástico cortados do tamanho exato de cartões do Diners' Club, e portanto nas dimensões precisas do cartão cuja inserção numa caixa dava acesso ao plenário, tomara de assalto todos os lugares com seus cartazes e seus pulmões prontos a gritar Chicago-com-Daley. Os jornalistas de rádio, da televisão e dos periódicos vagavam em torno da platéia do Anfiteatro, obrigados a assistir à maior parte da convenção dos corredores, da boca dos túneis ou a partir dos estúdios de televisão.

Daley tomara todas as providências. Como fora vaiado e escarnecido nas primeiras duas noites, além de insultado abertamente da tribuna na quarta, embora as galerias estivessem repletas de gente sua, decidiu que nessa noite só estaria disposto a tolerar uma aclamação garantida. O poder é viciado em mais poder. E assim a lavagem de porcos lhe pareceu tão doce como o mel para um rato, e ele garantiu a ocupação de todos os assentos.

Pouco depois da abertura dos trabalhos, a convenção exibiu um documentário de 32 minutos intitulado *Recordando Robert Kennedy** e, enquanto o filme era projetado, por todo o salão, no plenário e de um lado a outro do país, pela televisão, todos que assistiam sentiram-se tomados por uma espécie de unidade, pelo menos por algum tempo. Os políticos quase nunca se comovem com o idealismo — que tem pouco demais a ver com a propriedade. Mas a emoção é outra coisa. É mais próxima do chão. Em algum ponto entre a dor e a espada cega do patriotismo encontra-se o fulcro da política razoável, e à medida que o filme avançava, mostrando cena atrás de cena em que Bobby Kennedy ia ficando mais velho, a imagem irradiava uma espécie de felicidade, pois alguma coisa em seu rosto ficava mais jovem com o passar dos anos — e ele nunca teve mais cara de garoto do que no dia da sua morte, um belo rapaz, bem melhor que o moço com o brilho agudo e pétreo nos olhos que fora trabalhar para Joe McCarthy aos vinte e poucos anos, aprendendo então tudo que havia a aprender sobre o progresso na política. Ficara mais modesto com a idade, e seu senso de humor crescera junto com ele — tornara-se um homem engraçado, como o filme tinha o cuidado de mostrar, malicioso num momento e no momento seguinte simples, tímido e recolhido, mas sempre dotado de uma certa sensatez juvenil maravilhosa, como se soubesse que o mundo era muito mau e conhecesse o estilo íntimo que aquela maldade podia assumir, como só os jovens às vezes conseguem perceber (porque a identificam em seus pais e professores, bem como nos seus amigos). Ainda assim, acreditava que poderia dar um jeito naquilo — e o filme tinha essa visão simples e doce a

* O documentário *Robert Kennedy remembered*, produzido por Charles Guggenheim e narrado por Richard Burton, foi premiado com o Oscar de melhor documentário de curta-metragem em 1969. (N. T.)

seu respeito de que ninguém podia reclamar, porque de certo modo não deixava de ser verdadeira. Desde a morte de seu irmão, uma tristeza súbita se instalara em seu tom confiante, como se fosse uma confiança de que venceria, sim — se não perdesse. O que também podia acontecer, e de uma hora para outra. Ele ingressara naquele mundo em que as pessoas convivem com a presença da tragédia e, assim, muitas vezes temem a felicidade, pois sabem que o momento em que mais corremos perigo é quando nos sentimos vitoriosos e/ou felizes — é nesse momento que parece soar a hora dos demônios, e os falcões mergulham para arrebatar alguma coisa viva que se mexe no campo.

O repórter só esteve uma vez com Bobby Kennedy. Foi numa tarde de maio em Nova York, logo depois de sua vitória nas primárias de Indiana, e o encontro não foi momentoso, embora tenha começado bem. O senador estava saindo de uma coletiva (porque o repórter obtivera uma audiência) e disse depressa, com um sorriso: "Senhor Mailer, o senhor sabe fazer um estrago com as palavras". E ele respondera: "Ao contrário, senador, eu gosto de me considerar um escritor cortês".

"Ah", disse o senador Kennedy, abanando a mão, "isso também, isso também."

De maneira que a conversa começara bem, e o repórter ficou impressionado com a aparência de Kennedy. Era mais magro ainda do que se podia imaginar, não forte nem fraco, algo entre uma folha de relva e uma lâmina de aço, esguio, bem definido, finamente afiado, com uma bela mancha de cor nas faces, dois incisivos muito brancos, proeminentes como os dois dentes superiores de um coelho, de modo que sua boca não sugeria de modo algum a crueldade ou o cálculo de um político que avalia o peso de comarcas, cidades e estados, mas parecia antes uma boca pronta a morder qualquer coisa que atraísse seu desprezo ou pudesse pôr em risco suas idéias. E depois havia seus olhos.

Que eram decididamente incomuns. Seu irmão Teddy Kennedy falava daqueles "que o seguiram e o honraram, vivendo em seu olho gentil e magnífico", o que era uma descrição justa, porque ele tinha de fato olhos azuis muito grandes, com a íris de diâmetro avantajado, quase o dobro da largura comum, e de um azul leitoso que lembrava uma bola de gude, de maneira que seus olhos, embora proeminentes, não exibiam as gradações e variações de luz de certos olhos brilhantes, mas eram gentis, realmente lindos — tem-se a tentação de dizer aveludados, como se sua superfície fosse mesmo de veludo, como se fosse possível tocá-la sem ser repelido.

Ele era atraente como um ator de cinema. Não como seu irmão tinha sido, porque Jack Kennedy tinha o ar de líder vital capaz de roubar a namorada de Ronald Reagan a qualquer momento. Não, Bobby Kennedy parecia antes uma grande estrela, um fenômeno — poderia ter preenchido uma lacuna mágica entre Mickey Rooney e James Dean, e mais cedo ou mais tarde acabaria fazendo o papel principal numa refilmagem de *Mr. Smith goes to Washington*,* ao que todo mundo diria: "Má escolha! Ele é jovem demais". E de fato era jovem demais. Jovem demais para senador, jovem demais para a presidência, e em sua presença era estranho imaginá-lo como presidente, como se aquilo fosse deixar o país meio zonzo, com o aperto no estômago que o elevador produz quando desce muito depressa ou como ocorre nas piadas com os adolescentes apaixonados; como se só um país maravilhoso pudesse finalmente se atrever a aceitá-lo.

E foi isso o melhor do encontro — conhecer o senador! O repórter gastou o resto de seus preciosos trinta minutos discu-

* Filme de Frank Capra (1939), estrelado por James Stewart, no papel de um homem ingênuo que ganha uma cadeira no Senado americano e se choca com as práticas da política tradicional. Foi exibido no Brasil com o título *A mulher faz o homem.* (N. T.)

tindo com ele acerca do senador McCarthy. Implorou-lhe que aceitasse algum tipo de trégua ou de aliança, mas de saída cometeu um grande erro. Falou-lhe num tom impensado, percebendo seu erro tarde demais para recuar, sobre o quanto seria eficaz ter dois católicos irlandeses na mesma chapa, porque, se havia irlandeses conservadores capazes de votar contra um deles, certamente não haveria na América nenhum irlandês católico que votasse contra os dois. Kennedy olhara para ele com desgosto, como que ofendido pela presunção desse cálculo, e seu lábio superior descera severo cobrindo os dois brancos dentes dianteiros antes que respondesse em tom brusco: "Não quero esse votos". De fato, como o repórter se atrevia a vir dizer-lhe coisas sobre a ignorância daquelas pessoas que ele conhecia tão bem? De forma que a piada não fez o menor sucesso e, pior ainda, os dois embarcaram numa tediosa discussão sobre McCarthy em que Kennedy tinha muito pouco de bom a dizer, embora o repórter teimasse em continuar a discussão diante de argumentos como: "Mas ele jamais começa a fazer campanha antes do meio-dia".

Não chegaram a lugar nenhum. A mente de Kennedy estava completamente política naquela tarde. Só tratava de idéias que estivessem ligadas a certos projetos de lei, discursos, plataformas ou debates específicos em lugares específicos, e o repórter, com sua permanente dificuldade em gravar detalhes dessa ordem, via-se forçado a insistir cada vez mais na virtude da jogada de McCarthy ao entrar nas primárias de New Hampshire, até Kennedy dizer: "Não sei por que o senhor não apóia o senador McCarthy. Ele me parece ser mais do seu tipo, senhor Mailer", e em resposta, estranhamente comovido, o repórter disse com voz rouca: "Não, apóio o senhor. Sei que não foi fácil para o senhor entrar na disputa". E chegou até a começar a murmurar que entendia que os políticos poderosos não teriam confiado em Kennedy se ele tivesse demonstrado muita pressa, pois ele detinha muitas posses e homens com muitas posses não obtinham apoio quando se lançavam cedo demais. "Sei disso", disse ele olhando no olho gentil e magnífico do senador, e Kennedy assentiu com um gesto de cabeça antes de, em resposta, suspirar e exalar com força, fazendo um ar triste e dizendo: "Quem sabe? Quem sabe? Talvez eu devesse ter entrado mais cedo". Pouco depois eles se despediram, num tom não desagradável. Foi a última vez que ele viu o senador.

O mais perto que ele tornaria a chegar foram os quinze minutos que passou postado de pé em vigília, como membro da guarda de honra do caixão do senador na catedral de St. Patrick, em Nova York. A fila passava bem ao lado. Muita gente esperava horas na fila, cinco horas, seis horas e mais, avançando devagarinho ao longo de todo o dia e ao longo das fileiras de policiais dispostos na rua, só para um último olhar para o caixão fechado.

A parte mais pobre da classe trabalhadora de Nova York tinha comparecido, negros e negras pobres, porto-riquenhos, lavadeiras irlandesas, velhas senhoras judias que pareciam donas de maltratadas bancas de jornal, crianças, adolescentes, famílias inteiras, homens de mãos grossas, enrugadas e calosas como cascas de ostra, calos que lembravam cracas, fizeram fila para lançar um olhar àquele caixão coberto por uma bandeira. Algumas mulheres passavam rezando, dobravam o joelho e ao passar encostavam as pontas dos dedos no caixão, e depois de algum tempo a bandeira começava a escorregar devido à pressão de seus dedos e era reajustada por um homem especialmente encarregado dessa tarefa. A linha mais reta entre dois pontos é a verdade de um evento, por mais tempo que leve ou por mais que descreva meandros, e se aquelas pessoas tinham gastado seis horas de espera na fila para chegar àquele caixão, a verdade estava nas horas. Um rio de gente da classe trabalhadora veio desfilar ao lado do caixão de Kennedy, e aquela fila interminável de pessoas o amava de verdade, amava Bobby Kennedy como nenhuma figura política em muitos anos havia sido amada.

O órgão tocava em algum ponto da nave, e a fila avançava debaixo das vastas e trágicas — naquele dia — abóbadas da catedral, tão altas, e o repórter sentiu amor pela figura no caixão e tragédia para o país nos anos vindouros, o futuro da nação parecia tão sombrio e torturado, tão desfigurado, como a contorcida imagem pintada daquele vulgar Cristo ensangüentado que se podia encontrar em qualquer igrejinha escura do México. O horror do sangue seco se incorporara ao ar, e persistiu no ar do funeral do dia seguinte. O funeral não foi nem de longe tão bonito quanto o velório; os pobres que fizeram fila na sexta-feira desapareceram, e os poderosos tomaram seu lugar, o presidente, os membros do Congresso, o establishment, o serviço secreto, e o poderio de Wall Street; o interior da catedral de St. Patrick, enquanto durou a cerimônia, ficou embaçado com a exalação dos superambiciosos que ali prestavam reverência — tristeza tão profunda e melancólica quanto o aroma do estofamento de couro da limusine de uma funerária, ou o cheiro da manhã num vagão fechado depois de uma reunião de executivos que durara a noite inteira.

24.

O filme chegou ao fim. Mesmo morto e na tela, Kennedy era melhor e mais emocionante do que tudo que acontecera na convenção, e havia gente chorando. Começou uma ovação. Os delegados se puseram de pé e aplaudiram a tela vazia — era como se o centro da vida americana tivesse passado do ponto onde ainda se podia contemplar o futuro; as pessoas agora voltavam-se para as memórias, para o passado da nação — seria possível? Aplaudiam a presença de uma memória. Bobby Kennedy transformara-se numa adorada propriedade do partido.

Minutos se passaram e a ovação continuava. Parte do público tinha subido nos assentos das cadeiras e batia palmas ritmadas. Ouviram-se gritos. Cartazes foram exibidos. Pequenos cartazes feitos à mão em que se lia BOBBY, ESTEJA CONOSCO, e um enorme letreiro de dois metros e meio de altura, triste como um nó de pesar na garganta — BOBBY, SENTIMOS SUA FALTA, dizia.

Agora a ovação já se prolongara por tempo demais — para certas pessoas. De maneira que sinais foram trocados entre o plenário, a tribuna e o telefone, Carl Albert bateu na mesa com seu martelo para que a ovação se encerrasse, e pediu ordem. O partido, que se unira por cinco minutos, ao cabo de cinco dias, cinco meses e cinco anos de discórdia infecciosa, tornou a dividir-se na mesma hora. As delegações de Nova York e da Califórnia começaram a cantar "The battle hymn of the Republic", o plenário ouviu e, em toda parte, as delegações começaram a cantar. Inclusive as delegações favoráveis a Humphrey. Em toda convenção existe um rolo compressor e um momento em que as vítimas aplastradas encontram um modo de soltar seu vapor, e "Meus olhos viram a glória da chegada do Senhor!"* foi o grito dos oprimidos nessa convenção, e mesmo os que até aquele instante eram oprimidos sem sabê-lo em suas mentes nem no íntimo agora desafiavam a mesa, marcando o ritmo com palmas e batendo os pés no chão para zombar do martelo do presidente da mesa.

Carl Albert convocou Dorothy Bush para ler o texto do diploma de agradecimento que a convenção ofereceria a certos delegados como recompensa por seu trabalho. A convenção não quis ouvir. A sra. Bush começou a ler com uma voz fraca e mal-humorada, trêmula diante dos ódios de uma ocasião como aque-

* "*Mine eyes have seen the glory of the coming of the Lord!*", o primeiro verso de "The battle hymn of the Republic". (N. T.)

la, e os presentes continuavam a cantar, "Glória, glória, aleluia, sua verdade segue marchando",* batendo os pés no chão e marcando o ritmo com palmas, e finalmente estavam à vontade, fazendo a festa enquanto entoavam o hino que, originalmente, homenageava um homem que pregava a desobediência civil e em seguida a revolta, antes de comandar um ataque louco a um forte e acabar executado. Esse homem, John Brown, também estava sendo homenageado ali, e as delegações do Texas e de Illinois agora fizeram silêncio, não batiam mais palmas, todos sentados em suas cadeiras com ar de tédio. Todo delegado presente ao plenário que odiava os Kennedy agora assumia um ar de tédio, e os que os amavam faziam mais barulho do que nunca. Novamente o partido se polarizava. Cartazes eram exibidos por todo o plenário, BOBBY, LEMBRAREMOS DE VOCÊ, BOBBY, VAMOS PROCURAR SEU MUNDO NOVO, e o onipresente SENTIMOS SUA FALTA. E sentiam mesmo a falta dele, como o espírito amoroso, o germe do afeto no plasma vivo do partido. Nada seria capaz de fazê-los parar: essa oferenda de aplausos lhes era mais valiosa que todos os nutrientes que pudessem encontrar nas pílulas de vitamina oratória que Hubert ainda pudesse distribuir. A manifestação prosseguiu por vinte minutos, e não dava sinal de parar. Dorothy Bush desistira havia muito. Carl Albert, mais baixo ainda do que George Wallace, estava agora furioso como só os baixinhos conseguem ficar quando a autoridade que tanto custaram para conquistar vira fumaça — e tinha os olhos encolerizados fixos na delegação de Nova York, com a expressão de um garotinho que acaba de desconfiar de alguma peça.

E como conseguiram encerrar a manifestação? Bem, a mecânica de uma convenção pode ser tão precisa quanto uma joga-

* *"Glory, glory, hallelujah, his truth goes marching on"*, fim da primeira estrofe do mesmo hino. (N. T.)

da bem executada quando os profissionais passaram toda a temporada aperfeiçoando seu futebol. O prefeito Daley, velho admirador dos Kennedy, e politicamente um enigma de tal monta que Bobby declarara seis meses antes, com sua sangüínea sensatez política: "Daley é quem vai decidir o jogo", o prefeito Daley, ainda flertando com os Kennedy nos últimos três dias, em seu desejo de ver Teddy na vice-presidência, chegara ao limite de sua corda política, e como bom político decidiu puxar os cordões. Deu o sinal. As galerias começaram a gritar: "Amamos Daley". Todos os seus capangas e funcionários, guarda-costas e saudáveis estudantes de escolas paroquiais começaram a berrar e a entoar, com palmas ritmadas, "Amamos Daley", e a força de seus pulmões, o poderio da força maior e mais jovem presente ao Anfiteatro logo suplantou os manifestantes pró-Kennedy, abafando suas laringes com um som mais volumoso. A manifestação pró-Daley também era legítima — seus seguidores haviam sofrido junto com o prefeito, de maneira que agora gritavam por ele e batiam palmas com força, e o prefeito Daley também batia palmas, pois afinal ele também amava o prefeito Daley. O narcisismo puro e simples confere uma força bestial aos políticos, aos lutadores profissionais e às estrelas do cinema.

No auge da manifestação a favor de Daley, ela foi abruptamente interrompida. Por um sinal. "Fechem a matraca" era um antigo botão de controle, qualquer que fosse o sinal que o acionava. No silêncio imediato, Carl Albert se pronunciou e entregou a palavra a Ralph Metcalfe (o negro de Daley), que já estava na tribuna, com a boca colada ao microfone, e Metcalfe pediu um minuto de silêncio em memória de Martin Luther King. Assim, Nova York e a Califórnia viram-se naturalmente obrigadas a se calar junto com os demais, o plenário silenciou, as galerias silenciaram, e antes que o minuto tivesse transcorrido Carl Albert tornara a acionar Dorothy Bush, que logo começou a ler o agradecimento da convenção a certos delegados. A rotina dos negócios tinha sido retomada. A última noite seguiu em frente.

25.

O nome do senador Edmund S. Muskie, do Maine, foi encaminhado para concorrer à vice-presidência. Era um sujeito agradável com um rosto de feições marcadas, sorriso marcante acima de um queixo grande e modesto, e tinha o dom de criar expressões que lhe serviriam muito bem se sua tarefa fosse a de empilhar caixas de cereal nas prateleiras de uma mercearia. "A liberdade só tem força quando nos esforçamos por ela", disse ele, "e isso, acredito eu, ajuda a explicar o espírito e a determinação de tantos dos nossos jovens." Claro, era preciso coragem para mencionar os jovens no plenário dessa convenção — Hump no Lixo! —, mas a retórica de Muskie era bem mais de supermercado do que de lojinha pequena do interior do Maine. Washington é uma cidadezinha em escala nacional!

A aprovação da candidatura de Muskie correria livre de incidentes não fosse a indicação de Julian Bond, cujo nome também foi proposto para a vice-presidência como um gesto simbólico de protesto contra a brutalidade policial em Chicago. Bond era extraordinariamente — e não existe outro advérbio possível — popular nessa convenção, e seu nome invocava um carisma imediato para as últimas fileiras do plenário — todos aplaudiam histericamente cada vez que era mencionado na tribuna, e o som "Julian Bond" acabou se transformando numa verdadeira palavra de ordem. Aos 28 anos, ele já se transformara numa verdadeira lenda em construção devido à habilidade que demonstrara na conquista e depois na reconquista de uma cadeira no legislativo da Georgia, por sua coragem em declarar-se o único homem daquela assembléia a falar abertamente contra a guerra no Vietnã, um negro!, e era adorado por sua mágica beleza. Tinha a beleza não de um ator de cinema, mas de um galã jovem muito apreciado, o tipo de beleza de atores como John Derek ou mesmo Freddie Bartholomew quando surgiram. Bond pôs-se de pé quando a delegação de seu estado foi chamada a se pronunciar, e retirou-se com elegância da disputa porque — sua explicação legal direta — era jovem demais (a idade mínima era 35), mas fez tal pronunciamento, como tudo que fazia nessa convenção, com o tipo de presença bem-humorada que fala de vitórias futuras de estatura respeitável. Falando a algumas pessoas sobre sua disputa de uma cadeira no Congresso, disse-lhes que sua eleição estava garantida. "Não tenho adversário", disse ele, "como Daley", piscou o olho, fez uma expressão de malícia e foi embora.

E finalmente chegou a hora do discurso de aceitação de Humphrey. Nessa noite ele estava com boa aparência — quer dizer, estava com boa aparência em se tratando de Humphrey. De fato, se o sujeito não fosse capaz de exibir boa aparência na noite em que aceitaria sua candidatura à presidência, suas chances de longevidade haviam de ser certamente ínfimas. Humphrey, claro, vinha com péssima aparência havia anos. Sua derrota na Virgínia Ocidental em 1960 frente a Jack Kennedy parecia ter lhe deixado alguma seqüela permanente, e talvez tenha dissolvido o último resquício interno de idealismo que ainda possuísse — aquela fora uma campanha cruel: se a pessoa desgostasse dos Kennedy, o lugar certo para fazer campanha era a Virgínia Ocidental. E desde então o rosto de Humphrey dependia tanto de cosméticos quanto o ocupante de um ataúde. E os resultados, aliás, tinham uma vivacidade mais ou menos equivalente. A maquiagem que cobria o rosto de Hubert sugeria que a carne por baixo tinha cor de massa de vidraceiro — e lhe dava o ar um tanto precário e retocado às pressas do gerente de vendas de uma pequena empresa que precisa de uma dose de bebida para levantar da cama de manhã, e outra assim que acaba de fazer suas ligações internas: o tipo de homem que não se orgulha de beber e que por isso, no intervalo do café, entra no banheiro e engole às pressas uma pastilha de hortelã. E passa o dia inteiro exalando odores por todos os poros; menta, água de cal, brilhantina, hortelã-pimenta, desodorante, talco, alho, uma gotinha do remédio, o bafo do uísque numa barriga nervosa, álcool medicinal! Tal semelhança entre Hubert e um gerente de vendas era mais flagrante ainda no dia-a-dia, quando ele gravava seus comerciais políticos de trinta segundos para serem exibidos na TV em todo o país — nessas horas sempre parecia que lhe dava um branco, o mal que assola os galãs semi-aposentados. Foram atores por tanto tempo que precisam de alguma coisa para preenchê-los — as falas de um script, uma dose inesperada de atenção, um solilóquio de Shakespeare, uma garrafa de bebida, uma entrevista. Qualquer coisa! O que não podem é ser deixados a sós. São ocos, vazios por dentro. E era essa a impressão que Humphrey costumava transmitir nos dias comuns, a julgar por seus comerciais.

Nessa noite, contudo, ele não estava vazio, e sim repleto. Tinha uma platéia imensa e seu dom de ator para acreditar no seu papel. Nessa noite ele era o tio solteirão pronto para assumir o comando de uma família (que herdara do tio-avô Baines), e graças à sua gentileza, à sua simples cortesia, a suas reservas de genuína compaixão emocional e a uma estimulante severidade ocasional do tipo que só um tio solteirão poderia conter — "[...] os motins, os incêndios, os tiroteios, os roubos, o tráfico de narcóticos e o desrespeito à lei são a guarda avançada da anarquia, devem ser e hão de ser detidos [...]" — ele haveria de restaurar a antiga harmonia para sua gente arruinada. Já que ele agora se encontrava no alto da tribuna, o público aplaudia e as galerias, a um sinal de Daley, urraram como se alguém tivesse conquistado um *touchdown*. Hubert Humphrey estava animado; podia até acreditar numa vitória naquele outono. Sorria, acenava com as mãos, irradiava alegria, e os delegados, liberados pelo filme sobre Robert Kennedy (depois de empregar toda a sua revolta no motim contra a presidência da mesa), manifestavam-se agora a favor de Humphrey. Nessa noite, seus vinte anos em Washington tinham se transformado numa propriedade cujos frutos podia colher; políticos que nem mesmo gostavam dele agora pensavam em Hubert com simpatia, ele fazia parte da memória que conservavam do brilho refinado das festas de Washington, parte dos dividendos que lhes cabiam por terem exercido a política ao lado dele por vinte anos, por terem conversado dez vezes com ele, apertado sua mão umas quarenta, trocado duas vezes alguma correspondência pessoal, por terem se embebedado com ele uma vez — as pequenas propriedades refulgem na memória, são a lente que grava as lembranças a fogo! Aqueles políticos e delegados favoráveis a Humphrey, dois terços da convenção, tinham vivido suas vidas à sombra do establishment de Washington e da importância dada às festas de Perle Mesta e à alta ciência democrata, vivido das migalhas da sociedade e de mexericos sobre ela, torrões da grama que cobria o território do próprio Hubert; mas essa era a vida deles, ou grande parte dela, e tinha seus dias contados — eis o que eles sentiam. O grandioso sistema do Partido Democrata, com sua vida social em Washington, estava prestes a se despedaçar —, o mundo o estava reduzindo a frangalhos. De maneira que eles se levantaram para aplaudir Humphrey. Ele era o fim da linha, um sujeito cordial nas relações pessoais sempre que podia — e além do mais o discurso de aceitação nas convenções era puro rito. Nessas cerimônias, esperava-se que todos sentissem amor, mesmo que não gostassem do sujeito. Os políticos, sendo donos de propriedades, eram capazes de sentir as emoções apropriadas nas cerimônias certas. E agora transmitiam a Humphrey o amor que deviam sentir, pelo menos dois terços deles. Só precisavam senti-lo por mais uma hora. Todo mundo sabia que ele ia perder. Coitado dele, chato e meio tapado.

Humphrey costurou seu discurso a partir daquela peça de pano que vinha tecendo a vida inteira, aquela retórica monótona tão adequada aos tubos de órgão de sua voz suave, porque ela lhe permitia sustentar qualquer nota em qualquer palavra, podendo passar do lamento de um suspiro às injunções de um bordão. Ele era um Harry Truman santificado. Só vamos citá-lo quando for inevitável, porque as idéias de seu discurso já se perderam nas profundezas insondáveis do Quatro de Julho do passado, e "[...] mais uma vez apresentamos nosso testamento perante a América [...] cada um de nós, a seu modo, deveria reafirmar mais uma vez, para si mesmo e para nossa posteridade, que amamos esta nação, amamos a América!". Se a emoção podia determinar o voto do eleitor, e determinava!, e a emoção era um botão que ainda podia ser acionado com palavras, Humphrey não deixara de falar de propriedades, pois escolhera o botão "testamento", o botão "América", "cada um de nós, a seu modo" — a seu modo, que ótimo botão para se usar! — e "reafirmar" — puro adubo para a retórica de qualquer um —, "nossa posteridade", evocando emoções primevas vindas da área do corpo geralmente coberta, e "amamos esta nação", pura constipação mais adiante aliviada — "amamos a América". Estas últimas palavras não constituíam exatamente uma propriedade, mas antes um lembrete para que cada um pagasse o que devia. A política não é propriedade até a última gota — uma certa porção dela consiste em tributar as propriedades mal-assombradas dos outros. E ninguém precisava dizer isso a HH. Qualquer um poderia deduzir as posses e as dívidas emocionais dos mais medíocres dos americanos estudando a arte da oratória política segundo HH — ele mostrava claramente como catalogar as posses de todos: Franklin Roosevelt, Harry Truman (bingo!), John F. Kennedy, Lyndon Johnson — aqui, vaias repentinas. Lyndon Johnson, repetiu ele, colhendo os aplausos dos jogadores de medicine ball e dos torcedores de Daley que lotavam as galerias. "E hoje, senhor presidente, eu lhe digo obrigado. Obrigado, senhor presidente." Devia imaginar que Lyndon Johnson estivesse ouvindo.

E Humphrey seguiu em frente, falando do novo dia. Aquele seria o empreendimento imobiliário de sua campanha — as Casas do Novo Dia. As portas poderiam emperrar, as máquinas de lavar louça apresentariam defeito, o piso de plástico racharia devido ao excesso de areia do concreto da laje, mas os cartazes poderiam ser ótimos.

Em seguida ele clamou por Paz no Vietnã, a platéia foi à loucura e a orquestra começou a tocar *Dianas*, como se ele tivesse feito um passe perfeito. A Paz no Vietnã era agora propriedade de todos os políticos; a Paz no Vietnã era a garota que tinha ido para a cama com mil homens, mas sempre tomava um banho depois, de maneira que continuava virgem. Hubert sentia-se como uma virgem cada vez que falava da Paz no Vietnã. Falava com a satisfação inocente de uma gota de óleo escorrendo pela superfície de uma cebola.

Mas é claro que Hubert não era uma hortaliça. Ele era o liberal de farmácia. Pode acreditar. Sabia quem tinha asma e quem estava infestado de chatos. É importante situá-lo na farmacopéia. Por trás daquela gota de óleo ele era um emoliente, um tambor com duzentos litros de lanolina — "Somos e precisamos ser uma só nação, unida pela liberdade e justiça para todos, uma nação, pela vontade de Deus, indivisível, com liberdade e justiça para todos. Esta é a nossa América". Era como mel de que se retirasse o açúcar e ao qual se adicionasse sacarina, era um tablete de margarina cor de maquiagem. Tinha uma voz de carpideira, com um soluço em cada arco e cavidade de seu doce coração, doce a mais não poder; era um beato entoando uma cantilena que invocava toda a propriedade da emoção, era toda a má-fé de vinte anos de promessas, mamatas, subterfúgios e brados ocos do Partido Democrata. Era ele o pastor dos porcos da montanha, os porcos o tinham escolhido — e ele lhes prometia empadão de porco no céu. "Com a ajuda dessa vasta, destemida, dedicada e fiel maioria dos americanos, declaro esta noite a esta grande convenção, e a esta nossa grande nação, que estou pronto para governar nosso país!" O discurso chegou ao fim, o rito de amor chegou a seu termo, a orquestra começou a tocar e as pessoas simples e comuns, e os sujeitos com cara de vilão, e as putas com seus penteados em forma de colmeia com seus passes de plástico, e os rapazes e políticos sulistas batiam com os pés no chão e estavam satisfeitos, porque seu favorito fora escolhido, o que significava que tinham vencido o jogo, pelo menos aquela partida, e a felicidade consistia em não pensar no futuro. E Hubert estava radiante ali no palco, fazendo graça com os fotógrafos, pulando no ar para ficar da mesma altura de Edmund Muskie para uma foto — Humphrey devia ser um pândego numa festa —, e em seguida McGovern subiu à tribuna e Hubert o recebeu, os olhos cintilantes de luz, amor e lágrimas. Não é qualquer um que consegue se candidatar à presidência ao cabo de quatro longos anos de serviço como moleque de recados no velho puteiro sulista de Tio Baines e Madame Rusk.* Virou-se para cumprimentar os outros, e por trás dava a impressão de um mafioso gordinho de posição intermediária, um sujeito que poderia tomar conta de uma casa de apostas e ter medo de muitas coisas, mas o barbeiro achava que era um figurão, e a manicure cultivava por ele um

* Baines era o nome do meio de Lyndon Johnson (Lyndon Baines Johnson); Dean Rusk (1909-94) foi secretário de Estado dos EUA de 1961 a 1969, durante os governos de John Kennedy e Lyndon Johnson. (N. T.)

certo tesão interesseiro. Concedamos este dia a Hubert. Ele sempre se considerara um azarão fora do páreo.

26.

Hambúrguer duplo gigante,
Bom de lamber os dedos!

A faixa tinha sido vislumbrada numa lanchonete pouco depois dos matadouros, na beira da estrada que levava ao aeroporto de Midway no domingo anterior, a caminho da manifestação em favor de McCarthy. Aquela faixa falava de um milênio em que todo dono de lanchonete transformava-se no poeta de sua própria promoção, e a fantasia vã dessa idéia deixou o repórter melancólico a ponto de sorrir. Estava bebendo novamente no bar onde tomara quatro bourbons na noite da véspera; mas essa noite era diferente. Às três da manhã o bar estava repleto; alguns dos rapazes tinham decidido comemorar a oratória de HH!

Nosso repórter não era puritano em relação à máfia; ou talvez fosse, sim — alguns de seus melhores amigos pertenciam à máfia. (Máfia como acrônimo de Mothers-And-Friends-In-America [Mães-e-Amigos-na-América].) Uma piada razoável para uma dose de bebida consumida em silêncio; na verdade, se tivéssemos de escolher entre entregar o governo da América à máfia ou ao complexo industrial-militar, qual dos dois deveríamos escolher? A grande empresa podia construir aeroportos, mas jamais seria capaz de conceber Las Vegas. Por outro lado, um presidente de inteligência razoável trabalhando para a grande empresa não podia ser totalmente desprezado, pelo menos não quando a máfia recebia as bênçãos do pequeno bispo recém-nomeado — os pensamentos de nosso repórter lhe pareciam insossos nessa noite.

Os socos muitas vezes não doem na hora de uma luta, mas nas horas subseqüentes chega um ponto em que você começa a sentir o castigo. E a dor principia; uma lenta exploração dos estragos sofridos. O esforço baldado do repórter para reunir duzentos delegados o deixara incapaz de olhar com bons olhos sua própria estatura; depois que começaram a chegar as notícias das duas marchas sobre o Anfiteatro que tinham sido impedidas de avançar, e do grupo dissolvido à força de gás lacrimogêneo, percebeu que se enterrara novamente nos arquivos sem fim que mantinha sobre o balanço entre a honra e a vergonha, sim, a caminho do Anfiteatro nessa noite, avançando para o sul por uma via paralela à Michigan Avenue, ele passara por um posto de gasolina onde havia muitos soldados da Guarda Nacional, e o cheiro de gás lacrimogêneo pairava no ar. Alguém sugerira parar e investigar, mas ele recusou. Talvez fosse seu cansaço, mas ele se sentia inegavelmente temeroso. Passara algum tempo se convencendo de que fizera um esforço honesto, e que perdera se esforçando honestamente. Não sentira a necessidade de sair naquelas últimas passeatas. Como dissera em seu discurso, não fazia sentido sair marchando com um número reduzido de delegados que podiam facilmente ser presos e com a mesma facilidade serem reduzidos ao ridículo — nesse ponto, ainda estava convencido de que tinha razão. Não fazia sentido, portanto, ir enfiar o nariz numa cena de ataque por gás lacrimogêneo a um quarteirão de distância. Mas tais argumentos não serviam de nada: o tempo todo, enquanto bebia, sabia que estava entregue à má consciência. Seu avião partiria na manhã seguinte, não tinha mais nada a fazer ali, o trabalho estava pronto, só faltava escrever. O repórter sabia que tinha muitas coisas a dizer no seu texto, mas será que agora conseguiria ter prazer em escrevê-las?

Às vezes ele achava que a capacidade de escrever bem dia após dia era função de uma boa consciência. Um profissional sempre podia levar a tarefa a cabo por um exercício da força de vontade, mas estaria acabando com seu fígado se a obra que escrevia precisasse proteger o autor. Tomando um gole de bebida, o repórter consultou seu fígado e bebeu mais um pouco. A noite estava tomada pelo desalento. A depressão pairava sobre seus amigos.

Tentaram conversar sobre o futuro, sobre como o sistema partidário podia ter finalmente chegado ao fim. Porque a verdade nua e crua era que, àquela altura, havia seis ou sete partidos na América; a direita, ou o partido de Wallace e Reagan — que eram essencialmente a mesma coisa, menos em matéria de classe, representando a classe mais baixa e a classe mais alta dos wasps radicais —, em seguida o partido dos republicanos convictos — e Nixon, sabemos, era sem dúvida seu representante perfeito; em seguida vinha a imensa fonte de distribuição do centro imperial do governo, onde os gastadores liberais precisavam encontrar abrigo — e aqui Rockefeller e Humphrey podiam concorrer com Teddy Kennedy. (Podiam até usar os mesmos discursos.) Até aqui, temos um total de três partidos, e Gene McCarthy devia constituir um quarto, um partido muito puro pois seus seguidores formariam virtualmente uma seita, embora numerosos como Volkswagens com suas técnicas modestas de venda. Depois, à esquerda, haveria mais um partido, ou dois, ou três. O Partido da Paz e da Liberdade, com Eldridge Cleaver, o talentoso escritor negro condenado por estupro, era um deles; os yippies poderiam constituir outro. Não parecia mau negócio para a América a idéia de ter muitos partidos. Todo mundo poderia finalmente estar representado, e a política poderia funcionar à base de coalizões, que mudariam segundo as questões em jogo. As pessoas poderiam perceber a feição do momento histórico pela mudança das coalizões. E os partidos seriam obrigados a ficar atentos. Era um futuro interessante a imaginar. De fato, era o tipo de coisa sobre a qual repórteres podiam conversar tarde da noite. Claro, repórteres também trocavam mexericos; falaram sobre a ida de Eugene McCarthy ao Grant Park às três da tarde de quinta-feira para discursar para os manifestantes — Gene, o homem da limpeza, tinha ido falar com os mais sujos dos americanos, os yippies. E os repórteres discutiram calmamente se McCarthy não teria sido um pouco limpo demais — e que poderia ter sido melhor se o candidato da paz houvesse mostrado alguma disposição de sujar as mãos só um pouquinho. "O que dói não é sujar as mãos", disse um dos jornalistas, "o problema são os sacos que você tem de puxar." Todos riram. Estavam descontraídos. Tinham acabado seu trabalho.

De tempos em tempos, o repórter tornava a pensar em questões que o perturbavam. Pensou no medo que Robert Kennedy devia ter sentido. Era um pensamento que vinha tentando evitar a noite inteira — pois dava olhos à treva de seu próprio medo — o medo que vinha de saber que alguns deles eram implacáveis. Eles! Todos os maus policiais, xerifes, generais, executivos de grandes empresas, altos burocratas do governo, caipiras do Sul, militantes negros ensandecidos, provocadores semiloucos, veados de extrema direita, os gênios nervosos da extrema direita, J. Edgar Hoover e os piores dos ricos rondando todo e qualquer posto do establishment na América.

Enquanto isso, o lado com que o repórter se alinhava — o lado com o qual se alinhava desde a noite anterior — fazia piadas com a idéia de adicionar LSD à água potável. Acreditavam nas drogas, e o repórter não. Falavam em queimar dinheiro — e ele achava que o dinheiro era a derradeira sanidade para o romântico (e parte do jogo). Acreditavam em tomar a pílula e mostrar a bunda nos parques — e ele a essa altura já tinha concluído que as melhores coisas da vida eram as mais difíceis de alcançar porque se protegiam, de maneira que era preciso tomar cuidado com a idéia de encontrar o verdadeiro amor numa noite. (Pois podia ser amor verdadeiro, mas também a pior calamidade da vida da pessoa.) Ou talvez estivesse velho demais para bacanais ao ar livre. Ainda assim, aquelas crianças brancas eram os seus soldados. (E todos os negros de esquerda seriam seus polêmicos aliados — que Deus o protegesse!) Os meninos eram todos loucos, mas adquiriam honra de ano para ano, e tinham uma visão que não era desprovida de beleza; o outro lado não tinha nenhuma visão, só o pesadelo de esmagar um cérebro a tijoladas. O medo voltou. O cérebro dele, pensou o repórter, não estava necessariamente reservado para o último tijolo. E é claro que muita gente iria conviver com algum medo desse tipo ao longo dos anos seguintes.

Já passava das quatro, os últimos copos de bebida estavam na mesa e eram consumidos. As garçonetes fechavam a casa. De maneira que tiveram a idéia de ir até a mansão Playboy, onde uma festa vinha acontecendo desde o início da semana. Enquanto discutiam, o repórter travava batalhas de artilharia psíquica com os mafiosos da mesa ao lado. (Quem quiser pode consultar *Um sonho americano*, cap. 4.)

Máfia, claro, era uma palavra genérica para ele. Um político corrupto com uma expressão característica era um mafioso; além do sujeito que fumava um charuto ruim, ou um juiz venal. Não pertenciam à verdadeira máfia — a verdadeira máfia era sutil e exibia um tipo próprio de classe. (O repórter tinha uma certa inclinação sentimental pela verdadeira máfia, e a tratava com uma indulgência semelhante àquela que fazia Lenin, em segredo, preferir os Habsburgo aos Romanoff.) O conservador em sua natureza admirava a sabedoria da verdadeira máfia! Mas a máfia menor (à qual ele geralmente se referia quando usava a palavra) era metade dos problemas da América. (A outra metade era evidentemente a grande empresa.) A máfia menor só sabia entrar numa briga se sua vantagem fosse de pelo menos dois contra um. E assim ele travou uma batalha de artilharia psíquica com um inimigo próximo — um sujeito baixote e gordo com cara de mau que ostentava uma confiança absurda no espaço vazio que carregava entre os dois olhos, uma confiança de brilho suficiente para sugerir que portava uma arma. O capanga armado da máfia menor emitia maldições na direção deles. O repórter as interceptava, e as mandava de volta. Se os pensamentos que você mandasse de volta fossem sádicos na medida certa, dava para ver o outro homem se mexer. Então o outro homem se mexeu, levantou os olhos, organizou sua maldição com alguma dificuldade e pegou uma bebida. E logo chegou a resposta. O repórter sentiu que alguma coisa desagradável entrava em seu organismo — uma maldição genuína, e muito ardilosa. Mas teve o cuidado de ostentar uma expressão despreocupada. Fazia parte do jogo: impedir que o outro percebesse que produzira algum efeito. Quando a manobra era bem executada, o adversário se perguntava se não tinha errado o disparo. E agora seu adversário estava indo embora. Ele tinha vencido aquela guerra.

E agora tinham pago a conta e estavam na rua — prontos para seguir para a mansão de Hefner.

O repórter estava com um excesso de bons sentimentos, porém, quando chegou à rua. (Aquela batalha de artilharia tinha sido sua primeira vitória maiúscula da semana.) Do lado de fora, os jipes e caminhões ainda esperavam vaga com os motores ligados, as barricadas da polícia ainda estavam montadas, as fileiras de soldados da Guarda Nacional ainda guarneciam o lado oposto do Michigan Boulevard. A quantidade de manifestantes no Grant Park era pequena a essa hora, a batalha chegava ao fim. Mas ainda havia oradores discursando, conjuntos de rock tocando, o som ainda subia até o quartel-general de Humphrey no 25º andar, e os holofotes do Hilton ainda conferiam uma iluminação dramática a todo o cenário.

Ele precisava dar uma última olhada. Assim, o repórter e seus dois amigos percorreram andando toda a fileira da Guarda Nacional. "Uma vez filósofo, duas vezes pervertido." Ainda assim, estava realizando uma nova inspeção. Pode ser que isto se devesse à redução do número de manifestantes, mas a Guarda tinha um ar menos ameaçador nessa noite.

O que estava muito bem. O repórter é que se sentia mau. Parou diante de um jipe guarnecido com um retângulo de arame farpado na dianteira. No brilho de salão de exposições do holofote, o jipe reluzia como um inseto de dois metros e meio de comprimento com uma boca inesquecível concebida como um radar. Aos olhos do repórter, aquilo parecia a máquina de guerra mais degradante que jamais tinha visto; era um sinal do abismo que havia entre as pessoas encarregadas de administrar a lei e as que se encontrassem do lado errado na hora errada. Que não teriam sequer os mesmos direitos concedidos ao gado atrás de uma cerca. O repórter sacou seu caderno de notas, postou-se à frente de um desses jipes e começou a anotar suas dimensões. Numa grade que, segundo seus cálculos, teria um metro e meio de largura por mais ou menos um e vinte de altura, havia 32 fios verticais de arame farpado. Ele fez questão de contar cada fio apontando-lhe o dedo diante dos soldados que se distribuíam dos dois lados do jipe; teve porém o cuidado de nunca encostar naquele jipe modificado, só de contar cada fio de arame com o dedo a uns três ou cinco centímetros de distância. Ao final da contagem, sacou seu lápis, fez uma anotação, guardou o lápis no bolso, e calculou uma nova estimativa das especificações. (O repórter, afinal, estudara engenharia em Harvard.) O tempo todo, o motor do jipe estava funcionando, e o motorista, cada vez mais nervoso, acelerou o motor uma ou duas vezes.

Um oficial da Guarda Nacional disse ao repórter: "O senhor precisa se afastar".

"Por quê?"

"Faça o favor de se afastar."

"Sou repórter da *Harper's Magazine*, e quero poder descrever o arame farpado preso a este jipe."

"Estou pedindo para o senhor se afastar." O oficial tinha o nome escrito num pedaço de fita de uns dois centímetros de largura preso ao bolso de seu casaco. HORWITZ, dizia a inscrição. Se um Horwitz era oficial da Guarda Nacional, logo poderia aparecer um Rasmussen! Mas o jipe era — *force majeure!* — ofensivo demais. "Quando vocês usam este jipe", perguntou o repórter, "como fazem depois para soltar a carne do arame?"

"Não me venha com gracinhas", disse o oficial. "Queira se afastar."

"Estou escrevendo uma reportagem."

"Afaste-se."

Bem, ele não podia se afastar. Não tinha a menor vontade de ser preso, mas o oficial — e o repórter não podia dizer que a culpa era dele — criara aquele impasse. Agora um dos dois teria de recuar; ou então Horwitz teria de prender o repórter.

"Ainda não vai ser possível me afastar", respondeu o repórter com sua melhor voz de Harvard.

"Está certo, podem levar!"

"Por quê? Por descrever o jipe?"

Agarraram-no. Três ou quatro soldados o agarraram. Uma complicada escaramuça na hora da prisão. Ninguém queria sair marcado para o resto da vida, nem mesmo até o dia seguinte.

Então, a vítima presa, todos atravessaram a Michigan Avenue executando um número de braços enlaçados em chaves de imobilização, os soldados que seguravam cada braço tentando torcê-lo, os braços o mais catatônicos que ele conseguia deixá-los — nesse movimento de captura e travessia para o outro lado da rua, o conjunto dos membros dos protagonistas devia dar a idéia de alguma estranha unidade peripatética absolutamente catatônica composta por doze a dezesseis bastões de dinamite. Se batessem nele, o repórter estava pronto para reagir com todas as forças; se ele os atacasse!, eles estavam igualmente prontos. Rígidos, tensos e entrechocando-se como místicos de tanga numa rede coletiva de exercícios isométricos, avançaram em ziguezague a passos um tanto saltados até o outro lado da rua, onde o repórter foi imediatamente entregue à polícia, sentindo na mesma hora a violência nos braços dos policiais, mais pessoal, menos verde; era como uma briga generalizada entre birutas numa festa, só que por algum tipo de trégua ninguém batia em ninguém — todo mundo só segurava o outro —, e de lá para a entrada do subsolo do Hilton, onde os policiais o entregaram a um oficial enquanto o tempo todo ele escutava seus companheiros de bebida a segui-los, leais a ponto de ficarem por perto. E ele os ouvia dizer aos soldados, e depois aos policiais: "Vocês ficaram loucos? Ele é jornalista".

No ponto final da viagem, o saguão inferior do Hilton, seu oficial de polícia parecia ser um homem de cinqüenta e poucos anos, sem dúvida irlandês, de rosto sardento, olhos claros e cabelos ruivo-alaranjados que começavam a amarelar e ficar grisalhos. Pela profusão de galões que ostentava era obviamente um alto oficial e, o que era igualmente óbvio por seu sorriso, tinha senso de humor! Senso de humor!

"Bem, o que o senhor andou fazendo?", perguntou ele com um sorriso malicioso.

O repórter tinha uma boa idéia de como se dirigir àquele oficial; aquele oficial sabia como lidar com gente educada — um policial à moda antiga, tudo indicava —, de maneira que o repórter tratou de encontrar em si sinais que o definissem como pessoa educada.

"Excelente pergunta", disse ele, "o que eu andei fazendo. Estou escrevendo uma reportagem" — e imprimiu aos "rr" da palavra um suave sotaque irlandês —, "sou repórter da *Harper's Magazine* e estava tentando descrever..."

"Ele se recusou a se afastar", disse Horwitz, que acabara de entrar.

"Eu nem encostei no equipamento. Tenho o direito de descrever o que vejo. Todo jornalista tem em princípio este direito, mesmo que o tenente Horwitz não saiba disso."

"Bem, é que temos tido muitos problemas", disse o oficial de polícia. Sorriu para os querelantes, que depois acalmou com um suspiro. "Ele só estava tomando notas", os amigos do repórter também chegaram logo.

"Mas recusou-se a se afastar", disse Horwitz.

"E o senhor está disposto a dar queixa?", perguntou o oficial da polícia ao oficial da Guarda Nacional com uma tristeza deliberada.

"O senhor é quem sabe", respondeu Horwitz, tenso.

"O senhor entende que vai precisar fazer uma queixa..."

Horwitz fez que sim com a cabeça. Diante da pausa, deliberou, pensou bem, e foi embora.

"Qual é a sua patente, oficial Lyons?", perguntou o repórter, pois tivera o tempo de observar o distintivo com o nome.

"Ah, sou comandante. Comandante Tom Lyons."

"Comandante, o senhor devia estimular mais gente da sua família a entrar para a polícia", disse um dos amigos do repórter, também irlandês.

Lyons piscou. "Vocês estão nos dando muito trabalho. Nem imaginam o que nós passamos." Mas agora ficara interessado no herói que libertara. "O senhor escreve para a *Harper's*. Aaaah! E que tipo de coisa o senhor escreve...?"

“Comandante”, disse o amigo, “este homem escreveu *Os nus e os mortos*.”

“Caramba, quanto palavrão tem nesse livro”, declarou o comandante Lyons com uma expressão satisfeita. E, depois de uma pausa, perguntou em tom habilidoso: “Cavalheiros, não teremos mais problemas, não é?”.

“Lembre-se de que os problemas começaram porque eu estava tomando notas para uma descrição detalhada do jipe!”

“Escute, não precisamos mais falar desse assunto”, disse Lyons com uma sugestão de acabrunhamento nos olhos. Deus nos livre dos homens honestos, dizia a expressão de seu olhar.

Então deixaram o saguão do mesmo modo que tinham entrado, pela porta da frente.

“Vamos voltar para o Grant Park”, disse o repórter. O orador que falava no Grant Park acabara de fazer uma afirmação excelente, e a massa aplaudia.

“Norman, vamos embora daqui”, disse um de seus amigos.

“Quero ir até lá só um minuto”, e então, como que para deixar clara sua intenção, deu alguns passos rápidos e foi barrado por um homem mais ou menos da sua altura, um italiano de olhos arregalados. Usava um crachá de delegado, e dava a impressão de pertencer à máfia menor. Mas havia nele algo de errado. Sua credencial era falsa, ele era um provocador da polícia, ou as duas coisas — quem poderia saber? Talvez fosse mesmo um delegado à convenção. E disse: “Por mim, eu matava esses filhos-da-puta do outro lado da rua”.

“Não chame essa gente de filhos-da-puta”, disse o repórter. “São os meus soldados, e são gente ótima.” Foi uma conversa exatamente desse tipo.

“Eles não prestam”, disse o sujeito dos olhos arregalados. “São uns filhos-da-puta.”

"E você, o quê é? Músico?" Com isso, queria dizer: quem é você?, o tipo de sujeito que toca saxofone em casamentos baratos?, e o delegado, autêntico ou falso, repondeu dando-lhe um soco no olho. Não foi um soco muito forte, mas na mesma hora o repórter foi agarrado por trás por um ou dois policiais — nunca chegou a saber, porque o sujeito dos olhos arregalados tornou a socá-lo tão depressa que ele achou que o homem já tinha sido pugilista no passado, embora não por muito tempo, porque os socos, embora rápidos, não eram muito fortes.

Seus bons amigos — seguindo o exemplo dos policiais — seguraram o outro sujeito, outros policiais chegaram correndo e em seguida começou o mesmo agarra-agarra, a mesma dança rígida e isométrica dos braços, mas os policiais eram malvados, e dessa vez seus braços tinham uma intenção assassina, homicidas armados de bastões e cassetetes, sentia ele, enquanto era obrigado a caminhar no meio daqueles homens como um viajante no centro do universo produzido pelo clangor de um vagão de metrô soando nos trilhos — aquele sentimento de ódio elétrico, viril em sua raiva, seria loucura, que diabo estaria acontecendo? Desceram correndo as mesmas escadas para o subsolo do hotel, passando pelo banheiro dos homens debaixo do saguão e agora atravessando portas desconhecidas até entrar numa ampla sala, uma sala de delegacia onde haveria uma dúzia de policiais reunidos. Dessa vez os amigos do repórter foram barrados, e ele podia ouvir seus protestos do lado de fora — ali só havia policiais, o homem que lhe dera os socos mais o comandante Lyons, que agora exibia expressão bem menos amigável.

O delegado, verdadeiro ou falso, cercado por policiais, contava sua história. Só podia ser um tira ele também — sua história era mentirosa de fora a fora: "E então, depois que ele falou todos esses palavrões, ele me encarou e, sem qualquer motivo, me deu um soco", ele ouviu o saxofonista arregalado narrar com animação.

Enquanto isso, o repórter tinha sido deixado de pé, mas solto. Cinco policiais estavam de olho nele. Na postura daqueles homens ele pressentiu um programa completo de violência, aqueles sujeitos fortes com o corte de cabelo de fuzileiros navais. Teve a impressão de que dali a um minuto iriam rodeá-lo e aplicar-lhe uma surra. Estava sem dormir havia quase duas noites, bebera quase meia garrafa de uísque, tinha sido preso e socado, o ódio das mãos dos policiais em seus braços estremecera com espasmos assassinos, tinha visto tudo que vira naquela cidade, tinha pensado tudo que pensara, e então pareceu-lhe provável que os policiais estivessem fora de controle não só em público mas também em particular, e que dali a pouco o espancariam ali mesmo no chão só por força da violenta criatividade de sua paranóia — de tanta televisão que precisavam assistir nos invernos intermináveis. E, enquanto pensava assim, percebeu de repente que na verdade não estava com medo, que não se sentia fraco — assustado estava, e muito desperto, mas estava pronto, tentaria fazer o melhor possível quando começassem o serviço. Não se sentia imerso em gelatina ou num banho — sentia-se tão eletrificado e enlouquecido quanto os policiais. O fato de ter agora esse sentimento, de agora sentir-se pronto para lutar, o fazia sentir-se próximo de alguma presença dotada de uma graça beatífica (pois sentia, juntamente com a disposição de lutar, como se o ar estivesse embelezado à sua volta) e isso o deixava satisfeito, o mais feliz que se sentira desde que escutara aquele grito terrível de porco ferido ao receber a notícia de que Bobby Kennedy levara um tiro: de maneira que ficou ali parado olhando fixo para os policiais que o fitavam, e descobriu que poderia permanecer assim por mais uma hora sem esmorecer.

E então o comandante Lyons veio falar com ele. O rosto do comandante experimentava um prazer perverso ante o poder de seu próprio cinismo, pois conseguira reprimir seus lampejos e agora se mostrava severo e composto. “É uma coisa séria, senhor Mailer, o senhor sair esmurrando as pessoas sem nenhum motivo, especialmente quando eu tinha acabado de liberá-lo.”

O repórter tinha gostado do comandante Lyons, tinha gostado dele devido ao encanto que conseguia extrair da maldade absoluta de sua ocupação, de maneira que respondeu com um louco bom humor interno, porque tornara a gostar dele. Sujo ele podia ser, mas havia gente tão mais imunda. “O senhor não está interessado em ouvir meu lado da história, não é, comandante?”

“Não sei. Veja só o que aconteceu da última vez que lhe dei ouvidos.”

O delegado repetia sua história, palavra por palavra, e os policiais de postura belicosa, a uns três metros de distância, caminhavam novamente de um lado para o outro da sala.

“Tudo que ele está dizendo é mentira”, disse o repórter com voz rouca, “e o senhor sabe disso melhor até do que eu.”

Mas os olhos do comandante tinham perdido a luz. Aquele lampejo saltitante em sua expressão, lembrando a bolinha branca que antigamente marcava as sílabas das letras das canções projetadas na tela do cinema, tinha parado de saltitar. “Por que o senhor vive se metendo em confusão?”, perguntou o comandante.

Então o telefone tocou. Lyons foi atender. Esperou, olhou para os policiais, os policiais olharam para ele.

Alguma nova instrução devia ter acabado de chegar. Quando Lyons retornou, vinha sorrindo. “Me conte novamente sua história”, disse ele. Era uma das poucas pessoas do mundo capazes de piscar o olho ao mesmo tempo que o fitava com seu olhar honesto de irlandês. E agora ficara óbvio que iriam soltar o repórter.

“Por que”, perguntou o comandante, “o senhor está sempre querendo ser preso?”

O repórter pensou em seus filhos, e por um instante as lágrimas quase lhe vieram. Não tanto lágrimas de verdade quanto — como diziam os vitorianos — um orvalho a umedecer seus olhos.

"Comandante, eu não quero ser preso", disse ele.

"Fico feliz de saber disso, senhor Mailer. Mas o senhor tem fama de quem gosta de ser preso."

"Os jornais mentem muito. Olhe só o que eles dizem sobre a polícia."

A felicidade tornou a se manifestar na expressão de Lyons. "Ainda preciso", disse ele, "ler um dos seus livros."

Nos dois minutos seguintes, antes que o deixassem sair para encontrar seus amigos e mesmo acompanhá-lo até um táxi — porque a ida para a casa de Hefner ainda estava de pé —, o repórter conversou com Lyons e um funcionário da prefeitura (que aparecera de repente) sobre as belezas da arquitetura de Chicago. Era uma bela cidade, fez questão de lhes dizer. E eles não descobriram exatamente de que maneira o repórter zombava deles.

Mas era verdade, pensou ele, Chicago era mesmo uma bela cidade. No fim das contas, ela conduzia todo mundo ao tipo de confronto muito refletido que poderia servir de final a algum romance sobre uma semana nessa bela cidade. O mesmo já não poderia ser dito de Miami.

Claro, ele nunca soube de fato se pouco antes ou pouco depois de sua curiosa dupla detenção, a polícia tinha invadido o quartel-general de McCarthy, prendendo todos os garotos presentes, espancando alguns e criando no fim das contas uma tamanha comoção que o próprio senador decidira permanecer na cidade até a tarde de sexta-feira, com medo de que seus meninos fossem mortos.

Não. Norman Mailer seguiu com seus bons companheiros de bebida, Pete Hamill e Doug Kiker, até a mansão Playboy, de

Hugh Hefner, onde tomaram mais algumas doses, conversaram com amigos e comemoraram o fim da semana. Em sua última viagem de volta ao Hilton, Mailer passou pelo Grant Park. Estava praticamente vazio. Havia cinqüenta comungantes sentados na grama, montanheses, biltres, patifes, santos hindus, mosqueteiros, tripulantes de tanque e moças yippies de beleza desbotada, enquanto um padre envergando uma casula de cetim roxo recitava a santa missa sobre suas cabeças ensangüentadas e um acólito segurava a cruz. A visão, a essa altura, depois de todas as visões, parecia perfeitamente convencional. E então o repórter cruzou as fileiras da Guarda Nacional pela última vez — Horwitz não estava mais lá nessa ensolarada manhã de sexta-feira — e entrou no Hilton. Nos degraus da entrada, encontrou a filha do senador McCarthy, uma adorável e imponente moça de cabelos escuros tomada de um horror silencioso diante da fúria do ataque, que perguntou a ele o que pretendia fazer em resposta.

"Vou tomar um avião e ver minha família", respondeu-lhe, sorrindo da altiva reprovação dos olhos dela. "Querida senhorita", ele podia ter dito, "estaremos lutando pelos próximos quarenta anos."

27.

E não pensou em mais nada o tempo que passou escrevendo sua reportagem — a não ser em Spiro Agnew. O grego se comportava como um turco. Houve uma ocasião em que chegou a acusar Hubert Humphrey de excesso de tolerância com o comunismo, quando todo mundo sabia que o comunismo era a única crença que Hubert Humphrey jamais tratara com dureza. Era óbvio que Nixon tinha arrumado um ignorante, ou um mentiroso.

E assim, embora o escritor julgasse que a República conseguiria sobreviver algum tempo a mais com o velho Tricky Dick e o Novo Nixon do que com Humphrey Triplas Ancas, o mais provável era que Norman Mailer não saísse para votar — a menos que fosse em Eldridge Cleaver.

Eldridge, pelo menos, sabia que barricadas estavam sendo construídas do outro lado da rua, em frente aos campos de arame farpado onde a consciência do mundo ainda poderia ser trancafiada. Pobres de nós todos. A gordura está frigindo no fogo, e o milho está rebentando em pipoca. O prefeito Daley, com o ar duvidoso de uma versão gorda e envelhecida de um Truman Capote endurecido depois de tomar as pílulas erradas, denunciou a vergonha que gente de fora fizera Chicago passar. Na verdade o homem era uma verdadeira mãe, forte e protetora, não fosse aquele papo imenso que agora pendia de seu queixo, entoando o lamento de sapo-boi que diz:

Nasci para reinar no mundo
E estou aqui;
na lama
na lama

Pode ser que a papada do bom prefeito Daley fosse o ponto mais fraco e vulnerável do novo eixo americano. Levantem os dedos fazendo o V da vitória e pisquem o olho. Ainda podemos vencer, os outros são tão estúpidos. E que o céu nos ajude quando conseguirmos.

Posfácio

O super-repórter vai à superconvenção

*Sérgio Dávila**

Somos obrigados a receber a maior parte de nossa experiência de segunda mão por intermédio de pais, amigos, companheiros, amantes, inimigos e jornalistas que a relatam para nós.

Norman Mailer

(do prefácio de *O super-homem vai ao supermercado*)

Num dia qualquer do verão de 1960, em Nova York, um autor telefonou a seu editor para reclamar sobre uma mudança em seu texto. Telefonemas desse teor existem desde o fim do século XIX, quando o aparelho que os possibilita foi inventado pelo escocês Alexander Graham Bell (ou pelo italiano Antonio Meucci, ou pelo alemão-português Johann Philipp Reis, ou pelo americano Elisha Gray, ou pelo padre brasileiro Roberto Landell de Moura, dependendo da cor da camisa do seu time). O que faz essa entre

* Sérgio Dávila é correspondente do jornal *Folha de S.Paulo* em Washington. Cobriu duas eleições presidenciais norte-americanas, em 2000 e 2004, e é autor dos livros *Diário de Bagdá – a guerra do Iraque segundo os bombardeados* (DBA, 2003) e *Nova York – antes e depois do ataque* (Geração, 2002).

trilhões de chamadas merecer atenção é o agente da ação. Mas aguardemos.

O escritor acabara de receber pelo correio um cheque pelo artigo que escreveu sobre a convenção presidencial do partido democrata, que naquele ano acontecera em Los Angeles, no estado da Califórnia. O problema, argumentava ele, não era a quantia, exatamente o combinado com a revista. O problema era o recibo. Por conta de um zeloso contador, o papel dizia que o pagamento era "em referência ao artigo 'The superman comes to the supermart'...". Só um momento. Esse não era o título original, reclamou o autor. O correto, argumentava ele a seu editor pelo telefone naquele dia quente de 1960, era "The superman comes to the supermarket", como ele tinha mandado. Por que mudaram? A diferença era mínima — tanto "supermarket" quanto "supermart" querem dizer a mesma coisa, em inglês, "supermercado", sendo a primeira pouco usada hoje em dia. O.k., o.k., prometeu o editor, a correção seria feita antes da publicação, e o título sairia como mandado originalmente.

Para tanto — e isso o repórter ao telefone não sabia —, o fundador e dono da revista e autor da mudança que agora era criticada ao telefone teria de ser avisado e dar sua autorização. O aviso obviamente nunca foi feito — no mundo do jornalismo, uma das regras de ouro, poucas vezes quebrada, é que editores não brigam com donos de revista a pedido de repórteres, ainda mais quando donos de revista mudam títulos de reportagens eles próprios. Pois em sua edição de novembro de 1960, a *Esquire* traria o título "The superman comes to the supermart", dado por Arnold Gingrich, seu fundador. Abaixo, seguiam as 14029 palavras divididas em sete blocos, em que o autor, Norman Mailer, 37 anos então, contava como o norte-americano de origem irlandesa John Fitzgerald Kennedy, 43 anos então, contra todas as apostas, havia sido escolhido o candidato democrata às eleições presidenciais daquele ano.

O anônimo editor não sabia que estava publicando um dos textos-pilares não só do *new journalism*, ou jornalismo literário, mas também de um gênero muito específico e muito norte-americano, que é o "jornalismo de campanha presidencial". Desconhecia, também, com quem comprava uma briga. Na edição seguinte, a *Esquire* traria uma carta de Norman Mailer, em que ele reclamava, entre outras coisas, da mudança do título, da foto sua que foi publicada na carta ao leitor, "muito velha e desatualizada", e dizia que a revista tinha perdido para sempre a colaboração de um "escritor quente".

Ao se autointitular "hot", na gíria da época, Norman Mailer não exagerava. Ele era uma celebridade desde seu romance de estréia, *Os nus e os mortos*, que publicou em 1948, ao voltar de batalhas nas Filipinas, três anos depois de ter sido convocado pelo Exército norte-americano e um ano antes de ser aceito na Sorbonne, em Paris. Mas era "hot" também no sentido de esquentado. Uma vez, bateu num sujeito que questionou sua orientação sexual na rua; na verdade, segundo uma de suas biógrafas, Mary Dearborn, bateu também em outro sujeito, que questionou a sexualidade de seu cachorro (!). Em outra ocasião, derrubou ao chão o escritor Gore Vidal ao entrar de testa no peito dele, numa prática que os norte-americanos chamam de "headbutt" e que os espectadores da final da Copa do Mundo de 2006 aprenderam a admirar. O pecado de Vidal? Ter espalhado que Norman Mailer era violento...

(Ainda em 1960, bêbado numa festa, às quatro da manhã, Mailer esfaquearia duas vezes sua segunda mulher, a pintora de origem peruana Adele Morales, que se recuperaria, moraria com o autor mais seis meses e depois escreveria sobre o ocorrido em *The last party — scenes from my life with Norman Mailer*; há relatos ainda de violência contra a sexta e atual mulher, a também pintora e escritora Norris Church. Pela primeira ocorrência, ele ficou dezessete dias internado num manicômio judicial; hoje, os amigos e os filhos de Mailer — ele teve nove — se referem aos dois incidentes como "o problema".)

Se vida pessoal e obra se misturam, a culpa é do próprio Mailer e do gênero que ajudou a inventar. Ao escavar o aspecto privado dos focos de seus textos em busca de dicas psicológicas ou comportamentais que pudessem ser usadas, os pioneiros do novo jornalismo ajudaram a romper a barreira entre público e privado e, involuntariamente, fincaram o alicerce do que depois seria uma praga da imprensa mundial: o jornalismo de celebridades, do qual o próprio Mailer foi vítima e algoz. Vítima, quando se sabe de cada passo seu com uma breve pesquisa ou nos vários livros e reportagens dedicados a sua vida e obra; algoz, quando ele lançou sua biografia romanceada de Marilyn Monroe, *Marilyn — a biography*, em 1973, em que mistura fatos, boatos e ficção e depois confessa, numa entrevista de TV, que só fez o livro porque "precisava do dinheiro".

Mas não há exemplo melhor de seu absoluto domínio desse gênero do que nesta coletânea que você acabou de ler, primeiro publicada nos Estados Unidos em 1976, com o título de *Some honorable men*, com textos sobre as convenções presidenciais norte-americanas dos dois principais partidos do país, Democrata e Republicano, que o autor cobriu nos anos de 1960, 1964, 1968 e 1972,* alguns dos quais já lançados em livros antes de serem recolhidos todos em *Honorable*. O primeiro texto, da primeira convenção, é exatamente "The superman comes to the supermart" — desculpe, "The superman comes to the supermarket".

É daqueles raros exemplos em que o relato jornalístico transcende o mero elenco dos fatos de acordo com o que o repórter

* Conforme explicado em nota de rodapé no prefácio deste livro, esta edição não contém a cobertura da última convenção, de 1972. (N. E.)

viu ou acha que viu e por meio do estilo que escolheu para escrever. "The superman comes to the supermarket" faz o que historiadores demoram anos para se arriscar a fazer: detectam uma tendência a quente, no gerúndio em que essa tendência se desenvolve e se firma. No caso, o caldo de cultura que permitiria à sociedade que inventou o fenômeno pop eleger seu primeiro "presidente pop". Mailer viu meses adiante, já na convenção que escolheu JFK.

Se não é uma invenção norte-americana, seria nos Estados Unidos que a convenção de indicação aos candidatos a presidente se aperfeiçoaria e ditaria o modelo atual aos outros países. A pré-história dessas reuniões dos principais partidos políticos do país (hoje reduzidos a dois, o conservador Republicano, de direita, e o liberal Democrata, de centro; não há esquerda nos Estados Unidos) remonta ao início do século XIX, mas foi mais ou menos a partir dos anos 30 que começaram a tomar a forma atual, segundo *The rise and fall of televised political convention*, de Zachary Karabell (Harvard Press, 1998).

Acontecem a cada quatro anos, num ciclo que começa dezoito meses antes das eleições. Por tradição, o partido de oposição faz a sua primeira, entre julho e setembro. As cidades-sede se alternam entre as costas do país, cada um dos cinqüenta estados manda seus delegados, escolhidos em eleições primárias, que votam simbolicamente — desde os anos 70 nenhum pré-candidato deixou de ser referendado. A defender as plataformas, sempre generalistas e iguais, sobem ao palco apostas, estrelas em ascensão e grandes nomes dos partidos.

A primeira convenção transmitida pela TV foi a republicana de 1940, na Pensilvânia, em Filadélfia. A que começou a transformar reuniões geralmente tediosas com homens sisudos em falas intermináveis nas atuais finais de campeonato com espaço comercial disputado foi a democrata de 1960, muito por conta do candidato azarão, o jovem senador de Massachusetts John Fitzgerald Kennedy, que bateu os favoritos Adlai Stevenson, ex-governador de Illinois, e o senador por Minnesota Hubert Humphrey, entre outros, mais experientes e que envolviam apostas menos arriscadas junto ao eleitorado.

Católico, o segundo dessa religião na história do país de maioria protestante a vencer uma indicação do tipo, topete impossivelmente alinhado e sorriso de pastilhas de Mentex, o jovem JFK aceitou a indicação num espetáculo ao som do Rat Pack, como era chamado o grupo formado por, entre outros, os cantores-atores Frank Sinatra, Dean Martin e Sammy Davis Junior, que cantavam o tema nacional dos Estados Unidos, para protesto das delegações sulistas, que deixaram a platéia ao ver um negro (Sammy Davis) se apresentando na companhia de brancos — diga-se, a bem da verdade, que os pescoços-vermelhos do Sul procuravam uma desculpa para se retirar, invocados que estavam com a insistência com que alguns candidatos, como Kennedy, pregavam o fim da segregação racial no país.

O primeiro a perceber essa espetacularização das convenções e o potencial de JFK como o homem que é melhor que seus pares e eleitores (o "super-homem") mas age como a maioria ("vai ao supermercado", metafórica e literalmente) foi Norman Mailer. Ou, como escreveu: "Da necessidade emergiria mais uma vez o mito, porque a política da América seria também o filme favorito da América, a principal telenovela, o maior best-seller". Não como um repórter político tradicional, das centenas de todos os grandes órgãos de imprensa que infestavam e infestam as convenções então e agora, mas como autor de um estilo inédito nesse tipo de cobertura até então.

Norman Mailer mal fala com os políticos. Observa-os e os descreve, objetiva e subjetivamente, não raro com incursões psicológicas e sociológicas — para não falar na sintaxe toda própria que deve ser a tortura de qualquer tradutor. Como um romancista. Como um autor de romance de não-ficção, que é a melhor definição de jornalismo literário jamais feita. Sobre JFK, mata na mosca: "Tinha o intenso bronzeado marrom-alaranjado de um instrutor de esqui, e quando sorria para a multidão seus dentes eram espantosamente brancos, claramente visíveis a uma distância de uns cinqüenta metros. [...] conduzia-se porém com uma graça serena que parecia indiferente ao aplauso".

Sobre os caciques políticos, que tiveram de engolir o jovem indicado goela abaixo: "na verdade, é um mistério para o cacique o porquê de Kennedy ter chegado aonde está, não um mistério estrutural; Kennedy está nadando em dinheiro, Kennedy obteve os votos nas primárias, e, mais que tudo, Kennedy tem uma máquina política impecável. É tão boa quanto uma equipe brilhante de Notre Dame, toda disciplina, inteligência e vitalidade, saudável, bem treinada, nunca morosa, ágil como um punhal, pungente como um grande arremesso, uma máquina maravilhosa; o cacique poderia amá-la se um candidato razoável estivesse no seu comando, um Truman, ou mesmo um Stevenson, ou no mínimo um Lyndon Johnson do Norte, mas ela é dirigida por um homem que parece jovem o bastante para ser o treinador do time dos calouros, e isso não é nem um pouco reconfortante".

Em 1968, em "Miami and the siege of Chicago", passa mais tempo descrevendo as duas cidades que abrigam as convenções do que as próprias. Sobre a última, descreve, como uma poesia: "Nova York é uma das capitais do mundo e Los Angeles uma constelação de plástico, San Francisco é uma velha senhora, Boston se transformou em sinônimo de renovação urbana, Filadélfia, Baltimore e Washington piscam como diamantes foscos em meio ao smog da Megalópole da Costa Leste, Nova Orleans não tem nada de notável além do French Quarter, Detroit é cidade de uma única indústria, Pittsburgh perdeu seu triângulo de ouro, St. Louis transformou-se no arco dourado da grande empresa e as noites de Kansas City acabam muito cedo. A isenção sobre o esgotamento do petróleo transforma Houston e Dallas em nada mais que tabuleiros para esse tipo de jogo. Mas Chicago é uma grande cidade americana. Talvez seja a última das grandes cidades americanas".

Mailer ele próprio não se considera jornalista. Na verdade, despreza a profissão, como escreve no prefácio da edição original, de 1976: "nunca trabalhei como jornalista, e não gosto dessa profissão", revela, já na quinta linha do primeiro parágrafo, depois de dar uma pancada em seu arquiinimigo Tom Wolfe. Diz que a profissão se sustenta num "poder impotente", de estar próximo da História, com agá maiúsculo, sem no entanto fazer parte dela: "Mesmo assim, eles não desistem. Aquela carga diária de adrenalina, aquela histeria, aquela sensação de poder impotente junto às engrenagens da história — sem o poder impotente eles são como o cavalheiro viciado sem a sua heroína, doutor. Já se vê, um repórter está próximo da ação. Não está *na* ação, mas perto dela, tão perto quanto um chato pubiano está da concepção de um filho. O sujeito nunca poderá ser presidente, mas o fotógrafo que trabalha em seu jornal tem o poder de disparar seu flash e fazer os olhos de JFK piscarem!".

Já ali ele revela um certo amargor por saber ou pressentir que entrará para a história mais como um dos maiores nomes do "novo jornalismo" do que como o autor do "grande romance norte-americano", sua ambição desde que escreveu o primeiro texto de ficção.

* * *

Norman Kingsley Mailer nasceu em 1923 em Long Branch, no estado de Nova Jersey, e cresceu do outro lado do rio, no Brooklyn, em Nova York. De família judia, entrou em Harvard, aos dezoito anos, para estudar engenharia aeronáutica. Ali, publicou seu primeiro texto literário, para a *Harvard Advocate*, a mais antiga revista universitária literária, criada em 1866, cujo lema serve muito bem ao autor ("Doce é o perigo") e que deu e dá vazão aos textos de ficção, poesia, arte e crítica dos estudantes harvardianos mais talentosos, gente do calibre de Theodore Roosevelt, e. e. cummings e T. S. Eliot.

Numa entrevista à revista *The Paris Review*, Mailer se lembra da época: "Comecei a escrever em Harvard. Eu não era muito bom. Escrevia contos o tempo todo, mas não eram bons. Digamos que, se houvesse cinqüenta pessoas na minha classe, eu estaria em algum lugar entre os dez primeiros. Meus professores achavam que eu escrevia direito, mas não acredito que eles pensavam nem por um momento sequer que eu tinha realmente talento. Então, no meio de meu segundo ano, comecei a melhorar. Publiquei na *Harvard Advocate*, e isso me deu confiança".

Seria preciso um outro livro para acompanhar o que aconteceu com o escritor desde então — e vários foram escritos sobre o assunto, não se preocupe, dois deles tendo como autor o próprio Mailer. O escritor, hoje aos 83 anos, vivendo com sua sexta mulher e andando com auxílio de duas bengalas por conta da artrite, é o que os norte-americanos chamam de "larger than life" ("maior-do-que-a-vida", uma expressão que não se traduz bem no português). Entre a publicação de *Os nus e os mortos*, em 1948, e hoje, não houve um ano em que o mundo ignorou sua existência, para o bem e para o mal.

Ele co-fundou o *Village Voice*, nos anos 50, o melhor semanário independente que os Estados Unidos já tiveram, que sobreviveu mais ou menos com a mesma qualidade por meio século, até ser comprado pela gigante New Times Media, em 2005, e perder parte de sua agudeza. Ele foi preso por protestar contra a Guerra do Vietnã, nos anos 60, mesma época em que concorreu (sem sucesso) à prefeitura de Nova York. Ele propôs então que Nova York se separasse dos Estados Unidos e criasse o 51º estado, uma ironia política que agrada muita gente até o dia de hoje.

Norman Mailer ganhou dois prêmios Pulitzer, a honraria máxima do jornalismo norte-americano. Escreveu um dos melhores, se não o melhor, livro sobre boxe, outro gênero tipicamente norte-americano, *A luta* [Companhia das Letras, 1998], sobre o enfrentamento entre Muhammad Ali e George Foreman no então Zaire, em 1975. Escreveu uma das melhores, se não a melhor, biografia romanceada sobre o assassino confesso de JFK, *A história de Lee Oswald*, em 1995. Escreveu um dos melhores, se não o melhor, relato do pintor Pablo Picasso em *Portrait of Picasso as a young man*, no ano seguinte.

É autor de um dos melhores livros sobre um assassino condenado, Gary Gilmore, *A canção do carrasco*, de 1979, que lhe valeria um dos Pulitzer e chamaria a atenção de outro assassino condenado, Jack Abbott, que passou a mandar seus textos para o escritor. Mailer se encantaria pelos escritos, que seriam publicados no livro *In the belly of the beast* e fariam o escritor ser voz decisiva na audiência para a liberdade condicional de Abbott. Ele foi solto em junho de 1980 e seis semanas depois assassinou outra pessoa, na mesma madrugada em que o *New York Times* publicava uma resenha elogiosa a seu livro. Voltou à prisão e se suicidou em 2002; Mailer nunca se perdoou por sua participação no episódio.

Mailer nunca se perdoou por diversas atitudes que sua impulsividade, irascibilidade e misoginia o levaram a tomar ao longo das oito décadas de vida, mas foi igualmente alvo de rábidos ataques. Em 1998, reagindo a críticas negativas a seu tão aguardado novo romance, *A man in full*, Tom Wolfe chamou John Updike, John Irving e Norman Mailer de "Os Três Patetas" da literatura. O último é o alvo preferido da temida crítica Michiko Kakutani, do *New York Times*, que o persegue e a seus livros há anos. (Numa entrevista recente à *Rolling Stone*, ele a chamou de "camicase" e insinuou que ela fosse lésbica, o que lhe valeu um pedido de retratação, que ele não aceitou.)

A melhor definição vem de J. Michael Lennon, autor de *Norman Mailer — works and days*: "Ninguém, desde Edgar Allan Poe, foi tão celebrado e odiado simultaneamente quanto Norman Mailer".

Esta coletânea que você tem em mãos é devedora de Theodore White, que "criou" esse tipo de livro com seu *The making of the president 1960*. E os textos de Mailer ressoariam também na mais famosa dessas coletâneas, a coleção das reportagens que Hunter S. Thompson escreveu para a revista *Rolling Stone* nas convenções de 1972, *Fear and loathing on the campaign trail '72*, que criariam outro gênero, o jornalismo-gonzo. Mas Norman Mailer é puro Norman Mailer aqui, talvez como nunca mais conseguiria ser, para frustração do autor e delícia de seus críticos.

ESTA OBRA FOI COMPOSTA PELO ACQUA ESTÚDIO EM MINION E FOI IMPRESSA
PELA GEOGRÁFICA EM OFSETE SOBRE PAPEL PÓLEN SOFT DA SUZANO
PAPEL E CELULOSE PARA A EDITORA SCHWARCZ EM AGOSTO DE 2006